教育部人文社会科学重点研究基地中央民族大学
中国少数民族研究中心丛书

# 少数民族非物质文化遗产研究

SHAOSHU MINZU FEIWUZHI
WENHUA YICHAN YANJIU

祁庆富　史　晖◎主编

中央民族大学出版社
China Minzu University Press

**图书在版编目（CIP）数据**

少数民族非物质文化遗产研究/祁庆富，史晖主编．—北京：中央民族大学出版社，2015.4（2020.7重印）

ISBN 978－7－5660－0947－0

Ⅰ．①少…　Ⅱ．①祁…②史…　Ⅲ．①少数民族—文化遗产—研究—中国　Ⅳ．①K28

中国版本图书馆CIP数据核字（2015）第050510号

**少数民族非物质文化遗产研究**

主　　编　祁庆富　史　晖
责任编辑　李苏幸
封面设计　汤建军
出 版 者　中央民族大学出版社
　　　　　北京市海淀区中关村南大街27号　邮编：100081
　　　　　电话：(010) 68472815（发行部）　传真：(010) 68932751（发行部）
　　　　　　　　(010) 68932218（总编室）　　　　(010) 68932447（办公室）
发 行 者　全国各地新华书店
印 刷 厂　北京鑫宇图源印刷科技有限公司
开　　本　787×1092（毫米）　1/16　印张：20
字　　数　380千字
版　　次　2015年4月第1版　2020年7月第2次印刷
书　　号　ISBN 978－7－5660－0947－0
定　　价　58.00元

# 前　言

本书是教育部人文社会科学重点研究基地重大项目（2008JJD850211）《少数民族非物质文化遗产》成果。

20世纪后期，在我国逐渐兴起了一个声势空前的非物质文化遗产研究、发掘、抢救、保护的热潮。

我国是一个多民族国家，除了人口最多的汉族，还有55个少数民族。自古以来，居住在中华大地上的各族人民共同缔造了历史悠久、绚丽多彩的中华文化。文化多样性，是中国少数民族传统文化的基本特征。

由传统社会向现代化社会转型，是当今中国少数民族文化变迁的主题。中国的现代化是各民族人民的共同现代化。由于历史原因，比起汉族，大部分少数民族社会经济发展比较落后。少数民族地区不改变贫穷落后的面貌，不实现现代化，整个国家的现代化也不可能实现。少数民族地区的现代化，不仅关系到少数民族的根本利益，也关系到整个国家的根本利益。在现代化进程中，文化变迁不可阻挡，传统文化转型也是势在必然。因而，少数民族面临着传统文化与现代化冲突、调适的重大问题。在这种历史性的文化变迁大潮中，少数民族传统文化如何适应现代化进程就成为一道历史性的难题。

非物质文化遗产负载着一个民族的价值取向，影响着一个民族的生活方式，拢聚着一个民族自我认同的凝聚力。非物质文化遗产是一个民族的历史生命在现实社会中的活的传承。

党的十七大报告中提出："加强对各民族文化的挖掘和保护，重视文物和非物质文化遗产保护。"中国少数民族非物质文化遗产十分丰富，是中华民族文化遗产保护的重要组成部分，展现出中国多样性文化特色。随着社会急剧变革，少数民族口头和非物质文化遗产面临濒危、失传的危机。因而，抢救和保护少数民族非物质文化遗产，十分重要，十分迫切。

立足于文化多样性保护理论，紧密结合少数民族非物质文化遗产保护工作的实践，在深入扎实的调查研究基础上，编写《少数民族非物质文化遗产研究》是本课题的宗旨，对于少数民族传统文化保护及发展有着重大的学术价值和现实意义。同时，对于中国特色的非物质文化遗产学科建设，也会起到重要的推动作用。

本书立足于文化多样性保护理论，运用民族学、文化人类学阐释理论，紧密结合少数民族非物质文化遗产保护工作的实践，在深入扎实的调查研究基础上完成。

本书上编为《通论篇》，具有概论性，重点探讨少数民族非物质文化遗产保护的若干理论问题。考虑到非物质文化遗产保护的实践性，在有关章节之后增加“附录”，包括《少数民族1—3批国家级非物质文化遗产名录》、《国家级非物质文化遗产名录〈阿诗玛〉（云南省石林彝族自治县）申报书摘要》、《已批准设立的少数民族文化生态保护区简介》、《自治区中的中国传统村落名录、自治州中的中国传统村落名录》、《自治县中的中国传统村落名录》、《民族乡及散杂居少数民族中的中国传统村落名录》，意在为少数民族非物质文化遗产的保护工作提供便利的参考。这些“附录”，由主编依据相关资料整理。

本书下编为《专题篇》。选取的均为中央民族大学民族学专业民族文化遗产研究方向博士学位论文的摘录，由主编统稿。这些文章，或深入调查，或专项探索，都是少数民族非物质文化遗产的“具象”研究的结晶。

本成果为日后编写出一部理论与实际相结合的、高质量的、有使用价值的《少数民族非物质文化遗产概论》奠定了良好的基础。

本书使用的非物质文化遗产保护工作资料截至2014年10月，特此说明。

祁庆富　史　晖

2014年10月2日

# 目　录

## 上编　通论篇

## 下编 专题篇

# 文化人类学视野中的非物质文化遗产保护

## 一、非物质文化遗产保护“时尚”的反思：两种提法

20世纪后期，在我国出现了一个声势浩大的“文化遗产保护热潮”，现在，已形成一种特别的“时尚”。

1985年，以侗家“拦路酒”为先导的“贵州侗族建筑及风情展览”在北京民族文化宫热烈开幕，雄姿挺拔的侗寨鼓楼、花枝招展的风雨桥以及缤纷多彩的侗家风情令来自全国各地的参观者赞叹、倾倒。这一具有开创性意义的展览产生了巨大的轰动效应：给民族民间文化、文物的殿堂吹进一股强劲的“两南之风”，外部的世界开始真正认识到“侗族文化”、“贵州文化”的“宝藏”价值。这一展览也带来连锁反应：贵州节日文化、苗族风情、蜡染文化、酒文化、铜仁地区傩文化相继进京，不久贵州的民族文化展示到海外，呈现在大洋彼岸的国际舞台。这一展览还有不容小视的启示效应：全国其他地区的民族民间文化、文物的展示接踵而来，竞相媲美。可以说，这次展览拉开了新时期全国少数民族民间文化展示舞台的大幕，是中国少数民族义化遗产保护的一个新开端。

当时，全社会对于少数民族文化遗产保护并不关注。1987年，上海的一家大报发表了一位“有经济头脑的人士”的一篇文章，题曰《迷人的陷阱》，文中对贵州包括侗族在内的“鼓楼”、“蜡染”、“节日文化”嗤之以鼻，统统视为“陷阱”，对于“民族文化的挖掘、宣传、保护工作每年也都

搞得轰轰烈烈”颇为愤懑，横加指责。①“迷人的文化陷阱”代表了当时的一种声音。

时过境迁，今天，文化遗产保护已形成一种社会时尚话语。让我们打开网页，传统文化保护、少数民族传统文化保护、民族文化遗产、民族文化遗产保护、少数民族传统文化保护、少数民族文化遗产保护、少数民族非物质文化遗产保护等关键词比比皆是，不胜枚举。这表明，文化遗产，包括少数民族文化遗产应当保护、必须保护、正在保护已成为社会的共识。

然而，我们必须看到，作为一种社会“时尚”所具有的“虚假性”、“肤浅性”、“浮躁性”。对于文化遗产保护的认识和行动绝非“完事大吉”。将文化遗产保护可持续地进行下去，有必要对“时尚”加以反思。

从上面所引的“关键词”可以看出，有两种提法：一是“传统文化保护”，一是“民族文化遗产保护”，第一种的提法更多，占据主导地位。因而，不能不反思的一个重大问题是：“传统文化保护”和“民族文化遗产保护”是不是等同概念？“传统文化保护”的提法是否准确、严谨？这不仅涉及民族文化遗产保护的实施，也关系到少数民族社会发展的大局，分辨清楚，无疑有着重要的理论和实践价值。如何看待“传统文化”，社会和学界并没有取得一致的认同，这仍是民族文化遗产保护的一个理性的认识难点。

## 二、各民族共同创造了灿烂的中华文化

在长期的历史发展进程中，我国各民族共同创造了灿烂的中华文化，形成中华民族多元一体的文化格局。②

中国古代文化的起源是多元的。在中华文化中，既有基于农业生产而形成和发展起来的农业民族的经济文化，又有基于狩猎和畜牧业生产而形成和发展起来的游牧民族的经济文化；既有在道教和儒学影响下形成的精神文化，又有在某种原始或外来宗教（如佛教、伊斯兰教和基督教等）影响下形成的精神文化；既有在汉藏语系语言基础上创造发展起来的各种文字，又有在阿尔泰等语系语言基础上创造发展起来的各种文字；既有适应畜牧和便于游牧而创造的居住建筑形式，又有适应农耕和定居而创造的居住建筑形式，并根据气候地理条件使其多样化。

文化多样性是中国少数民族传统文化的基本特征。中国各民族大小不一，历史上社会发展水平极不平衡，是形成中国少数民族文化多元性的重要

① 参见祁庆富．贵州节日刍论．北京：中央民族大学出版社，1988.

② 费孝通主编．中华民族多元一体格局．北京：中央民族大学出版社，1999.

原因。中国地域辽阔，中华民族分布上“大杂居、小聚居”的特点，也是决定少数民族文化多元性的一个重要因素。

在长期的生产斗争与生活实践中，勤劳、智慧的各少数民族开发了祖国广袤的边疆，创造了丰富多彩的文化，充实了中华文化的宝库，推动了生产力的发展和社会的进步。

后世在中原地区普遍种植的许多农作物，都是秦汉以来由少数民族地区传入的。

擅长畜牧的少数民族培育的马、羊、驴、骡等牲畜输入中原后，大大推动了农业生产的发展。

少数民族为祖国手工业的发展也做出了很大贡献。南方铜鼓是其代表之一。

元代松江人黄道婆学习了海南黎族的纺织技术并加以改革，为我国棉织业的发展做出了很大贡献。

在衣、食、住、行等习俗方面，少数民族做出了独特的贡献。史载战国时赵武灵王下令实行“胡服骑射”，是一次向北方游牧民族学习的重大习俗改革。

藏族的《格萨尔王传》、蒙古族的《江格尔》和柯尔克孜族的《玛纳斯》被誉为“中国三大英雄史诗”，不仅是中国文学中的奇珍，在世界文学宝库中也是屈指可数的瑰宝。举世闻名的文学巨著《红楼梦》，作者曹雪芹是清代满族人。

蒙古族数学家明安图著有《割圆密率捷法》，运用解析法研究圆周率，开创了我国数学史上微积分学研究的先声。

藏族的《四部医典》、《医学大全》、《月王药诊》、《晶珠本草》，蒙古族的《蒙医学大全》、《蒙藏合璧医学》、《医学四部基本理论》、《脉诀》、《蒙医药剂学》、《药王经》，满族的《百一三方解》、《厚德堂集验方萃编》，维吾尔族的《饮膳正要》，白族的《奇险方书》等，都是不可多得的医学瑰宝。

宗教作为一种极为复杂的社会现象，无论是在历史上还是在当代社会对我国少数民族文化的影响都很大。那些具有积极意义的宗教哲学思想、宗教文学、宗教艺术都大大丰富了中华民族文化的宝库。

少数民族在中外科技文化交流中起到了重要的桥梁作用。秦汉时期西南“蜀身毒道”、举世闻名的“丝绸之路”都通过少数民族聚居区。

图理琛（1667—1740），清代满族正黄旗人，康熙五十一年至五十四年（1712—1715）出使土尔扈特。路经蒙古高原、西伯利亚、乌拉尔山等地，记录了沿途所见山川形势、动植物分布、河流水文、村落居民、器用风俗等，撰成《异域录》，是较早介绍俄国地理情况的著作，它受到各国学者的重视，先后被译成法、瑞典、俄、英等文字。该书首次记录了猛犸象。

郑和下西洋，写下人类航海史的新篇章。郑和是回族先民。

星光灿烂的各民族文化共同汇成了中华文化长河。少数民族以其浓厚民族特色的物质与精神产品为中华文化增添了异彩，为中华文化立足于世界民族文化之林做出了自己的贡献。

联合国教育、科学及文化组织《保护非物质文化遗产公约》指出：

考虑到1989年的《保护民间创作建议书》、2001年的《教科文组织世界文化多样性宣言》和2002年第三次文化部长圆桌会议通过的《伊斯坦布尔宣言》强调非物质文化遗产的重要性，它是文化多样性的熔炉，又是可持续发展的保证，考虑到非物质文化遗产与物质文化遗产和自然遗产之间的内在相互依存关系，承认全球化和社会变革进程除了为各群体之间开展新的对话创造条件，也与不容忍现象一样使非物质文化遗产面临损坏、消失和破坏的严重威胁，而这主要是因为缺乏保护这种遗产的资金，意识到保护人类非物质文化遗产是普遍的意愿和共同关心的事项，承认各群体，尤其是土著群体，各团体，有时是个人在非物质文化遗产的创作、保护、保养和创新方面发挥着重要作用，从而为丰富文化多样性和人类的创造性作出贡献。

丰富文化多样性和人类的创造性，是联合国保护非物质文化遗产的宗旨。

中国少数民族文化遗产十分丰富，特别是非物质文化遗产，有着特别的优势，是中华民族文化遗产保护的重要组成部分，展现出中国多样性文化特色。

## 三、少数民族文化转型与文化遗产保护

中国改革开放以来，特别是实施西部大开发战略以来，少数民族地区正处于传统社会向现代化社会转型的历史阶段。

什么是传统文化？

传统文化是一种文化中历史悠久、世代相传的部分。传统文化是历史上沿传下来的价值体系，在新的文化体系中既可以继承，也可以变异。传统既是割不断的，又是不可能“一成不变”、“全盘保留”的。传统文化不是每个民族的全部文化，而是各民族中由历史流传下来的那部分文化，即人们所

说的“固有文化”。任何民族的传统文化都是在历史进程中形成、发展起来的，都有其特定的内涵和占主导地位的基本精神。传统文化包含着有形的物质文化，但更多体现在无形的精神文化方面，在价值观、生活方式、风俗习惯、心理特征、审美兴趣等方面表现得尤为鲜明。进入现代社会后，传统文化作为历史的积淀仍在各民族中不同程度地保留着。传统文化负载着一个民族的价值取向，影响着一个民族的生活方式，拢聚着一个民族自我认同的凝聚力。传统文化是一个民族的历史生命在现实社会中的延续。这种传统文化，既具有历史性，又具有现实性。所谓历史性是指这部分文化是经过长时间形成并传承下来的；所谓现实性，是指这部分文化在现实生活中被继承，仍具有生命力，是一种“活”文化。有的传统文化事项比较完整地保留着，有的事项虽然不再完整保留，但残存影响依然较深。至于在现实中已完全不存在的，只是历史文化，或者说是历史上的传统文化。在整个人类历史上，随着人们需要的变化，传统行为和观念不断在改变。正如没有哪一个人长生不老一样，也没有哪一种文化模式永远不变。文化变迁是人类社会一个永久的主题。在现代化进程中，传统文化变迁乃至某些传统文化消失是必然的，不可避免的。古往今来，没有哪一个民族、哪一种文化永远停滞在“传统”中不变而能发展进步。在文化变迁过程中，只有通过转型、创新，才会重构出继承优秀传统的新文化。只有这样，才会真正不丧失传统，才会使传统新生。

概言之，传统文化包罗广泛，有消失了的，也有现存着的；对今人而言，有好的东西，也有不好的东西；有精华，也有糟粕。

在经济全球化的大背景下，中国的现代化进程日新月异。西部大开发战略的实施，使少数民族地区的经济得到较快的发展。大力发展经济，尽快摆脱贫穷和落后，跟上现代化的脚步，已成为少数民族的共识。然而，在发展过程中，许多少数民族都面临着传统与现代的两难选择：一方面渴求经济上高速发展，尽快实现现代化；另一方面又希望长久保留本民族的传统文化，担忧以至恐惧传统文化很快消失。这个问题在人口较少民族中尤为突出。这些人口较少民族人口总数大约在60万人左右，但分布在全国各地，多在边疆地区。这些民族大多社会形态发育落后，经济上处于贫穷状态，相当一部分人还生活在贫困线以下，传统生计方式受自然资源制约已难以维持下去。因而，国家对这些民族采取特殊扶持政策。同时，这些民族的传统文化独具特色，如鄂温克族的“驯鹿文化”、鄂伦春族的“狩猎文化”、赫哲族的“鱼文化”以及基诺族的“木鼓”文化、怒族、独龙族的“溜索”、保安刀、阿昌刀，等等。近年来，在国家扶持下，一些人口较少民族社会经济面貌发生了急剧变化。然而，我们不能不注意到与此同时产生的新问题：随着经济的急速发展，少数民族传统文化面临着存亡危机。有学者估计，基诺族的语言、传统建筑、服饰以及仪式等可能在较短时间内完全消失。鄂温克人的“驯鹿文化”随着搬迁定居，已经失去赖以存在的生态环境。这种危机不能不引起关注少数民族前途的学者们的忧虑。早在1990年，云南学者杜玉亭先生就担心“反映基诺族特点的传统文化将有可能在今后50年内完全消亡”①。其后，他又提出急剧的文化变迁可能会带来“族籍迷失”说。②在现代化进程中，民族传统文化能不能保留？怎样保留？“传统”与“现代”碰撞出的问题不仅关系到民族文化，还关系到民族的未来。

早在1996年，费孝通先生在北京大学社会学人类学研究所举办的学术研讨班上提出重要的“文化自觉”理论，针对传统文化“消失论”的担忧，费孝通先生提出民族生存发展的出路在于，勇敢地适应文化变迁，“从文化转型上寻找生路”。③

对待“传统文化”，我们应当具有高度的“文化自觉”，这种自觉就是对于传统文化做出符合历史发展规律、符合我们国情的理性认识。

在整个人类历史上，随着人们需要的变化，传统行为和观念不断在改变。正如没有哪一个人长生不老一样，也没有哪一种文化模式永远不变。文化变迁是人类社会一个永久的主题。在现代化进程中，传统文化变迁乃至某些传统文化消失是必然的，不可避免的。例如，随着森林生态的日益恶化，狩猎生计必须停止。内蒙古草原上年轻一代用摩托车取代骑马放牧，这是更适应环境的新工具的胜利，人为力量不可阻挡。古往今来，没有哪一个民族、哪一种文化永远停滞在“传统”中不变而能发展进步。在文化变迁过程中，只有通过转型、创新，才会重构出继承优秀传统的新文化。只有这样，才会真正不丧失传统，才会使传统新生。立足于社会发展根本道理，但对传统文化不是一概抛弃，而是继承、弘扬、转型、重构。

对于少数民族优秀的传统文化，应当保护，但仅仅停留在保护上是不够的，也是不可能的。只有不断地吸收、创新，一种文化才有新生活力。重构就是创新之路。

作为“传统文化”，是一个民族历史上形成并传承下来的“全盘文化”，

---

① 杜玉亭．传统与发展．北京：中国社会科学出版社，1997. 35.

② 杜玉亭．基诺族族籍迷失现象．云南民族传统文化变迁研究．云南大学出版社，1997. 273－275.

③ 马戎、周星主编．田野工作与文化自觉．北京：群言出版社，1998. 46.

在社会文化变迁的转型期，这种文化不应当也不可能“全盘”保留和保护。传统文化中不适应时代要求的东西不应该保留，更不能保护！20世纪50年代少数民族社会变革中革掉的“奴隶制度”、“封建领主制度”属于传统文化的“颠覆”之列，势在必然；汉族曾有过的“缠足”习俗、佤族曾有过的“猎头”习俗、一些民族曾有过的“溺婴”习俗，等等，也都属于传统文化的“颠覆”之列，毫不可惜。对于少数民族而言，坚持科学发展观更有特别重要的意义。“现代化”是必由之路。在现代化进程中，如何处理好“现代”与“传统”的关系，才是正题。笼统地说“传统文化保护”不准确、不严谨，不利于向现代化的转型。全盘否定传统文化是错误的；全盘保护传统文化是不对的，也是不可能的。我们保护的是传统文化中优秀的部分，对现代社会有价值的部分。恰当的提法应当是：传承少数民族优秀的传统文化是现代化进程必不可少的组成部分。

在现代社会，传统文化中优秀的、有价值的、最需要保护的部分是什么？就是文化遗产。

什么是“文化遗产”？就是人类历史遗留下来的精神财富的总称。周恩来《在文艺工作座谈会和故事片创作会议上的讲话》指出：“历史的发展总是今胜于古，但是古代总有一些好的东西值得继承。所以毛主席要我们继承优秀的文化遗产，批判地吸收其中的一切有益的东西。”这是一般性的语词，现在使用最多的是作为人类保护对象的专用语“文化遗产”（cultural heritage）。

从多元文化视野出发，继承和保护世界各地的“具有突出普遍价值”的文化遗产和世界遗产，是联合国教科文组织的一项基本目标。

世界遗产是联合国教科文组织以“公约”的形式，经过一定的程序确认的全球性文化遗产。1972年11月，《保护世界遗产和自然遗产公约》（《世界遗产公约》），正式提出全球范围保护文化遗产的规则。确认两种世界遗产：

世界文化遗产 cultural heritage of the world；

世界自然遗产 World Cultural and Natural Heritage。

2003年10月17日，联合国教科文组织通过《保护非物质文化遗产公约》，确认：

人类非物质文化遗产（the intangible cultural heritage of Humanity）。

世界文化遗产、世界自然遗产、人类非物质文化遗产是联合国组织以《公约》形式确认的三大世界遗产。

## 四、抢救与保护少数民族文化遗产是对传统文化的传承

如何继承少数民族优秀的传统文化？最重要的是抢救和保护少数民族文化遗产。

传统文化和民族文化遗产密不可分，但不是一回事。传统文化是一个民族历史上创造的文化的总和，而文化遗产是传统文化中传承下来的最精华部分，是各民族历史上遗留下来的值得保护的物质财富和精神财富。传统文化可以变异、创新、重构，但遗产却只能保护其原形态，不能重新创造。在继承传统文化的基础上，可以重构新文化；但文化遗产消失后，不可再生。

人类文化遗产和自然遗产造就了人类丰富多样的生存形式，构成了人类文明精神的完整性。由于近代工业化的迅速发展、全球经济一体化的剧烈冲击以及自然灾害、战争威胁等因素，世界许多地区的文化和自然遗产受到不同程度的破坏。从多元文化视野出发，继承和保护世界各地的“具有突出普遍价值”的文化遗产和世界遗产，是联合国教科文组织的一项基本目标。

世界遗产是联合国教科文组织以“公约”的形式，经过一定的程序确认的全球性文化遗产。世界遗产包括“世界文化遗产”、“世界自然遗产”、“人类非物质遗产”等类型。

中国少数民族文化遗产十分丰富，是中华民族文化遗产保护的重要组成部分，展现出中国多样性文化特色。中国广西的右江岩画群、西域丝绸之路、新疆的楼兰古遗址、宁夏的西夏遗址、云南的哀牢山脉梯田、云南的纳西族摩梭人母系制社区、云南文山的岩洞住宅村等，都具备申报世界文化遗产的条件。特别是人类口头和非物质文化遗产，中国少数民族中有着特别的优势。虽然称为“口头和非物质”，但与“物”又密不可分。口头和非物质文化遗产的本质不在于“物”与“非物”，而在于文化的“传承”，其核心是传承文化的人。少数民族口头和非物质文化遗产是一个巨大的宝库，随着社会急剧变革，少数民族口头和非物质文化遗产面临濒危、失传的危机尤为严重。因而，抢救和保护少数民族这部分遗产，十分重要，十分迫切。加强少数民族文化遗产的抢救与保护，就是对少数民族传统文化的继承。列入世界文化遗产不仅极大提高了全社会对民族传统文化价值的认识，极大地增强了当地民族的保护传统文化意识，也对当地经济迅速发展，起到巨大推进作用。世界遗产提高知名度，带动旅游业的繁荣，促进经济发展，同时也带来急剧的传统文化变迁，云南丽江就是一个世人皆知的典型例证。有人用“旅游杀手”来形容过度的旅游开发给世界遗产带来的破坏，说明如何处理好遗产保护与经济开发这对矛盾，已成为一道新保护难题。也有人极而言

之，说“申报成功一个遗产就是破坏掉一个遗产”，这种说法过于偏激片面。申报遗产，本身就是一种保护，目的在于唤起更多人共同保护。至于在保护中出现的问题，一要认真对待解决，二要认真分析。对遗产自身的任何破坏，都必须采取有力措施坚决制止，但对于“传统文化”发生的“变味”，不应与遗产“变质”等同视之。混淆“传统文化”与“遗产”的界限，是产生一些极端言语的误区。平心而论，丽江的旅游开发热度应当降温。但就目前情况而言，人们所责难的“破坏”主要发生在“传统文化”方面，并不是“遗产”本身。当然，给遗产保护敲响警钟，应当说是件好事。大力加强少数民族申报世界遗产，对于少数民族传统文化转型、重构，对于民族文化遗产的抢救与保护，无疑会起到全面的推动作用。

申报世界遗产，是保护少数民族优秀传统文化的一项重要措施，然而，世界遗产毕竟是极少数，而文化遗产具有的广泛性更不容忽视。在西部大开发日益深入的形势下，大力保护少数民族地区丰富多样的文化、自然遗产、口头与非物质遗产，对于保护少数民族传统文化，具有特别重大的现实意义和深远的历史意义。

抢救、保护少数民族非物质遗产是当务之急。自昆曲列入《人类口头和非物质遗产代表作名录》以来，中国出现关注口头与非物质遗产的热潮。教育部人文社会科学重点研究基地中国少数民族研究中心顾问、中国民族学学会名誉会长、中央民族大学资深教授宋蜀华先生应邀出席会议，他在大会上所作的题为《从民族学视角论抢救中国少数民族文化艺术遗产在抢救和保护中的地位》的发言中指出：“在世界经济一体化的浪潮中，保护民族文化（包括口头和非物质文化）尤其是人数少的群体的文化，这是十分紧迫的工作。行将消亡的更需要抢救。保护一个民族的文化，就是保护该民族自身。其重要性不言而喻。保护和抢救工作既是该民族，同时也是人类的共同任务。”①

① 人类口头和非物质遗产抢救与保护国际学术研讨会. 中国艺术研究院，2002. 83.

# 文化多样性是少数民族非物质文化遗产保护的出发点

人类文化遗产和自然遗产造就了人类丰富多样的生存形式，构成了人类文明的完整性。由于近代工业化的迅速发展、全球经济一体化的剧烈冲击以及自然灾害、战争威胁等因素，世界许多地区的文化和自然遗产受到不同程度的破坏。从多元文化视野出发，继承和保护世界各地的“具有突出普遍价值”的文化遗产和世界遗产，是联合国教科文组织的一项基本目标。

联合国教科文组织以“公约”形式确立的世界文化遗产、自然遗产和非物质遗产保护规则，有效地推动了世界范围的遗产保护，得到世界各国的认同和响应，在全球形成声势浩大的世界遗产保护浪潮。

经济全球化的冲击是提出世界遗产保护的背景，而保护文化多样性是世界遗产保护行动的理论基础。

2001 年 11 月联合国教科文组织通过《世界文化多样性宣言》。联合国大会随即在其 57/249 号决议中欢迎这一宣言，还欢迎其所附的执行宣言的《行动计划》的要点，并宣布 5 月 21 日为世界文化多样性促进对话和发展日。《世界文化多样性宣言》包括特性、多样性和多元化、文化多样性与人权、文化多样性与创作、文化多样性与国际团结等五部分，共 12 条。《宣言》强调指出：文化在不同的时代和不同的地方具有各种不同的表现形式。这种多样性的具体表现是构成人类的各群体和各社会的特性所具有的独特性和多样化。文化多样性是交流、革新和创作的源泉，对人类来讲就像生物多样性对维持生物平衡那样必不可少。从这个意义上讲，文化多样性是人类的共同遗产，应当从当代人和子孙后代的利益考虑予以承认和肯定。

文化多样性也为世界文化遗产保护提供了理论支柱。

中国是一个多民族国家，除了人口最多的汉族，还有 55 个少数民族。自古以来，居住在中华大地上的各族人民共同缔造了历史悠久、绚丽多彩的中华文化。文化多样性，是中国少数民族传统文化的基本特征。中国古代文化的起源是多元的。由于各民族、各地区的具体条件不同，文化的发生或早或迟，文化的发展或快或慢，各有所长又各有所缺。历代各民族之间虽然相互影响、相互碰撞和相互交流，但是每一民族都是依靠自身的力量存在和发展着，都独立创造了自己赖以生存的特色文化并归属于中华大文化中的一个组成部分。中华文化正因为是由多个民族建立和发展起来的文化而呈现出多元性。

费孝通先生提出“多元一体的中华民族格局”理论，得到广泛认同。“你中有我，我中有你”，中华民族在长期的历史发展过程中结成了谁也离不开谁的一个整体。在这个整体里，各民族又有自己的独特文化特点，相互包容，和谐发展。文化多样性，是中国民族传统文化的基本特征。少数民族非物质文化遗产是少数民族文化多样性的集中体现。保护好少数民族非物质文化遗产，是守护住中华民族文化多样性精神家园的历史使命。

中国改革开放以来，特别是实施西部大开发战略以来，少数民族地区正处于传统社会向现代化社会转型的历史阶段。在这历史性的文化变迁过程中，中国少数民族传统文化面临着前所未有的巨大冲击。传统文化负载一个民族的价值取向，影响着一个民族的生活方式，拢聚着一个民族自我认同的凝聚力。传统文化是一个民族的历史生命在现实社会中的延续。这种传统文化，既具有历史性，又具有现实性。

在经济全球化的大背景下，中国的现代化进程日新月异。西部大开发战略的实施，使少数民族地区的经济得到较快的发展。大力发展经济，尽快摆脱贫穷和落后，跟上现代化的脚步，已成为少数民族的共识。然而，在发展过程中，许多少数民族都面临着传统与现代的两难选择：一方面渴求经济上高速发展，尽快实现现代化；另一方面又希望长久保留本民族的传统文化，担忧以至恐惧传统文化很快消失。这个问题在人口较少民族中尤为突出。

当今中国少数民族正在进行中的文化变迁与现代化密不可分，由传统社会向现代化社会转型，是这一文化变迁的主题。中国的现代化是各民族人民的共同现代化。在实现社会主义现代化的宏伟目标下，少数民族地区进入了向现代化转型的新时期。西部大开发为少数民族地区加速实现现代化提供了前所未有的历史机遇。在现代化进程中，文化变迁不可阻挡，传统文化转型也是势在必然。因而，少数民族面临着传统文化与现代化冲突、调适的重大问题。在这种历史性的文化变迁大潮中，少数民族传统文化如何适应现代化进程就成为一道历史性的难题。如何传承少数民族优秀的传统文化？最重要的是抢救和保护少数民族文化遗产。

少数民族非物质文化遗产丰富多彩，是少数民族文化多样性的集中体现。在“转型”大潮中，少数民族非物质文化遗产普遍面临“濒危”的危机。认清少数民族文化遗产的普遍价值和濒危的特别境况，采取有力措施，最大限度地保护好少数民族的非物质文化遗产，是时代赋予我们守护住中华民族文化多样性精神家园的历史使命。传承中华民族优秀的多样性传统文化，必须大力抢救与保护少数民族非物质文化遗产。

## 一、民间信仰是少数民族文化多样性价值的集中体现

当前在少数民族非物质文化保护工作中，不可避免地面临着如何正确对待“民间信仰”的理论与实践的重大问题。

2006 年 2 月 12 日在国家博物馆举办的“中国非物质文化遗产保护成果展”开幕，在社会上引起强烈反响。2 月 17 日，《中国民族报》头版发表一篇报道：《热展中的冰点》。记者以少数民族文化的视角，提出的“冰点”是指“涉及宗教文化”的展览内容受到“冷落”。他提出了非物质文化遗产保护中一个非常有思考价值的问题。

在中国少数民族文化中，宗教信仰占有特别重要的分量。在某种意义上说，在少数民族中，“民族问题”和“宗教问题”经常交织在一起，因而，人们常说“民族宗教问题”。所谓“问题”，是指如何正确对待、处理有民族和宗教所关涉的各种社会现象，并不是说民族和宗教本身是问题。对于宗教，我们必须看到，它的本质是一种文化现象。这种宗教文化现象，在中国少数民族中表现得尤为突出。

宗教集中地体现出人们的信仰价值观。宗教一般由共同的信仰、道德规范、仪礼、教团组织等要素所构成，是一种信仰文化体系，对每个民族的哲学精神、社会生活、政治结构、文化风尚、道德伦理、文学艺术、建筑工艺等都有着重要影响。在我国少数民族中，影响较大的世界性宗教有佛教和伊斯兰教；地区性宗教主要有道教。

在普遍信仰某种宗教的少数民族中，宗教信仰“民间化”是一个重要特点，例如藏族普遍信仰藏传佛教，傣族普遍信仰小乘佛教。“普遍信仰”，就是说，宗教文化渗透在这些民族的传统文化的方方面面，除了正规的宗教活动外，其他社会文化也往往与信仰有密切关联。宗教活动不在非物质文化遗产保护范畴，但已经“民间化”的、与宗教关联的文化表现形式却不能排除在非物质文化遗产的行列。例如，首批国家级非物质文化遗产名录中的“傣族泼水节”是起源于佛教节日；“塔尔寺酥油花”是一种藏传佛教艺术；“藏族唐卡”原本是“流动的佛像、佛寺”。这些文化表现形式，离开宗教信仰就无法解释其源头和内涵。但它们已经“民间化”，成为一种民间文化表现形式，尽管仍然不同程度地负载着“信仰”价值。

在中国少数民族中，还存在大量习称的“原始宗教”，指处于初期状态的宗教，主要存在于社会发展比较缓慢的民族中，如鄂温克族的萨满教，纳西族的东巴教。巫术是一种重要的准宗教现象，幻想依靠超自然力对客体施加影响或控制，与宗教不同之处在于尚不涉及神灵观念，并非对客体加以神化、向其敬拜求告，而是力图影响或控制客体。各种宗教产生后，巫术在有些宗教中仍继续流行，特别是在原始宗教中，巫术是宗教活动的主要形式，巫师占据核心位置（如彝族的毕摩），因而有人把存在于现代民族中的巫术看作“巫教”。“原始宗教”和“巫术”是存在于少数民族中的重要的“信仰文化”，是特别值得关注的“民间信仰文化”。这些民间信仰集中地体现了信仰主体的价值观，也强烈地表现出文化生命力。列入首批国家级非物质文化遗产名录中的“白族绕三灵”既渗透着佛教、道教等“宗教文化现象”，也寓含着许多“原始宗教”的“信仰”成分，但本质不是“宗教现象”，而是“民间信仰”支配价值取向的“民俗文化”现象。

中国是一个多民族和多宗教的国家，从世界宗教到原始宗教同时并存。道教作为中国固有的宗教也有很大影响。但历史上，没有一种宗教曾占据“国教”地位，也就是说，没有一种中华民族全民信仰的宗教。就少数民族而言，有许多民族长期存在本民族普遍信仰的宗教，既有本民族土生土长的原始宗教，也有吸收的外来宗教，包括世界上的三大宗教及汉族的道教。因而，宗教与少数民族的传统文化有着更紧密的联系。在许多少数民族中，宗教的习俗性特点十分突出，形成本民族传统的宗教文化，如彝族的毕摩文化，纳西族的东巴文化，傣族的佛教贝叶文化，回族、维吾尔族等民族的伊斯兰文化。在现代社会中，作为一种文化现象，少数民族传统宗教文化主要表现为民间性，本质上属于非主流文化。[①] “民间信仰”是大多数少数民族非物质文化精神支柱，体现出中华各民族“生生不息的”坚韧、顽强的生命精神，是民族传统文化之“魂”。抢救、保护少数民族非物质文化遗产，必须充分认识少数民族“民间信仰”的“精神内核”价值。尊重各民族的民间信仰价值，就是尊重中国少数民族的文化多样性。

非物质文化遗产的“价值”尺度不是单一的，而是综合的。少数民族非物质文化遗产表现出突出的艺术性、技艺性，在已列入首批国家级非物质文化遗产名录中已经较好地展现出来。同时，我们应当认识到，“民间信仰性”集中地展现出人类的生命力，是文化多样性的活态表现形式，具有不可低估的突出价值。由于各种复杂原因，在首批国家级非物质文化遗产名录

① 宋蜀华，陈克进主编．中国民族概论．北京：中央民族大学出版社，2001．182．

中，对于少数民族民间信仰关系密切、价值突出的少数民族非物质文化遗产“冷落”，在某种意义上说，是对中国少数民族文化多样性的“忽视”。例如，除了“藏传佛教文化”外，在全球文化视野中已被关注的纳西族“东巴文化”、彝族“毕摩文化”、傣族“贝叶文化”、满—通古斯语族的“萨满文化”相关涉的大量有突出价值的非物质文化遗产，没有得到应有的重视，是一个遗憾。

一个民族文化的核心是本族认同的文化价值观。每一种文化都提供一系列估价人类行为的范畴和标准。文化作为人类行为选择的标准体系，既是人类行为的直接结果，又是人类行为的指针。一个民族所共有的选择标准，就是这一民族的价值观。一个民族的价值观，决定这一民族的价值取向。价值观念和价值取向集中地反映出民族意识和民族心理，拢聚着着民族的凝聚力，因而占据着民族文化的核心组成部分。由于少数民族传统文化具有多样性的特点，其文化价值观及价值取向既有中华民族价值观的共性，又有每一个民族的个性。“信仰”是各个少数民族价值观的核心组成部分，是文化多样性的集中体现。尊重少数民族“民间信仰”，是保护文化多样性的前提。

把“民间信仰”等同“封建迷信”，在民族学、人类学界早已被颠覆，可在社会上，还是个故步自封的、没有彻底破除的“误区”。从社会发展史的视角出发，中国许多少数民族在20世纪50年代还没有进入“封建社会”阶段，“封建”不适于许多“民间信仰”表现浓厚的少数民族。至于“迷信”，不是“信仰”主体的“意义”，而是“局外人”给出的“界定”。对于在昔日“语境”生成的“话语”，在今日“语境”中，应当进行“价值重估”。“迷信”是在特殊语境中人为地贴上取得强加的“标签”，不利于少数民族多样性的非物质文化遗产的传承保护，理所当然应当破除。价值观是不能强加的，文化多样性保护，前提是尊重传承文化的主体价值，而不是以“客体”的价值尺度去强加的“同一性”，如果这样看待民间信仰遗产，恰恰违背了非物质文化遗产保护文化多样性的根本宗旨。

我们还必须看到：少数民族传统价值观属于“非主流文化”，表现出“文化性”，而非“政治性”，与我们国家主流的政治价值观没有冲突。少数民族“民间信仰”中有许多在现代社会有积极意义的内容，还没有很好地发掘。例如，在“神山”信仰中，傣族的“垄林”,[①] 彝族的“祭密枝”,[②] 都形成生态环境保护的重要仪式规范。“垄林”、“祭密枝”，在昔日都被打成过“封建迷信”，经过学者们负责任的“价值评估”，今天我们已重新赋予其“人与自然”和谐的新的意义，作为遗产，应当保护。发现、抢救、保护少数民族多样性的非物质文化遗产，不但不能排除掉“民间信仰”层面的文化现象，还应当给予更多的尊重和更积极的关注。尊重少数民族民间信仰的价值，就是尊重文化的多样性。

## 二、既要注重传承人的保护，也要重视传承物的抢救

国务院《关于加强文化遗产保护的通知》文件中规定：“非物质文化遗产保护要贯彻‘保护为主、抢救第一、合理利用、传承发展’的方针。”

“传承”是非物质文化遗产保护的核心概念，指明“保护”的根本目的就是让有价值的人类非物质文化遗产持久地延续下去。

当前，非物质文化遗产保护任务繁多，迫在眉睫的保护重点在哪里？

我们现在关注的“非物质文化遗产”，虽然称为“非物质”，但与“物”又密不可分。非物质文化遗产的本质不在于“物”与“非物”，而在于文化的“传承”，其核心是传承文化的人。物质文化遗产与非物质文化遗产保护的差异在于，前者传承过程不存在“传承人”，而后者的存在与传承离不开传承人。也就是说，传承人消失，原形态的非物质文化遗产也就不复存在。因而，非物质文化遗产保护的重点是传承人。

传承人是非物质文化遗产中的“自在”，但“传承人”概念并不是非物质文化遗产“自生”。确切地说，“传承人”是“保护”生成的意义。在联合国教科文组织文件及国家有关文件中涉及“传承人”的内容大多出现在“保护”条款中。有人撰文从“法律地位”关注传承人，抓住了非物质文化遗产传承人保护的核心。[③] 只有从立法上给予传承人合法保护，才是从根本上确立传承人受到保护的权益。非物质文化遗产传承人应是：在有重要价值的非物质文化遗产传承过程中，代表某项遗产深厚的民族民间文化传统，掌握杰出的技术、技艺、技能，为社区、群体、族群所公认的有影响力的人物。传承人要受相关法律保护。

---

① 参见周鸿，赵德光，吕汇慧．神山森林文化传统的生态伦理学意义．生态学杂志．2002（4）．21.

② 参见高立士．西双版纳传统灌溉与环保研究．昆明：云南民族出版社，1999.

③ 田文英．民间文学艺术传承人的法律地位．中国知识产权报．2002，7，5.

少数民族非物质文化遗产的传承人“危机”，一是表现在年高体衰，后继无人；二是表现在经济境况窘迫，困难无助；三是表现在临时性“效应”，只是充当“外来者”的资料提供者，却不能成为“传承”的真正主体，享有合法权益。因而，抢救、保护少数民族非物质文化遗产传承人，更具有立法的紧迫性。必须通过明确法规，给他们合法的“身份保障”、“物质保障”和“精神保障”。有了可靠的“保障”，才有切实的保护。

保护传承人，是传承机制的一个方面。“使非物质文化遗产代表作的传承后继有人”，也就是培养“传习人”是传承机制的另一个方面。通过传承人的传授，习得、接受、掌握某项遗产的技术、技能，并有可能成为新的传承骨干的人，一般被称作“继承人”、“接班人”，可以统称为“传习人”。今天的“传习人”，有可能成为明天的“传承人”。联合国《保护非物质文化遗产公约》在“保护措施”条款中对“传承”加上“特别是通过正规和非正规教育”（transmission，particularly through formal and non formal education）的说明，意味着“教育”是“传承机制”的重要手段。① 在少数民族地区，由于急剧的社会文化转型，特别是许多民族的本民族语言的日趋消失，既重视“传承人”的抢救，又加强“传习人”的培养，才有可能使非物质文化遗产“世代相传”下去。抢救、保护传承人，大力培养传习人，是少数民族非物质文化遗产传承的关键所在。

非物质文化遗产保护的核心是传承人，但也离不开“物”。“物质”文化遗产和“非物质”文化遗产之间没有一个截然分割的“边界”。我们现在关注的“非物质文化遗产”，虽然称为“非物质”，但与“物”又密不可分。非物资文化遗产的本质不在于“物”与“非物”，而在于文化的“传承”。

物质文化遗产和非物质文化遗产负载的“意义”价值是同一的，相通的，共生的。物质文化遗产与非物质文化遗产具有你中有我、我中有你、不可割裂的“文本间性”。非物质文化遗产中，包含着物质文化遗产因素，既有“可移动文物”，如服饰、图书、乐器等；又有离不开的不可移动文物，如“戏台”、文化空间场景等。

非物质文化遗产是传承文化形态，在非物质文化保护中，“传承”是核心，是灵魂。传承，除了重要的“传承人”概念，还有“传承物”也不容

① 邹启山主编．联合国教科文组织人类口头和非物质遗产代表作申报指南．北京：文化艺术出版社，2005. 41，195.

忽视。几年前，笔者曾提出“传承物”概念并发表一得之见。[①]“民族文物”以及目前仍然存留的“生产生活传承物”中保留大量非物质文化遗产的物质载体，应当加紧搜集和妥善保护。

“文物”是被“确认的”，即“意义生成”。我们应当看到少数民族非物质文化遗产相关的生产生活传承物，虽不是文物，但具有“文物性”，因为随着“非物质文化遗产”被确认，其相关的传承物“意义”发生重大转换，已进入保护之列，生成了博物馆“收藏”、展示、研究价值。因而，对非物质文化遗产的传承物应采取与“可移动文物”相模拟的保护措施。

已被确定的非民族文物是非物质文化遗产的相关“传承物”，应被视为“民族文物”或“文物等价物”，应受国家文物法规保护。

非物质文化遗产中的文物和传承物，伴随传承的是“活态保护”。但我们还应看到，有些有高度价值的非物质文化遗产，由于社会变迁，不可能继续活态保护，例如傣族、黎族文身文面，赫哲族鱼皮衣，鄂伦春、鄂温克族的狍皮帽、桦树皮制品等，只能进行“静态保护”，就是留存各种记录资料和实物，进入博物馆！

收藏、展示、保护非物质文化遗产中的“可移动文物”及有重大价值的“传承物”，应是民族博物馆的一项重要职能。民族博物馆建设，应当大力加强这一职能。

在当前少数民族社会文化急剧变迁的形势下，具有民族文物性的民族传承物消失的速度最快，特别是生产生活传承物，随着生计方式和生活方式的改变，转瞬即逝，失不再现。特别值得注意的是，文物贩子以其敏锐的嗅觉，已盯上“民族文物”、“传承物”进行非法“走私”活动，对待民族文物、传承物的流失我们绝不能麻木不仁，置若罔闻。国家要立法，博物馆要抢救，保留下这类传承物，就是保留住一大批民族文物，就是保护了非物质文化遗产的“传承”。

采取有效措施，减少少数民族非物质文化遗产传承物（民族文物）的消失，堵住少数民族非物质文化遗产传承物（民族文物）的“流失”，是刻不容缓的当务之急！

## 三、少数民族非物质文化遗产中的“文化间性”

近年来，在跨文化比较研究中，“间性”（inter - sexuality）这一术语正在流行。对于这一概念的理解，仁者见仁，智者见智，看法不尽相同。一般

① 参见宋蜀华，陈克进主编．中国民族概论．北京：中央民族大学出版社，2001. 183—187.

来说，“间性”理论作为“文本间性”、“主体间性”、“文化间性”甚至“媒体间性”等诸理论观点的综合，其主要的哲学理论基础在于主体间性。20 世纪以来，间性理论已触及哲学、美学、文学等各人文学科，“间性的凸现”已成为一种新的理论共识。

**文本间性**（Intertextuality）

文本间性又称“文间性”、“互文性”或“文本互涉”，即文本的互文性（英文是 intertextuality，这个词由两部分组成，inter 前缀表明了一种相互交织的意思）。作为一个重要批评概念，文本间性（互文性）出现于 20 世纪 60 年代，随即成为后现代、后结构批评的标识性术语。

文本间性最早是由法国后结构主义批评家朱莉娅·克里斯蒂娃提出的。

朱莉娅·克里斯蒂娃在 1969 年出版的《符号学》一书中首先提出了互文性（文本间性）这一术语。文本间性意在强调任何一个单独的文本都是不自足的，其文本的意义是在与其他文本交互参照、交互指涉的过程中产生的。由此，任何文本都是一种互文。在一个文本中，不同程度地以各种能够辨认的形式存在着其他的文本，例如盖伊·戴文坡的《康科德奏鸣曲》，很多人说他掉书袋和抄袭，“天下文章一大抄”，大多数文章就是这样来的。在极端的意义上，甚至可以说，任何文本都是过去的引文的重新组织。文本间性通常被用来指两个或两个以上文本间发生的互文关系。它包括：①两个具体或特殊文本之间的关系（一般称为 transtexuality）；②某一文本通过记忆、重复、修正，向其他文本产生的扩散性影响（一般称作 intertexuality），后代作家的写作一直处于一种由于前代经典作家形成的压力的焦虑中，他们的写作无法避免地受到前代作家的影响，文本中含有前代作家已经书写过的东西，也就是含有前代作家的文本。文本间性也就是说，任何文本中都含（refer to other texts）有其他文本，都有对其他文本的指称。

对于文本间性，朱莉娅·克里斯蒂娃曾说：“每一个文本把它自己建构为一种引用语的马赛克；每一个文本都是对另一个文本的吸收和改造。”

对于“互文性”，另一位法国批评家热拉尔·热奈特（Gérard Genette，1930—）采用了一个不同的术语：“跨文本性”（transtextuality）。他认为，从根本上讲文字是“跨文本的”（transtextual），或者说是一种产生于其他文本片断的“二度”结构。同时，热奈提出了跨文本性的五个主要类型：①互文性。这一类包括了引语、典故及抄袭。②准文本（paratext）。指一部作品的序、跋、插图及护封上的文字。③元文本性（metatextuality）。指的是文本与“评论”的关系，这种评论把一个文本与此文本所谈论的另一个文本联系起来。④超文本性（hypertextuality）。指把文本 B——热奈所称的“超文本”（hypertext）同一个前文本 A——热奈称之为“前文本”（hypotext）联系起来的任何关系，文本 B 在前文本 A 的基础上进行了“嫁接”，其“嫁接”的方式与评论的方式迥然不同。⑤原文本（architext）。指为了充分理解一个文本及其互文本，读者需要了解组成文学领域的种种类型的等级体系（the hierarchyofgenres）。

互文性也译作“文本间性”。

法国文学批评家、文学家、社会学家、哲学家和符号学家罗兰·巴尔特（Roland Barthes，1915 年 11 月 12 日—1980 年 3 月 26 日）在《S/Z》（1970）一书中把文本界定为“跨学科的”（multidisciplinary）和“多主体性的”（multisubjective）。他对读者而不是文本予以更多的关注，他注重读者参与文本的“表意实践”（signifyingpractice——克里斯蒂娃所用的术语）。巴尔特把文本分为两类：“可读的”（lisible）和“可写的”（scriptible）。“可读的”文本是一类可以进行有限的多种解释的文本，是按照明确的规则和模式进行阅读的，是半封闭性的；“可写的”文本则不能按照明确的规则和模式来阅读，已有的解码（decoding）策略不适合于这类文本，“可写的”文本是以无限多的方式进行表意的文本，是开放性的文本。

巴尔特认为，任何一个文本都是一个互文本，其他文本程度不等地以多少可以辨认的形式——先前的和环绕（文本）的文化的文本形式——存在于这一文本之中。①

当代法国哲学家、符号学家、文艺理论家和美学家，解构主义思潮创始人雅克·德里达（Derrida，1930—2004）的互文性理论则认为：每一个文本，每一种话语，都是能指的“交织物”（interweaving）或“纺织品”（textile），这些能指的所指是由其他话语从互文性的角度来确定的。这样，每一种赏析的或批评的阐释仅仅是对一个文本所作的尝试性的和部分的“补充”，因为一个文本的种种能指只载有它们多重所指的“印痕”。同时，对一个文本的每一种补充本身已经受到先前话语对那个文本的“污染”，以及其他相关文本的“污染”。总之，由于文本本身是内在文本（intextual）的无限变化的一种不稳定过程，在符号中的“差异”（différence）/“延异”（différance）的游戏“破坏”了一种互文性的符号学或一种文本关系的科

① 罗兰·巴尔特．文本的理论，收于罗伯特·扬编．解放文本．波士顿：劳特利奇出版社，1981. 39.

学。互文性这一概念成了一种无限的指号过程（semiosis）的深渊。

**主体间性**（Intersubjectivity）

主体间性，又称交互主体性、主体际性、主体通性、共主体性、主体间本位等，它缘起于近代主体哲学的深刻危机中，是对其反思的产物。“主体间性在主体哲学范围内是无法解决的。”① 它是相对主体性而言的，其主要内容就是将人与世界的主客关系转变为主体与主体之间的关系。②

“主体间性”指力图克服主客二分的近代哲学思想和思维模式，强调主体与客体的共在和主体间对话沟通、作用融合及不断生成的动态过程。

**文化间性**（Interculturality）

文化间性指的是一种文化与他者际遇时交互作用、交互影响、交互镜借的内在关联，它以承认差异、尊重他者为前提条件，以文化对话为根本，以沟通为旨归。

文化间性与文本间性、主体间性密不可分。文化间性离不开主体间性。因为文化间性本身就是不同主体之间的相互对话、相互理解、相互沟通。文化间性也离不开文本间性，因为文本间性包括了社会、历史、文化的互相指涉、互相映射。它可以聚焦于互文本置身其中的那个文化空间。文化间性是文本间性和主体间性互动而生成的一种复合间性，它兼备文本间性和主体间性的双重特质。交互性、渗透性是文本间性的基本属性。

在中华民族多元一体格局下，文化间性是中国少数民族非物质文化遗产的一个重要特性。少数民族非物质文化遗产持有人的主体是少数民族，这是确定的。同时，我们必须认识到，“文化间性”（Interculturality）也是少数民族文化遗产的一个特点。所谓文化间性，就是“交互性”，也就是文化的相互影响、吸收，“你中有我，我中有你”。

裕固族是我国人口较少的民族之一，自称“尧乎尔”（Yugur），与今天的“维吾尔”（Uygur）和历史不同时期的“回鹘”、“回纥”、“袁纥”、“畏兀儿”等皆为同源汉语音译词，元代曾称其为“撒里畏吾”，明代则称“撒里畏兀儿”，清代又称“锡拉伟古尔”或“西喇古尔黄番”等。表明今日的

① 哈贝马斯．后形而上学思想．上海：译林出版社，2001. 182.

② 郑德聘．间性理论与文化间性．广东广播电视大学学报，2008（4）．

裕固族与维吾尔族有着密切的历史渊源关系。裕固族使用三种语言：一是属于阿尔泰语系蒙古语族东部裕固语（又称恩格尔语），二是阿尔泰语系突厥语族的西部裕固语（又称尧乎尔语），三是汉语。无本民族文字，通用汉文。西部裕固语被认为是古突厥语的“活化石”。传统生产生活方式基本上属于北方游牧文化，受到汉、蒙古和藏文化较多影响。风俗习惯多近似藏族。正月大会和六月“过会”是本民族隆重的传统节日，此外，也过“春节”及藏传佛教的某些节日。裕固族人口虽少，但裕固族文化丰富多彩，展现出独特的“文化间性（Interculturality）”，是中华民族“你中有我、我中有你”的一个突出典型。裕固族文化不仅是多元一体的中华民族文化中的一支奇葩，也是展现文化多样性价值的珍贵样本，保护传承裕固族优秀传统文化，具有特别重要的意义。

云南迪庆共有26个民族，其中万人以上民族5个：藏族、傈僳族、汉族、纳西族、白族；千人以上民族4个：彝族、普米族、回族、苗族。此外，还有蒙古族、壮族、满族、土族、哈尼族、傣族、黎族、独龙族、怒族等。在迪庆，除藏族外，其他民族都处于大杂居、小聚居的民族分布格居。多民族分布、和谐共处是迪庆民族构成的基本特征。迪庆民族文化丰富多彩，迪庆民族文化遗产特别是非物质文化遗产展现出独特的“文化间性（Interculturality）”，是中华民族“你中有我、我中有你”的一个突出典型。

### 我国一些重大的传统节日为多民族认同

春节，除汉族外，藏族、彝族、壮族、布依族、满族、侗族、白族、土家族、傣族、黎族、傈僳族、拉祜族、达斡尔族、仫佬族、独龙族、鄂伦春族、赫哲族、基诺族、哈尼族、高山族、景颇族、瑶族、鄂温克族、羌族、东乡族、京族、苗族、纳西族、蒙古族、水族等都有过春节的习俗。

吉林省前郭尔罗斯蒙古族自治县的“查干萨日”，已列入“春节”扩展项目。蒙古语中“查干”含有白色和开始的意思，“查干萨日”意为“白色的新年”。“郭尔罗斯”是蒙古族古老的部落，明嘉庆年间迁至嫩江、松花江汇合流域以后，逐渐形成以农历春节为“查干萨日”的传统习俗，吉林省前郭尔罗斯蒙古族自治县蒙古族同胞传承至今。

端午节，除了汉族，蒙古族、满族、达斡尔、鄂伦春、朝鲜、壮族、布依族、畲族、苗族、瑶族、傣族、水族、侗族、白族、哈尼族、纳西族、藏族、回族、裕固族等30个左右的民族都有过端午节的传统。

作为“端午节”扩展项目的黑龙江省黑河市“五大连池药泉会”是黑

龙江省五大连池地区达斡尔、鄂伦春、蒙古、满、汉等民族的共同节日。

中秋节，除汉族外，朝鲜族、满族、鄂伦春族、鄂温克族、赫哲族、侗族、苗族、壮族、傣族、黎族、、高山族、仡佬族、土族、彝族、白族、傣族、哈尼族、阿昌族、傈僳族、德昂族、藏族等20多个少数民族也有过中秋节的传统。

作为“中秋节”扩展项目的吉林省延边朝鲜族自治州中“秋夕”，保留着朝鲜族鲜明的民族习俗特色，同时，与其他民族相互了解、共庆中秋也在形成新的风尚。

泼水节是傣族节日，也是阿昌、德昂、布朗、佤等民族的传统节日。

火把节是彝、白、纳西、基诺、拉祜等民族的古老而重要的传统节日。

花儿是广泛流传于甘、青、宁及新疆四省区的回、汉、土、东乡、保安、撒拉、藏、裕固8个民族的传统音乐。

湖南省绥宁苗族“四·八姑娘节”的起源传说是杨家将的“杨金花”。

西藏拉萨关帝庙存续着特色鲜明的“关公信俗”。受中原关帝文化的影响，到关帝庙朝拜的藏民越来越多，后来把“关帝签”上的汉文干脆改成了藏文，关庙也交由喇嘛看管。在西藏有一位藏民崇敬的民族英雄格萨尔，他的经历和关公南征北战威震华夏有些相似。许多藏民，同塑一殿，称关帝庙为“格萨拉康”。随着岁月的流逝，藏汉两个民族的文化就这样神奇地融合在一起。

以上事例说明，少数民族非物质文化遗产的“文化间性”，展现出中华民族“你中有我、我中有你”的特性，我们在少数民族非物质文化遗产保护工作中，不仅要注意保护“文化多样性”，也要注意保护非物质文化遗产的“文化间性”，以利于维护中华民族多元一体格局，以利于各民族和谐共处和民族团结。

## 四、存续地方文化传统尊重社区民众情感

《中华人民共和国非物质文化遗产法》第二条：

本法所称非物质文化遗产，是指各族人民世代相传并视为其文化遗产组成部分的各种传统文化表现形式，以及与传统文化表现形式相关的实物和场所。

“视为”是指遗产“持有人”（社区、群体和个人）事先知情和自愿认可，规定了遗产“持有人”的主体地位。就是说，遗产的主体是“各族人

民”，不是政府，不是开发商，不是旅游者等“外来人”。遗产是自己“视为”，而不是由外界“被视为”。“视为”变成“被视为”，就是持有人主体错位。

我国非物质文化遗产保护的工作原则是：“政府主导、社会参与，明确职责、形成合力；长远规划、分步实施，点面结合、讲求实效。”“工作”的“主导”不是取代遗产持有人的主体地位。而是提供保障使“视为其文化遗产”的主体在传承中的地位不受到干扰、损害，使该遗产的真实性、整体性和传承性得到保障。

社区群体“视为”其遗产的民俗文化表现形式或文化空间都蕴含着“自己的”深厚文化情感。

春节“回家过年”，中秋“团圆”，还有众多的少数民族节日，“每逢佳节倍思亲”是共同的意愿，表达出“自己的”、“我们的”节日的深刻内涵。

唐卡，是藏族民众“视为”信仰的精神寄托，“无论哪个派别，绘制唐卡都是一件神圣而有功德的事，丝毫不敢怠慢松懈。并且画师都是清一色的男性。绘制一幅好唐卡，一般需要3个月以上，耗时耗神，对体力和毅力都是严格的考验。正宗的唐卡，一如流动的寺庙，可随时随地供信众朝拜。”[①] 如果唐卡完全成为“外来人”的旅游纪念品，如果藏族民众不再将其“视为”流动的寺庙，那么，这种非物质文化遗产也就失去了宗教信仰的情感。

2009年6月，笔者在四川省汶川县绵虒镇羌锋村见到一个正在模仿学习羌绣的小女孩尹欣月，5·12汶川大地震时被废墟掩埋一个晚上，死里逃生，她在像模像样学羌绣，使人真切地感受到“羌寨人”把羌绣“视为”自己生命一部分的真挚情感。

官方“打造”、商业炒作造成民众文化情感的缺失是对非物质文化遗产真实性的破坏，应当引起足够的重视。

社区民众是非物质文化遗产活态传承的真正舞台，非物质文化遗产的文化情感深深扎根在乡土之中。

非物质文化遗产蕴含着民族、社区、群体的“文化情感”。保护非物质文化遗产，最重要的是存续地方文化传统，尊重社区民众的文化情感，守护“精神家园”。

---

① 正宗的唐卡，一如流动的寺庙．李威_新浪博客．blog. sina. com. cn/s/blog_4a1beefd0100bwcb. html. 2008－11－18.

# 名录保护机制中的少数民族非物质文化遗产保护

## 一、中国的人类非物质文化遗产代表性名录

非物质文化遗产名录是保护非物质文化遗产的一种基本方式。

非物质文化遗产是个有特定含义的专用语，作为被认定的专用语，不包括目前存活的所有“非物质”的文化形态，例如宗教、语言以及日常生活中一般的生产生活方式等。从学理上说，目前辞书中不存在“非物质文化”的语汇。因为，“非物质”专门用来界定“文化遗产”，而不是用来界定“文化”。

非物质文化遗产名录是指联合国教科文组织或各国中央政府及地方政府为保护非物质文化遗产，依据具有法律约束力的规则，通过申报、评审、审批而确认的具体的非物质文化遗产保护项目。

2003 年 10 月 17 日联合国教育、科学及文化组织大会第 32 届会议通过《保护非物质文化遗产公约》第二条规定的《定义》是：

在本公约中：

（一）“非物质文化遗产”，指被各社区、群体，有时是个人，视为其文化遗产组成部分的各种社会实践、观念表述、表现形式、知识、技能以及其相关的工具、实物、手工艺品和文化场所。这种非物质文化遗产世代相传，在各社区和群体适应周围环境以及与自然和历史的互动中，被不断地再创造，为这些社区和群体提供认同感和持续感，从而增强对文化多样性和人类的创造力的尊重。在本公约中，只考虑符合现有的国际人权文件，各社区、群体和个人之间相互尊重的需要和顺应可持续发展的非物质文化遗产。

（二）按上述第（一）项的定义，“非物质文化遗产”包括以下方面：

1. 口头传说和表现形式，包括作为非物质文化遗产媒介的语言；

2. 表演艺术；

3. 社会实践、礼仪、节庆活动；
4. 有关自然界和宇宙的知识和实践；
5. 传统手工艺。

联合国教科文组织在1989年11月第25届大会上通过了《关于保护民间创作的建议案》，在1997年11月第29次全体会议上通过了一项关于建立一个国际鉴别的会议，这个决议称之为“联合国教科文组织宣布人类口头遗产优秀作品”。联合国教科文组织执委会第154次会议指出，由于“口头遗产”和“非物质遗产”是密不可分的，以后在鉴别的时候在口头遗产后面加上非物质的限度。该执委会在155次会议（1998年）上制定了关于为人类口头及非物质遗产优秀作品的评审规则。也有翻译为“人类口头和非物质遗产代表作条例”，正式提出了这个概念。

1997年11月，联合国教科文组织第29届大会通过了建立“人类口头遗产和非物质遗产代表作”的决议。1999年11月，联合国教科文组织第30届大会决议通过，设立《人类口头与非物质遗产作品录》。

2000年4月，联合国教科文组织总干事长致函各国，正式启动了该组织发起的“人类口头遗产和非物质遗产代表作”项目。入选项目要求是具有突出价值的人类创作天才代表作的非物质遗产，或是从历史、艺术、人种学、社会学、人类学、语言学或文学角度具有突出价值并广为流传的传统文化表现形式。2001年5月18日，联合国教科文组织首次宣布的“人类口头遗产和非物质遗产代表作”，首批有19个项目入选，其中包括中国申报的“昆曲”。

2003年、2005年联合国教科文组织又公布了两批人类口头遗产和非物质遗产代表作名录。

2003年《保护非物质文化遗产公约》第三十一条规定：

与宣布人类口头和非物质遗产代表作的关系

一、委员会应把在本公约生效前宣布为“人类口头和非物质遗产代表作”的遗产纳入人类非物质文化遗产代表作名录。

二、把这些遗产纳入人类非物质文化遗产代表作名录绝不是预设按第十六条第二款将确定的今后列入遗产的标准。

三、在本公约生效后，将不再宣布其他任何人类口头和非物质遗产代表作。

2009、2010、2011、2013 年联合国教科文组织批准并公布了四批“人类非物质遗产代表作名录”，以及“急需保护的非物质文化遗产名录”、“优秀实践名册项目”。

《保护非物质文化遗产公约》中确定的保护名录有 2 种：

（一）人类非物质文化遗产代表作名录（*Representative List of the Intangible Cultural Heritage of Humanity*）

至 2011 年，共收录了 232 项代表作名录项目，其中中国项目有：

昆曲 2001 年 5 月
古琴艺术 2003 年 11 月
新疆维吾尔木卡姆艺术＊＊ 2005 年 11 月
蒙古族长调民歌＊＊ 2005 年 11 月
中国传统桑蚕织技艺 2009 年 10 月
南音 2009 年 10 月
南京云锦织造技艺 2009 年 10 月
宣纸传统制作技艺 2009 年 10 月
侗族大歌＊＊ 2009 年 10 月
粤剧 2009 年 10 月
格萨（斯）尔＊＊ 2009 年 10 月
龙泉青瓷传统炼制技艺 2009 年 10 月
热贡艺术＊＊ 2009 年 10 月
藏戏＊＊ 2009 年 10 月
玛纳斯＊＊ 2009 年 0 月
花儿＊＊ 2009 年 10 月
西安鼓乐 2009 年 10 月
中国朝鲜族农乐舞＊＊ 2009 年 10 月
中国书法 2009 年 10 月
中国篆刻 2009 年 10 月
中国剪纸＊ 2009 年 10 月
中国传统木结构营造技艺 2009 年 10 月
端午节＊＊ 2009 年 10 月
妈祖信俗 2009 年 10 月

中国雕版印刷技艺　2009 年 10 月
呼麦 * *　2009 年 10 月
中医针灸　2010 年 11 月
京剧　2010 年 11 月
中国皮影　2011 年 11 月

2013 年 12 月，联合国教科文组织保护非物质文化遗产政府间委员会第八次会议在阿塞拜疆巴库通过决议，正式将中国珠算项目列入教科文组织《人类非物质文化遗产代表作名录》。至此，我国入选这一名录的项目达到 30 项。其中，属于少数民族的 10 项（标 * * 者），包含少数民族的 2 项（标 * 者）①。

（二）急需保护的非物质文化遗产名录（*List of Intangible Cultural Heritage in Need of Urgent Safeguarding*）

至 2011 年，共收录了 29 个项目。中国项目 7 项中属于少数民族的 4 项（（标 * * 者））。

羌年 * *　2009 年 10 月
中国木拱桥传统营造技艺　2009 年 10 月
黎族传统纺染织绣技艺 * *　2009 年 10 月
中国水密隔舱福船制造技艺　2010 年 11 月
中国活字印刷术　2010 年 11 月
麦西热甫 * *　2010 年 11 月
赫哲族“伊玛堪”民间说唱叙事长诗 * *　2011 年 11 月

以上两类名录的区别：代表作名录，已不濒危，正常传承。急需保护的名录，还处于濒危状态。

除以上两种保护名录外，《保护非物质文化遗产公约》还规定了一种保

① 河北省丰宁满族自治县丰宁满族剪纸、辽宁省锦州市医巫闾山满族剪纸、岫岩满族自治县岫岩满族剪纸、新宾满族自治县新宾满族剪纸、内蒙古自治区和林格尔县和林格尔剪纸、吉林省通化市长白山满族剪纸、贵州省剑河县苗族剪纸已列入国家级非物质文化遗产名录。黑龙江省黑河市五大连池药泉会是达斡尔、鄂伦春、蒙古、满、汉等民族群众的共同节日，已列入国家级非物质文化遗产名录。

护事项：保护非物质文化遗产的计划、项目和活动（The Register of Good Safeguarding Practices）。

在缔约国提名的基础上，委员会根据其制定的、大会批准的标准，兼顾发展中国家的特殊需要，定期遴选并宣传其认为最能体现本公约原则和目标的国家、分地区或地区保护非物质文化遗产的计划、项目和活动。在国内，这一保护事项通称为“优秀实践名册项目”。

2011 年，文化部启动“优秀实践名册”的申报工作。2012 年 12 月 4 日，保护非物质文化遗产政府间委员会第七次会议做出决定，将中国申报的“福建木偶戏后继人才培养计划”列入非物质文化遗产优秀实践名册。截至本次委员会会议，入选联合国教科文组织“优秀实践名册”的项目达到 10 项。

## 二、我国非物质文化遗产保护名录机制

“机制”（mechanism）本义原指机器的构造和动作原理。机制是以一定的运作方式把事物的各个部分联系起来，使它们协调运行而发挥作用。把机制的本义引申到不同的领域，就产生了不同的机制。如引申到社会领域，就产生了社会机制。社会机制是指能确保社会各方面维持正常运转所需要的一整套固定的组织、程序和关系。

《中华人民共和国非物质文化遗产法》中明确规定了非物质文化遗产保护的三项重要制度：调查制度、名录体系建设制度和传承传播制度。国务院办公厅《关于加强我国非物质文化遗产保护工作的意见（国发办［2005］18 号）》中提出“建立科学有效的非物质文化遗产传承机制”、“加强领导，落实责任，建立协调有效的工作机制”。文化部《关于加强国家级非物质文化遗产代表性项目保护管理工作的通知》(20110824）中强调“完善传承机制”，提出“建立定期自查、报告机制”、“建立督促检查和社会监督机制”、“建立表彰奖励机制”、“建立警告、退出机制”。

非物质文化遗产保护机制是确保非物质文化遗产保护制度得以具体实施的制约性的管理、运行规则和制度。

在我国，名录保护是非物质文化遗产保护机制中一种最重要的长效机制。

2005 年国务院 42 号文件中《关于加强文化遗产保护的通知》中规定的定义是：

非物质文化遗产是指各种以非物质形态存在的与群众生活密切相关、世

代相承的传统文化表现形式，包括口头传统、传统表演艺术、民俗活动和礼仪与节庆、有关自然界和宇宙的民间传统知识和实践、传统手工艺技能等以及与上述传统文化表现形式相关的文化空间。

2011 年《中华人民共和国非物质文化遗产法》第二条规定：

本法所称非物质文化遗产，是指各族人民世代相传并视为其文化遗产组成部分的各种传统文化表现形式，以及与传统文化表现形式相关的实物和场所。包括：

（一）传统口头文学以及作为其载体的语言；

（二）传统美术、书法、音乐、舞蹈、戏剧、曲艺和杂技；

（三）传统技艺、医药和历法；

（四）传统礼仪、节庆等民俗；

（五）传统体育和游艺；

（六）其他非物质文化遗产。

2005 年 3 月 1 日国务院办公厅关于加强我国非物质文化遗产保护工作的意见（国发办［2005］18 号）提出：

认真开展非物质文化遗产普查工作。要将普查摸底作为非物质文化遗产保护的基础性工作来抓，统一部署、有序进行。

建立非物质文化遗产代表名录体系。要通过制定评审标准并经过科学认定，建立国家级和省、市、县级非物质文化遗产代表作名录体系。

各级非物质文化遗产代表性项目名录是保护对象。《中华人民共和国非物质文化遗产法》第三章“非物质文化遗产代表性项目名录”明确指出：

国务院建立国家级非物质文化遗产代表性项目名录，将体现中华民族优秀传统文化，具有重大历史、文学、艺术、科学价值的非物质文化遗产项目列入名录予以保护。

“非物质文化遗产代表性项目名录”是“非物质文化遗产”中优秀的、具有重要价值的部分。国家级非物质文化遗产代表性项目名录必须经过申报、评审、公示等规定程序，由国务院批准、公布。

“非物质文化遗产名录”是经过“认定的”，没有经过认定的非物质文化遗产不能等同名录，尽管它具备可能成为“名录”的条件。“名录”是全球范围对非物质文化遗产保护的重要对象。成为某一级别的保护“名录”，先决条件是具有“代表性”，才能称为“代表作”。“代表作”由“价值”决定，即重大、普遍、突出价值。

申报就是“确认”过程，本身就是一种保护过程，进入“国家级名录”，是保护工作的一项显性成果，应当肯定。但是，“国家级名录”的数量，不是衡量非物质文化遗产保护工作的唯一尺度，也不是衡量非物质文化遗产保护工作第一重要的尺度。

申报各级“名录”的核心条件是：

1. 代表性。“代表作”是价值尺度，以其普遍价值、突出价值、重大价值、重要价值评定是否符合某一级别的名录资格。

2. 保护性。是指是否对申报的项目进行有效保护，是否有明确的保护计划。

名录是经过一个机构认定的，确认的，根据条件可以成为县级、市级、省级或国家级名录。我们保护的是各级名录项目，只重视国家级的名录项目，忽视省、市、县级名录项目，是个错误倾向。申报名录必须符合保护的规范，联合国教科文组织《保护非物质文化遗产公约》中对“保护”的解释是：

> “保护”指确保非物质文化遗产生命力的各种措施，包括这种遗产各个方面的确认、立档、研究、保存、保护、宣传、弘扬、传承（主要通过正规和非正规教育）和振兴。

“确认”（identification）是保护的先决步骤，就是识别“是不是”需要保护、重点保护的对象。确认的基本方式，是建立权威性的保护名录机制。

2005年3月26日国务院办公厅《关于加强我国非物质文化遗产保护工作的意见》（国发办［2005］18号）发布了《国家级非物质文化遗产代表作申报评定暂行办法》。我国建立的是国家、省（自治区、直辖市）、市地、县四级名录体系。国务院办公厅关于加强我国非物质文化遗产保护工作的意见（国发办［2005］18号）：

> 三、建立名录体系，逐步形成有中国特色的非物质文化遗产保护制度
>
> 建立非物质文化遗产代表名录体系。要通过制定评审标准并经过科学认

定，建立国家级和省、市、县级非物质文化遗产代表作名录体系。国家级非物质文化遗产代表名录由国务院批准公布。省、市、县级非物质文化遗产代表作名录由同级政府批准公布，并报上一级政府备案。

《中华人民共和国非物质文化遗产法》第三章《非物质文化遗产代表性项目名录》规定：

第十八条 国务院建立国家级非物质文化遗产代表性项目名录，将体现中华民族优秀传统文化，具有重大历史、文学、艺术、科学价值的非物质文化遗产项目列入名录予以保护。

省、自治区、直辖市人民政府建立地方非物质文化遗产代表性项目名录，将本行政区域内体现中华民族优秀传统文化，具有历史、文学、艺术、科学价值的非物质文化遗产项目列入名录予以保护。

第十九条 省、自治区、直辖市人民政府可以从本省、自治区、直辖市非物质文化遗产代表性项目名录中向国务院文化主管部门推荐列入国家级非物质文化遗产代表性项目名录的项目。

文化部“十二五”时期文化改革发展规划中提出：

进一步完善四级名录体系及保护机制，制定非物质文化遗产项目分类保护标准以及保护规划，加强“人类非物质文化遗产代表作名录”、“急需保护的非物质文化遗产名录”和“国家级非物质文化遗产名录”项目的保护，落实科学保护措施，实行“国家级非物质文化遗产名录”动态管理。加强代表性传承人保护，健全传承机制。

国家级名录由各省市自治区申报，经专家评审委员会初评，公示后，文化部根据专家评审委员会的审议意见和公示结果，拟订国家级非物质文化遗产代表性项目名录，报国务院批准、公布。

目前，国家级名录评审工作共分十个类别：

一、民间文学
二、传统音乐（民间音乐）
三、传统舞蹈（民间舞蹈）
四、传统戏剧

五、曲艺
六、传统体育、游艺与杂技（杂技与竞技）
七、传统美术（民间美术）
八、传统技艺（传统手工技艺）
九、传统医药
十、民俗
注：（）中文字是第一批名录分类名称。

名录体系建设意义深远，是非物质文化遗产保护最基本的有效机制。

2006 年 6 月 2 日国务院公布第一批国家级非物质文化遗产名录共计 518 项。

2008 年 6 月 7 日国务院公布第二批国家级非物质文化遗产名录共计 510 项（第一批国家级非物质文化遗产扩展项目名录共计 147 项）。

2011 年 6 月 9 日国务院公布第三批国家级非物质文化遗产名录共计 191 项（国家级非物质文化遗产扩展项目名录共计 164 项）。

三批国家级非物质文化遗产名录共计 1219 项。

截至 2012 年，各省区市公布了 8566 项省级非物质文化遗产名录项目，地市级非物质文化遗产名录项目 18186 项，县级非物质文化遗产名录项目 53776 项。国家、省、市、县四级名录体系初步形成。

## 三、国家级名录中的少数民族项目

重视、加强少数民族非物质文化遗产保护，是国家非物质文化遗产保护的一项基本原则。

2005 年，《国务院关于加强文化遗产保护的通知（国发［2005］42 号）》中提出：

我国文化遗产蕴含着中华民族特有的精神价值、思维方式、想象力，体现着中华民族的生命力和创造力，是各民族智慧的结晶，也是全人类文明的瑰宝。保护文化遗产，保持民族文化的传承，是连结民族情感纽带、增进民族团结和维护国家统一及社会稳定的重要文化基础，也是维护世界文化多样性和创造性，促进人类共同发展的前提。加强文化遗产保护，是建设社会主义先进文化，贯彻落实科学发展观和构建社会主义和谐社会的必然要求。

加强少数民族文化遗产和文化生态区的保护。重点扶持少数民族地区的非物质文化遗产保护工作。对文化遗产丰富且传统文化生态保持较完整的区域，要有计划地进行动态的整体性保护。对确属濒危的少数民族文化遗产和文化生态区，要尽快列入保护名录，落实保护措施，抓紧进行抢救和保护。

2011 年《中华人民共和国非物质文化遗产法》第六条规定：

国家扶持民族地区、边远地区、贫困地区的非物质文化遗产保护、保存工作。

在国家级非物质文化遗产名录评审中，少数民族项目受到重点关注。2009 年《文化部关于申报第三批国家级非物质文化遗产名录项目有关事项的通知（文非遗发〔2009〕24 号)》中明确提出要求：

重点关注下列项目：
1. 边疆省区少数民族的项目；
2. 有利于增强海峡两岸和海外华人文化认同的有关项目；
3. 与周边国家共同拥有的项目。

少数民族项目在国家级名录中占有重要的位置和比重：

第一批国家级非物质文化遗产名录 518 项，属于少数民族的 177 项，占 34.2%。

第二批国家级非物质文化遗产名录 510 项，属于少数民族的 187 项，占 36.7%。

第一批国家级非物质文化遗产扩展项目名录 147 项，属于少数民族的 53 项，占 36.2%。

第三批国家级非物质文化遗产项目名录 191 项，属于少数民族的 67 项，占 35%。

国家级非物质文化遗产扩展项目名录 164 项，属于少数民族的 25 项。占 15%。

三批国家级名录共计 1219 项，其中属于少数民族的 431 项，占35.4%。加上二批、三批新扩展项目，少数民族共有 487 项，占 1219 项的 40%。

(见附录一：少数民族 1—3 批国家级非物质文化遗产名录（民族别))

申报是一种保护过程，进入“国家级名录”，是保护工作的一项显性成果，应当肯定。但是，“国家级名录”的数量，不是衡量非物质文化遗产保护工作的唯一尺度，也不是衡量非物质文化遗产保护工作第一重要的尺度。

白族目前只有5项国家级名录，但是这五项的保护工作非常扎实，他们做到把申报作为“保护过程”来对待，不追求单纯的数量，而是在保护质量上下功夫，“绕三灵”有望进入联合国“人类非物质文化遗产代表作名录”，大理文化生态保护区的建设也取得了重大进展。

羌族目前只有8项国家级名录，但保护工作成绩突出，“羌年”已进入联合国“急需保护的非物质文化遗产”，羌族文化生态保护实验区已正式建立。

赫哲族目前只有2项国家级名录，一项是赫哲族鱼皮制作技艺，一项是赫哲族伊玛堪，都具有“濒危性”，近几年的保护工作取得明显的效果，已引起全社会的普遍关注。赫哲族伊玛堪已进入联合国“急需保护的非物质文化遗产”。

相对而言，少数民族具有重要价值但急需抢救的“濒危性”非物质文化遗产项目所占比重更大。目前，我国共有7个项目列入联合国急需保护的非物质文化遗产名录，其中4项属于少数民族。对于少数民族非物质文化遗产必须加强“抢救性”保护。

进一步加强少数民族非物质文化遗产名录机制的建设，仍是我们的一项重要任务。具备条件的，应当做好申报“国家级”和联合国名录工作，同时，也要扎扎实实做好县、地（州、市）、省级名录建设。我们应当注意纠正一些地方“重申报、轻保护”的偏向。

## 四、关于非物质文化遗产名录的申报书

申报国家级名录，依据规则编写合乎规范的《国家级非物质文化遗产代表作申报书》，是一个重要的环节［参见附录二：彝族撒尼语口传叙事长诗《阿诗玛》（民间文学）申报书］

国家级非物质文化遗产代表作申报书的编写必须符合规则，应当简明确凿，准确无误，重点突出，切忌空洞性、模糊、随意、夸张、冗长。

《名录简介》是申报文本的纲目。国家非物质文化遗产保护中心对于名录《简介》规范性要求：

1. 项目名称（俗称、别称、归属）；
2. 历史沿革；
3. 地理分布（相对明确的地理分布范围）；
4. 展示、表（演）现形式；
5. 资源状况及代表性特征（曲目、作品等）；

6. 文化内涵、技艺特色和风格特征（包括代表性传承人的风格特征）
7. 历史、文化、科学价值
8. 濒危状况及导致濒危的直接缘由等。

项目简介的开头语，应是项目概括语，特别要说明“遗产体现的领域”。

不是急需保护项目，不要刻意编造濒危状况及导致濒危的直接缘由等。

国家级非物质文化遗产民俗类名录具有鲜明的价值“导向性”。

《中华人民共和国非物质文化遗产法》第一条：

为了继承和弘扬中华民族优秀传统文化，促进社会主义精神文明建设，加强非物质文化遗产保护、保存工作，制定本法。

第十八条：

国务院建立国家级非物质文化遗产代表性项目名录，将体现中华民族优秀传统文化，具有重大历史、文学、艺术、科学价值的非物质文化遗产项目列入名录予以保护。

“优秀的”是申报名录的价值取向标准。

根据《中华人民共和国非物质文化遗产法》，对所有的非物质文化遗产，都实行保护、保存。但是，不是所有的非物质文化遗产都实行名录保护。对某一部分非物质文化遗产，或保存，或保护，区别对待，不是统统保护。只保护非物质文化遗产中的一部分。只有这部分可以进入各级非物质文化遗产代表性项目名录。

民俗是传统文化的重要组成部分。民俗是指一个国家、民族中广大社区民众所创造、享用和传承的非物质文化传统，与民众生活息息相关，以礼仪规范制约社会群体的价值取向，并视为其文化遗产的核心组成部分。区分民俗门类非物质文化遗产的“保护”与“保存”，具有特别的复杂性和敏感性。

仪式性和信仰性是民俗门类非物质文化遗产的突出特性。

由于历史进程中各种复杂因素的纠结，“封建迷信”论很长时期扰乱对于具有仪式性和信仰性的民俗事象的正确评判，在“封建迷信”论的大棒阴影下，传统的民俗仪式、民间信仰背负着“糟粕”之嫌，被摒弃在“优秀传统文化”的边缘。在非物质文化遗产保护过程中，通过确认“代表性项目名录”、一批传统节日、民间信俗名正言顺地进入国家级和省级保护的非物质文化遗产名录。传统节日端午节、迎神赛会妈祖信俗已列入联合国人类非物质文化遗产代表作名录；少数民族节日羌年、传统民间盛会麦西热甫被列入急需保护的非物质文化遗产名录。“我们的节日”日益深入人心，“我们的精神家园”得到更广泛认同。可以说，非物质文化遗产保护工作已为仪式性和信仰性的民俗遗产正名：民俗中蕴含着大量“三个有利于”的优秀的传统文化宝藏。

然而，事物都有两面性。在优秀的民俗类非物质文化遗产确认过程中，一些恶俗、陋习也假冒“优秀”沉渣泛起，这不能不引起人们高度的警惕。关于如何看待民俗和民间信仰中的消极因素，2010 年 11 月 4 日，文化部领导在非物质文化遗产保护工作部际联席会议上讲话时指出：非遗包含着非常广泛、丰富的内容，要充分发挥专家学者的作用，对包括民俗、民间信仰在内的非物质文化遗产进行具体的研究分析和科学扬弃，促进具有历史、文化和科学价值的非物质文化遗产得以延续和传承。

“具体的研究分析和科学扬弃”，就是正确区分哪些应当“保护”，哪些只能“保存”。对于一时难于分辨或有争议的，应当采取审慎态度，先“保存”，不宜匆忙列入名录保护。

民间仪式、民间信仰的本质是民众寄托美好意愿的祈福心理的表象，有利于增强社区、群体乃至一个民族的文化认同和凝聚力。算命占卜、扶乩降神是民俗中的“怪象”、“异象”，其持有者主体不是群众，而是少数占有者个人或群体，利用民众祈福求吉、驱邪辟害心理，以“灵验”为诱饵，以谋取钱财为目的，因而，属于应摈弃和制止的“迷信”，绝不能进入“保护”之列！

违背现代社会法规，与当代社会规范不协调，违背时代价值取向的民俗现象不能列入保护名录。民俗不是科学，“灵验”型民俗不可信。需要用科学证明是否“灵验”的民俗不能进名录。例如“算命”、“抽签”，不能列入名录。在民俗中导向价值不具代表性项目也不宜列入名录。

在现代社会中，我们保护的文化遗产是传统文化中传承下来的最精华部分，是各民族历史上遗留下来的有价值的物质财富和精神财富，这正是《中华人民共和国非物质文化遗产法》给予明确定位的“中华民族优秀传统文化”。这种优秀的传统文化以“非物质文化遗产代表性项目名录”的机制得到存续，在《中华人民共和国非物质文化遗产法》中得到确切的表述，对于理解非物质文化遗产的范畴和保护目标确立了基本准则，是今后开展非物质文化遗产保护工作的指针。

牢牢把握“保护”与“保存”的价值尺度，是做好民俗类非物质文化遗产代表性项目名录确认与保护工作的首要前提。

体现中华民族优秀传统文化，对于民俗类非物质文化遗产代表性项目名录的申报、论证、评审、认定特别重要。必须深刻理解。

申报国家级名录，还应正确理解非物质文化遗产保护的基本属性。《中华人民共和国非物质文化遗产法》第四条：

保护非物质文化遗产，应当注重其真实性、整体性和传承性，有利于增强中华民族的文化认同，有利于维护国家统一和民族团结，有利于促进社会和谐和可持续发展。

真实性、整体性和传承性是基本属性。对于非物质文化遗产保护，所谓“原生态性”、“发展性”、“创新性”等提法都不符合《中华人民共和国非物质文化遗产》精神。

一些地区，存在有意“打造节日”的偏向。随意改变节期、场所和活动目的，改变了其民俗文化空间的本质要素，破坏了“活态传承”，违背“真实性”保护原则。

申报国家级非物质文化遗产名录，至今仍存在一些理解误区：

1. 申报非物质文化遗产名录不等同于申请专利。联合国教科文组织《保护非物质文化遗产公约》明确规定：“为了扩大非物质文化遗产的影响，提高对其重要意义的认识和从尊重文化多样性的角度促进对话，委员会应根据有关缔约国的提名编辑、更新和公布人类非物质文化遗产代表作名录。”符合条件，加强保护；同一项目，不同国家和地区都可以申报，“名录”不具有“独占性”。例如联合国“人类非物质文化遗产名录”中的木卡姆，包含阿塞拜疆木卡姆、伊拉克木卡姆、沙士木卡姆音乐（乌兹别克斯坦、塔吉克斯坦）和中国新疆维吾尔木卡姆艺术。蒙族长调民歌由蒙古、中国联合申报。韩国的江陵端午祭并不影响中国申报“端午节”。

2. 语言不具主体申报资格问题。语言是非物质文化遗产，但不作为申报“名录”主体。语言不在定义规定之中，不是申报主体。

《保护非物质文化遗产公约》第二条：定义：

（二）按上述第（一）项的定义，“非物质文化遗产”包括以下方面：

1. 口头传统和表现形式，包括作为非物质文化遗产媒介的语言。

这里，把“语言”理解为“申报主体”是误解。“口头传统和表现形式”可以是申报主体，这个主体中可以“包括作为非物质文化遗产媒介的语言”。例如，“阿诗玛”是民间叙事长诗，是保护主体，同时保护作为媒介的彝族撒尼语言。而不是把撒尼语作为保护主体。换言之，“撒尼语”项目不能计入非物质文化遗产保护名录。“阿诗玛”用彝族撒尼语演唱，申报项目是“阿诗玛”，不是“撒尼语”。“撒尼语”不能成为非物质文化遗产保护的代表性名录。

《联合国教科文组织宣布人类口头和非物质文化遗产代表作申报书编写指南》中“评委会的评审标准”23. b. iv. 明确指出：

> 语言就其本身形态而言，不宜作为申报主体。而与语言密切相联的文化表现形式，其申报书必须满足下述四个条件：
>
> · 申报项目涉及一种口头创作（在有文字记录之前，最初为口头形式）；
>
> · 该文化现象至今保留着口传特性，而且该特性仍是其主导方面；
>
> · 申报项目在该口传遗产中构成一个显著部位；
>
> · 行动计划中提出的措施应以保护其口头性（口头和非物质层面）为目标。①

语言，特别是少数族群语言、濒危语言应当抢救保护，但国际上非物质文化遗产保护的规则中，“语言”不是申报的主体这一点是十分明确的。

3. 宗教（佛教、道教、基督教、天主教、伊斯兰教）活动不在非物质文化遗产范围。但宗教艺术、工艺表现形式和民俗活动可申报非物质文化遗产名录。

日喀则扎什伦布寺羌姆、藏族唐卡、塔尔寺酥油花、热贡艺术、德格印经院藏族雕版印刷技艺、津门法鼓、佛教音乐、道教音乐、庙会等属于宗教艺术、工艺表现形式和民俗活动，已列入国家级名录。由宗教团体支持的宗教活动，例如“法会”，不在申报范围。

开斋节、宰牲节和圣纪节是中国穆斯林的三大宗教节日，不在申报范围。

---

① 邹启山主编．联合国教科文组织宣布人类口头和非物质文化遗产代表作申报书编写指南．北京：文化艺术出版社，2005. 8－9.

4. 没有世代传承的不符合申遗资格。

“世代传承”要求：

（1）历史真实可靠性。学术研究笼统推论不行，例如“早在新石器时期”、“母系时期”。模糊性“传说”不行，需要有可靠可信证实。例如《康熙广东通志》* * 卷记载，道光年间 * * 碑刻记载。

（2）传承链环不间断性。历史上存在，但与现实存在没有连续性不行。例如某项民俗活动表现形式，在“南北朝”、“唐宋”时期就有记载，但没有与活态传承项目的可靠传承联系，笼统说“有悠久的历史证明”不行。必须拿出有说服力的证明材料。“很久以前”的传说也不是历史证明。

5. 没有活态传承的历史文化，不是非物质文化遗产的表现形式，不具申报资格。例如“镖局文化”、“黄粱梦文化”。

6. 不符合现代社会法规，与当代社会规范不协调，违背时代价值取向的不能列入保护名录。例如“吸烟习俗”、“祈梦习俗”等。需要用科学证明是否“灵验”的民俗不能进名录。例如“算命”，不能列入名录。西藏拉萨磨磐山关帝庙西藏拉萨人二百年信奉场所，很多信徒香客到关帝像前抽签占卜吉凶，决断疑难。

价值不在于“灵验”，而在于“文化间性”（Interculturality），即中华民族“你中有我、我中有你”的一个范例。抽签是藏族关帝习俗的一个重要表现形式。拉萨关帝信俗符合申报条件，符合申报名录资格。

7. 在民俗中导向价值不具代表性项目不宜列入。例如“大吃”的“百家宴”。

8. 不具有代表性特色的生产生活事项不能列入名录。例如春耕、夏锄、秋收早餐、午饭等。

9. 属于非物质文化遗产以外的其他类型遗产不再列入。

已列入世界重要农业文化遗产［Globally Important Agricultural Heritage Systems（GIAHS）］的项目，不宜再列入非物质文化遗产保护名录。

必须正确区分非物质文化遗产与世界记忆遗产。例如甲骨文是对人类文化进程产生过重大影响的文化遗产。甲骨文没有“活态传承”，不符合申报非物质文化遗产条件。“甲骨文文献”符合申报“世界记忆遗产名录”条件。

世界记忆遗产（Memory of the World）又称世界记忆工程或世界档案遗产，是联合国教科文组织于1992年启动的一个文献保护项目，其目的是对世界范围内正在逐渐老化、损毁、消失的文献记录，通过国际合作与使用最佳技术手段进行抢救，从而使人类的记忆更加完整。世界记忆遗产是世界文化遗产项目的延伸，世界文化遗产关注的是具有历史、美术、考古、科学或人类学研究价值的建筑物或遗址，而世界记忆遗产关注的则是文献遗产。

已列入世界记忆遗产的少数民族项目有东巴古籍文献（2003 年）、元代西藏官方档案（2013 年）。世界记忆遗产申报由中国国家档案局主管。

10. 不属于非物质文化遗产定义范围的文艺创作、作家创作不是非物质文化遗产，不在非物质文化遗产评审之列。例如："苏轼家族诗文"、电影《绿色原野》（1958）插曲《草原之夜》。

11. 不具有非物质文化遗产代表作属性的不能列入。

"打造"、"改造"，申报出发点错误，表演性、商业性活动性的项目不予列入。现代命名的群体活动不具申报非物质文化遗产名录资格，例如"旅游文化节"、"民俗节"等。

12. "原生态"是非物质文化遗产保护中炒作误区。

近年来，流行一个时髦的话语——原生态，许多人一提到"非物质文化遗产"，就祭起"原生态"法宝。推而广之，网络、媒体"原生态"泛滥成灾。我们的许多申报文本也玩起了"原生态"。什么是原生态？5000 年前的、500 年前的、100 年前的、今天的？不可能有明确界定。"原生态"违背非物质文化遗产活态传承性，在非物质文化遗产保护中，必须杜绝使用"原生态"的提法。

# 附录一：少数民族1—3批国家级非物质文化遗产名录（民族别）

说明：

1. 民族名称以汉语拼音排序。

2. 项目编号：Ⅰ＝民间文学；Ⅱ＝传统音乐；Ⅲ＝传统舞蹈；Ⅳ＝传统戏剧；Ⅴ＝曲艺；Ⅵ＝传统体育、游艺与杂技；Ⅶ＝传统美术；Ⅷ＝传统技艺；Ⅸ＝传统医药；Ⅹ＝民俗。

3. 2006年6月2日国务院公布第一批国家级非物质文化遗产名录（编号1－518）；2008年6月7日国务院关于公布第二批国家级非物质文化遗产名录（编号519－1028）和第一批国家级非物质文化遗产扩展项目名录；2011年5月23日国务院关于公布第三批国家级非物质文化遗产名录（编号1029－1219）和国家级非物质文化遗产名录扩展项目名录。“扩展保护单位”列在该项目之后，（二扩）表示2008年列入，（三扩）表示2011年列入。

4. 扩展的多民族共有的项目排在某一民族持有项目之后。

### 阿昌族

3　Ⅰ—3　遮帕麻和遮咪麻　云南省梁河县

391　Ⅷ—41　阿昌族户撒刀锻制技艺　云南省陇川县

### 白　族

376　Ⅷ—26　白族扎染技艺　云南省大理市

489　Ⅸ—41　白族绕三灵　云南省大理白族自治州

738　Ⅳ—137　白剧　云南省大理白族自治州

1012　Ⅹ—105　石宝山歌会　云南省剑川县

1013　Ⅹ—106　大理三月街　云南省大理市

### 保安族

392　Ⅷ—42　保安族腰刀锻制技艺　甘肃省积石山保安族东乡族撒拉族自治县

**布朗族**

613 Ⅱ—114 布朗族民歌（布朗族弹唱） 云南省勐海县

674 Ⅲ—77 布朗族蜂桶鼓舞 云南省双江拉祜族佤族布朗族傣族自治县

**布依族**

91 Ⅱ—60 铜鼓十二调 贵州省镇宁布依族苗族自治县、贞丰县

228 Ⅳ—84 布依戏 贵州省册亨县

234 Ⅳ—90 安顺地戏 贵州省安顺市

282 Ⅴ—46 布依族八音坐唱 贵州省兴义市

469 Ⅸ—21 布依族查白歌节 贵州省

549 Ⅰ—62 布依族盘歌 贵州省盘县

611 Ⅱ—112 布依族民歌（好花红调） 贵州省惠水县

629 Ⅱ—130 布依族勒尤 贵州省贞丰县、兴义市、镇宁布依族苗族自治县

891 Ⅷ—108 枫香印染技艺 贵州省惠水县、麻江县

375 Ⅷ—25 蜡染技艺 贵州省安顺市

1202 Ⅹ—127 布依族“三月三” 贵州省贞丰县、望谟县

233 Ⅳ—89 傩戏（荔波布依族傩戏） 贵州省荔波县

**藏 族**

27 Ⅰ—27 格萨（斯）尔 西藏自治区、青海省、甘肃省、四川省、云南省、内蒙古自治区、新疆维吾尔自治区、中国社会科学院《格萨（斯）尔》

52 Ⅱ—21 藏族拉伊 青海省海南藏族自治州

122 Ⅲ—19 弦子舞 （芒康弦子舞、巴塘弦子舞） 西藏自治区、四川省巴塘县 弦子舞（玉树依舞）青海省玉树藏族自治州（二扩）

123 Ⅲ—20 锅庄舞 （迪庆锅庄舞、昌都锅庄舞、玉树卓舞） 西藏自治区、云南省迪庆藏族自治州、青海省玉树藏族自治州

锅庄舞（甘孜锅庄、马奈锅庄、称多白龙卓舞、囊谦卓干玛）四川省石渠县、雅江县、新龙县、德格县、金川县，青海省称多县、囊谦县（二扩）

124 Ⅲ—21 热巴舞 （丁青热巴、那曲比如丁嘎热巴） 西藏自治区

125 Ⅲ—22 日喀则扎什伦布寺羌姆 西藏自治区

羌姆（拉康加羌姆、直孔嘎尔羌姆、曲德寺阿羌姆） 西藏自治区洛扎县、墨竹工卡县、贡嘎县（二扩）

137 Ⅲ—34 㑇舞 四川省九寨沟县（白马人）

142 Ⅲ—39 山南昌果卓舞 西藏自治区

224 Ⅳ—80 藏戏 （拉萨觉木隆、日喀则迥巴、日喀则南木林湘巴、日喀则仁布江嘎尔、山南雅隆扎西雪巴、山南琼结卡卓扎西宾顿、黄南藏戏） 西藏自治区、青海省黄南藏族自治州

藏戏（德格格萨尔藏戏、巴塘藏戏、色达藏戏、青海马背藏戏）四川省德格县、巴塘县、色达县，青海省果洛藏族自治州（二扩）

藏戏（尼木塔荣藏戏、南木特藏戏） 西藏自治区尼木县，甘肃省甘南藏族自治州（三扩）

313 Ⅶ—14 藏族唐卡 （勉唐画派、钦泽画派、噶玛嘎孜画派） 四川省甘孜藏族自治州，西藏自治区

藏族唐卡（昌都嘎玛嘎赤画派、墨南藏族唐卡）西藏自治区昌都县、墨竹工卡县，甘肃省夏河县（二扩）

藏族唐卡（勉萨画派） 西藏自治区（三扩）

338 Ⅶ—39 藏族格萨尔彩绘石刻 四川省色达县

347 Ⅶ—48 塔尔寺酥油花 青海省湟中县

酥油花（强巴林寺酥油花） 西藏自治区昌都地区（三扩）

348 Ⅶ—49 热贡艺术 青海省同仁县

371 Ⅷ—21 藏族邦典、卡垫织造技艺 西藏自治区山南地区、日喀则地区

372 Ⅷ—22 加牙藏族织毯技艺 青海省湟中县

397 Ⅷ—47 拉萨甲米水磨坊制作技艺 西藏自治区

419 Ⅷ—69 藏族造纸技艺 西藏自治区

430 Ⅷ—80 德格印经院藏族雕版印刷技艺 四川省德格县

藏族雕版印刷技艺（波罗古泽刻版制作技艺） 西藏自治区江达县（三扩）

438 Ⅷ—88 风筝制作技艺（拉萨风筝） 西藏自治区拉萨市

448 Ⅸ—9 藏医药 （拉萨北派藏医水银洗炼法和藏药仁青常觉配伍技艺、甘孜州南派藏医药） 西藏自治区，四川省甘孜藏族自治州

藏医药（藏医外治法、藏医尿诊法、藏医药浴疗法、甘南藏医药、藏药炮制技艺、藏药七十味珍珠丸配伍技艺、藏药珊瑚七十味丸配伍技艺、藏药阿如拉炮制技艺、七十味珍珠丸赛太炮制技艺） 西藏自治区藏医学院、西藏自治区山南地区藏医院，青海省藏医院，甘肃省碌曲县，西藏自治区藏医院、西藏自治区藏药厂、西藏自治区雄巴拉曲神水藏药厂，青海省金诃藏药药业股份有限公司（二扩）

藏医药（藏医骨伤疗法） 云南省迪庆藏族自治州（三扩）

479 Ⅸ—31 雪顿节 西藏自治区

491 Ⅸ—43 热贡六月会 青海省同仁县

556 Ⅰ—69 康巴拉伊 青海省治多县

564 Ⅰ—77 藏族婚宴十八说 青海省

614 Ⅱ—115 藏族民歌（川西藏族山歌、玛达咪山歌、华锐藏族民歌、藏族民歌、玉树民歌） 四川省甘孜藏族自治州、阿坝藏族羌族自治州、炉霍县、九龙县，甘肃省天祝藏族自治县、甘南藏族自治州，青海省玉树藏族自治州

藏族民歌（藏族赶马调、班戈昌鲁） 四川省冕宁县，西藏自治区班戈县（三扩）

630 Ⅱ—131 藏族扎木聂弹唱 青海省海南藏族自治州

637 Ⅱ—138 佛教音乐（直孔噶举派音乐、拉卜楞寺佛殿音乐道得尔、青海藏族唱经调） 西藏自治区墨竹工卡县，甘肃省夏河县，青海省兴海县

佛教音乐（觉囊梵音、塔尔寺花架音乐） 四川省壤塘县，青海省湟中县（三扩）

663 Ⅲ—66 得荣学羌 四川省得荣县

665 Ⅲ—68 博巴森根 四川省理县

677 Ⅲ—80 宣舞（古格宣舞、普堆巴宣舞） 西藏自治区札达县、墨竹工卡县

678 Ⅲ—81 拉萨囊玛 西藏自治区拉萨市

679 Ⅲ—82 堆谐（拉孜堆谐） 西藏自治区拉孜县

680 Ⅲ—83 谐钦（拉萨纳如谐钦、南木林土布加谐钦） 西藏自治区拉萨市城关区、南木林县

谐钦（尼玛乡谐钦） 西藏自治区班戈县（三扩）

681 Ⅲ—84 阿谐（达布阿谐） 西藏自治区比如县

682 Ⅲ—85 嘎尔 西藏自治区

683 Ⅲ—86 芒康三弦舞 西藏自治区芒康县

684 Ⅲ—87 定日洛谐 西藏自治区定日县

685 Ⅲ—88 旦嘎甲谐 西藏自治区萨嘎县

686 Ⅲ—89 廓孜 西藏自治区曲水县

687 Ⅲ—90 多地舞 甘肃省舟曲县

688 Ⅲ—91 巴郎鼓舞 甘肃省卓尼县

689 Ⅲ—92 藏族螭鼓舞 青海省循化撒拉族自治县

690 Ⅲ—93 则柔（尚尤则柔） 青海省贵德县

814 Ⅵ—42 传统箭术（南山射箭） 青海省乐都县

815 Ⅵ—43 赛马会（当吉仁赛马会、玉树赛马会） 西藏自治区拉萨市，青海省玉树藏族自治州

832 Ⅶ—56 石雕（泽库和日寺石刻） 青海省泽库县

840 Ⅶ—64 藏文书法（德格藏文书法、果洛德昂洒智） 四川省德格县，青海省果洛藏族自治州

848 Ⅶ—72 湟中堆绣 青海省湟中县

881 Ⅷ—98 陶器烧制技艺（藏族黑陶烧制技艺） 四川省稻城县，云南省迪庆藏族自治州，青海省囊谦县

884 Ⅷ—101 毛纺织及擀制技艺（彝族毛纺织及擀制技艺、藏族牛羊毛编织技艺、东乡族擀毡技艺） 四川省昭觉县、色达县，甘肃省东乡族自治县

903 Ⅷ—120 藏族金属锻造技艺（藏族锻铜技艺、藏刀锻制技艺） 西藏自治区南木林县，四川省白玉县，西藏自治区拉孜县，青海省玉树藏族自治州

藏族金属锻制技艺（扎西吉彩金银锻铜技艺） 西藏自治区日喀则地区（三扩）

924 Ⅷ—141 藏香制作技艺 西藏自治区尼木县、墨竹工卡县

969 Ⅷ—186 藏族碉楼营造技艺 四川省丹巴县

碉楼营造技艺（藏族碉楼营造技艺） 青海省班玛县（三扩）

986 Ⅹ—79 江孜达玛节 西藏自治区江孜县

993 Ⅹ—86 青海湖祭海 青海省海北藏族自治州

1020 Ⅹ—113 藏族服饰 西藏自治区措美县、林芝地区、普兰县、安多县、申扎县，青海省玉树藏族自治州、门源回族自治县

1028 Ⅹ—121 藏族天文历算 西藏自治区

1052 Ⅰ—108 阿尼玛卿雪山传说 青海省果洛藏族自治州

1054 Ⅰ—110 嘉黎民间故事 西藏自治区嘉黎县

1091 Ⅲ—102 跳曹盖 四川省平武县

1094 Ⅲ—105 协荣仲孜 西藏自治区曲水县

1095 Ⅲ—106 普兰果尔孜 西藏自治区阿里地区

1096 Ⅲ—107 陈塘夏尔巴歌舞 西藏自治区定结县

1097 Ⅲ—108 巴当舞 甘肃省岷县

1163 Ⅶ—106 藏族编织、挑花刺绣工艺 四川省阿坝藏族羌族自治州

1176 Ⅷ—196 银铜器制作及鎏金技艺 青海省湟中县

1179 Ⅷ—199 藏族矿植物颜料制作技艺 西藏自治区拉萨市

1206 Ⅹ—131 藏历年 西藏自治区拉萨市

61 Ⅱ—30 多声部民歌（藏族多声部民歌） 四川省松潘县、雅安市（二扩）

110 Ⅲ—7 傩舞（文县池哥昼） 甘肃省文县（二扩）

428 Ⅷ—78 雕版印刷技艺（同仁刻版印刷技艺） 青海省同仁县（三扩）

**朝鲜族**

127 Ⅲ—24 朝鲜族农乐舞（象帽舞、乞粒舞） 吉林省延边朝鲜族自治州，辽宁省本溪市

朝鲜族农乐舞 辽宁省铁岭市（二扩）

296 Ⅵ—14 朝鲜族跳板、秋千 吉林省延边朝鲜族自治州

623 Ⅱ—124 朝鲜族洞箫音乐 吉林省延吉市、珲春市

655 Ⅲ—58 朝鲜族鹤舞 吉林省延边朝鲜族自治州

656 Ⅲ—59 朝鲜族长鼓舞 吉林省图们市

773 Ⅴ—80 朝鲜族三老人 吉林省和龙市

907 Ⅷ—124 民族乐器制作技艺（朝鲜族民族乐器制作技艺） 吉林省延边朝鲜族自治州

996 Ⅹ—89 朝鲜族花甲礼 辽宁省丹东市，吉林省延边朝鲜族自治州

朝鲜族花甲礼 黑龙江省牡丹江市（三扩）

1006 Ⅹ—99 朝鲜族传统婚礼 吉林省延边朝鲜族自治州

1016 Ⅹ—109 朝鲜族服饰 吉林省延边朝鲜族自治州

1077 Ⅱ—147 阿里郎 吉林省延边朝鲜族自治州

1083 Ⅱ—153 伽倻琴艺术 吉林省延吉市

1126　Ⅴ—102　盘索里　辽宁省铁岭市，吉林省延边朝鲜族自治州

1214　Ⅹ—139　婚俗（朝鲜族婚礼）　吉林省延边朝鲜族自治州

793　Ⅵ—21　摔跤（朝鲜族摔跤）　吉林省延吉市（三扩）

453　Ⅹ—5　中秋节（秋夕）　吉林省延边朝鲜族自治州（三扩）

**达斡尔族**

131　Ⅲ—28　达斡尔族鲁日格勒舞　内蒙古莫力达瓦达斡尔族自治旗黑龙江省哈尔滨市

277　Ⅴ—41　达斡尔族乌钦　黑龙江省

达斡尔族乌钦　内蒙古自治区莫力达瓦达斡尔族自治旗

297　Ⅵ—15　达斡尔族传统曲棍球竞技　内蒙古自治区莫力达瓦达斡尔族自治旗

607　Ⅱ—108　达斡尔族民歌（达斡尔扎恩达勒、罕伯岱达斡尔族民歌）　内蒙古自治区莫力达瓦达斡尔族自治旗，黑龙江省齐齐哈尔市

1214　Ⅹ—139　婚俗（达斡尔族传统婚俗）　黑龙江省齐齐哈尔市富拉尔基区

451　Ⅹ—3　端午节（五大连池药泉会）　黑龙江省黑河市

488　Ⅹ—40　祭敖包（达斡尔族沃其贝）　新疆维吾尔自治区塔城市

**傣　族**

130　Ⅲ—27　傣族孔雀舞　云南省瑞丽市

230　Ⅳ—86　傣剧　云南省德宏傣族景颇族自治州

280　Ⅴ—44　傣族章哈　云南省西双版纳傣族自治州

315　Ⅶ—16　剪纸（丰宁满族剪纸、、医巫闾山满族剪纸、傣族剪纸）河北省丰宁满族自治县，辽宁省锦州市，云南省潞西市

355　Ⅷ—5　傣族慢轮制陶技艺　云南省西双版纳傣族自治州

418　Ⅷ—68　傣族、纳西族手工造纸技艺　云南省临沧市、香格里拉县

456　Ⅸ—8　傣族泼水节　云南省西双版纳傣族自治州

傣族泼水节　云南省德宏傣族景颇族自治州（二扩）

554　Ⅰ—67　召树屯与喃木诺娜　云南省西双版纳傣族自治州

658　Ⅲ—61　傣族象脚鼓舞　云南省潞西市、西双版纳傣族自治州

889　Ⅷ—106　傣族织锦技艺　云南省西双版纳傣族自治州

925　Ⅷ—142　贝叶经制作技艺　云南省西双版纳傣族自治州

934　Ⅷ—151　普洱茶制作技艺（贡茶制作技艺、大益茶制作技艺）　云南省宁洱县、勐海县

1195　Ⅸ—20　傣医药（睡药疗法）　云南省西双版纳傣族自治州、德宏傣族景颇族自治州

907　Ⅷ—124　民族乐器制作技艺（傣族象脚鼓制作技艺）　云南省临沧市临翔区（三扩）

**德昂族**

552　Ⅰ—65　达古达楞格莱标　云南省德宏傣族景颇族自治州

985 Ⅹ—78 德昂族浇花节 云南省德宏傣族景颇族自治州

**东乡族**

555 Ⅰ—68 米拉尕黑 甘肃省东乡族自治县

884 Ⅷ—101 毛纺织及擀制技艺（东乡族擀毡技艺） 甘肃省东乡族自治县

**侗 族**

59 Ⅱ—28 侗族大歌 贵州省黎平县广西壮族自治区柳州市、三江侗族自治县

侗族大歌 贵州省从江县、榕江县（二扩）

60 Ⅱ—29 侗族琵琶歌 贵州省榕江县、黎平县

侗族琵琶歌 贵州省从江县（三扩）

227 Ⅳ—83 侗戏 贵州省黎平县

侗戏 湖南省通道侗族自治县（二扩）

侗戏 广西壮族自治区三江侗族自治县（三扩）

233 Ⅳ—89 傩戏（侗族傩戏、沅陵辰州傩戏、德江傩堂戏） 湖南省新晃侗族自治县、沅陵县贵州省德江县

236 Ⅳ—92 木偶戏（石阡木偶戏） 贵州省石阡县

380 Ⅷ—30 侗族木构建筑营造技艺 广西壮族自治区柳州市、三江侗族自治县

侗族木构建筑营造技艺 贵州省黎平县、从江县（二扩）

384 Ⅷ—34 玉屏箫笛制作技艺 贵州省玉屏侗族自治县

473 Ⅸ—25 侗族萨玛节 贵州省榕江县

侗族萨玛节 贵州省黎平县（二扩）

560 Ⅰ—73 珠郎娘美（侗族） 贵州省榕江县、从江县

628 Ⅱ—129 芦笙音乐（侗族芦笙） 湖南省通道侗族自治县

887 Ⅷ—104 侗锦织造技艺 湖南省通道侗族自治县

976 Ⅸ—16 侗医药（过路黄药制作工艺） 贵州省黔东南苗族侗族自治州

1148 Ⅵ—65 赛龙舟 贵州省铜仁市、镇远县

1164 Ⅶ—107 侗族刺绣 贵州省锦屏县

1205 Ⅹ—130 侗年 贵州省榕江县

1209 Ⅹ—134 歌会（四十八寨歌节） 贵州省天柱县

1213 Ⅹ—138 月也 贵州省黎平县

107 Ⅲ—4 龙舞（芷江孽龙） 湖南省芷江侗族自治县（三扩）

**独龙族**

471 Ⅸ—23 独龙族卡雀哇节 云南省贡山独龙族怒族自治县

**俄罗斯族**

967 Ⅷ—184 俄罗斯族民居营造技艺 新疆维吾尔自治区塔城地区

1199 Ⅹ—124 俄罗斯族巴斯克节 内蒙古自治区额尔古纳市

**鄂伦春族**

279　Ⅴ—43　鄂伦春族摩苏昆　黑龙江省

433　Ⅷ—83　桦树皮制作技艺　内蒙古自治区鄂伦春自治旗　黑龙江省

桦树皮制作技艺（鄂伦春族桦树皮船制作技艺）　内蒙古自治区根河市，黑龙江省大兴安岭地区（二扩）

461　Ⅸ—13　鄂伦春族古伦木沓节　黑龙江省

606　Ⅱ—107　鄂伦春族民歌（鄂伦春族赞达仁）　内蒙古自治区鄂伦春自治旗，黑龙江省大兴安岭地区

895　Ⅷ—112　鄂伦春族狍皮制作技艺　内蒙古自治区鄂伦春自治旗，黑龙江省黑河市爱辉区

451　Ⅹ—3　端午节（五大连池药泉会）　黑龙江省黑河市（三扩）

**鄂温克族**

605　Ⅱ—106　鄂温克族民歌（鄂温克叙事民歌）　内蒙古自治区鄂温克族自治旗

812　Ⅵ—40　鄂温克抢枢　内蒙古自治区鄂温克族自治旗

998　Ⅹ—91　鄂温克驯鹿习俗　内蒙古自治区根河市

1093　Ⅲ—104　鄂温克族萨满舞　内蒙古自治区根河市

1200　Ⅹ—125　鄂温克族瑟宾节　黑龙江省讷河市

433　Ⅷ—83　桦树皮制作技艺（鄂温克族桦树皮制作技艺）　内蒙古自治区根河市（二扩）

**高山族**

662　Ⅲ—65　高山族拉手舞　福建省华安县

**仡佬族**

474　Ⅸ—26　仡佬毛龙节　贵州省石阡县

233　Ⅳ—89　傩戏（仡佬族傩戏）　贵州省道真仡佬族苗族自治县（二扩）

**哈尼族**

24　Ⅰ—24　四季生产调　云南省红河哈尼族彝族自治州

61　Ⅱ—30　哈尼族多声部民歌　云南省红河哈尼族彝族自治州

553　Ⅰ—66　哈尼哈吧　云南省元阳县

671　Ⅲ—74　乐作舞　云南省红河县

1064　Ⅰ—120　洛奇洛耶与扎斯扎依　云南省墨江哈尼族自治县

1092　Ⅲ—103　棕扇舞　云南省元江哈尼族彝族傣族自治县

1208　Ⅹ—133　祭寨神林　哈尼族　云南省元阳县

**哈萨克族**

281　Ⅴ—45　哈萨克族阿依特斯　新疆维吾尔自治区伊犁哈萨克自治州

哈萨克族阿依特斯　甘肃省阿克塞哈萨克族自治县（二扩）

559　Ⅰ—72　哈萨克族达斯坦　新疆维吾尔自治区文学艺术界联合会民间文艺

家协会、沙湾县、福海县

625 Ⅱ—126 哈萨克六十二阔恩尔 新疆维吾尔自治区伊犁哈萨克自治州

631 Ⅱ—132 哈萨克族冬布拉艺术 新疆维吾尔自治区伊犁哈萨克自治州

789 Ⅴ—96 哈萨克族铁尔麦 新疆维吾尔自治区伊犁哈萨克自治州

859 Ⅶ—83 哈萨克毡绣和布绣 新疆生产建设兵团农六师

966 Ⅷ—183 哈萨克族毡房营造技艺 新疆维吾尔自治区塔城地区

1025 Ⅹ—118 哈萨克族服饰 新疆维吾尔自治区伊犁哈萨克自治州

1078 Ⅱ—148 哈萨克族民歌 新疆维吾尔自治区伊犁哈萨克自治州

1085 Ⅱ—155 哈萨克族库布孜 新疆维吾尔自治区伊犁哈萨克自治州

1100 Ⅲ—111 哈萨克族卡拉角勒哈 新疆维吾尔自治区伊犁哈萨克自治州

1201 Ⅹ—126 诺茹孜节 新疆维吾尔自治区塔城地区

1214 Ⅹ—139 婚俗（哈萨克族传统婚俗） 新疆维吾尔自治区伊犁哈萨克自治州

830 Ⅶ—54 草编（哈萨克族芨芨草编织技艺） 新疆维吾尔自治区托里县（三扩）

**赫哲族**

278 Ⅴ—42 赫哲族伊玛堪 黑龙江省

435 Ⅷ—85 赫哲族鱼皮制作技艺 黑龙江省

**回 族**

51 Ⅱ—20 花儿（莲花山花儿会、松鸣岩花儿会、老爷山花儿会、七里寺花儿会、宁夏回族山花儿） 甘肃省康乐县、和政县，青海省大通回族土族自治县、民和回族土族自县，宁夏回族自治区

花儿（新疆花儿） 新疆维吾尔自治区昌吉回族自治州、巴音郭楞蒙古自治州

94 Ⅱ—63 回族民间器乐 宁夏回族自治区

266 Ⅴ—30 新疆曲子 新疆维吾尔自治区昌吉回族自治州

291 Ⅵ—9 回族重刀武术 天津市

514 Ⅸ—66 回族服饰 宁夏回族自治区

617 Ⅱ—118 回族宴席曲 青海省门源回族自治县

951 Ⅷ—168 牛羊肉烹制技艺（东来顺涮羊肉制作技艺、月盛斋酱烧牛羊肉制作技艺、北京烤肉制作技艺、烤全羊技艺）回、蒙古 北京市东来顺集团有限责任公司、北京月盛斋清真食品有限公司，内蒙古自治区阿拉善盟牛肉集团有限公司

948 Ⅷ—165 同盛祥牛羊肉泡馍制作技艺 陕西省西安市

977 Ⅸ—17 回族医药（张氏回医正骨疗法、回族汤瓶八诊疗法） 宁夏回族自治区吴忠市、银川市

1214 Ⅹ—139 婚俗（回族传统婚俗） 宁夏回族自治区

**基诺族**

141 Ⅲ—38 基诺大鼓舞 云南省景洪市

**京 族**

455 Ⅸ—7 京族哈节 广西壮族自治区东兴市

1084 Ⅱ—154 京族独弦琴艺术 广西壮族自治区东兴市

**景颇族**

459 Ⅸ—11 景颇族目瑙纵歌 云南省陇川县

1063 Ⅰ—119 目瑙斋瓦 云南省德宏傣族景颇族自治州

**柯尔克孜族**

25 Ⅰ—25 玛纳斯 新疆维吾尔自治区克孜勒苏柯尔克孜自治州、新疆维吾尔自治区文联民间文艺家协会

570 Ⅰ—83 柯尔克孜约隆 新疆维吾尔自治区阿克陶县、新疆师范大学

632 Ⅱ—133 柯尔克孜族库姆孜艺术 新疆维吾尔自治区克孜勒苏柯尔克孜自治州、乌恰县

858 Ⅶ—82 柯尔克孜族刺绣 新疆维吾尔自治区温宿县

1218 Ⅹ—143 柯尔克孜族驯鹰习俗 新疆维吾尔自治区阿合奇县

**拉祜族**

4 Ⅰ—4 牡帕密帕 云南省思茅市

676 Ⅲ—79 拉祜族芦笙舞 云南省澜沧拉祜族自治县

**黎 族**

135 Ⅲ—32 黎族打柴舞 海南省三亚市

354 Ⅷ—4 黎族原始制陶技艺 海南省昌江黎族自治县

369 Ⅷ—19 黎族传统纺染织绣技艺 海南省五指山市、白沙黎族自治县、保亭黎族苗族自治县、乐东黎族自治县、东方市

434 Ⅷ—84 黎族树皮布制作技艺 海南省保亭黎族苗族自治县

437 Ⅷ—87 黎族钻木取火技艺 海南省保亭黎族苗族自治县

460 Ⅸ—12 黎族三月三节 海南省五指山市

610 Ⅱ—111 黎族民歌（琼中黎族民歌） 海南省琼中黎族苗族自治县

634 Ⅱ—135 黎族竹木器乐 海南省保亭黎族苗族自治县、五指山市

965 Ⅷ—182 黎族船型屋营造技艺 海南省东方市

1018 Ⅹ—111 黎族服饰 海南省锦绣织贝有限公司、海南省民族研究所

1090 Ⅲ—101 老古舞 海南省白沙黎族自治县

881 Ⅷ—98 陶器烧制技艺（黎族泥片制陶技艺） 海南省白沙黎族自治县（三扩）

**傈僳族**

48 Ⅱ—17 傈僳族民歌 云南省怒江傈僳族自治州、泸水县

138 Ⅲ—35 傈僳族阿尺木刮 云南省维西傈僳族自治县

475 Ⅸ—27 傈僳族刀杆节 云南省泸水县

**珞巴族**

1019 Ⅹ—112 珞巴族服饰 西藏自治区隆子县、米林县

1051 Ⅰ—107 珞巴族始祖传说 西藏自治区米林县

**满 族**

12 Ⅰ—12 满族说部 吉林省

105 Ⅲ—2 秧歌（抚顺地秧歌） 辽宁省抚顺市

315 Ⅶ—16 剪纸（丰宁满族剪纸、医巫闾山满族剪纸） 河北省丰宁满族自治县，辽宁省锦州市

剪纸（岫岩满族剪纸、新宾满族剪纸、长白山满族剪纸） 辽宁省岫岩满族自治县、新宾满族自治县，吉林省通化市，贵州省剑河县（二扩）

540 Ⅰ—53 满族民间故事 辽宁省文学艺术界联合会民间文艺家协会

810 Ⅵ—38 满族珍珠球 吉林省吉林市

811 Ⅵ—39 满族二贵摔跤 河北省隆化县

856 Ⅶ—80 满族刺绣（岫岩满族民间刺绣、锦州满族民间刺绣、长白山满族枕头顶刺绣） 辽宁省岫岩满族自治县、锦州市古塔区，吉林省通化市

68 Ⅱ—37 唢呐艺术（丰宁满族吵子会） 丰宁满族自治县（二扩）

451 Ⅹ—3 端午节（五大连池药泉会） 黑龙江省黑河市（三扩）

639 Ⅲ—42 鼓舞（乌拉陈汉军旗单鼓舞） 吉林省吉林市（三扩）

**毛南族**

465 Ⅸ—17 毛南族肥套 广西壮族自治区环江毛南族自治县

660 Ⅲ—63 毛南族打猴鼓舞 贵州省平塘县

350 Ⅶ—51 竹编（毛南族花竹帽编织技艺） 广西壮族自治区环江毛南族自治县（三扩）

**门巴族**

225 Ⅳ—81 山南门巴戏 西藏自治区

**蒙古族**

19 Ⅰ—19 喀左东蒙民间故事 辽宁省喀喇沁左翼蒙古族自治县

26 Ⅰ—26 江格尔 新疆维吾尔自治区和布克赛尔蒙古自治县、博尔塔拉蒙古自治州、巴音郭楞蒙古自治州、新疆维吾尔自治区文联民间文艺家协会

27 Ⅰ—27 格萨（斯）尔 西藏自治区，青海省，甘肃省，四川省，云南省，内蒙古自治区，新疆维吾尔自治区，中国社会科学院《格萨（斯）尔》办公室

34 Ⅱ—3 蒙古族长调民歌 内蒙古自治区

蒙古族长调民歌 新疆维吾尔自治区巴音郭楞蒙古自治州、和布克赛尔蒙古自治县（二扩）

35 Ⅱ—4 蒙古族呼麦 内蒙古自治区

蒙古族呼麦 新疆维吾尔自治区阿勒泰地区（二扩）

66 Ⅱ—35 蒙古族马头琴音乐 内蒙古自治区

蒙古族马头琴音乐　吉林省前郭尔罗斯蒙古族自治县（二扩）

67　Ⅱ—36　蒙古族四胡音乐　内蒙古自治区通辽市

蒙古族四胡音乐　吉林省前郭尔罗斯蒙古族自治县，黑龙江省杜尔伯特蒙古族自治县（二扩）

132　Ⅲ—29　蒙古族安代舞　内蒙古自治区库伦旗

217　Ⅳ—73　二人台　内蒙古自治区呼和浩特市

二人台（东路二人台）　内蒙古自治区乌兰察布市（三扩）

276　Ⅴ—40　乌力格尔　内蒙古自治区扎鲁特旗、科尔沁右翼中旗，辽宁省阜新蒙古族自治县，吉林省前郭尔罗斯蒙古族自治县

乌力格尔　内蒙古自治区通辽市（二扩）

298　Ⅵ—16　蒙古族搏克　内蒙古自治区

396　Ⅷ—46　蒙古族勒勒车制作技艺　内蒙古自治区东乌珠穆沁旗

蒙古族勒勒车制作技艺　内蒙古自治区阿鲁科尔沁旗（二扩）

482　Ⅸ—34　成吉思汗祭典　内蒙古自治区鄂尔多斯市

488　Ⅸ—40　祭敖包　内蒙古自治区锡林郭勒盟

496　Ⅸ—48　那达慕　内蒙古自治区锡林郭勒盟

那达慕　青海省海西蒙古族藏族自治州，新疆维吾尔自治区和静县（二扩）

503　Ⅸ—55　鄂尔多斯婚礼　内蒙古自治区鄂尔多斯市

蒙古族婚礼（阿日奔苏木婚礼、乌珠穆沁婚礼、蒙古族婚俗）　内蒙古自治区阿鲁科尔沁旗、西乌珠穆沁旗，吉林省前郭尔罗斯蒙古族自治县（二扩）

538　Ⅰ—51　巴拉根仓的故事　内蒙古自治区通辽市

546　Ⅰ—59　嘎达梅林　内蒙古自治区科尔沁左翼中旗

547　Ⅰ—60　科尔沁潮尔史诗　内蒙古自治区

557　Ⅰ—70　汗青格勒　青海省海西蒙古族藏族自治州

591　Ⅱ—92　漫瀚调　内蒙古自治区准格尔旗

604　Ⅱ—105　蒙古族民歌（科尔沁叙事民歌、鄂尔多斯短调民歌、鄂尔多斯古如歌、阜新东蒙短调民歌、郭尔罗斯蒙古族民歌）　内蒙古自治区通辽市、鄂尔多斯市、杭锦旗，辽宁省阜新蒙古族自治县，吉林省前郭尔罗斯蒙古族自治县

蒙古族民歌（乌拉特民歌）　内蒙古自治区乌拉特前旗（三扩）

633　Ⅱ—134　蒙古族绰尔　新疆维吾尔自治区阿勒泰地区

654　Ⅲ—57　查玛内　内蒙古自治区阿拉善盟

691　Ⅲ—94　蒙古族萨吾尔登　新疆维吾尔自治区和静县

萨吾尔登　新疆维吾尔自治区博湖县（三扩）

788　Ⅴ—95　好来宝　内蒙古自治区科尔沁左翼后旗

792　Ⅵ—20　蒙古族象棋　内蒙古自治区阿拉善盟

794　Ⅵ—22　沙力搏尔式摔跤　内蒙古自治区阿拉善左旗

857　Ⅶ—81　蒙古族刺绣　新疆维吾尔自治区博湖县

893 Ⅷ—110 地毯织造技艺（阿拉善地毯织造技艺、维吾尔族地毯织造技艺） 内蒙古自治区阿拉善左旗，新疆维吾尔自治区洛浦县

906 Ⅷ—123 蒙古族马具制作技艺 内蒙古自治区科尔沁左翼后旗

951 Ⅷ—168 牛羊肉烹制技艺（烤全羊技艺） 内蒙古自治区阿拉善盟牛肉集团有限公司

964 Ⅷ—181 蒙古包营造技艺 内蒙古自治区文学艺术界联合会、西乌珠穆沁旗、陈巴尔虎旗

972 Ⅸ—12 蒙医药（赞巴拉道尔吉温针、火针疗法） 内蒙古自治区

蒙医药（蒙医传统正骨术、蒙医正骨疗法、血衰症疗法） 内蒙古自治区中蒙医医院、科尔沁左翼后旗，辽宁省阜新蒙古族自治县（三扩）

999 Ⅹ—92 蒙古族养驼习俗 内蒙古自治区阿拉善盟

1015 Ⅹ—108 蒙古族服饰 内蒙古自治区，甘肃省肃北蒙古族自治县，新疆维吾尔自治区博湖县

1001 Ⅹ—94 查干淖尔冬捕习俗 吉林省前郭尔罗斯蒙古族自治县

1058 Ⅰ—114 祝赞词 内蒙古自治区东乌珠穆沁旗，新疆维吾尔自治区博湖县、和布克赛尔蒙古自治县

1060 Ⅰ—116 陶克陶胡 吉林省前郭尔罗斯蒙古族自治县

61 Ⅱ—30 多声部民歌（潮尔道－蒙古族合声演唱） 内蒙古自治区锡林浩特市（二扩）

多声部民歌（潮尔道－阿巴嘎潮尔） 内蒙古自治区阿巴嘎旗（三扩）

315 Ⅶ—16 剪纸（和林格尔剪纸） 内蒙古自治区和林格尔县

394 Ⅷ—44 弓箭制作技艺（蒙古族牛角弓制作技艺） 内蒙古师范大学（三扩）

907 Ⅷ—124 民族乐器制作技艺（蒙古族拉弦乐器制作技艺） 内蒙古自治区科尔沁右翼中旗，吉林省前郭尔罗斯蒙古族自治县（三扩）

449 Ⅹ—1 春节（查干萨日） 吉林省前郭尔罗斯蒙古族自治县（三扩）

451 Ⅹ—3 端午节（五大连池药泉会） 黑龙江省黑河市（三扩）

992 Ⅹ—85 民间信俗（梅日更召信俗） 内蒙古自治区包头市九原区（三扩）

**苗 族**

1 Ⅰ—1 苗族古歌 贵州省台江县、黄平县

苗族古歌 湖南省花垣县（三扩）

5 Ⅰ—5 刻道 贵州省施秉县

54 Ⅱ—23 靖州苗族歌鼟 湖南省靖州苗族侗族自治县

126 Ⅲ—23 苗族芦笙舞 （锦鸡舞、鼓龙鼓虎－长衫龙、滚山珠） 贵州省丹寨县、贵定县、纳雍县

苗族芦笙舞 贵州省雷山县、关岭布依族苗族自治县、榕江县、水城县（二扩）

128 Ⅲ—25 木鼓舞（反排苗族木鼓舞） 贵州省台江县

133 Ⅲ—30 湘西苗族鼓舞 湖南省湘西土家族苗族自治州

321 Ⅶ—22 苗绣（雷山苗绣、花溪苗绣、剑河苗绣） 贵州省雷山县、贵阳市、剑河县

苗绣 贵州省凯里市（二扩）

苗绣 贵州省台江县（三扩）

375 Ⅷ—25 苗族蜡染技艺 贵州省丹寨县

蜡染技艺（苗族蜡染技艺、黄平蜡染技艺） 四川省珙县，贵州省黄平县（三扩）

381 Ⅷ—31 苗寨吊脚楼营造技艺 贵州省雷山县

383 Ⅷ—33 苗族芦笙制作技艺 贵州省雷山县，云南省大关县

390 Ⅷ—40 苗族银饰锻制技艺 贵州省雷山县，湖南省凤凰县

银饰制作技艺（苗族银饰制作技艺） 贵州省黄平县（二扩）

银饰锻制技艺（苗族银饰锻制技艺） 贵州省剑河县、台江县（三扩）

417 Ⅷ—67 皮纸制作技艺 贵州省贵阳市、贞丰县、丹寨县

467 Ⅸ—19 苗族鼓藏节 贵州省雷山县

470 Ⅸ—22 苗族姊妹节 贵州省台江县

495 Ⅸ—47 苗族系列坡会群 广西壮族自治区融水苗族自治县

513 Ⅸ—65 苗族服饰 云南省保山市

苗族服饰 湖南省湘西土家族苗族自治州，贵州省桐梓县、安顺市西秀区、关岭布依族苗族自治县、纳雍县、剑河县、台江县、榕江县、六盘水市六枝特区、丹寨县（二扩）

548 Ⅰ—61 仰阿莎（苗族的美神，苗族古代叙事长诗） 贵州省黔东南苗族侗族自治州

563 Ⅰ—76 苗族贾理 贵州省黔东南苗族侗族自治州

608 Ⅱ—109 苗族民歌（湘西苗族民歌、苗族飞歌） 湖南省吉首市，贵州省雷山县

苗族民歌（苗族飞歌） 贵州省剑河县（三扩）

628 Ⅱ—129 芦笙音乐（侗族芦笙、苗族芒筒芦笙） 湖南省通道侗族自治县，贵州省丹寨县

888 Ⅷ—105 苗族织锦技艺 贵州省麻江县、雷山县

苗族织锦技艺 贵州省台江县、凯里市（三扩）

975 Ⅸ—15 苗医药（骨伤蛇伤疗法、九节茶药制作工艺） 贵州省雷山县、

苗医药（癫痫症疗法、钻节风疗法） 湖南省凤凰县、花垣县（三扩）

982 Ⅹ—75 苗族独木龙舟节 贵州省台江县

983 Ⅹ—76 苗族跳花节 贵州省安顺市

984 Ⅹ—77 苗族四月八姑娘节 湖南省绥宁县

苗族四月八 湖南省吉首市（三扩）

990 Ⅹ—83 苗年 贵州省丹寨县、雷山县

1062 Ⅰ—118 亚鲁王 贵州省紫云苗族布依族自治县

1148　Ⅵ—65 赛龙舟　侗族苗族　贵州省铜仁市、镇远县
1155　Ⅶ—98　苗画　湖南省保靖县
1209　Ⅹ—134　歌会（四十八寨歌节）　贵州省天柱县
1217　Ⅹ—142　苗族栽岩习俗　贵州省榕江县
61　Ⅱ—30　多声部民歌（苗族多声部民歌）　贵州省台江县、剑河县（二扩）
129　Ⅲ—26　铜鼓舞（雷山苗族铜鼓舞）　贵州省雷山县（二扩）
315　Ⅶ—16　剪纸（苗族剪纸）　贵州省剑河县（二扩）
374　Ⅷ—24　蓝印花布印染技艺　湖南省凤凰县、邵阳县（二扩）
107　Ⅲ—4　龙舞（城步吊龙）　湖南省城步苗族自治县（三扩）
324　Ⅶ—25　挑花（苗族挑花）　湖南省泸溪县（三扩）
907　Ⅷ—124 民族乐器制作技艺（苗族芦笙制作技艺）　贵州省凯里市（三扩）
108 Ⅲ—5　狮舞（高台狮舞）　重庆市彭水苗族土家族自治县（三扩）

**仫佬族**

464　Ⅸ—16　仫佬族依饭节　广西壮族自治区罗城仫佬族自治县

**纳西族**

312　Ⅶ—13　纳西族东巴画　云南省丽江市
418　Ⅷ—68　傣族、纳西族手工造纸技艺　云南省香格里拉县
664　Ⅲ—67　甲搓　四川省盐源县
673　Ⅲ—76　纳西族热美蹉　云南省丽江市古城区
1082 Ⅱ—152　纳西族白沙细乐　云南省丽江市古城区

**怒　族**

472　Ⅸ—24　怒族仙女节　云南省贡山独龙族怒族自治县
675　Ⅲ—78　普米族搓蹉　云南省兰坪白族普米族自治县

**羌　族**

69　Ⅱ—38　羌笛演奏及制作技艺　四川省茂县
136　Ⅲ—33　卡斯达温舞　四川省黑水县
466　Ⅸ—18　羌族瓦尔俄足节　四川省阿坝藏族羌族自治州
659　Ⅲ—62　羊皮鼓舞　四川省汶川县
852　Ⅶ—76　羌族刺绣　四川省汶川县
989　Ⅹ—82　羌年　四川省茂县、汶川县、理县、北川羌族自治县
1066　Ⅰ—122　羌戈大战　四川省汶川县
1097　Ⅲ—108　巴当舞　甘肃省岷县
61　Ⅱ—30　多声部民歌（羌族多声部民歌）　四川省松潘县（二扩）
635　Ⅱ—136 口弦音乐　四川省北川羌族自治县（三扩）
969　Ⅷ—186 碉楼营造技艺（羌族碉楼营造技艺）　四川省汶川县、茂县（三扩）

**撒拉族**

505　Ⅸ—57　撒拉族婚礼　青海省循化撒拉族自治县

968　Ⅷ—185　撒拉族篱笆楼营造技艺　青海省循化撒拉族自治县
1023　Ⅹ—116　撒拉族服饰　青海省循化撒拉族自治县

**畲　族**

30　Ⅰ—30　畲族小说歌　福建省霞浦县
38　Ⅱ—7　畲族民歌　福建省宁德市
畲族民歌　浙江省景宁畲族自治县（二扩）
畲族民歌　浙江省泰顺县（三扩）
38　Ⅱ—7　畲族民歌　浙江省泰顺县（三扩）
973　Ⅸ—13　畲族医药（痧症疗法、六神经络骨通药制作工艺）　浙江省丽水市，福建省罗源县
980　Ⅹ—73　畲族三月三　浙江省景宁畲族自治县
1017　Ⅹ—110　畲族服饰　福建省罗源县
390　Ⅷ—40　银饰锻制技艺（畲族银器制作技艺）　福建省福安市（三扩）

**水　族**

322　Ⅶ—23　水族马尾绣　贵州省三都水族自治县
468　Ⅸ—20　水族端节　贵州省三都水族自治县
518　Ⅸ—70　水书习俗　贵州省黔南苗族布依族自治州

**塔吉克族**

144　Ⅲ—41　塔吉克族鹰舞　新疆维吾尔自治区塔什库尔干塔吉克自治县
476　Ⅸ—28　塔吉克族引水节和播种节　新疆维吾尔自治区塔什库尔干塔吉克自治县
809　Ⅵ—37　马球（塔吉克族马球）　新疆维吾尔自治区塔什库尔干塔吉克自治县
1007　Ⅹ—100　塔吉克族婚俗　新疆维吾尔自治区塔什库尔干塔吉克自治县
1079　Ⅱ—149　塔吉克族民歌　新疆维吾尔自治区塔什库尔干塔吉克自治县
1201　Ⅹ—126　诺茹孜节　新疆维吾尔自治区塔城地区
1219　Ⅹ—144　塔吉克族服饰　新疆维吾尔自治区塔什库尔干塔吉克自治县

**塔塔尔族**

987　Ⅹ—80　塔塔尔族撒班节　新疆维吾尔自治区塔城地区
塔塔尔族撒班节　新疆维吾尔自治区奇台县（三扩）
1201　Ⅹ—126　诺茹孜节　新疆维吾尔自治区塔城地区

**土家族**

46　Ⅱ—15　石柱土家啰儿调　重庆市石柱土家族自治县
56　Ⅱ—25　南溪号子　重庆市黔江区
85　Ⅱ—54　土家族打溜子　湖南省湘西土家族苗族自治州
土家族打溜子　湖北省五峰土家族自治县、鹤峰县（二扩）
120　Ⅲ—17　土家族摆手舞　湖南省湘西土家族苗族自治州

土家族摆手舞（恩施摆手舞、酉阳摆手舞）　湖北省来凤县，重庆市酉阳土家族苗族自治县（二扩）

121　Ⅲ—18　土家族撒叶儿嗬　湖北省长阳土家族自治县

134　Ⅲ—31　湘西土家族毛古斯舞　湖南省湘西土家族苗族自治州

233　Ⅳ—89　傩戏（沅陵辰州傩戏、德江傩堂戏）　湖南省沅陵县，贵州省德江县

368　Ⅷ—18　土家族织锦技艺　湖南省湘西土家族苗族自治州

499　Ⅸ—51　秀山花灯　重庆市秀山土家族苗族自治县

543　Ⅰ—56　都镇湾故事　湖北省长阳土家族自治县

567　Ⅰ—80　土家族梯玛歌　湖南省龙山县

583　Ⅱ—84　秀山民歌　重庆市秀山土家族苗族自治县

584　Ⅱ—85　酉阳民歌　重庆市酉阳土家族苗族自治县

597　Ⅱ—98　江河号子（酉水船工号子）土家　湖南省保靖县

624　Ⅱ—125　土家族咚咚喹　湖南省龙山县

1056　I—112　土家族哭嫁歌　湖南省永顺县、古丈县

1119　IV—157　张家界阳戏　湖南省张家界市永定区

1191　Ⅷ—211　土家族吊脚楼营造技艺　湖北省咸丰县，湖南省永顺县，重庆市石柱土家族自治县

1203　Ⅹ—128　土家年　湖南省永顺县

1068　I—124　酉阳古歌　重庆市酉阳土家族苗族自治县

58　Ⅱ—27　薅草锣鼓（宜昌薅草锣鼓、五峰土家族薅草锣鼓、兴山薅草锣鼓、宣恩薅草锣鼓、长阳山歌、川东土家族薅草锣鼓）　湖北省宜昌市、五峰土家族自治县、兴山县、宣恩县、长阳土家族自治县，四川省宣汉县（二扩）

233 Ⅳ—89　傩戏（鹤峰傩戏、恩施傩戏）　湖北省鹤峰县、恩施市（二扩）

107 Ⅲ—4　龙舞（地龙灯）　湖北省来凤县

**土　族**

29　Ⅰ—29　拉仁布与吉门索　青海省互助土族自治县

51　Ⅱ—20　花儿（老爷山花儿会、丹麻土族花儿会、七里寺花儿会）青海省大通回族土族自治县、互助土族自治县、民和回族土族自治县

143　Ⅲ—40　土族於菟　青海省同仁县

323　Ⅶ—24　土族盘绣　青海省互助土族自治县

477　Ⅸ—29　土族纳顿节　青海省民和回族土族自治县

504　Ⅸ—56　土族婚礼　青海省互助土族自治县

817　Ⅵ—45　土族轮子秋　青海省互助土族自治县

1022　Ⅹ—115　土族服饰　青海省互助土族自治县

1098　Ⅲ—109　安昭　青海省互助土族自治县

**佤　族**

128　Ⅲ—25　木鼓舞　（沧源佤族木鼓舞）　云南省沧源佤族自治县

561　Ⅰ—74　司岗里　　云南省沧源佤族自治县

司岗里　　云南省西盟佤族自治县（三扩）

736　Ⅳ—135　佤族清戏　　云南省腾冲县

**维吾尔族**

101　Ⅱ—70　新疆维吾尔木卡姆艺术（十二木卡姆、吐鲁番木卡姆、哈密木卡姆、刀郎木卡姆）　　新疆维吾尔自治区、鄯善县、哈密地区、麦盖提县

287　Ⅵ—5　维吾尔族达瓦孜　新疆维吾尔自治区

356　Ⅷ—6　维吾尔族模制法土陶烧制技艺　新疆维吾尔自治区英吉沙县、喀什市、吐鲁番地区

维吾尔族模制法土陶烧制技艺　　新疆生产建设兵团（二扩）

373　Ⅷ—23　维吾尔族花毡、印花布织染技艺　新疆维吾尔自治区吐鲁番地区

花毡、印花布织染技艺　　新疆维吾尔自治区且末县、塔城地区、英吉沙县（二扩）

420　Ⅷ—70　维吾尔族桑皮纸制作技艺　新疆维吾尔自治区吐鲁番地区

497　Ⅸ—49　维吾尔刀郎麦西热甫　新疆维吾尔自治区麦盖提县

新疆维吾尔族麦西热甫（新疆维吾尔刀郎麦西热甫、维吾尔族却日库木麦西热甫、维吾尔族塔合麦西热甫、维吾尔族阔克麦西热甫）　　新疆维吾尔自治区阿瓦提县、阿克苏市、木垒哈萨克自治县、哈密市（二扩）

558　Ⅰ—71　维吾尔族达斯坦　　新疆维吾尔自治区

615　Ⅱ—116　维吾尔族民歌（罗布淖尔维吾尔族民歌）　　新疆维吾尔自治区尉犁县

626　Ⅱ—127　维吾尔族鼓吹乐　　新疆维吾尔自治区

693　Ⅲ—96　维吾尔族赛乃姆　　新疆维吾尔自治区哈密地区、莎车县

赛乃姆（若羌赛乃姆、且末赛乃姆、库尔勒赛乃姆、伊犁赛乃姆、库车赛乃姆）新疆维吾尔自治区若羌县、且末县、库尔勒市、伊宁县、库车县（三扩）

816　Ⅵ—44　叼羊（维吾尔族叼羊）　　新疆维吾尔自治区巴楚县

831　Ⅶ—55　柳编（维吾尔族枝条编织）　　新疆维吾尔自治区吐鲁番市

855　Ⅶ—79　维吾尔族刺绣　　新疆维吾尔自治区哈密地区

883　Ⅷ—100　传统棉纺织技艺　　新疆维吾尔自治区伽师县

传统棉纺织技艺（维吾尔族帕拉孜纺织技艺）　新疆维吾尔自治区拜城县（三扩）

892　Ⅷ—109　新疆维吾尔族艾德莱斯绸织染技艺　　新疆维吾尔自治区洛浦县

893　Ⅷ—110　地毯织造技艺（维吾尔族地毯织造技艺）　　新疆维吾尔自治区洛浦县

897　Ⅷ—114　维吾尔族卡拉库尔胎羔皮帽制作技艺　　新疆维吾尔自治区沙雅县

905　Ⅷ—122　维吾尔族传统小刀制作技艺　　新疆维吾尔自治区英吉沙县

907 Ⅷ—124 民族乐器制作技艺（维吾尔族乐器制作技艺） 新疆维吾尔自治区疏附县、新和县

1024 Ⅹ—117 维吾尔族服饰 新疆维吾尔自治区于田县

1067 Ⅰ—123 恰克恰克 维吾尔 新疆维吾尔自治区伊宁市

1099 Ⅲ—110 萨玛舞 新疆维吾尔自治区喀什市

1192 Ⅷ—212 维吾尔族民居建筑技艺（阿依旺赛来民居营造技艺） 新疆维吾尔自治区和田地区

1196 Ⅸ—21 维吾尔医药（维药传统炮制技艺、木尼孜其·木斯力汤药制作技艺、食物疗法、库西台法） 新疆维吾尔医学高等专科学校、新疆维吾尔自治区和田地区、新疆维吾尔自治区莎车县、新疆维吾尔自治区维吾尔医药研究所

1201 Ⅹ—126 诺茹孜节 新疆维吾尔自治区塔城地区

793 Ⅵ—21 摔跤（维吾尔族且力西） 新疆维吾尔族自治区岳普湖县（三扩）

884 Ⅷ—101 毛纺织及擀制技艺（维吾尔族花毡制作技艺） 新疆维吾尔自治区柯坪县（三扩）

**乌孜别克族**

616 Ⅱ—117 乌孜别克族埃希来、叶来 新疆维吾尔自治区艺术研究所、伊犁哈萨克自治州、喀什地区

1201 Ⅹ—126 诺茹孜节 新疆维吾尔自治区塔城地区

**锡伯族**

457 Ⅸ—9 锡伯族西迁节 新疆维吾尔自治区察布查尔锡伯自治县

266 Ⅴ—30 新疆曲子 新疆维吾尔自治区昌吉回族自治州

692 Ⅲ—95 锡伯族贝伦舞 新疆维吾尔自治区察布查尔锡伯自治县

1053 Ⅰ—109 锡伯族民间故事 辽宁省沈阳市

1165 Ⅶ—108 锡伯族刺绣 新疆维吾尔自治区察布查尔锡伯自治县

1214 Ⅹ—139 婚俗（锡伯族传统婚俗） 新疆嘎善文化传播中心

394 Ⅷ—44 弓箭制作技艺（锡伯族弓箭制作技艺） 新疆维吾尔自治区（二扩）

992 Ⅹ—85 民间信俗（锡伯族喜利妈妈信俗） 辽宁省沈阳市（三扩）

**瑶 族**

324 Ⅶ—25 挑花（花瑶挑花） 湖南省隆回县

挑花（花瑶挑花） 湖南省溆浦县（二扩）

462 Ⅸ—14 瑶族盘王节 广西壮族自治区贺州市 广东省韶关市

493 Ⅸ—45 瑶族耍歌堂 广东省清远市

515 Ⅸ—67 瑶族服饰 广西壮族自治区南丹县、贺州市

609 Ⅱ—110 瑶族民歌（花瑶呜哇山歌） 湖南省隆回县

657 Ⅲ—60 瑶族长鼓舞 湖南省江华瑶族自治县，广东省连南瑶族自治县，广西壮族自治区富川瑶族自治县

瑶族长鼓舞（小长鼓舞、黄泥鼓舞） 广东省连山壮族瑶族自治县，广西壮族自

治区金秀瑶族自治县（三扩）

661 Ⅲ—64 瑶族猴鼓舞 贵州省荔波县

974 Ⅸ—14 瑶族医药（药浴疗法） 贵州省从江县

1061 Ⅰ—117 密洛陀 广西壮族自治区都安瑶族自治县

1162 Ⅶ—105 瑶族刺绣 广东省乳源瑶族自治县

61 Ⅱ—30 多声部民歌（瑶族蝴蝶歌） 广西壮族自治区富川瑶族自治县（二扩）

129 Ⅲ—26 铜鼓舞（田林瑶族铜鼓舞） 广西壮族自治区田林县（二扩）

**彝 族**

28 Ⅰ—28 阿诗玛 云南省石林彝族自治县

62 Ⅱ—31 彝族海菜腔 云南省红河哈尼族彝族自治州

129 Ⅲ—26 铜鼓舞（文山壮族、彝族铜鼓舞） 云南省文山壮族苗族自治州

139 Ⅲ—36 彝族葫芦笙舞 云南省文山壮族苗族自治州

140 Ⅲ—37 彝族烟盒舞 云南省红河哈尼族彝族自治州

229 Ⅳ—85 彝族撮泰吉 贵州省威宁彝族回族苗族自治县，云南省楚雄彝族自治州

458 Ⅸ—10 火把节（彝族火把节） 四川省凉山彝族自治州，云南省楚雄彝族自治州

火把节（彝族火把节） 贵州省赫章县（三扩）

550 Ⅰ—63 梅葛 云南省楚雄彝族自治州

551 Ⅰ—64 查姆 云南省双柏县

562 Ⅰ—75 彝族克智 四川省美姑县

612 Ⅱ—113 彝族民歌（彝族酒歌） 云南省武定县

彝族民歌（彝族山歌） 贵州省盘县（三扩）

635 Ⅱ—136 口弦音乐 四川省布拖县

666 Ⅲ—69 彝族铃铛舞 贵州省赫章县

667 Ⅲ—70 彝族打歌 云南省巍山彝族回族自治县

668 Ⅲ—71 彝族跳菜 云南省南涧彝族自治县

669 Ⅲ—72 彝族老虎笙 云南省双柏县

670 Ⅲ—73 彝族左脚舞 云南省牟定县

671 Ⅲ—74 乐作舞 云南省红河县

672 Ⅲ—75 彝族三弦舞（阿细跳月、撒尼大三弦） 云南省弥勒县、石林彝族自治县

737 Ⅳ—136 彝剧 云南省大姚县

854 Ⅶ—78 彝族（撒尼）刺绣 云南省石林彝族自治县

884 Ⅷ—101 毛纺织及擀制技艺（彝族毛纺织及擀制技艺） 四川省昭觉县、色达县

911 Ⅷ—128 彝族漆器髹饰技艺 四川省喜德县，贵州省大方县
1065 Ⅰ—121 阿细先基 云南省弥勒县
1075 Ⅱ—145 弥渡民歌 云南省弥渡县
1194 Ⅸ—19 彝医药（彝医水膏药疗法） 云南省楚雄彝族自治州
1204 Ⅹ—129 彝族年 四川省凉山彝族自治州
1214 Ⅹ—139 婚俗（彝族传统婚俗） 四川省美姑县
390 Ⅷ—40 银饰制作技艺（彝族银饰制作技艺） 四川省布拖县（二扩）
793 Ⅵ—21 摔跤（彝族摔跤） 云南省石林彝族自治县

**裕固族**

50 Ⅱ—19 裕固族民歌 甘肃省肃南裕固族自治县
1021 Ⅹ—114 裕固族服饰 甘肃省肃南裕固族自治县
1214 Ⅹ—139 婚俗（裕固族传统婚俗） 甘肃省张掖市

**壮 族**

2 Ⅰ—2 布洛陀 广西壮族自治区田阳县
23 Ⅰ—23 刘三姐歌谣 广西壮族自治区宜州市
63 Ⅱ—32 那坡壮族民歌 广西壮族自治区那坡县
129 Ⅲ—26 铜鼓舞（文山壮族、彝族铜鼓舞） 云南省文山壮族苗族自治州
226 Ⅳ—82 壮剧 广西壮族自治区
壮剧 云南省文山壮族苗族自治州（二扩）
370 Ⅷ—20 壮族织锦技艺 广西壮族自治区靖西县
463 Ⅸ—15 壮族蚂蚂（虫字旁加另）节 广西壮族自治区河池市
494 Ⅸ—46 壮族歌圩 广西壮族自治区南宁市
509 Ⅸ—61 壮族铜鼓习俗 广西壮族自治区河池市
569 Ⅰ—82 壮族嘹歌 广西壮族自治区平果县
1057 Ⅰ—113 坡芽情歌 云南省富宁县
1193 Ⅸ—18 壮医药（壮医药线点灸疗法） 广西中医学院
61 Ⅱ—30 多声部民歌（壮族三声部民歌） 广西壮族自治区富川瑶族自治县、马山县（二扩）
108 Ⅲ—5 狮舞（田阳壮族狮舞） 广西壮族自治区田阳县（三扩）

# 附录二：彝族撒尼语口传叙事长诗《阿诗玛》（民间文学）申报书摘要

编者按：

摘要采自中国民族民间文化保护工程国家中心编印《国家级非物质文化遗产代表作申报书参考范本》。《少数民族非物质文化遗产》课题组成员参与编写工作。

2006 年 6 月该项目云南省石林彝族自治县《阿诗玛 》（28 Ⅰ—28）列入第一批国家级非物质文化遗产名录。

这是 2005 年第一批国家级非物质文化遗产代表作申报书。2013 年文化部《关于推荐申报第四批国家级非物质文化遗产代表性项目有关事项的通知》附件 1《国家级非物质文化遗产代表性项目申报书》明确要求每栏限制的字数。

**国家级非物质文化遗产代表作申报书**

申报项目类别：民间文学

申报项目名称：彝族撒尼语口传叙事长诗《阿诗玛》

申报省、自治区、直辖市：云南省

## 一、所在区域及其地理环境

流传在云南省昆明市石林彝族自治县。石林彝族自治县位于滇东南，是昆明市的远郊区，离昆明仅 70 余公里。石林县国土面积 1717 平方公里，人口 230548 人，少数民族人口 79405 人，占总人口的 34. 44%，少数民族人口中彝族人口 77519 人，占总人口的 33. 62%。这里海拔 1600 ~ 2000 米，为典型的喀斯特地貌，尤其以石林风景名胜区最具代表性，被命名为国家重点风景名胜区和世界地质公园，被誉为世界喀斯特地貌的精华，世界喀斯特地貌博物馆。石林喀斯特地貌有柱状石林、剑状石林、石林洼地、石林岭脊等，或突兀于广阔的石芽原野；或残留山脊；或藏于林间；或立于湖泊洼地……变化万千，展现了一幅美妙景观。石峰、石柱、石芽形态各异，状人拟物，惟妙惟肖，许多已被当地撒尼人命名以形象的称谓，如“阿诗玛”石峰形似撒尼传说中的美神阿诗玛，头戴包头，身背背篓，亭亭玉立，昂首远眺。气候为典型的亚热带高原干湿季风气候，具有“冬无严寒，夏无酷暑，四季如春，干湿分明”的特点。每年5月至10月为雨季，11月至次年4月为旱季。雨季降水量占全年降水量的80%—88%，境内平均湿度70%，常年主导风向为西南风，次主导风为南风。县境内有324国道，昆（明）——石（林）和石（林）——曲（靖）高速公路，九（乡）——石（林）——阿（庐古洞）旅游专线，昆（明）——河（口）公路。还有南（宁）——昆（明）铁路穿境而过，交通十分发达。古代这里还是广西、贵州进入昆明的重要交通要塞，为滇黔、滇桂的古驿道交汇处。

## 二、项目说明

### 分布区域

彝族撒尼语口传叙事长诗《阿诗玛》流传于云南省石林彝族自治县撒尼彝区的村村寨寨。按照地理位置和土语及服饰差异为特征，《阿诗玛》的流派风格也可分为南北两个流派：南部流派分布为圭山乡、亩竹箐乡、尾则乡；北部流派分布为北大村乡、西街口乡、石林镇。两个流派的《阿诗玛》大同小异。

### 历史渊源

彝族撒尼语口传叙事长诗《阿诗玛》源远流长。关于《阿诗玛》起源时间，学界看法不一，有研究者认为萌发于刀耕火种的原始社会时期，形成于封建社会时期，跨越了若干人类社会发展历程，用撒尼彝语创作并以口耳相传的方式一代又一代地流传至今。由于千百年来都用撒尼语传播，直到近现代，外界才知道《阿诗玛》。19世纪末法国学者保禄·维亚尔把《阿诗玛》译成法文在国外发表，是有关《阿诗玛》的最早介绍。但这篇文章当时并没有译介成中文、英文，并没有产生太大的影响。到了20世纪50年代初，中国学者选译《阿诗玛》片断，在地方刊物上发表，才引起了世人对《阿诗玛》的关注。云南省委宣传部组成了云南人民文工团圭山工作组深入撒尼彝区对《阿诗玛》进行专题调查，在不同的撒尼村寨搜集了22份异文原始资料，在此基础上整理出汉译整理本并公开发表。黄铁、杨知勇、刘绮、公刘汉译整理本在《云南日报》连载后，于1954年由云南人民出版社出版，轰动了中国文坛，国内许多报纸、期刊相继转载。多家出版社出版了《阿诗玛》单行本。20世纪60年代初作家协会昆明分会又在整理本的基础上作了重新整理。80年代著名的民间文艺家马学良教授根据金国库毕摩彝文手抄本，用彝文、国际音标注音，汉文直译、汉文意译四行体的形式公开出版了《阿诗玛》科学版本。90 年代初部分撒尼学者用彝文手抄本和彝语口传本的 4 种版本进行校勘，出版了彝汉文对照本《阿诗玛》。

1964 年被改编为电影文学剧本，搬上了银幕，阿诗玛成为家喻户晓的彝族女性美好形象。

《阿诗玛》汉文整理本发表后，在国外也引起了重视，目前已有英文、法文、德文、西班牙文、俄文、日文、韩国文等多种语言版本在海外流传。日本还把《阿诗玛》改编成广播剧、歌舞剧、儿童剧等艺术形式。汉文整理本《阿诗玛》发表后，我国电影以及京剧、滇剧、歌剧、舞剧、撒尼剧等艺术剧种也把《阿诗玛》改编成各自的艺术形式，从不同的角度共同演绎《阿诗玛》，使《阿诗玛》广为流传，家喻户晓。21 世纪初，石林县组织学者收集已发表的《阿诗玛》各种版本、学术论文及其相关资料，出版了一套"阿诗玛文化丛书"。2004 年石林县与中央民族大学在阿诗玛故乡联合主办召开了"阿诗玛国际学术研讨会"，国内外学者共同研讨"阿诗玛文化"。

民间叙事长诗《阿诗玛》已作为公认的中国民间文学优秀作品，编进高等院校"民间文学"教科书。权威性辞书《辞海》及《中国大百科全书·中国文学》收入《阿诗玛》条目。

**基本内容**

《阿诗玛》的原形态是用撒尼彝语创作的，在民间也是用撒尼语来传唱的。作品以主人公"阿诗玛"为主线，用诗体语言，以叙事方式来讲述故事。"阿诗玛"从小热爱劳动、热爱学习，得到父母和众乡亲的宠爱。青年"阿诗玛"美名扬四方，前往提亲的人络绎不绝，有钱有势的"热布巴拉"之子对"阿诗玛"垂涎三尺，便派媒人去提亲，媒人花言巧语，软硬兼施，在金钱和财富面前"阿诗玛"不为所动；在强大黑暗势力面前，"阿诗玛"不为所屈。在"热布巴拉"抢婚过程中，"阿诗玛"与对方展开了不屈不挠的抗争。"阿诗玛"的哥哥"阿黑"在远方放羊，预感家中发生不祥，连夜赶回家后得知妹妹被人抢去，旋去追赶。在"热布巴拉"家门口，"阿黑"与"热布巴拉"家斗智斗勇，经过几个回合的较量，单枪匹马的"阿黑"战胜了不可一世的"热布巴拉"。"阿黑"带着"阿诗玛"走在回家的路上，代表神魔的"小蜜蜂"诱骗"阿黑"兄妹到它所居的岩洞休息，不料，崖神把"阿诗玛"牢牢地粘在崖壁上。尽管"阿黑"使尽浑身的解数，最后还是没能救出"阿诗玛"。曾经战胜代表封建势力的阿黑兄妹最后成了神权的牺牲品。不甘心失败的"阿诗玛"变成了群山中的"回声"，变成石林从中的“石峰”，把美丽留给了人间，与日月同辉、与山河共存、与人民同在，象征胜利属于人民。表示光明终将代替黑暗，善美终将代替丑恶，自由终将代替压迫。

**相关制品及器具等**

1. 伴奏乐器。

《阿诗玛》可以清唱，也可以用乐器伴奏，有演唱者边唱边奏，也有多名乐手用乐器来伴奏。用于伴奏的乐器有：

月琴：彝语称“抢婆”，较汉族月琴薄、轻。设11或12个品位。琴面绘有草木图案。过去弹奏时不用弹片，直接用手指弹拨。

小三弦：与汉族小三弦相比，音桶较长，制作粗犷。

三胡：撒尼人特有的乐器。形状像汉族的南胡。有三个耳子，三根弦索。弓弦分二股串于三根弦索之间。演奏时，每拉弓弦必动中弦。发声有两把二胡效果。

竹笛：分大、中、小即高、中、低音三种。无笛膜孔。有6个按孔和1个吹孔。

篾口弦：用竹制作。长约12厘米，宽2厘米。在上面划出一片固定的簧片，在右部穿一根线，吹奏时，口吹簧片，左手扶弦，右手拉线。

吹树叶：常用“培批树”吹曲调。有柔性、薄、光滑的叶子都可用来吹奏。

这些乐器有单独伴奏，也可以联合伴奏。

2. 祭祀仪式时，祭师毕摩配以道具。

撒尼人举行求子祭祀仪式时，祭师毕摩配以道具表演《阿诗玛》中“阿黑”射箭段落，为祭祀活动的重要内容之一。

3. 彝文记录文本、毕摩经书手抄本，是纪录《阿诗玛》的宝贵文献。

4. 石林世界地质公园阿诗玛石，被看作是阿诗玛的化身。

5. 撒尼女性花包头服饰，被看作是阿诗玛的传承。

**传承谱系**

有重大影响的代表性歌手有：

1. 圭山乡老海宜村金显，男，生于1924年，由父亲金国富传予，金国富又由著名毕摩金国库传给，金国库又由其父传给，再上已无法追述，但该流派根祖源于“舍波村长下巴”。

2. 西街口乡寨黑村毕华玉，男，毕摩，生于1952年，属于毕摩调演唱法，由父亲毕朝庭传予，毕朝庭又由其父毕小三传予，再上已无法追述。

3. 尾则乡宜政村王玉芳，女，生于1943年，没有专门拜过师，听过多位歌手演唱后自学而得。

4. 北大村乡老挖村毕凤林，男，生于1921年。属于毕摩调演唱法，以父传子的方式，到毕凤林已有九代。

## 三、项目论证

### 基本特征

1.《阿诗玛》是撒尼人民千锤百炼而流传下来的集体创作的结晶，具有广泛的群众性和民间传承性。它流水似地在撒尼人民的口头中一代又一代地流传至今，是一支永远也唱不完的歌。在长期的口头流传过程中，每一位撒尼人都是歌手：在劳动中传唱，在生活中传唱，因而形成多种大同小异的《阿诗玛》，毕摩在婚嫁、祭祀、葬仪等中有较为规范的唱法。在收集二十二份民间传唱的“阿诗玛”唱词基础上，融合毕摩手中较为规范的唱词及民间故事、传说，有彝汉文整理本。

2.《阿诗玛》塑造出撒尼人的象征形象。在撒尼人长期的口头传说中，刻画了民族英雄人物——强悍、勇敢、智慧的阿黑和民族的美神——善良、勤劳、美丽的阿诗玛，表现出撒尼人“断得弯不得”的民族性格和精神。撒尼姑娘们讲：“我们都是阿诗玛”。撒尼小伙子们说：“我们都是阿黑”。在撒尼人的历史文化中，阿黑是英雄的象征，阿诗玛是美丽的象征。

3. 用撒尼彝语传唱，是《阿诗玛》传承的基本特征之一。

作为叙事诗，《阿诗玛》是用来朗读的，但更多，最主要的还是用来演唱的。用于演唱《阿诗玛》的曲调有多种，不同年龄、不同性别的人在演唱不同的段落时选用相应的曲调。《阿诗玛》可以独唱，也可以对唱，还可以一人领唱众人合唱，领唱者唱诗词内容，众人合衬词。

《阿诗玛》是撒尼人用惊人的记忆口耳相传，以歌唱的形式保存下来的艺术珍品。主要是结婚仪式上唱的歌，一般是五言句，基本音符由135i四个音组成，采用“喜调”、“老人调”、“悲调”、“哭调”、“骂调”等叙事调传唱。

概括地讲，“阿诗玛”以五言句传唱，用叙事性曲调。收集、整理、形成的汉译文本，尽量表现出原唱形式。

4. 非固定的演唱时间和场合。

演唱场合不固定，只要高兴就可以随时演唱，姑娘们连绣花时也不时哼着《阿诗玛》小曲。然而，最盛行、最传统的演唱场所是在婚礼上，新婚之夜，新郎、新娘方各自派出优秀歌手展开演唱《阿诗玛》对抗赛，给婚礼增添喜庆。在撒尼人周期性的节日中，歌手们也会唱起《阿诗玛》，以渲染节日的气氛。

**主要价值**

1. 珍贵的民间文学价值。

《阿诗玛》是生长于撒尼彝区并深深扎根于民间，富有地方特色和民族特色的文学作品，她对撒尼叙事诗的形成与发展有着重大的影响。自《阿诗玛》成形后，后人借鉴其创作手法创作了《逃到甜蜜的地方去》、《圭山彩虹》、《竹叶长青》、《放羊人小黄》等叙事长诗，后4部有明显摹仿前者的痕迹，可见《阿诗玛》对撒尼叙事诗的形成与发展有着深远的影响。

作为古老文学作品的《阿诗玛》，在叙事方法上采用了顺叙、倒叙、插叙、叠叙。在描写技巧上使用了肖像描写、语言描写、行为描写、心理描写等。在构思技巧上使用了伏笔、夸张、讽刺等。在修辞艺术上使用了谐音、顶针、拈连、比喻等，其中的谐音修饰是撒尼人独有的，部分谐音修饰方法还是《阿诗玛》独有的。在遥远的年代，撒尼先民就能综合运用多种艺术手法打造古老的作品，这在世界上也是罕见的。《阿诗玛》还配以多种曲调，用多种乐器伴奏演唱，比一般的叙事诗赋予了更多的文化内涵。

口传叙事长诗《阿诗玛》内容和艺术的完美统一，使其达到了较高的境界。从叙事诗角度而言，她堪称同类作品的典范和代表作。近年在评选我国百年百部经典作品时，《阿诗玛》毫无争议地列为中国20世纪百年百种优秀文学图书之一。

2. 人类学、民族学、民俗学价值。

《阿诗玛》是彝族撒尼人传统文化的突出表现形式，寓含撒尼人的精神、信仰、价值取向，涉及撒尼人衣食住行等方方面面，具有人类学、民族学、民俗学研究素材的特殊价值，已受到国内外学界关注。

3. 《阿诗玛》植根于石林彝族撒尼人群体的文化传统或文化历史之中，在该民族群体中起着确认文化身份的作用，已成为撒尼人及彝族的一张有代表性的“名片”。阿诗玛也是被认同的中华民族具有美好象征意义的女性形象之一。对于加强民族团结，构建和谐社会起到重要的积极作用。

4. 《阿诗玛》是现存的一种鲜活的彝族传统文化，在族际交流、国际交流中已成为“形象大使”。云南新出现的民谣“十八怪”之一就有“阿诗玛会说 good bye”，可知“阿诗玛”在现代社会继续传承彝族撒尼人好客、友善的优良传统。

**濒危状况**

“文革”中，阿诗玛的传承遭到严重破坏，传唱被禁，传承人受迫害。1978年后，阿诗玛传承得到恢复。但又受到现代化进程中强势文化的激烈冲击。受当代全球经济一体化思潮的影响，出现原形态阿诗玛的“生境”危机。在石林撒尼人地区，会讲彝语、使用彝语的人越来越少，用撒尼语演唱《阿诗玛》的人更为稀少。现在年青一代价值取向转变，追求的是时尚娱乐，欣赏、传承古老的歌谣的热情正在丧失。这一切是造成《阿诗玛》面临濒危的社会历史文化背景。随着时间的流逝，老一代著名歌手锐减，如20世纪50年代撒尼彝区最著名的民间歌手金国库、高云峰、普正邦、李纯庸、金云、金里和等相继去世，现能系统演唱《阿诗玛》的老艺人已所剩无几。中年人只能支零破碎地演唱几段节选，大部分青少年甚至没有听过用撒尼语演唱的《阿诗玛》。《阿诗玛》的传承人后继乏人，处于失传的边缘。现急需采取有力、可行的保护措施，使用撒尼语演唱的原形态《阿诗玛》能够继续传承下去。

## 四、项目管理（略）

## 五、保护计划（略）

## 六、省级专家论证意见

## 七、省级文化主管部门审批意见

# 文化生态保护区的整体性保护

国家级文化生态保护区是根据《国家“十一五”时期文化发展规划纲要·民族文化保护》中提出的“确定10个国家级民族民间文化生态保护区”这一目标而建设，经中华人民共和国文化部同意建立。由于目前仍处试验性阶段，因此各保护区暂定为“文化生态保护实验区”，待日后条件成熟时正式命名为“文化生态保护区”。

文化生态系统是文化与自然环境、生产生活方式、经济形式、语言环境、社会组织、意识形态、价值观念等构成的相互作用的完整体系，具有动态性、开放性、整体性的特点。加强文化生态的保护，是文化遗产保护工作的重要组成部分。

## 一、建设文化生态保护区是我国非物质文化遗产保护工作的创举

2009年5月19日，在安徽黄山召开的全国文化生态保护区建设研讨会上，时任文化部副部长周和平表示：文化生态保护区建设工作，是中国对人类文化遗产保护的重要贡献，得到了包括联合国教科文组织在内的国际社会的普遍认可。他说：以非物质文化遗产为核心的文化生态保护理念，是中国首先提出的。建设文化生态保护区有利于推动非物质文化遗产的整体性保护；有利于提高人们的文化自觉意识，增强民族凝聚力；有利于维护中华文化多元一体格局发展和繁荣；有利于以点带面促进区域文化的科学发展。建设文化生态保护区对多元一体的中华民族文化的大发展、大繁荣和中华优秀文化传统的继承和弘扬具有积极作用。我们在文化生态保护区保护实践中，既要重视保护固态的物质文化遗产和活态的非物质文化遗产，又要重视自然和文化生态环境的营造，还要关注文化遗产的创造者和享用者——广大民众的情感和诉求，采取系统的整体性保护，尽量避免孤立、片面的保护。建设文化生态保护区，不仅保护区域内的非物质文化遗产，如民间文学、传统音乐、传统戏剧等，也保护与非物质文化遗产传承密切相关、作为非物质文化

遗产重要载体的有形物质文化遗产，还强调保护文化遗产生存、传承的特定自然和文化生态环境。系统地保护承载特定区域内民族文化、地域文化的非物质文化遗产，在提升当地民众的文化认同感和自豪感的同时，激发文化的活力和潜力。这必将有利于提高文化自觉，增强民族自信心和凝聚力，增进民族团结，维护国家统一。

2011 年 8 月 22 日，文化部在青海省黄南藏族自治州召开国家级文化生态保护区现场交流会。时任文化部副部长、中国非物质文化遗产保护中心主任、中国艺术研究院院长王文章总结我国文化生态保护实验区建设工作开展 4 年多来所取得的显著成效时指出：建立文化生态保护实验区是我国保护非物质文化遗产的创举。他说：文化生态保护实验区建设强调的动态、整体性保护方式是适应非物质文化遗产活态流变性、恒定性和整体性特征而采取的一种科学保护措施，具有重要的开拓意义。建立文化生态保护实验区，是我国探索科学保护非物质文化遗产的一种重要尝试，也是我国文化建设工作的一项创举，有利于推动区域内非物质文化遗产的保护和传承，维护区域内文化生态系统的平衡和完整，增强区域内人民群众自觉参与文化遗产保护活动的文化自觉，增强民族凝聚力，促进当地经济社会全面协调和可持续发展，有效推动文化遗产保护、文化创新和发展，对培育社会主义核心价值观、全面贯彻落实科学发展观具有重要意义。

2013 年 9 月在文化部举行的纪念保护非物质文化遗产公约颁布十周年论坛上，国家非物质文化遗产保护工作专家委员会副主任委员周小璞谈到“非遗”保护的中国经验时指出：文化生态保护区建设是我国首创的适应“非遗”活态流变性和整体性特征而采取的一种区域性整体保护模式。

2007 年 6 月 9 日，我国建立了第一个国家级文化生态保护区——闽南文化生态保护实验区。国家“十一五”期间，被批准建立的还有：

徽州文化生态保护实验区（安徽省、江西省，2008 年 1 月）

热贡文化生态保护实验区（青海省，2008 年 8 月）

羌族文化生态保护实验区（四川省、陕西省，2008 年 11 月）

客家文化（梅州）生态保护实验区（广东省，2010 年 5 月）

武陵山区（湘西）土家族苗族文化生态保护实验区（湖南省，2010 年 5 月）

海洋渔文化（象山）生态保护实验区（浙江省，2010 年 6 月）

晋中文化生态保护实验区（山西省，2010 年 6 月）

潍水文化生态保护实验区（山东省，2010 年 11 月）

迪庆文化生态保护实验区（云南省，2010 年）

大理文化生态实验保护区（云南省，2011 年 1 月 17 日）

2012 年 5 月，《文化部十二五文化改革发展规划》中明确提出文化生态保护区建设工程：编制并实施已设立的国家级文化生态保护实验区总体规划，统筹国家级文化生态保护区建设，新设立 20 个国家级文化生态保护区，探索完善非物质文化遗产整体性保护方式。

进入“十二五”期间，文化部又正式批准建立 7 个国家级文化生态保护实验区：

陕北文化生态保护实验区（陕西省，2012 年 5 月）

客家文化（赣南）生态保护实验区（江西省，2013 年 1 月）

黔东南民族文化生态保护实验区（贵州省，2013 年 1 月）

铜鼓文化（河池）生态保护实验区（广西壮族自治区，2013 年 1 月）

武陵山区（鄂西南）土家族苗族文化生态保护实验区（湖北省，2014 年 8 月）

武陵山区（渝东南）土家族苗族文化生态保护实验区（重庆市，2014 年 8 月）

格萨尔文化（果洛）生态保护实验区（青海省，2014 年 8 月）

至 2014 年 10 月，共批准建立 18 个国家级文化生态保护区，其中少数民族文化生态保护区 10 个。

## 二、关于文化生态区的定位

文化生态保护区，标志着我国的非物质文化遗产保护进入到深入发展、整体性保护的新阶段。只有进行整体性保护，非物质文化遗产才能真正传承发展下去。而我们建立文化生态保护区，是探索、摸索整体性保护很好的模式。

“文化生态区”应当如何定位？有人强调的是“生态”，也有人关注的是“文化”。

按照一般性理解，“生态指生物在一定的自然环境中生存和发展的状态。也指生物的生理特性和生活习性：保持生态平衡。”前者强调自然生态环境，后者强调生物的特性和习性，即“文化性”。这样理解的“生态”，大体相当“生态系统（ecosystem）”，即“生物群落及其环境组成的功能整体。”

应当看到，我们现在所说的“生态”，不仅包括“自然生态”，还包括“人文生态”。近些年，文化生态学已受到研究者的关注，有人提出“人文生态学”是一门集社会科学的思维方式和自然科学的研究方法为一体的系统科学。面对现代社会日益恶化的生态环境背景，生态学出现向人文生态学的转向。关于“文化生态”，晏辉撰文指出：

文化生态这一提法最早是一位德国学者在一篇论述现代思想的原始发生时提出的，用以描述思想的承继性以及现代由以发生的前提。我们借用人文生态这一概念，用来表述经济和科技发展的现代社会一种可能的文化发展的平衡状态。①

在“文化生态”理念基础上，又出现“人文生态”的提法：

所谓人文生态是指人在社会中的生存与发展状态、人与人之间的关系状况及社会的进步文明程度，它包括生产力与生产关系、经济基础与上层建筑的整体发展水平与状况。自然生态与人文生态不是分离孤立的，而是处于一种整体系统的关联之中。人文生态是指以人本身为研究对象、以人文精神为主导的人文文化与其外部环境之间相互作用、相互影响而形成的生态系统。人文生态是以人文文化为主的精神文化在人类文明的进程中内化为人类精神结构中的价值理念、观念意识与思维方式，又外显为制度、体制、机制及组织等构成的人所处的社会生活环境。从外在形式来看，它是人类在探索人生价值和意义的过程中所创造的，用以满足人的精神情感需要，促进人自由全面发展的文化生态系统。②

以上两种看法，尽管表述有差异，但意义是趋同的，都认为人文生态具有“社会性”，属于社会环境系统。人文生态是制约文化生长、发展的社会人文环境，是由价值观念、制度机制、机构设施等组成的完整系统。

在文化遗产保护中提出的“文化生态区”的概念究竟是什么？仍具有很大的模糊性。

2006年12月，文化部周和平副部长在全国非物质文化遗产普查暨第二批国家级非物质文化遗产名录申报工作培训班开班仪式上的讲话明确提出：非物质文化遗产保护工作的一个重点是设立“非物质文化遗产生态保护区”。文化生态保护区是对非物质文化遗产“进行动态整体性保护的方式”，因而，我们现在所说的“文化生态区”应当是“以非物质文化遗产保护为

① 晏辉．环境哲学的另类形态：人文生态学（下）．河北学刊，2006，（1）32.

② 卫丽红．人文生态若干问题研究．硕士学位论文，中共中央党校，2005.

核心”，保护的主要目标不是“自然生态”，也不是“行政区域”，而是“非物质文化遗产”。这应当是个基本定位。

文化生态是非物质文化遗产生存、传承的自然、社会、人文环境和条件。文化生态保护区应当是有目的营造的有利于非物质文化遗产整体性保护、可持续传承的文化生态环境和条件，这种文化生态，既包括自然生态，也包括人文生态，而人文生态是文化生态区建设中最重要的指标。

学术界中有一种观点，认为对于民间的非物质文化遗产不要有官方“干预”，让其自生自灭。我认为这种观点并不是对“主位”的真正尊重，也是不现实的，不符合中国国情。既然是保护就不是运用市场规则，在现代社会具有价值的“濒危”的传统文化遗产，自身已缺少市场竞争力，因而必须用政府的力量、社会的力量进行抢救和保护。非物质文化遗产保护是由政府主导，文化生态区的建设是非物质文化遗产保护的重要方式，当然也要坚持“政府主导、社会参与，明确职责、形成合力”方针。文化生态保护区不是自生自灭的，必须下大力气去构建。对于自然生态，实行“退耕还林”可以恢复自然生态平衡；对于人文生态，也可以采取有效措施，进行“修复”，营造非物资文化遗产存活、传承的良好环境和条件。

## 三、整体性保护是建立国家级文化生态保护区的一项基本原则

文化部《关于加强国家级文化生态保护区建设的指导意见（文非遗发［2010］7 号）》给出文化生态区的定义是：

国家级文化生态保护区是指以保护非物质文化遗产为核心，对历史文化积淀深厚、存续状态良好、具有重要价值和鲜明特色的文化形态进行整体性保护，并经文化部批准设立的特定区域。

2011 年通过实施的《中华人民共和国非物质文化遗产法》第二十六条规定：

对非物质文化遗产代表性项目集中、特色鲜明、形式和内涵保持完整的特定区域，当地文化主管部门可以制定专项保护规划，报经本级人民政府批准后，实行区域性整体保护。

整体性保护即文化遗产整体性保护原则（The integrity of cultural heritage protection principles），也是非物质文化遗产保护的一项重要原则。

文化遗产整体性保护原则（The integrity of cultural heritage protection principles）首先是在国际物质文化遗产保护中提出来的，始于《威尼斯宪章》。1964 年 5 月 25 日在意大利威尼斯举行的《第二届历史纪念物建筑师及技师国际会议》，讨论通过了《国际古迹保护与修复宪章》（The International Charter for the conservation and Restoration of Monuments and Sites）即《威尼斯宪章》。《威尼斯宪章》更多地关注历史纪念物的原真性和整体性。

文化遗产整体性保护原则既适用于物质文化遗产，也适用于非物质文化遗产。在我国的非物质文化遗产保护工作中，名录体系建设是一项基本的保护机制，实行的也是整体性保护。

单一的名录项目作为一种文化表现形式或文化空间，是局部的“整体”，是整体的“局部”，体现一种文化表现形式或文化空间“完整性”，即不可分割性。对于单一的名录项目，也是实行在一定文化生态环境中的“整体性保护”。在已公布的二批名录中存在的一个突出的问题是：一少部分名录项目是整体分裂的产物，损害了项目自身的“完整性”，损害了作为一个完整的文化表现形式的本质，使“整体”分割成“碎片”。

为了理解整体性保护，有必要首先明确“整体”和“整体性”的概念。

什么是“整体”？整体在哲学上与“部分”相对，组成辩证法的一对范畴。整体指构成事物的诸要素组成的统一体。“整体性”不见于辞书，但在学术著述中却是屡见不鲜，是个使用频率较高的语汇。它强调系统的整体性，认为系统内部各部分之间的整合作用与相互联系规定系统的性质。整体性与整体分不开，但整体不等于整体性，整体和局部相对应，具有全面、全部的意义。整体是对象范畴，体现“完整性”。整体性（integrity）是方法论，体现系统性。整体性是系统的最基本属性。

既然叫“文化生态区”，“整体”当然包括非物质文化遗产以及和非物质文化遗产紧密相关的物质文化遗产、自然文化遗产。但不是非物质文化遗产、物质文化遗产、自然文化遗产相加的“整体”。

我们建设文化生态保护区，不能脱离中国文化的现实语境。目前我国文化遗产管理体制的现状是：文物归国家文物局主管，自然遗产归建设部主管，历史文化名城、名镇（乡、村）归国家文物局、建设部共管，世界记忆遗产归中央档案局主管，只有非物质文化遗产归文化部主管。在这样的语境下，文化部管理权限是“非物质文化遗产”。文化生态保护区是文化部实施的非物质文化遗产一项保护机制，因而，整体性保护不能偏离“以保护非物质文化遗产为核心”。

实行整体性保护，是文化生态区建设的基本原则。如何实现文化生态区的整体性保护？“整体性保护”特别关注的是形成非物质文化遗产存续的良好“人文生态”，坚持尊重群众的文化主体地位，以人为本、活态传承的价值取向。为此，应当注意：

（1）坚持真实性、活态性保护，提高文化生态区传统地域文化的可见性，实现可持续保护。

（2）协调自然遗产、物质文化遗产与非物质文化遗产保护关系，实现全方位综合保护。

（3）正确处理保护与旅游开发、文化创意产业的关系，实行生产性保护，发展文化创意产业，促进区域经济社会全面协调发展。

（4）形成文化自觉，完善保护机制，充分发挥“政府主导”作用。

## 四、文化生态区是具有良好文化生态环境的“文化空间”

文化生态区建设是一种非物质文化遗产保护创新模式。文化生态区建设，保护的指向是“文化生态”，不是单纯的“名录”、“传承人”保护。如果文化生态区的保护和名录体制保护没有什么不同，那就没有建立文化生态区的必要了。名录是一种“文化表现形式”或文化空间（多种文化表现形式的集合），而文化生态区保护的是一种文化形态（文化类型），或者可以这样理解：文化生态区是具有良好文化生态环境的“文化空间”。

2003 年 10 月 17 日联合国教育、科学及文化组织大会第三十二届会议通过《保护非物质文化遗产公约》第二条规定的《定义》是：

> 在本公约中：（一）“非物质文化遗产”，指被各社区、群体，有时是个人，视为其文化遗产组成部分的各种社会实践、观念表述、表现形式、知识、技能以及其相关的工具、实物、手工艺品和文化场所。

这里翻译的“文化场所”英文原文是 cultural spaces，原本翻译作“文化空间”。[①] 2005 年《国务院办公厅关于加强我国非物质文化遗产保护工作的意见》中指出：“非物质文化遗产是各族人民世代相承、与群众生活密切相关的各种传统文化表现形式和文化空间。”由于对“空间”一词理解的歧异，后来中译文以“文化场所”替代了“文化空间”。《中华人民共和国非物质文化遗产法》规定：“本法所称非物质文化遗产，是指各族人民世代相

① 中国民族民间文化保护工程国家中心．中国民族民间文化保护工程普查手册．北京：文化艺术出版社，2005. 199.

传并视为其文化遗产组成部分的各种传统文化表现形式，以及与传统文化表现形式相关的实物和场所。”既没有采用“文化空间”的表述，也没有使用“文化场所”的提法。

“文化空间”（Culture Place，Culture Place）是西方文化人类学中被普遍认同的一个概念。联合国教科文组织在保护非物质文化遗产时使用，成为一个专有名词，用来指人类非物质文化遗产代表作的形态和样式。在已经公布的人类非物质文化遗产代表作中，有许多项目被冠以“文化空间”，它们是：波桑地区的文化空间（乌兹别克斯坦，2001 年公布）、基努文化空间（爱沙尼亚，2003 年公布）、圣·巴斯里奥宫殿的文化空间（哥伦比亚，2005 年公布）、帕特拉和瓦迪拉姆游牧人的文化空间（约旦，2005 年公布）、德干莱牙阿拉文化空间（马里，2005 年公布）、铜锣文化空间（越南，2005 年公布），等等。

向云驹先生撰文指出：

> 文化人类学的“文化空间”和传统的“文化空间”概念的区别，正与非物质文化遗产和物质文化遗产之间的区别是相类的……有人在场的文化空间才是人类学意义的文化空间，才是非物质文化遗产的文化空间；反之，如果物是人非，此地空余黄鹤楼，那就只能是物质遗产（或曰狭义的文化遗产）。
>
> 联合国教科文组织中文文件最终使用了“文化空间”，而不用“文化场所”，有深意焉。至少，它启示我们，不能简单地理解文化场所，或仅仅将一种场所视为文化场所。①

非物质文化遗产持有者群体“在场”，并展现多种相互关联的民俗活动表现形式，是“文化空间”的属性，而“文化场所”可以离开人、离开人的活动而存在。离开人及人的活动，仅仅是由物构成的“文化场所”，只有“文化空间”才能展现出活态传承的非物质文化遗产鲜活的生命力。

非物质文化遗产所依存的自然生态环境和人文生态环境是文化生态区保护的主要对象，而文化空间是自然生态环境和人文生态环境中最重要的保护内容。

## 五、关于“文化形态”的理解

在文化生态区建设的实践过程中，如何理解“文化形态”？

---

① 向云驹．再论“文化空间”．民间文化论坛，2009（3）．

不同学科、不同场合下，对“文化形态”有不同的解释。

形态，指事物在一定条件下的表现形式。形态（format）有时候被称为程式（convention），指一种结构性要素，体现着对形态所流行的那个时代的重要观念的关注。不同元素的排列组合或者编码方式构成不同的形态。

文化生态区正是从这个层面提出“对历史文化积淀深厚、存续状态良好、具有重要价值和鲜明特色的文化形态进行整体性保护”的理念。

文化生态保护区的“文化形态”实质上就是一种“文化类型”。

“文化类型（culture type）”概念出自于文化人类学。

最早提出文化生态学概念的美国学者 J. H. 斯图尔德（J. H. Steward）在《文化变迁的理论：多线进化的方法学》（Theory of Cultural Change of The Anthropologist，1955）一书中认为“文化类型”是“由适应环境而产生的，并且代表同样整合程度的核心特征丛（constellations of core features）”。他还指出：文化类型的概念是建筑在两个相关的架构上的，即源于同时的，功能上的生态的因素而来的文化特征，以及由一个特殊的时间顺序的或发展上的水平所代表的文化特征。①

20 世纪 50 年代，苏联民族学界提出了经济文化类型理论。50 年代后期，苏联民族学家切博克萨罗夫和中国民族学家林耀华共同写出《中国的经济文化类型》，对中国少数民族各种不同的经济文化类型进行初步的探讨和分析，把中国各少数民族经济文化类型划分为三组：

（1）以狩猎、采集和捕鱼起着主导作用的类型。这一类型的一些残余在中国南部和西南部佤、德昂、布朗、独龙等族及拉祜族苦聪人，彝族的山苏人中仍可探溯到。

（2）以锄掘（徒手耕）农业或动物饲养为主的类型。生活在南方湿热气候带的台湾高山族，云南佤、德昂、布朗、景颇、哈尼、拉祜、基诺等族，海南黎族，贵州、广西的苗、瑶、仫佬、毛南等族具有这一类型的显著特征。

（3）以犁耕（耕耘）农业为主的类型。这一类型一直在中国北方汉族以及回、满、朝鲜、维吾尔等族及部分蒙古族中占主导地位。秦岭山脉以南是暖温带耕耘农民类型，在整个南方汉族和一大部分少数民族（特别是壮侗语族民族和白族）中占优势。南方高山地区的一些民族，如藏族和彝语支的一些民族形成了独特的高山耕耘农民经济文化类型。在东北与汉人杂居的达斡尔、满、锡伯等族及部分鄂温克族也以农业为主，属于温带森林草原

① 云五社会科学大辞典，第十册，人类学．台湾商务印书馆，1975. 63.

地带和森林地带的犁耕农业经济文化类型。

确定文化生态保护区的“文化形态”也就是“文化类型”，经济文化类型理论可资借鉴，但不能照搬。文化生态保护区的“文化类型”的“特质性”集中表现在非物质文化遗产的存续以及活态传承人文和自然生态环境。

文化类型是由于自然环境和生存方式差异，以及观念、信仰、兴趣、行为、习惯、智力发展方向和心理性格不同而形成的具有相似文化特征或文化素质的地理单元，它既体现在物质财富中，也体现在精神财富中。

文化生态保护区的“文化形态”构成一种特色文化类型的“文化区”。“文化区”（Culture Area）也是文化人类学的概念，是指一个地理上的空间单位，该处可见相似的一种文化或多种文化，因此，它仅是一种文化之“空间分类”的方法。①

借鉴文化人类学理论可以确定，在非物质文化遗产保护中提出的文化生态保护区是具有鲜明特质的文化类型所代表的“文化区”。

文化部《关于加强国家级文化生态保护区建设的指导意见（文非遗发[2010] 7 号)》规定了国家级文化生态保护区设立的条件：

——传统文化历史积淀丰厚、存续状态良好，并为社会广泛认同；

——非物质文化遗产资源丰富，分布较为集中，且具有较高的历史、文化、科学价值和鲜明的区域特色、民族特色；

——非物质文化遗产所依存的自然生态环境和人文生态环境良好；

——当地群众的文化认同与参与保护的自觉性较高；

——当地人民政府重视文化生态保护区建设工作，保护措施有力。

这是确认文化生态保护区“文化形态”必须具备的基本条件。

## 六、关于“文化”命名

在类型文化的划分中，“文化”是分类研究的基本单位。考古学中的某种文化用以表示考古遗迹中属于同一时期的有地方性特征的共同体同一文化的遗存，有着同样形式的工具、用具和相同的制作技术等。考古学文化的名称大多以第一次发现典型遗址的地点命名，如仰韶文化，龙山文化；也有以该文化中的某一共有特征的遗物来命名的，如细石器文化。考古学文化的确定和命名方式可资类型文化借鉴。尽管有关类型文化确认和命名还没有学术

① 云五社会科学大辞典，第十册，人类学．台湾商务印书馆，1975. 41.

上的规范，但在实际的研究中，类型文化已屡见不鲜。如节日文化、中国穆斯林文化、鼓楼文化、傩文化、蜡染文化，等等。作为一种类型文化，至少应具备以下条件：

第一，拥有这种文化的群体是该文化的主体；

第二，从地域上说这种文化有一定的覆盖面；

第三，这种文化在一个或多个门类文化中具有整合性；

第四，这种文化具有鲜明的特质。

例如铜鼓文化是古代百越族群创造，由壮侗语族及其他民族继承发展的一种具有代表性的我国南方少数民族文化形态，包括铜鼓历史文化、物质文化遗产和非物质文化遗产。在非物质文化遗产保护中，以广西河池为中心的红水河流域壮族及其他民族活态传承的一种具有典型性、象征性的地域文化类型。河池红水河流域是中国铜鼓文化流布的中心地带。在特殊的生态环境和文化背景中，形成了当地少数民族群众以敲打铜鼓聚众、祈福、娱乐的传统习俗，富有鲜明的地域文化特色：一是特定的民族性；二是存续的民间性；三是稳定的传承性。因而“铜鼓文化”无可争议地成为一种文化生态保护区的“文化形态”，即“文化类型”。

中国少数民族文化在门类划分、地域分布、层面结构、项目内容等方面都具有多样性。从总体格局上说，多元性是中国少数民族文化的基本特征，此外，还具有以下几个突出特点：

（1）民俗性。传统文化在各民族社会生活中占有相当大的比重，往往以千姿百态的民俗展现出来。这种民俗性以非主流文化的存在起着相当程度的社会规范的制约作用。

（2）凝聚性。中国少数民族传统文化对于各民族共同的心理素质起着重要的凝聚作用。如伊斯兰教对于回族、藏传佛教对于藏族、鼓楼对于侗族、泼水节对于傣族、歌圩对于壮族，等等。某一种传统文化的特质具有的民族向心凝聚力正是这种文化的生命力所在。

（3）稳定性。传统文化是在各民族历史发展过程中逐渐形成的，具有相对稳定性。一个民族社会中政治、经济变化无疑影响文化的变迁，然而，这主要表现在主流文化的改变上。一个民族在一定历史时期的主流文化可以作为非主流文化在新的历史条件下存在。例如，藏传佛教在政教合一的西藏农奴制下是主流文化，经过民主改革，西藏进入了社会主义初级阶段，藏传佛教的非主流文化形态仍在藏族的传统文化中占有重要位置。至于传统文化中长期的非主流文化延续部分，其稳定性更强。早在两千多年前司马迁写的《史记·西南夷列传》中所记载的“椎结”、“编发”等服饰特征，在今日西南少数民族中仍可见到。

（4）变异性。任何一个民族的文化都不是一成不变的，中国少数民族文化也是如此。特别是在由传统文化向现代社会转型过程中，文化变迁是不以人的主观意志为转移的。然而，以民俗负载的非主流文化大都具有稳定性。由于历史、环境，内部和外部的条件不同，各民族文化变异的过程也是千差万别的。移风易俗是进入现代社会的中国少数民族文化变迁的一个重要的方面。

我国地域广阔，各地区自然地理环境差异显著，加上复杂的历史条件的影响，各种文化类型繁多、复杂，各类型又相互影响、交织，多样性、特异性十分明显，少数民族非物质文化遗产的文化生态具有多样性特征。文化类型的划分，既是为了“求同”，也是为了“寻异”。

目前已批准设立的 7 个少数民族文化生态保护实验区类型上具有“多样性”：

地域文化类型：武陵山区（湘西）土家族苗族文化生态保护实验区，黔东南民族文化生态保护实验区；

多民族文化类型：迪庆文化生态保护实验区；

特色民族艺术类型：热贡文化生态保护实验区；

传统文化类型：大理文化生态实验保护区

传统象征文化类型：铜鼓文化（河池）生态保护实验区；

灾后重建类型：羌族文化生态保护实验区。

（参见附录三：已批准设立的少数民族文化生态保护区简介）

确认具有典型性、象征性、代表性的“文化”是设立文化生态保护区的先决条件。

文化生态区的命名非常重要，不能随意，必须符合“具有重要价值和鲜明特色的文化形态”尺度。不能以单纯的地名作为名称，也不能以民族名称命名（羌族文化生态保护实验区是特例，定位在“灾后重建类型”）。

在已建立的文化生态区的名称中，有的加括号。

1. 加在“文化”后，括号前是一种被认同的“文化形态”，不能拆分。

客家文化（梅州）生态保护实验区（广东省，2010 年 5 月）

海洋渔文化（象山）生态保护实验区（浙江省，2010 年 6 月）

客家文化（赣南）生态保护实验区（江西省，2013 年 1 月）

铜鼓文化（河池）生态保护实验区（广西壮族自治区，2013 年 1 月）

2. 加在“文化”前，括号前表现“地域性”，不是一种被普遍认同的“文化形态”。

武陵山区（湘西）土家族苗族文化生态保护实验区（湖南省，2010年5月），其形态是“武陵山区土家族苗族文化生态”。

## 七、立足保护，正确定位

为什么建设文化生态保护区？当然是为了“实行区域性整体保护”。“保护”是出发点，立足点。有的地方领导的出发点是出于经济考虑，弄一块“国家级”大牌子，为了“旅游开发”，为了打造“GDP”平台，或者单纯为了向国家财政要钱，立足于“开发产业”、“打造旅游”，违背建设文化生态区“实行区域性整体保护”的根本宗旨。

《中华人民共和国非物质文化遗产法》第六条明确规定：

县级以上人民政府应当将非物质文化遗产保护、保存工作纳入本级国民经济和社会发展规划，并将保护、保存经费列入本级财政预算。

建设文化生态保护区，国家财政在力所能及的条件下，会加大对于非物质文化遗产包括文化生态保护区的“保护经费”。然而，不能指望会有大把银子的投入。地方政府当然要投入，要花钱。文化生态保护区建设经费主要还是地方财政投入。

文化部《关于加强国家级文化生态保护区建设的指导意见》在《国家级文化生态保护区建设的工作机制》条款中明确要求：

（一）发挥政府主导作用。国家级文化生态保护区建设要充分发挥政府主导作用，加强领导，建立由有关政府领导牵头，各相关部门共同参与的领导机构，要将文化生态保护区建设纳入本地区经济社会发展规划和工作考核目标，并根据文化生态保护区总体规划和当地特点制定出台文化生态保护区建设的相关政策。在文化行政部门设立日常工作机构，实施具体工作。

（二）加大资金投入。要将文化生态保护区建设纳入本地区公共文化服务体系建设，所需经费列入本级财政预算。同时通过政策引导等措施，鼓励个人、企业和社会组织对文化生态保护区建设予以资助，多渠道吸纳社会资金投入。

地方政府申请建立文化生态保护区文本中的一项重要条件是当地人民政

府作出承诺。如果不想投入、不能投入，就达不到建立文化生态保护区的基本要求。

目前各地提出建设“文化强州”、“文化强市”、“文化强省”口号，建设文化生态保护区应是一项重要的举措和指标。

文化生态区有利于提升所在地区非物质文化遗产的“可见性”（包含知名度，不等同知名度），同时也自然提升所在地区的可见度，有益于该地区社会经济的可持续发展，应当投入，值得投入。

中国是一个多民族国家，除了人口最多的汉族，还有55个少数民族。自古以来，居住在中华大地上的各族人民共同缔造了历史悠久、绚丽多彩的中华文化。文化多样性，是中国少数民族传统文化的基本特征。

在文化转型的大潮中，少数民族非物质文化遗产赖以存活、传承的文化生态正在发生急剧的变化，离开了生长的土壤，是少数民族非物质文化遗产传承的最大危机。因而，保护少数民族文化遗产依附的文化生态，是少数民族非物质文化遗产保护的根本大计。

国务院《关于加强文化遗产保护的通知》（国发［2005］42号）中明确指出：

> 加强少数民族文化遗产和文化生态区的保护。重点扶持少数民族地区的非物质文化遗产保护工作。对文化遗产丰富且传统文化生态保持较完整的区域，要有计划地进行动态的整体性保护。对确属濒危的少数民族文化遗产和文化生态区，要尽快列入保护名录，落实保护措施，抓紧进行抢救和保护。

国务院办公厅关于印发《少数民族事业“十一五”规划》（国办发〔2007〕14号）中也特别提出：

> 加强少数民族文化遗产的保护、抢救、发掘、整理和展示宣传。营建少数民族文化社区和文化生态区，有计划地保护少数民族文化遗产和保存完整的少数民族自然与文化生态区。

建设少数民族文化生态保护区，对于少数民族文化遗产，特别是非物质文化遗产保护有着特别重要的意义。特别关注少数民族文化生态，大力建设少数民族文化生态保护区，是实施非物质文化遗产整体性保护的一项重要任务。

我们必须看到，少数民族非物质文化遗产文化生态区的建设，一方面具有特别的重要性；另一方面由于经济状况的困难，也存在特别的难度。在少数民族文化生态区的建设中，应当注意体现以下几项原则：

第一，整体性保护。

如果说在今日中国大地上寻找贴近大自然的绿色“净土”的话，主要存在于少数民族地区。建设文化生态区，首先要保护自然生态平衡。同时，也要营造良好的适宜非物质文化遗产生存、传承的人文生态环境，这应是文化生态保护区的重点建设系统工程。

第二，综合性保护。

非物质文化遗产的生存离不开自然生态环境。非物质文化遗产与物质文化遗产分不开。非物质文化遗产保护的核心是传承人，但也离不开“物”。“物质”文化遗产和“非物质”文化遗产之间没有一个截然分割的“边界”。我们现在关注的“非物质文化遗产”，虽然称为“非物质”，但与“物”又密不可分。非物质文化遗产的本质不在于“物”与“非物”，而在于文化的“传承”。物质文化遗产和非物质文化遗产负载的“意义”价值是同一的，相通的，共生的。物质文化遗产与非物质文化遗产具有你中有我、我中有你、不可割裂的“文本间性”。除了与非物质文化遗产直接相关的“传承物”，与非物质文化遗产共生的物质文化遗产（包括不可移动和可移动文物及历史文化名城等）也是文化生态保护区不可忽视的保护对象。在保护非物质文化遗产的同时，也要对其他各类遗产实行综合性保护。

第三，可持续性保护。

当前，在非物质文化遗产保护中，流行一种“原生态”的说法，其诉求并不在“生态”，而在遗产自身的形态，可以理解为“土生土长、原汁原味”、自然生长、必备强加的文化意义。尽管“原生态”风靡传媒，但这一提法的准确严密性还是受到诸多质疑。所谓“原生态”的核心指向，并不在自然、人文的“生态”，本质上对应的是遗产保护中的原真性（authenticity）。国内外不少研究者认为，原真性只是一种追求理念，忽略了文化的动态本质。在现实中，纯粹的“原真性”是不存在的，因为文化是不断变化的，一成不变是不可能的。文化遗产是传统文化在现代有价值传承的部分，传统文化可以变异、创新、重构，但遗产却只能保护其原形态，不能重新创造。文化生态保护区是非物质文化遗产传承的可靠保障。文化生态保护区建构的理念不是“原生态”，而是“传承”。

我们还必须认识到：遗产保护不是为了保护而保护，而是为了实现现代化的大目标。正确处理传统与现代、保护与开发的关系，实现可持续性保护，应是建设文化生态保护区的根本出发点。

第四，重点性保护。

传统文化是一个民族历史上创造的文化的总和，而文化遗产是传统文化中传承下来的最精华部分，是各民族历史上遗留下来的值得保护的物质财富和精神财富。传统文化可以变异、创新、重构，但文化遗产却只能保护其原形态，不能重新创造。在继承传统文化的基础上，可以重构新文化；但文化遗产消失后，不可再生。有一种误解，认为只要是“传统的”，就是好的，就要保护，这是不对的。

少数民族非物质文化遗产是一个巨大宝库，不可能实行“全盘保护”，而应当实行“重点保护”。体现重点保护，就是首先选择非物质文化遗产特色鲜明、价值突出、自然生态平衡、人文生态良好的区域，建设重点文化生态保护区，起到表率示范性作用。

第五，协调性保护。

我国少数民族分布的特点是“大杂居，小聚居”。有的民族集中分布在一个行政区划内，有的民族分布在不同的行政区划，但其文化遗产，都具有同质性。在同一区域里，往往有多民族的文化遗产共生。建设文化生态保护区，必须协调好民族关系、地域关系，这样才可能真正做到整体性保护。

第六，特殊性保护。

在文化生态保护区建设中，我们必须看到，少数民族具有特殊性，应当在政策上给予必要的倾斜，在经济上予以有力的“扶持”。

目前，以少数民族为主体的文化生态保护区建设仍处于一种“滞后”状态，这种局面应当改变。民族区域自治地方的政府应当在建设文化生态保护区的重大事业中有所作为，在“十二五”时期开拓出新局面。

# 附录三：已批准设立的少数民族文化生态保护区简介

## 01　热贡文化生态保护实验区

热贡，通常指的是青海省黄南藏族自治州同仁县，位于青海省东南部，居处黄南藏族自治州中部地区，其东邻为甘肃省甘南藏族自治州夏河县，西与青海省海南藏族自治州贵德县仅一山之隔，南为泽库县，北与尖扎县接壤，东北部与循化撒拉族自治县为邻。从其经济类型而言，正好位于青海省东部农业区与南部牧业区的结合部，隆务谷地依山傍水的独特地理环境及温和的气候条件滋育着这方民众。

热贡，旧称榆谷、允谷、一公、揑工等。汉文典籍中最早出现榆谷一词是在公元前61年（汉宣帝神爵元年），至今已有2000多年了。根据考古发现，热贡地区的新石器时期及青铜器时期文化遗址多达上百处，重要的文化类型有马家窑类型、半山类型、马场类型、齐家文化、卡约文化、辛店文化等。

自古以来，热贡地区因其土地肥美，宜农宜牧，有高山大河为屏障，被称为“三秦之咽喉”，常为历代兵家必争之地。汉、羌、蒙古、角嘶罗等民族曾频繁争战于此，由此形成该地区独特的屯堡文化。民族交汇与文化融合，使得热贡地区在语言、服饰、礼仪、技艺等方面，呈现出异彩纷呈而又迥异一方的文化特征。

**热贡文化**

由于地理及文化上的边缘属性，加之历史上各民族的交替驻牧以及各种文化在时空上的融汇消长，使得热贡地区现有的文化显现出原始宗教、藏传佛教及道教、羌藏游牧文化、中原农耕文化杂糅并蓄、相得益彰的局面。这种特有的地区性文化生态孕育了热贡地区独特的生态文化、宗教文化、历史文化、民间艺术及生活文化。

热贡文化，指以同仁县隆务镇为中心，以隆务河流域为地理脉络，以藏传佛教文化为主体的区域文化。其内容包括自古以来为各世居民众所创造并不断传承和发展的各种物质文化与非物质文化。热贡文化是其创造和享用群体物质文明、精神文明和制度文明的集中体现，是青藏文化乃至中华民族多元一体文化的重要组成部分。

热贡地区的农耕、游牧及半农半牧的生产生活方式，创造出了诸如生产、建筑、服饰、饮食、交通等物质文明；藏传佛教、道教、苯教及民间信仰孕育其精神文明；政教合一制度、经院教育制度、民族习惯法及民间制度合成其制度文明。诸多文明成果的当代意义，正随着国家对文化遗产的抢救和保护行动的实施而日益彰显。

热贡文化所包括的物质文化类有：热贡历史地理、热贡古屯堡村落、热贡寺院建筑、隆务古镇、热贡文献典籍、传统交通工具、历史人物、宗教人物、热贡文物等；非物质文化类有：藏传佛教文化、苯教文化、伊斯兰文化、民间神灵信仰、民间艺术（唐卡及壁画绘画、泥塑、雕版印刷、木雕、金属雕塑、石刻、纺织、刺绣、堆绣、建筑、口传、服饰等）、民风民俗（民间节日、民间乐舞、游艺、人生礼仪、生产生活习俗等）、语言（藏语方言、土族语言、吾屯语言等）、科技（民族天文历算、医药、冶金、陶砖烧造等）；政治制度、宗教制度及民间制度等“地方性知识”的相关研究。

**热贡文化生态区**

热贡文化生态区，主要是指以国家级历史文化名城——同仁县隆务镇为中心的隆务河流域及相关黄河流域、草原地带为空间的广大区域。热贡文化生态区涵盖了孕育热贡文化的地理及人文空间，其所展示的是热贡文化产生和发展的深厚的历史积淀、族际交流、文化交融及重要的地理属性。其所凸显的是热贡文化所具有的原生态性、文化多元性、文化独特性以及民族性和区域性。

**热贡文化之特质**

1. 原生性特质：热贡地区沿隆务河流域为中心形成屯堡式村落格局，且为原生性自然村落。这种居住模式，使热贡文化其兼容性与壁垒性得到必要的发展及保护，在矛盾调适中实现了其原生态特征。

2. 多元性特质：历史上热贡地区的民族争战与迁徙、商贸与民族往来，使得该地区民族多元、文化多元、意识形态多元，反映到热贡文化中形成了热贡文化从产生与发展、形态和内涵等方面的多元化特征。

3. 宗教性特质：热贡文化的核心是宗教文化。其宗教文化的核心即为藏传佛教文化。热贡地区的隆务寺为安多地区藏传佛教的中心之一，也是热贡地区藏传佛教之中心，其属寺共有三十四座。热贡地区藏传佛教派别主要有格鲁派、萨迦派和宁玛派，以格鲁派为主。世居热贡的藏族、土族及部分汉族崇信藏传佛教，他们家有佛堂，村有村庙、村寺。宗教场所与宗教信仰及仪式是他们生活及生命中不可或缺的重要组成部分。同时，苯教信仰也甚为普遍。因此，宗教文化在相当程度上与民众的物质生产和精神生活融为一体，更为重要的是它成为热贡文化的核心部分。

**保护范围**

青海黄南藏族自治州，辖同仁、尖扎、泽库、河南四县，治所在同仁县。黄南，黄河之南，藏语称热贡，意为“梦想成真的金色谷地”。总面积1.17万平方公里，总人口20万，有藏、蒙古、汉、土、回等17个民族，少数民族占91%以上。“热贡文化生态保护实验区”以同仁县为核心，辐射尖扎、泽库两县。

2008年8月27日，热贡文化生态保护实验区正式颁牌。

2011年3月，《热贡文化生态保护区总体规划》获文化部批准。

## 02 羌族文化生态保护实验区

2008年5月12日四川汶川特大地震中，羌族文化遭到严重破坏。为了落实党中央、国务院关于抢救保护羌族文化的指示精神，文化部与四川省、陕西省积极配合，商讨地震灾区包括羌族非物质文化遗产的抢救方案，组织专家对《羌族文化生态保护实验区规划纲要》进行了多次修改和完善，确定了羌族文化生态保护实验区的范围，即羌族主要聚居区茂县、汶川、理县、北川羌族自治县以及毗邻的松潘县、平武县、黑水县，陕西省宁强县、略阳县等部分相关地区。2008年10月，文化部正式设立羌族文化生态保护实验区，并将羌族文化生态保护实验区建设纳入了国家汶川地震灾后恢复重建总体规划。2008年11月14日，由文化部命名的羌族文化生态保护实验区授牌仪式在北京人民大会堂举行。

羌族文化生态保护实验区是目前唯一的自上而下设立的、以民族名称命名的文化保护区，属于“灾后重建”类型。

**羌　族**

羌族是我国历史最悠久的民族之一，自称“尔玛”、“尔麦”。根据2010年第六次全国人口普查统计，羌族人口数为309576人，主要聚居在四川省阿坝藏族羌族自治州的茂县、汶川县、理县和绵阳市的北川羌族自治县，少数居住在四川省阿坝藏族羌族自治州松潘县、黑水县，绵阳市平武县；陕西省汉中市宁强县和略阳县及其他区域。

羌族使用羌语，属汉藏语系藏缅语族，分南北两大方言，除茂县赤不苏区和黑水县的羌区为北部方言外，其余羌区均为南部方言。羌族没有本民族的文字，长期通用汉文。

羌族历史悠久，可溯源到3000多年前的古羌人。羌人中的一支约在春秋、战国时从甘肃、青海地区络绎迁居于岷江上游一带生息繁衍，与当地居民相融合，逐渐形成为今日的羌族。羌族与中央王朝的关系由来已久，除汉朝在岷江上游设置汶山郡外，从隋到宋都设过羁縻州。元明推行土司制度，委任土官治理地方，清朝实施“改土归流”，以流官代替了土司政权。1838年后，英、法帝国主义势力开始进入羌族地区，进行文化侵略活动。民国初年，四川军阀在羌区设置“屯殖督办公署”；1935年在羌族地区设立“四川省第十六行政督察区专员公署”。1949年新中国成立后，羌族地区开始了民族平等的新时代。

四川阿坝藏族羌族自治州的羌族聚居区，地处川西北高原东南边缘，岷江上游高山峡谷地带，东与北川县、安县、绵竹市相邻，南接什邡市、彭县、都江堰市，西与马尔康县、红原县接壤，北邻九寨沟县。聚居区幅员面积30363平方公里，羌族人口约15.6万人（据2005年人口普查统计），占全州总人口的18.7%。

1958年7月，茂县、汶川、理县三县合并，成立茂县羌族自治县，县府设威州镇，1963年恢复汶川、理县的建制，茂县羌族自治县府迁回凤仪镇。1987年7月24日，经国务院批准，阿坝藏族自治州更名为阿坝藏族羌族自治州。

绵阳市北川羌族自治县，位于四川盆地西北边缘，西邻茂县，东与江油市相接，北连松潘县、平武县，南接安县。2003年7月，将国务院批准，北川县更名为北川羌族自治县，羌族人口约9.2万人（据2005年人口普查统计），占全县总人口的57.5%。

陕西省的羌族主要分布在汉中市宁强县和略阳县。

**羌族文化**

羌族历史文化是羌族人民在其生活的自然环境中创造出来的，是在不同历史时期经多次交融、长期积淀而发展的社会文明成果，是羌族人民的智慧的结晶，是中华文化的重要组成部分。

羌族文化的表现形式从语言、服饰、饮食、村落布局、民居建筑、风俗习惯、民间艺术、礼仪节庆、手工技艺等，均与羌族人民的生产、生活息息相关，展现着浓厚的羌族文化底蕴和鲜明的地方特色。

羌族的信仰仍然处在多神崇拜阶段，崇拜天神、山神、地神、树神、祖先神等。在羌族民众的观念中，白色代表吉利、和善，乳白色的石英石是诸神的化身。羌族人民用碎石片为材料，以黄泥为黏合剂，无需绘图、吊线和柱梁支撑，便可砌成平顶居与碉楼，有的可达十三四层，其技艺精湛，独具文化价值。羌笛、羌族瓦尔俄足节、羌族多声部民歌、羌族刺绣、羌年等国家级非物质文化遗产名录项目以及阿坝羌寨碉群等一大批国家重点文物保护单位是羌族文化的杰出代表。

**羌族文化生态保护实验区**

羌族文化生态保护实验区包括羌族现今主要聚居的茂县、汶川、理县、北川羌族自治县，毗邻的松潘县、平武县、黑水县的部分相关地区，以及陕西省宁强县、略阳县等部分相关地区。羌族文化生态保护实验区，就是在上述羌族文化发生、发展、传承的区域空间内，对其所承载的文化表现形式，特别是对以活态传承作为文化生态链的非物质文化遗产实施整体性保护工作的地区。

**保护范围**

依据民族语言、民间信仰、文化空间、自然生态等要素，羌族文化生态保护实验区范围：以四川省阿坝藏族羌族自治州的茂县、汶川县、理县和绵阳市的北川羌族自治县为主要区域，兼及毗邻的四川省阿坝藏族羌族自治州的松潘县、平武县、黑水县、绵阳市的平武县以及陕西省宁强县、略阳县的相关区域。

## 03　武陵山区（湘西）土家族苗族文化生态保护区

武陵山是渝、鄂、湘、黔4省市相连地带的著名山脉，长度420公里，一般海拔高度1000米以上，最高峰为贵州的凤凰山，海拔2570米。武陵山脉为东西走向，呈岩溶地貌发育，主峰在贵州铜仁地区的梵净山。武陵山脉覆盖的地区称武陵山区，现在也习惯称武陵山片区。区域面积约10万平方公里。

武陵山脉从海拔千米的云贵高原边缘向东北倾斜，经过约250千米，下降到海拔几十米的江汉平原，形成一片包括乌江、沅水、澧水、清江四水流域、地貌大致相似的山区。境内山势巍峨，溪涧交错，是与高原地带、丘陵地带、平原地带相区别的典型的山区地带。

武陵山区属于亚热带季风湿润型气候区。这里环境优美，物种繁盛，奇山秀水，茂林修竹，珍禽异兽，锦鳞彩蝶，天然与共，生机勃勃。陶渊明的《桃花源记》就是以这里为原型写成的。

武陵山区山同脉，水同源，是一个自然实体，也具有大致相同的人文历史。战国时期是楚国所置的黔中郡，汉高祖改黔中郡为武陵郡，虽然中间短时间恢复过黔中郡的名称，但是直到宋代都主要采用武陵郡的名称统一管辖。元朝以后实行行省制度，武陵郡划分到湘鄂川黔四省分治，但在少数民族地区开始施行土司与卫所并存的制度，到明代和清代前期（雍正十三年改土归流）都是采行土司统治。

武陵山区的地理范围在历史上是有一定的伸缩性的，广义而言，武陵山区包括湖北西北、湖南西部、重庆东南、贵州西北等四省市比邻地区，属革命老区、民族地区和贫困地区，跨省交界面大、少数民族聚集多。

**武陵山区土家族苗族文化**

武陵山区历史文化积淀丰厚。少数民族文化历史悠久，特色鲜明。从早期典籍记载的三苗族团和濮人，到秦汉的武陵蛮（五溪蛮），再到巴、僚、苗蛮，在明清时期逐渐形成土家、苗、侗、瑶等族。虽然在土司制度时期有“蛮不出境，汉不入峒”的传说，但是在整个历史中，不断有汉人入居山区，也不断有山区民族流出，各民族文化交融贯穿于历史进程之中，形成小聚居、大杂居的交错格局。历史上，三苗文化、巴蜀文化、楚汉文化、湖湘文化、黔贵文化都在武陵山区留下不可磨灭的遗迹，武陵山区因而成为中国多元一体文化相互交融的典型地区和文化多样性的重要保留地。

土家族、苗族是武陵山区实行民族区域自治地方的主体民族。今日湖南西部有湘西土家族苗族自治州；湖北西北部有恩施土家族苗族自治州、五峰土家族自治县、长阳土家族自治县。

武陵山区的土家族、苗族创造了丰富多彩的物质文化遗产和世代相传的非物质文化遗产，今日形成了较为完整的土家族、苗族文化形态，历史文化积淀丰厚、非物质文化遗产存续状态良好，具有重要价值和鲜明的地域文化、民族文化特色。

**湘西**

湘西是湖南省湘西土家族苗族自治州地域的简称，位于湖南西北部。这一地域，夏代《禹贡》称其为“荆州之域”，商代属荆楚“鬼方”之地，西周至春秋，属楚“黔中地”。战国期间，楚置黔中郡。汉代改黔中郡为武陵郡。南朝梁太建七年（575 年），建沅陵郡，“领县五”，包括今湘西州大部分。隋以后，其地隶属辰州、沅陵郡、沅州，元明时设置“土司”，与“流官”并存。清康熙三年（1664 年）设立湖南行省，湘西之地纳入湖南版图，其地设置永顺府、永绥厅、乾州厅、凤凰厅。

清以前，湘地为“南楚”，又称“楚南”。清代，湘西土家族苗族聚居地区被习称为“楚南苗疆”。清乾隆年间任湖南辰州府永绥同知段汝霖撰《楚南苗志》以及现收藏在法国集美博物馆的绘者佚名的《楚南苗疆图说》

都是以今湘西州少数民族为记述、描绘对象的历史著作。

1949年2月，凤凰、乾城、永绥、泸溪等县和永顺、龙山、保靖、古丈等县分属沅陵专区和永顺专区。1952年8月，湘西苗族自治区成立，辖吉首、古丈、泸溪、凤凰、花垣、保靖6县，代管永顺、龙山、桑植、大庸4县，年底，4县亦属直接管辖。1955年3月，更名为湘西苗族自治州。1957年9月，湘西土家族苗族自治州成立，辖10县。1982年和1985年，吉首、大庸先后改县为市。1989年，大庸市和桑植县划归张家界市。湘西土家族苗族自治州现辖龙山、永顺、保靖、古丈、花垣、泸溪、凤凰和吉首7县1市。

湘西土家族苗族自治州的土家族、苗族长期以来处于大杂居、小聚居的状态。除汉族以外，还有40多个少数民族，占人口总数的68.7%。人口最多的主体少数民族是土家族、苗族。在历史发展的进程中，土家族、苗族与汉族及其他少数民族间经济文化交流频繁，休戚与共，和睦共处，共同开发了湘西这片热土，使土家族、苗族传统文化形成了鲜明的地域特色。

**湘西土家族苗族文化**

湘西位于云贵高原的余脉武陵山区，地处湘、鄂、渝、黔四省市边区的中心地带，是土家族、苗族重要的聚居区。

土家族自称“毕兹卡”，是我国具有悠久历史的少数民族之一。传说早在蛮荒时代就聚居在酉水流域。湘西苗族也是一个古老的世居民族，自称“果雄”，明清以来，史籍中被泛称“红苗”。他们相对集中在腊尔山台地，是中国苗族东部方言典型区域。

湘西土家族苗族文化，指自古以来生息繁衍在这里的土家族苗族等各族人民通过辛勤劳动和生活实践，在历史进程中创造出的社会财富和一切社会文明成果的总和，包括物质文化和非物质文化两大体系内容，并且相互融合、和谐统一。作为湘西最具代表性的土家族苗族文化，是湖湘文化的重要组成部分，也是中华民族多元一体文化的组成部分之一。

早在春秋战国时期，湘西地区就是楚巫文化的发端和兴盛之地。经历漫长的历史长河，湘西土家族苗族的传统文化中还保留着比较鲜明的楚巫文化特色，具有重要的人类学、民族学和民俗学价值。

湘西特殊地域与自然生态环境，滋生繁衍了以土家族和苗族为核心的湘西民族文化。湘西奇异山水风光、厚重的历史文化以及土家族和苗族浓郁的民族风情有机结合，和谐共生，形成独具特色、相互依存的湘西文化生态链环。

湘西土家族和苗族文化内涵丰富，物质文化方面主要有各级文物保护单位351处（其中国家重点文物保护单位6处、省级文物保护单位21处），国家历史文化名城一座（凤凰古城），国家级历史文化名镇1座（里耶古镇），非物质文化遗产更是涉及11大类计1056项，其中第一批国家级名录项目7个、第二批国家级名录项目8个（包括扩展第一批），国家级传承人15位，省级名录项目22个，州级名录项目75个，文化艺术之乡36个。

依托于优越的自然环境和丰厚的物质文化遗产，湘西土家族苗族世代传承的非物质文化遗产源远流长，丰富多彩，主要类别有：

（1）制度文化：如土司制度、教育制度、经济制度、法律制度、家庭制度等。

（2）语言文化（口头文学）：如土家语、苗语、神话、传说、歌谣等。

（3）表演文化：如土家苗族民歌、土家族舞蹈、苗族鼓舞、土家族戏剧、苗戏等。

（4）工艺文化：如织锦、刺绣、印染、扎染、红扎、竹雕、凿花、傩面具、苗画等。

（5）民俗文化：如观念、信仰、生产习俗、生活习俗、游艺、竞技等。

活态传承的湘西土家族苗族非物质文化遗产，是湘西土家族苗族文化的核心。

湘西土家族和苗族文化遗产不仅内容丰厚、价值独特，而且文化遗产保护传承更具良好的生态空间。通过采取有效的保护措施，修复非物质文化遗产（口头传说和表述，包括作为非物质文化遗产媒介的语言；表演艺术；社会风俗；礼仪；节庆；有关自然界和宇宙的知识及实践；传统的手工技艺等以及与上述传统文化表现形式相关的文化空间）和与之相关的物质文化遗产（不可移动和可移动的文物、古建筑、历史文化城街区、村镇等）互相依存，与当地民众的生产生活紧密相关，营造出一个与自然环境、经济环境、社会环境和谐共处的生态环境。

**武陵山区（湘西）土家族苗族文化生态保护实验区**

土家族聚居的“酉水流域”，苗族聚居的“腊尔山台地”是湘西民族文化生成、发展并形成独特内蕴的主要空间，由于民族的迁徙，其文化流布延伸至鄂、渝、黔等周边地区，湘西文化核心区和延伸区的不可分割性构成整个湘西文化生态保护实验区。

**保护范围**

武陵山区（湘西）土家族苗族文化生态保护实验区的核心区域（总面积15462平方公里，总人口278.5万）由于民族特色分为两个次级保护区，即土家族文化生态保护区和苗族文化生态保护区。

**1. 土家族文化生态保护区范围**

以洗车河流域为核心区。包括龙山县里耶镇、洗车河镇、苗儿滩镇、隆头镇、靛房镇、农车乡、他砂乡；永顺县灵溪镇、首车镇、两岔乡、西歧乡、勺哈乡、大坝乡、对山乡、泽家镇、芙蓉镇、小溪乡；古丈县断龙山乡、红石林镇；保靖县迁陵镇、碗米坡镇、清水坪镇；泸溪县潭溪镇。

**2. 苗族文化生态保护区范围**

以腊尔山台地为核心区。包括凤凰县沱江镇、山江镇、腊尔山镇、吉信镇、阿拉镇、洛朝井乡、都里乡；花垣县排碧乡、董马库乡、排料乡、麻栗场镇、吉卫镇、补抽乡、雅酉镇、两河乡、民乐镇；吉首市矮寨镇、寨阳乡、已略乡、社塘坡乡；保靖县葫芦镇、水田河镇和古丈县默戎镇，泸溪县梁家潭乡。

湘西土家族苗族自治州其他县（市）的所有乡（镇）为生态文化保护的延伸区，并幅射至湘、鄂、渝、黔边区相关县（市）中的保护点。

2010 年 11 月，武陵山区（湘西）土家族苗族文化生态保护实验区在湘西土家族苗族自治州挂牌。2013 年 3 月，《武陵山区（湘西）土家族苗族文化生态保护区总体规划》通过文化部专家评审。

2014 年 1 月，文化部专家组通过《武陵山区（鄂西南）土家族苗族文化生态保护实验区规划纲要》及《武陵山区（渝东南）土家族苗族文化生态保护实验区规划纲要》评审。

武陵山区（鄂西南）土家族苗族文化生态保护实验区保护范围为湖北省的“一州两县”。即恩施土家族苗族自治州的恩施市、利川市、建始县、宣恩县、咸丰县、鹤峰县、巴东县、来凤县和宜昌市的长阳县和五峰县。

在上述十个县市的保护实验区范围内，按照区域特色的代表性和非物质文化遗产的集聚性，可以划分核心区和辐射区。清江流域最能代表其文化生态特性且非物质文化遗产比较集中的地区，可以作为武陵山区（鄂西南）土家族苗族文化生态保护的核心区，而其他地区可以作为保护的辐射区。按照行政区划，核心区包括恩施州的恩施市、利川市和宜昌市的长阳县，辐射区包括恩施州的建始县、宣恩县、咸丰县、鹤峰县、巴东县、来凤县和宜昌市的五峰县。

武陵山区（渝东南）土家族苗族文化生态保护实验区的保护范围包括酉阳土家族苗族自治县、秀山土家族苗族自治县、黔江区、石柱土家族自治县、彭水苗族土家族自治县，计四县一区。区域土地面积 1.69 万平方公里，总人口近 250 万，占重庆市总人口的 8.6%。

根据突出重点、有序建设的需要，设立文化生态保护区建设的核心区与辐射区。根据各区县在武陵山区的位置、非物质文化遗产的保有情况，酉阳土家族苗族自治县和秀山土家族苗族自治县设为核心区，黔江区、石柱土家族自治县、彭水苗族土家族自治县设为辐射区。

## 04　迪庆民族文化生态保护实验区

迪庆藏族自治州位于云南省西北部，地处青藏高原东南滇、川、藏三省区结合部地带。迪庆，藏语意为“吉祥如意的地方”，是世界自然遗产“三江并流”核心区域中一片由雪山、森林、河流、湖泊、翠谷、牧场、耕地、乡村、城镇交融而成的人间仙境“香格里拉”——我国西南边陲一颗举世瞩目的充满梦幻色彩的明珠。

迪庆居住着藏、傈僳、纳西、汉、彝、白、普米、回、苗等民族亲如兄弟姐妹的37万同胞，世代连心合力，携手耕耘锦绣乡土，创造美好生活与多姿多彩的文化，共同谱写着民族团结和睦大家庭的颂歌。

迪庆历史悠远绚斓，人文博富绝奇。以藏族为代表的迪庆各民族文化传统深厚，保留着丰富而有鲜明个性的文化遗产——它们涵盖物质文化和非物质文化的不同门类，前者包括国家级重点文物保护单位3项，省级重点保护文物单位8项，州、县级文物保护单位37项，州级博物馆2座，1个国家级历史文化名城，1个国家级历史文化名村，1个省级历史文化名城，1个省级历史文化名镇，7个省级历史文化名村，若干露天古代文化遗迹，大量古老民居与寺庙建筑，难以数计的国家收藏文物和民间传世文物；后者包括仍活跃在民间的语言、文字、口传文学、舞蹈、音乐、戏剧、节庆、服饰、绘画、木雕、手工技艺（含金银铜器工艺、土陶工艺、毛纺工艺、木器工艺、刻版印经印画工艺）、民族医药科技、建房技艺、饮食风俗、婚姻与生育习俗、宗教与民间信仰、丧葬习俗等，有国家级非物质文化遗产保护名录6项，省级名录19项，州级名录236项，国家级传承人5名，省级传承人50名，州级传承人116名。全区文化生态情况良好，居住环境和生产生活方式基本保持充满地域民族特色的传统状态。

**迪庆民族**

迪庆共有26个民族，其中万人以上民族5个：藏族、傈僳族、汉族、纳西族、白族；千人以上民族4个：彝族、普米族、回族、苗族。此外，还有蒙古族、壮族、满族、土族、哈尼族、傣族、黎族、独龙族、怒族等。

藏族，是迪庆藏族自治州实行民族区域自治的民族，人口126880人（2009年数据），占全州总人口的33.48%，主要分布在德钦县大部分地区、香格里拉县高寒地区。唐贞观八年（公元634年），吐蕃松赞干布攻破了藏东的党项及白狼诸羌，而后以苏毗人居住中心的青海玉树的贝嘉德十二部为主力，占领了地处青藏高原东南缘的迪庆地区，一个千户驻维西塔城，一个千户驻迪庆高原独克宗（今香格里拉县建塘镇），由此，苏毗人便大量移居于迪庆地区。这支军队的指挥官是吐蕃人，即藏族先民；另一部分为军队的主体士兵，是苏毗人，即纳西族先民。唐代迁入的吐蕃人在迪庆地区居于统治者的地位。吐蕃王朝之后形成的割据一方的吐蕃土酋，融合了氐羌族系中的苏毗、白狼和獯蛮等族，明代融合了辖境内的部分纳西族，清代融合了部分汉族和回族，逐渐形成了今天的藏族。清代文献中，维西藏族名称多被称作“古宗”。

傈僳族，107877 人（2009 年数据），占全州总人口的 28.46%，主要分布在维西傈僳族自治县、德钦县的拖顶傈僳族民族乡、霞若傈僳族民族乡和香格里拉县金沙江沿岸山区。唐代乌蛮是傈僳族先民，早于藏族、纳西族进入迪庆境内。清代文献中，维西傈僳族多写作“栗粟”。嘉庆年间，维西傈僳族首领恒乍绷领导的反抗土司斗争产生过重大影响。

纳西族，46503 人（2009 年数据），占全州总人口的 12.28%，主要分布在香格里拉三坝纳西族乡、金江乡、上江乡、虎跳峡镇、维西县塔城镇、攀天阁乡、永春乡、德钦县佛山乡和升平镇等地。

据《华阳国志·蜀志》记载，公元 4 世纪中叶前纳西族先民白摩已进入迪庆高原及金沙江两岸区域。元明清时期，丽江纳西族木氏土司的势力在维西及中甸有着重大影响，纳西族人口随之增长。历史文献中称纳西族为“么些”。清代乾隆年间余庆远撰《维西闻见录》，以么些居首位。

白族，14260 人（2009 年数据），占全州总人口的 3.86%，主要分布在维西傈僳族自治县维登、中路、白济汛等乡，自称“那玛人”，文献中或作“那马”、“拉马”，是白族一个支系。唐代部分白族由滇西进入迪庆境内金沙江沿岸及维西境内。清人余庆远《维西闻见录》中记载：“那马本民家，即僰人也。”“么些谓之那马，遂以那马名之。语言实与民家无异。”清代文献中亦以“剌毛”称呼那玛人。

普米族，1918 人（2009 年数据），占全州总人口的 0.5%，主要分布在维西县的永春、攀天阁及香格里拉县的三坝、洛吉、金江、上江等乡镇，大部分居住在河谷地区及丘陵地带。普米族进入迪庆时间较早，唐代文献记载巨津州（今玉龙纳西族自治县巨甸镇）所居“濮蛮”，南诏时铁桥一带形成的“顺蛮”，都是普米族的先民。明清文献中，普米族多称“巴苴”、“西番”，是《维西闻见录》中记录的六种民族之一。

怒族，1031 人（2009 年数据），占全州总人口的 0.17%，主要分布在维西境内，是怒江和澜沧江两岸的一个古老的民族。怒江原称潞江，唐代怒族先民被称为潞蛮，原居住于怒江傈僳族自治州贡山、福贡境内，清雍正八年（公元1730年），怒族派代表到维西康普向女千总禾娘进贡，清朝廷允许将111个村寨划属维西土司弁目统管，此后怒族逐渐进入维西境内。《维西闻见录》中亦有“怒子”记载。

汉族，60863人（2009年数据），占全州总人口的16.12%，分布在整个迪庆州。在唐代已居住在迪庆铁桥一带，唐人樊绰《蛮书·名类》中称作“裳人”。元明清时期，随着军旅、经商、开采、为官，汉族在迪庆形成世居族群。

其他民族在不同时期进入迪庆，散居各地。

在迪庆，除藏族外，其他民族都处于大杂居、小聚居的民族分布格居。多民族分布、和谐共处是迪庆民族构成的基本特征。

**迪庆民族文化**

“迪庆民族文化”是指迪庆地区藏族及其他民族共同创造、发展、传承的物质文化与精神文化的总和。迪庆民族文化历史文化积淀丰厚、存续状态良好，作为一种具有鲜明特色的文化类型，独具特色。主要表现在：

1. 自然净土的地域性；
2. 交互融会的传统性；
3. 活态传承的多样性。

迪庆民族文化丰富多彩，迪庆民族文化遗产特别是非物质文化遗产展现出独特的“文化间性”（Interculturality），是中华民族“你中有我、我中有你”的一个突出典型。迪庆民族文化不仅是多元一体的中华民族文化中的一支奇葩，也是展现文化多样性价值的珍贵样本，保护传承迪庆民族优秀传统文化，具有特别重要的意义。

代表性的民族文化有：

**1. 香格里拉文化**

香格里拉县原名中甸县，藏语称“结塘”、“建塘”。汉译音初写为“忠甸”，后改为“中甸”。清雍正二年（公元1724年）设中甸厅。

20世纪初，美籍奥地利探险家约瑟夫·洛克（Joseph Charles Francis Rock，1884—1962年）深入到滇西北考察，在所著《中国西南古纳西王国》一书中，留下大量有关维西、阿墩子（德钦）、中甸（建塘）的实录记载。公元1933年，美国小说家詹姆斯·希尔顿（James Hilton）依据来自洛克的素材创作小说《失去的地平线》（Lost Horizon），以“香格里拉”一词描绘这一块永恒和平宁静的土地。由此，“香格里拉”成为世间理想家园的代名词。

经过研究者们长期精心考证，“香格里拉”的原型被认为就是滇西北雪山峡谷中藏族、纳西族居住之地。“香格里拉”一词源出自藏语，本意为“心中的日月”，是迪庆藏区常用的吉祥语。2001年12月，国务院批准迪庆藏族自治州中甸县改名为香格里拉县。由此，“香格里拉”成为迪庆人与自然、人与人和谐相处文化类型的象征。

香格里拉文化是以雪山峡谷、森林草地自然净土为依托，以藏传佛教文化、纳西族东巴文化传承为轴心，涵盖多民族和谐相处形成的物质文化与非物质文化的总和。

哈巴雪山、万里长江第一湾、虎跳峡以及普达措国家公园等自然景观，以噶丹·松赞林寺为代表的物质文化遗产，以民间歌舞、手工技艺、藏医药为标志的非物质文化遗产，组成香格里拉县民族文化的生动画卷。

**2. 德钦藏文化**

德钦，藏语意为“吉祥如意，和平安宁”。德钦是藏族聚居地，藏族占全县总人口80%左右。德钦县是“三江（怒江、澜沧江、金沙江）并流”腹地，梅里雪山居藏区八大神山之首。金碧辉煌的藏传佛教庙宇及绚丽多彩的民间歌舞，展现出德钦藏文化“雪域圣地”独特的风采。

**3. 维西傈僳族文化**

维西是清代滇西北要地，纳西语称维西为“你那”，藏语称为“巴龙”。维西是多民族杂居地区，清代乾隆年间余庆远撰《维西闻见录》记载了藏、傈僳、纳西、白、普米、怒等6个民族。傈僳族是维西傈僳族自治县实行民族区域自治的民族，占全县总人口56.37%。汉族也是较早来到这里定居的民族。

傈僳族是最早来到维西定居的民族，民居建筑技艺、婚俗、歌舞都保留着活态传承的鲜明特色，在傈僳族传统文化中具有典型性和代表性。民间舞蹈“阿尺木刮”已列入第一批国家级非物质文化遗产名录。

维西维登乡是白族拉玛人居住地，依然保留着特色鲜明的白族传统文化习俗。

**4. 白水台纳西东巴文化**

白水台位于香格里拉县三坝乡白地村，纳西语称白水台为“释卜芝”，意为逐渐长大的花，有“仙人遗田”的美称。白水台附近的阿明洞相传为纳西族圣祖阿明什罗修行地，被奉为纳西东巴文化发源地。每年农历二月初八，当地的藏、纳西、彝、白、傈僳等民族要到白水台进行盛大的祭祀活动。

在白地村至今还保留着独特的纳西族手工造纸技艺，已列入第一批国家级非物质文化遗产名录。这种白地纸是东巴最重要的写经用纸，在滇西北各族中久负盛名，又被称作“东巴纸”，对于东巴文化的发展起到重要作用。

**5. 中甸维西茶马古道文化**

据文献记载研究及民族学实地考察，迪庆的中甸和维西是历史上滇藏“茶马古道”经过的重镇，至今保留的历史遗迹及流传下来的马帮习俗，是茶马古道文化的重要组成部分。与茶马古道相吻合的“盐运古道”，在迪庆地区尤具特色。

**6. 其他各民族文化**

除以上列举的代表性民族文化外，彝族、苗族等民族文化也具有浓郁的地域性特色。

**迪庆民族文化生态保护实验区**

迪庆民族文化生态保护实验区是在迪庆藏族自治州人民政府主导下，根据广大民众自觉要求，旨在对迪庆藏族自治州境内历史文化积淀丰厚、存续状态良好、具有重要价值和鲜明特色的各民族文化形态进行整体性保护而设立的特定区域。迪庆民族文化生态保护实验区以保护各民族非物质文化遗产为核心，同时加强对与非物质文化遗产密切相关的自然生态、物质文化遗产的保护。通过文化生态保护区的建设，使非物质文化遗产具有活态传承的良好生态环境、物质和人文条件，有利于迪庆社会经济可持续发展。

**保护范围**

以迪庆藏族自治州行政区域为迪庆民族文化生态保护实验区的保护范围，与其相对应的行政区划范围是：迪庆州香格里拉县、德钦县和维西傈僳族自治县。全州 29 个乡镇，188 个村（居）民委员会。文化生态保护总面积 23870 平方公里，总人口 37 万人，平均人口密度 14.21 人/平方公里。

迪庆民族文化生态保护实验区立足于“文化生态空间”的保护，即保护自然生态空间、人文生态空间和经济生态空间三个层面。全面保护非物质文化遗产（国家级、省级、县级）、物质文化遗产（国家级、省级历史文化名城、名镇、名村，各级重点文物保护单位）、自然遗产（世界自然遗产、国家风景名胜区、世界地质公园、国家地质公园、国家自然保护区、省级自然保护区）。其中的人文生态空间将以民族类型和村寨范围进行重点划分，扩大保护区概念和范围，以核心村寨辐射周边地区。

2013 年 2 月，文化部批准实施《迪庆民族文化生态保护实验区总体规划》。

## 05 大理文化生态保护实验区

大理白族自治州是我国西南地区一个以白族为主体民族，13 个世居民族和谐相处的民族自治地区，它东连楚雄彝族自治州，南与普洱、临沧市毗邻，西与保山市和怒江傈僳族自治州接壤，北接丽江，总面积 29459 平方公里。全州辖 12 个县市，现有人口 345 万人。

大理地处横断山脉南端的滇西纵谷区，地势呈西北高、东南低，最高海拔 4295.3 米，最低海拔 724 米。境内群峰耸镇，苍水横流。澜沧江、怒江、金沙江横穿全境，连亘着大小 160 多条河流和众多的湖泊；云岭山脉与怒山山脉逶迤南下，突兀出雪邦山、老君山、罗坪山、无量山、哀牢山、天马山、马鞍山、点苍山等数十座大山横列如屏。苍山与洱海是知名海内外的名山名湖，也是白族文化的发祥地，清代岭南名士宋湘用“西南雄阔地，苍洱大名垂”的诗句来赞誉大理和苍洱大地。大理素以“风、花、雪、月”四景闻名于世，大理是茶花的故乡，有“云南茶花甲天下，大理茶花甲云南”之誉。

公元 1253 年，元世祖忽必烈率 10 万大军跨革囊渡金沙江灭了大理国，建立了云南行省。元世祖于大理建立总管府，封大理国段氏后裔为总管，管理滇西各部。大理总管以大理国旧都为总管府，终元之世，共传 11 代。明朝洪武十四年（公元 1381 年），明太祖朱元璋派傅友德、蓝玉、沐英率兵 30 万平定云南，在大理地区设置了大理府、鹤庆府、蒙化府。清顺治十六年（公元 1659 年），清军平云南，因循明朝旧制设大理府，并将云南省分为三迤，大理为迤西道治所，云南提督驻地。民国后废除道制，行政区划实行省县两级，大理改为大理县。1956 年成立大理白族自治州，自治州州府设于下关市，1983 年，下关市、大理县合并改设大理市。

大理是南诏大理国故地，是我国首批公布的国家级历史文化名城，以白族为主体的各民族在这块美丽富饶的土地上世代繁衍，生生不息，创造了绚丽多姿的民族文化，为中华民族文化增光添彩。

**大理文化**

大理文化源远流长。

大理是云南历史文化的发祥地之一，灿烂的新石器文化和青铜文化在西南地区文化发展史上占有重要位置。

自公元 738 年至 1254 年大理国灭亡的 515 年间，白族、彝族先民以大理为中心，建立了雄踞西南的南诏、大理国，为祖国的统一和边疆少数民族经济社会发展做出了不可磨灭的贡献。南诏大理国文化在中华民族发展史上留下辉煌灿烂的篇章。

具有浓郁地方特色的大理佛教文化是中华佛教史中的重要组成部分，是大理文化的精神内核。南诏大理国时期佛教盛况空前，有“妙香佛国”之誉。佛教的兴盛，孕育了灿烂的佛教艺术。留存至今的众多佛塔、石窟、石刻、绘画、写经等佛教文化历史遗存，均堪称中国佛教艺术中的精品。

作为一种历史文化形态，大理文化得到学术界的普遍认同，早在1949年，著名学者徐嘉瑞就出版了《大理古代文化史稿》。当代白族著名学者马曜在《大理文化论》（2001年）中指出：“作为一种区域文化，大理文化既是云南文明的源头，又是云南文化的交融与整合。”

大理白族以及其他民族继承了历史上流传下来的大理文化宝贵遗产，形成了存续至今、以非物质文化遗产为核心的大理文化。

“大理文化”，是指以大理白族历史文化为主体，由全州各族人民共同创造，在滇西北苍山洱海区域传承发展、并存续至今的特征鲜明的西南高原盆地农耕非物质文化遗产类型。主要包括：

（1）继承南诏、大理国历史传统，存续至今的传统文化；

（2）以大理苍山洱海为中心的坝区白族文化，以云龙为代表的山地白族文化；

（3）以巍山、南涧、漾濞为中心的彝族文化；

（4）以大理、宾川鸡足山为代表的佛教建筑文化；

（5）以大理喜洲为代表的白族民居建筑文化、村落文化；

（6）以白族“本主崇拜”为代表的民俗信仰文化；

（7）以国家级非物质文化遗产名录项目为代表的民间工艺、民间艺术文化。

大理文化具有鲜明的地域文化特色：

（1）以“风花雪月”闻名于世的苍山、洱海生态系统为大理文化传承提供了良好的自然环境；

（2）大理的非物质文化遗产与历史悠久的物质文化遗产紧密关联，融为一体；

（3）大理的非物质文化遗产与少数民族群众生产、生活息息相关。

（4）白族和其他民族和谐共处，白族文化和其他民族文化相互交融。大理文化得到全州各族人民的普遍认同。

**大理文化生态保护区**

大理文化生态保护区是在大理白族自治州人民政府主导下，根据广大民众自觉要求，旨在对迪庆藏族自治州境内历史文化积淀丰厚、存续状态良好、具有重要价值和鲜明特色的白族以及各民族文化形态进行整体性保护而设立的特定区域。大理文化生态保护区以保护白族及各民族非物质文化遗产为核心，同时加强对与非物质文化遗产密切相关的自然生态、物质文化遗产的保护。通过文化生态保护区的建设，使非物质文化遗产具有活态传承的良好生态环境、物质和人文条件，有利于大理白族自治州社会经济可持续发展。

## 06 黔东南民族文化生态保护实验区

黔东南苗族侗族自治州是一个以苗族侗族为主体民族的多民族区域自治地方，共有33个少数民族和2个待识别民族，其中，世居民族10个。据2010年人口普查统计，总人口402.41万人，少数民族人口328.31万人，占总人口的81.6%，其中苗族人口占42.0%，侗族占31.7%，是全国30个民族自治州中少数民族人口绝对数最多、苗侗民族人口最多的自治州，是全国苗族侗族人口最集中的地区。境内苗族人口占全国苗族人口的18%，分布于全州16个县市的209个乡镇和街道办事处；侗族人口占全国侗族人口的41%，在全州16个县市都有分布，但主要聚居在黎平、从江、榕江、锦屏、天柱、三穗等县。

黔东南文化中，非物质文化遗产传承与保护状况良好。根据普查资料，黔东南非物质文化遗产类型完整，共有项目4392项。国务院公布的三批国家级非物质文化遗产名录中有40项68处入选，居全国同级行政单位前列。还有省级非物质文化遗产名录项目158项206处，州级非物质文化遗产名录项目188项218处，县市级非物质文化遗产名录项目1003项。已有国家级非物质文化遗产生产性保护示范基地1处，省级非物质文化遗产生产性保护示范基地3处，州级非物质文化遗产生产性保护示范基地5处。

黔东南文化所依存的文化空间广阔，自然生态环境和人文生态环境优越。现有全国重点文物保护单位8处，省级文物保护单位47处，州级文物保护单位80处；有中国历史文化名城1座，中国历史文化名镇2座，中国历史文化名街1条，中国历史文化名村4座，省级历史文化名村6座；有中国民间文化艺术之乡10处，贵州省民间文化艺术之乡28处；有州级重点民族文化保护村寨100个，还有“苗岭山区雷公山麓苗族村寨”和“黔东南六洞九洞侗族村寨”23个（2006年列入世界文化遗产预备名录）。境内森林覆盖率达62.68%，有1个国家级自然保护区，1个省级自然保护区，4个县（市）级自然保护区；3个国家级风景名胜区，8个省级风景名胜区（已撤销1个）；4个国家级森林公园。

**黔文化**

黔中文化、黔南文化是黔文化形成发展过程中的有机组成部分。

明清时期，包罗少数民族及汉族的黔文化形成一种独具特色的地方文化形态。以“黔”为题名的著述构成包罗万象的系列，主要有：王士性撰《黔志》、郭子章辑《黔类》、郭子章撰《黔记》、文安之《黔记》，清代田雯撰《黔书》、张澍撰《续黔书》、李宗昉撰《黔记》、吴振棫《黔语》、犹法贤撰《黔史》、傅玉书辑《黔风》等。

苗疆文化是清代黔文化的重要内容。

苗族是一个古老的民族，主要分布在贵州、湖南、湖北、云南、四川和广西壮族自治区等广阔地域。元明清时期，苗族聚居地区建立了许多大大小小的土司。清代“改土归流”过程中，贵州、湘西等苗族分布地区是封建统治者治理少数民族的重点，由此而生“苗疆”一语，并成为西南少数民族地区的一个概称。

清雍正年间，“苗疆”作为特别区域名称，开始大量出现在官方文献中。《世宗实录》卷三十一记载雍正三年四月十三日，“兵部复议：“云贵总督高其倬条奏苗疆事宜”，这是较早见于官方纪录中的“苗疆”一词。在雍正、乾隆、嘉庆三代《实录》中，“苗疆”一语在“上谕”、“奏疏”、“议复”等文牍中俯拾皆是，成为官方界定的专指区域名称，有特定的含义。

清代西南地区，“新疆”曾是新开辟的“苗疆”的同义语。乾隆九年九月，贵州总督兼管巡抚事务张广泗疏称：“黔省新疆之古州、上江、下江、朗洞、清江、台拱、丹江等镇、协、营兵月粮……”从雍正六年起，清政府在苗疆连年用兵，于八年在贵州设置丹江、八寨、都江、古州、清江、台拱六厅，即所谓“新疆六厅”，或称“苗疆六厅”。

在清代，“苗疆”虽然不是正式地理、行政区划名称，但却是被官方经常使用并赋予特别含义的惯用语。

清代“苗疆”地域广阔，“周及三千余里，千有三百余寨，古州距其中，群砦环其外”。“苗疆要区”主要分布在贵州黔东南苗族侗族自治州、黔南布依族苗族自治州、黔西南布依族苗族自治州以及黔西安顺、六盘水、黔西北松桃等地。由于贵州是苗疆中心区，因而“黔苗”之称屡见不鲜。史藉中记载的“苗疆”地域中的“苗民”种类繁多，所谓“苗”，不仅仅指苗族，还包括同一地区内居住的其他民族。“仲家苗”是今日布依族，“侗家苗”是今侗族，“水家苗”是今水族，“仡佬苗”是今仡佬族。清代，由于在改土归流过程中，“苗”是治理的重点，影响最大，因而“苗”就成为西南少数民族的泛称，有时也作为南方少数民族代名词。

正是由于“苗疆”成为举世瞩目的热点，一系列有关“苗疆”的著作应运而生，如方显撰《平苗纪略》、严如煜撰《苗防备览》、徐家干撰《苗疆闻见录》，等等。

清代，一批文人在“苗疆”采风问俗，涌现以少数民族风情为题材的两类创作：一是《黔苗图》，二是黔省竹枝词。

黔苗图又称“苗蛮图”、“百苗图”。清康熙三十六年（公元1697年）刊刻的卫既齐修、薛载德等纂《贵州通志》卷三十《蛮僚》收录31种蛮僚图像，是目前所见最早的“黔苗图”。乾隆皇帝平定“苗疆”后，命大学士傅恒于乾隆十六年开始主持编纂了著名的《皇清职贡图》，贵州省民族图像共有41种。在《皇清职贡图》影响下，出现了“黔苗图”绘制热潮。研究者认为原任八寨理苗同知陈浩所作《八十二种苗图并说》最具代表性。目前收藏于国内外的“黔苗图”多达数十种。最早的“苗蛮图”出现在贵州，所绘内容为贵州“苗疆”分布的少数民族，包括苗族，也包括其他民族；包括曾经设置土司的民族，也包括曾经“不相统属”的“生苗”。黔苗图是清代贵州少数民族衣饰及生产、生活等风情场景的真实写照。

竹枝词是借鉴民歌体裁的一种诗体，以反映地方民俗风情为主要内容。清代歌咏贵州民族地区的竹枝词主要有：康熙时期的田榕《黔苗竹枝词》；乾隆时期的齐周华《苗疆竹枝词》和余上泗《蛮峒竹枝词》；嘉庆时期的舒位《黔苗竹枝词》、吴振棫《黔苗杂咏》、孔昭虔《乌蛮竹枝词》；道光时期的张澍《黔苗竹枝词》、毛贵铭《西垣黔苗竹枝词》；清末的王锡晋《黔苗竹枝词》、易梧冈《黔苗竹枝词》、司炳煃《盘江苗女竹枝词续前》、乔子木《盘南苗俗竹枝词》、吴仰贤《黔中苗彝风土吟》、颜嗣徽《牂牁竹枝词》、李世钧《苗俗杂咏》和刘韫良《牂牁苗族杂咏》等。

黔苗图和黔省竹枝词是黔文化中少数民族风情的生动写照。

历史上多民族的交融以及省际地域交错，造就了黔文化“丰富多彩”的特征。

黔文化是贵州传统文化中独具特色的文化形态，其具有代表性的少数民族风情文化，历史悠久、古朴淳厚、丰富多彩、和谐共生、活态传承。

**黔东南文化**

黔东南不仅是地域名称，也是一种典型的文化形态。世代传承黔中、黔南、黔文化，是黔东南文化的根脉。

清乾隆《贵州通志》卷四地理·疆域·贵州布政使司引《广舆志》称：黎平府“山溪险峻，黔东奥区。”清查慎行《雪后平溪道中》诗：“马足声坚冻未融，楚南晴雪照黔东。”

清代设置“苗疆六厅”，其中丹江（今雷山）、八寨（今丹寨）、古州（今榕江）、清江（今剑河）、台拱（金台江）等五厅均在今黔东南地境，黔东南曾是“苗疆重地”。

苗族和侗族是黔东南的主体民族，黔东南的民族文化主要由苗文化与侗文化构成。完好地存续着苗、侗等少数民族固有风情，是黔东南文化的突出特色。

黔东南文化是指以非物质文化遗产表现形式存续的苗、侗及其他民族风情为代表的民族民间文化。

黔东南文化主要内容包括：

节庆文化

黔东南素有“百节之乡”之称，一年中共有民族传统节日 391 个，其中，节日活动人数在万人以上的有 73 个。主要有：苗年、苗族鼓藏节、苗族姊妹节、四十八寨歌节、苗族独木龙舟节、赛龙舟；侗年、侗族萨玛节、歌会月也。此外，水族的“端节”、瑶族的“盘王节”、畲族的“冬至节”也各具特色。众多的特色传统体育游艺与竞技也是节庆活动的内容。

民间传统表演艺术文化

黔东南有“歌舞海洋”的美誉。苗族“飞歌”高亢激昂、热情奔放，侗族大歌旋律优美，曲调多样。苗族芦笙舞蹈多姿多彩，传统侗戏别具一格。此外，比较重要的民间传统表演艺术还有苗族木鼓舞（反排苗族木鼓舞）、雷山苗族铜鼓舞、苗族多声部民歌以及侗族琵琶歌。

传统工艺文化

黔东南民族传统工艺美不胜收。民族服饰及制作工艺丰富多彩，苗族服饰有 300 多种款式，侗族服饰也有近 100 种，水族、壮族、瑶族、布依族等少数民族服饰也有近 100 种。进入国家级非物质文化遗产名录的有苗族服饰、苗绣（雷山苗绣、剑河苗绣）、苗族蜡染技艺、苗族银饰锻制技艺、苗族织锦技艺、枫香印染技艺。

苗寨吊脚楼营造技艺、侗族木构建筑营造技艺是黔东南传统建筑技艺的代表。

此外，重要的传统工艺还有苗族芦笙制作技艺、皮纸制作技艺、陶器烧制技艺。

重要的传统美术表现形式有苗族剪纸、苗族泥哨等。

民间制度及礼俗文化

至今，黔东南苗族、侗族还保留着许多传统的乡规民约制度文化形式，以苗族“议榔”、侗族“议款”为代表。已进入国家级非物质文化遗产名录的“苗族栽岩习俗”是苗族习惯法的存续。

苗族、侗族的成人礼俗、婚嫁习俗以及其他约定俗成的礼俗贯穿在民众日常生活之中。

口头文学传统文化

黔东南苗族、侗族、水族、壮族、布依族、瑶族6种民族语言还在生活中使用。以民族语言为载体，口头文学传统绵延不绝，苗族古歌、刻道、仰阿莎、珠郎娘美、苗族贾理、侗族珠郎娘美等具有代表性。

民族传统医药文化

黔东南民族传统医药是一座宝库，已发掘的有苗医药（骨伤蛇伤疗法、九节茶药制作工艺）、侗医药（过路黄药制作工艺）、瑶族医药（药浴疗法）等。

黔东南非物质文化遗产依托山清水秀的自然生态，与鼓楼、风雨桥、苗侗村寨融为一体而构成的文化空间是黔东南文化生态保护的重点。

民众广泛参与，在日常生活中传承，人与自然和谐相处，是黔东南文化生态的突出特点。

当地政府充分认识到保护黔东南文化的价值性和紧迫性，积极采取有效措施，当地各族民众具有保护传承这一文化的自觉性，是建设黔东南文化生态保护区的可靠保障。

**黔东南文化生态保护实验区**

黔东南文化生态保护实验区是指以保护非物质文化遗产为核心，对黔东南文化及其生态进行整体性保护，维护文化生态系统的平衡和完整，增强民众保护非物质文化遗产的文化自觉，以促进经济社会全面协调可持续发展而由黔东南苗族侗族自治州人民政府设立的特定区域。

**保护范围**

保护区：本《纲要》的保护区为黔东南州行政区域全境，黔东南文化产生、发展、传承的地域范围，总面积约3.03万平方公里，人口402万。包括凯里市、黄平县、施秉县、台江县、剑河县、三穗县、天柱县、锦屏县、雷山县、榕江县、黎平县、从江县、丹寨县、麻江县、镇远县、岑巩县等1市15县和凯里经济开发区，共有116个乡90个镇5个街道办事处158个居民委员会3232个村民委员会。

核心保护区：

苗族文化核心保护区：雷山县、台江县、剑河县。

侗族文化核心保护区：黎平县、从江县、榕江县。

## 07 铜鼓文化（河池）生态保护实验区

河池历史悠久，先秦属百越之地。秦属桂林郡、黔中郡；汉属郁林郡、牂牁郡；隋属始安郡；宋朝设“庆远府”，是河池建制“府”之始；元朝设“庆远南丹溪洞军民安抚司”；明清属“庆远府、思恩府和柳州府”；民国属“庆远、武鸣、百色行政督察区”。

新中国成立后到上世纪60年代初期，现有河池市行政区域分别隶属柳州、百色、南宁三个专区。1965年8月，广西壮族自治区从柳州、百色、南宁三个专区划出10个县设立河池专区（1971年后改称河池地区），专区驻地河池县金城江镇。1983年10月8日，河池县撤销，设立县级河池市，以原河池县的行政区域为河池市的行政区域。2002年6月18日，经国务院批准，撤销河池地区和县级河池市，设立地级河池市，市人民政府驻新设立的金城江区。现河池市辖原河池地区的南丹县、天峨县、凤山县、东兰县、巴马瑶族自治县、都安瑶族自治县、大化瑶族自治县、环江毛南族自治县、罗城仫佬族自治县和金城江区。代管宜州市。

总人口409万人（2010年）。全市有壮、汉、瑶、仫佬、毛南、苗、侗、水8个世居民族，少数民族人口占总人口的84%，是广西壮族自治区少数民族聚居最多的地区之一。

河池市非物质文化遗产资源丰富。全市已普查和收集的非物质文化遗产资源项目共8740项，涵盖17个门类100多个种类。截至2011年，全市已有8项非物质文化遗产项目列入国家级名录，24项列入自治区级名录，57项列入市级名录。二是文物资源丰富。根据第三次文物普查数据显示，全市共有不可移动文物点1048处，其中新发现文物点686处。国家重点文物保护单位2处，自治区级文物保护单位15处。三是自然生态资源丰富。河池境内喀斯特地貌风光独特，河流众多，山峻水秀，石奇洞幽，植被完整，矿产丰富、物种多样。红水河、盘阳河（巴马县）风光秀丽，河流所经县域是河池市自然资源、生态资源的富集区。

**铜　鼓**

铜鼓是中国古代南方一些少数民族所使用的神器、重器、乐器，由用作炊具的铜釜发展而成，年代约自春秋中期至清末不等。铜鼓用铜铸造，大小不一，最大的直径在100厘米以上，最小的仅10多厘米；重量自数十斤至数百斤不等；体形凝重，制作精致。鼓面有浮雕图案，中心为日光形，边缘或有蛙、龟、牛、马等立体装饰；鼓身全部有花纹围绕，形式丰富多彩。铜鼓原系统治权力的象征，并作为祭祀、赏赐、进贡的重器。在西南古代民族的民间信仰中，认为击鼓可通神灵。因此，铜鼓是祭祀中必备之物，也是使用铜鼓民族的吉祥物。另据考古资料显示，在越南及东南亚部分地区也有铜鼓分布。

河池是铜鼓分布的重要区域，具有以下特点：

一是历史悠久。据《宋史》记载，宋淳化元年（公元990年），河池地方土官向宋王朝贡献方物中就有铜鼓三面。

二是民间藏量多。据2003年河池市文化、文物部门对全市铜鼓现状进行普查的结果显示：全市现存传世铜鼓数量为1458面，与同期全国文博、科研机构馆藏铜鼓数量相当，其中民间收藏和使用的传世铜鼓达1388面。

三是装饰图像纹样丰富。河池铜鼓集雕刻、绘画、装饰、音乐、舞蹈等艺术于一身，鼓面和鼓身既有精美的圆雕、浮雕艺术形象，又有各种精细的几何纹样与动植物纹样，展示出古代骆越文化（指秦汉时期生活在中国南方的骆越民族，创造了以稻作文化为主要特征的包括纺织、建筑、冶炼制造、壁画、民间信仰等文化现象）的风貌。

**铜鼓文化**

铜鼓文化是古代百越族群创造，由壮侗语族及其他民族继承发展的一种具有代表性的我国南方少数民族文化形态，包括铜鼓历史文化、物质文化遗产和非物质文化遗产。

本生态保护实验区的铜鼓文化是指以广西河池为中心的红水河流域壮族及其他民族活态传承的一种具有典型性、象征性的地域文化类型。

河池红水河流域是中国铜鼓文化流布的中心地带。在特殊的生态环境和文化背景中，形成了当地少数民族群众以敲打铜鼓聚众、祈福、娱乐的传统习俗。富有河池地域特色的铜鼓文化具有以下特点：

一是特定的民族性。在河池西部、南部的红水河流域中、上游地区，壮、瑶、苗等民族群众至今一直沿袭着收藏、使用铜鼓的习俗，尤以壮族节庆、瑶族葬礼的打铜鼓最为壮观，故古人有“瑶壮俱尚铜鼓”记述。铜鼓文化历经千年传承，已在当地各族群众的心中烙上深刻吉祥印记，成为抒发民族情感、拢聚民族凝聚力的文化纽带。

二是存续的民间性。无论是铜鼓的使用、收藏，还是相伴而生的民俗节庆活动，都产生于民间、存活于民间，是当地少数民族群众生活的直接反映，是活在民间的古老文化。

三是稳定的传承性。铜鼓习俗自产生以来，尽管时间流逝、时代变迁，但其主要表现形式基本保持不变。在河池市境内红水河流域至今仍使用铜鼓的少数民族聚居区，各族群众视铜鼓为神圣的吉祥之物，铜鼓是社会地位、家庭财富的象征，铜鼓的管理、铜鼓演奏技艺一直在家族中占有重要位置，家族或村寨指派有威信的成员收藏铜鼓，负责传授演奏技艺，因而铜鼓习俗世代相传，薪火不断。

铜鼓文化绵延千年，传续至今，蕴含着多重价值：

一是重要的历史文化价值。河池铜鼓文化是以铜鼓的铸造、使用、崇拜为核心而形成的，其所包含的有关铜鼓来源、铜鼓功能、铜鼓崇拜、铜鼓民俗等都与使用铜鼓的各民族人民群众的民族心理、生活习俗密切相联，是历史学、民族学、民俗学、社会学等学科的共同研究对象。河池与铜鼓有关的民俗文化活动又多是从日常的耕作中发展演变而来的，成为传承铜鼓文化的主要载体，充分体现了南方山地民族文化的特点。通过对河池铜鼓文化进行专题考察研究，就可以较好地探索、挖掘河池使用铜鼓地区各民族的历史和文化。

二是特有的艺术审美价值。铜鼓本身就是一件精美的艺术品，它独有的造型艺术、纹饰艺术、鼓身雕塑艺术，无一不体现出古人对自然的崇拜和对美的追求，而围绕着使用铜鼓所产生的铜鼓音乐艺术、铜鼓舞蹈艺术，则进一步拓展了铜鼓的艺术表现形式，彰显出丰富而独特的艺术审美价值。

三是无法替代的社会价值。河池铜鼓在民间具有“神器”的功能，在一些重大的民俗、宗教活动中必然击鼓相伴；而河池境内的壮、苗、瑶等少数民族均视铜鼓为圣物，对其心存敬畏，顶礼膜拜。由此可见，河池铜鼓文化的保护和传承，对维护民族团结和地方政治稳定具有重要作用。

铜鼓文化是广西河池地域文化的象征。“壮族铜鼓习俗”、“壮族蚂蜗节”、“瑶族祝著节”、“南丹（瑶族）勤泽格拉”、“瑶族猴鼓舞”、“壮族铜鼓舞”和“密洛陀”等国家级或自治区级非物质文化遗产名录项目，是铜鼓文化赖以活态传承的重要表现形式。重点保护好这些非物质文化遗产名录项目存续的文化空间，对于带动地区内其他非物质文化遗产的保护，会起到极大的推进作用。

河池壮、瑶、苗及其他各族群众具有传承铜鼓文化、保护区域内非物质文化遗产的迫切愿望及文化自觉，是铜鼓文化生态保护的最坚实基础。

**铜鼓文化（河池）生态保护实验区**

铜鼓文化（河池）生态保护实验区，是指以广西河池市红水河流域为中心，对集中分布、特色鲜明、形式和内涵保持完整的铜鼓习俗及其他非物质文化遗产代表性项目的文化生态实行区域性整体保护，经广西壮族自治区人民政府同意，由河池市人民政府、自治区文化厅向文化部申报并经批准建立的特定地区。

**保护范围**

铜鼓文化（河池）生态保护实验区规划保护范围为河池市全境。包括11个县（市、区）、139个乡镇、156个社区居民委员会、1497个村民委员会。总面积3.35万平方公里。

**保护重点**

铜鼓文化（河池）生态保护实验区的保护重点是村落文化空间：

1. 铜鼓习俗文化空间。保护重点区域是至今仍以活态方式传承铜鼓习俗和其他民俗类非物质文化遗产的村落，如东兰县金谷村、坡拉村、周乐村、兰阳村、江洞村、三合村；南丹县瑶里村、怀里村、岜地村、王尚村、瑶寨村、关西村及独田村；天峨县纳洞村、都隆村、大甲村；巴马瑶族自治县卡桥村；大化瑶族自治县弄力村、弄腾村等。

2. 蚂蜗节文化空间。保护重点区域是至今仍以活动方式传承蚂蜗节活动的壮族村落，如东兰县巴英村、板隆村、板登村、江洞村、金谷村、兰阳村；南丹县那地村；天峨县纳洞村。

3. 民歌（山歌）文化空间。保护重点区域是承载各民族史诗、歌谣、山歌、说唱等民间文学类非物质文化遗产的村落，如宜州市马山塘、古龙村、龙田村、三岔镇、德胜镇，等等；

4. 表演艺术文化空间。保护重点区域是承载各民族各类传统音乐、传统舞蹈、传统戏剧、曲艺、传统体育、游艺与杂技等非物质文化遗产的村落，如巴马瑶族自治县卡桥村；大化瑶族自治县弄力村、弄腾村；都安瑶族自治县安阳村、澄江村、高岭村、地苏村、保安村、坝玡村、崇山村；环江毛南族自治县下南乡，等等。

5. 传统技艺文化空间。保护重点区域是承载各民族传统技艺、传统美术非物质文化遗产的村落，如东兰县东兰镇；南丹县瑶里村、怀里村、岜地村、王尚村、瑶寨村、关西村；罗城仫佬族自治县东门镇、四把镇、小长安镇，等等。

**空间布局**

铜鼓文化（河池）生态保护实验区空间布局结构定为“核心区、次核心区、延伸区”。

**1. 核心区**

（1）规划范围：东兰县、南丹县、天峨县。

（2）区域内重点保护的村落文化空间：

东兰县金谷村、坡拉村、周乐村、兰阳村、江洞村铜鼓习俗保护与传承；东兰镇壮族铜鼓铸造技艺的保护与传承；巴英村、板隆村、板登村、江洞村壮族蚂蜗节保护与传承；三合村瑶族铜鼓舞、板隆村壮族椿榔舞、更乐村壮族铜鼓舞等表演艺术保护与传承。

南丹县瑶里村、怀里村、芭地村、王尚村、瑶寨村、关西村瑶族铜鼓习俗和瑶族服饰制作技艺保护与传承；怀里村“瑶族勤泽格拉”表演艺术保护与传承；独田村壮族铜鼓习俗的保护与传承；那地村壮族蚂蜗节保护与传承；中堡苗族服饰制作技艺保护与传承。

天峨县纳洞村壮族蚂蜗节保护与传承；都隆村、大甲村壮族铜鼓鼓点保护与传承。

**2. 次核心区**

（1）规划范围：巴马瑶族自治县、大化瑶族自治县、都安瑶族自治县、环江毛南族自治县。

（2）区域内重点保护的村落文化空间：巴马瑶族自治县卡桥村密洛陀铜鼓背带歌和铜鼓表演艺术保护与传承；瑶族祝著节保护与传承。

大化瑶族自治县弄力村、弄腾村瑶族铜鼓舞表演艺术和瑶族祝著节保护与传承；贡川乡贡川纱纸制作技艺保护与传承。

都安瑶族自治县安阳村、澄江村、高岭村、地苏村、保安村壮族打扁担表演艺术保护与传承；坝玡村、崇山村瑶族铜鼓舞表演艺术和瑶族祝著节保护与传承；密洛陀古歌保护与传承。

环江毛南族自治县上朝村壮族铜鼓传统铸造技艺保护与传承；下南乡毛南族木面舞表演艺术、毛南族分龙节及毛南族民歌保护与传承。

**3. 延伸区**

（1）规划范围：金城江区、宜州市、罗城仫佬族自治县、凤山县。

（2）区域内重点保护的村落文化空间：

金城江区东江镇、保平乡壮族蜂鼓舞表演艺术保护与传承；

宜州市下枧河流域刘三姐歌谣和彩调表演艺术保护与传承；

罗城仫佬族自治县东门镇、四把镇、小长安镇仫佬族依饭节、仫佬族刺绣技艺、仫佬族古歌保护与传承；

凤山县平乐、江洲、凤城蓝靛瑶服饰制作技艺和长洲、砦牙蓝衣壮服饰制作技艺保护与传承。

# 村寨文化空间整体性保护

## 一、少数民族特色村寨保护是存续优秀传统文化的重要历史使命

村寨即村庄，又称寨子或村寨。村庄是前工业社会（传统社会）中基层聚落单位。以农耕为主的少数民族村庄习称“村寨”，例如傣族村寨、苗族村寨、贵州民族村寨。

村落（聚落），为众多居住房屋构成的集合或人口集中分布的区域，是大的聚落或多个聚落形成的群体。规模较大的聚落、居住密度高、人口众多聚落形成“村镇”、“集镇”。

低于相连接，职能、特色相同的若干村寨的集合也称作“村落”。

少数民族村寨是以少数民族为主要居民的聚居地，是在历史发展过程中形成的，具有传统性；在文化变迁过程中不断发生变化，因而具有变化性。

今天，需要保护的并不是所有的少数民族村寨，而是一部分有特别价值的村寨：

一部分少数民族村寨负载着重要的历史、文化遗产价值，例如古村落，是文化遗产保护对象。

一部分少数民族村寨虽然没有重要的“古迹”，但具有鲜明的民族建筑或民族文化特色，属于“少数民族特色村寨”，也应当加强保护。

国家民委办公厅、财政部办公厅《关于做好少数民族特色村寨保护与发展试点工作的指导意见》｛民办（经济）发［2009］315 号｝中指出：

民族村寨是传承民族文化的有效载体，是发展特色经济的宝贵资源。但在农村发展过程中，部分地区破坏少数民族传统建筑风格和生态环境的现象时有发生，少数民族村寨的特色急剧消失，因此，做好少数民族特色村寨保护和发展工作，在促进少数民族地区发展、脱贫致富的同时，抢救和保护少数民族特色村寨的传统和文化遗产刻不容缓。

近些年来，有特色的少数民族村寨保护已逐步展开。

## (一) 少数民族古村落保护

古村落是保留历史风貌完好、具有文化遗产价值的村落。

全国重点文物保护单位中，“古建筑”中包含价值突出、保护良好的古村落，其中，少数民族古村落有：

第三批全国重点文物保护单位 (1988 1 13)

33020 卓克基土司官寨　清　四川省马尔康县　藏族

33021 大屯土司庄园　清至民国　贵州省毕节县　彝族

第五批全国重点文物保护单位 (2001 6 25)

368　174　芋头侗寨古建筑群　明、清　湖南省通道侗族自治县　侗族

400　206　郎德上寨古建筑群　明、清　贵州省雷山县　苗族

401　207　海龙屯　宋至明　贵州省遵义县　播州土司

402　208　地坪风雨桥　清　贵州省黎平县　侗族

404　210　喜洲白族古建筑群　明、清　云南省大理市　白族

407　213　朗色林庄园　明　西藏自治区扎囊县　藏族

第六批全国重点文物保护单位名单　(2006 5 25)

660　Ⅲ-363　鱼木寨　明至清　湖北省利川市　土家族

729　Ⅲ-432　马头寨古建筑群　元至清　贵州省开阳县　布依族苗族

732　Ⅲ-435　寨英村古建筑群　明至清　贵州省松桃苗族自治县　苗族、土家族

历史文化名镇名村是我国文化遗产的重要组成部分。自 2003 年以来，住房和城乡建设部和国家文物局联合公布了五批共 350 个中国历史文化名镇名村，其中名镇 181 个，名村 169 个，分布范围已覆盖全国 31 个省、直辖市、自治区。这些历史文化名镇名村反映了我国不同地域、不同民族、不同经济社会发展阶段聚落形成和演变的历史过程，真实记录了传统建筑风貌、优秀建筑艺术、传统民俗民风和原始空间形态，具有很高的研究和利用价值。

中国历史文化名镇是由住房和城乡建设部和国家文物局共同组织评选的。对象是保存文物特别丰富，且具有重大历史价值或纪念意义的，能较完整地反映一些历史时期传统风貌和地方民族特色的镇和村。

**中国历史文化名镇**

中国历史文化名镇、名村的评选依据建设部和国家文物局 2003 年 10 月 8 日发布的《中国历史文化名镇（村）评选办法》进行。第一批 2003 年 10 月 8 日公布，共 10 个镇；第二批 2005 年 9 月 16 日公布，共 34 个镇；第三批 2007 年 6 月 9 日公布，共 41 个镇；第四批 2009 年 9 月 19 日公布，共 58

个镇；第五批2010年12月13日公布，共38个。

中国历史文化名镇包含少数民族地区名镇26个，都是少数民族历史发展过程中形成的聚落，与少数民族村寨保护有密切关系。

**中国历史文化名镇名单（第二批）**

30. 贵州省贵阳市花溪区青岩镇
31. 贵州省习水县土城镇
32. 云南省禄丰县黑井镇
33. 甘肃省宕昌县哈达铺镇
34. 新疆维吾尔自治区鄯善县鲁克沁镇

**中国历史文化名镇名单（第三批）**

23. 广西壮族自治区昭平县黄姚镇
24. 广西壮族自治区阳朔县兴坪镇
25. 海南省三亚市崖城镇
33. 贵州省黄平县旧州镇
34. 贵州省雷山县西江镇
35. 云南省剑川县沙溪镇
36. 云南省腾冲县和顺镇
37. 西藏自治区乃东县昌珠镇
41. 新疆维吾尔自治区霍城县惠远镇

**中国历史文化名镇名单（第四批）**

06. 内蒙古自治区喀喇沁旗王爷府镇
07. 内蒙古自治区多伦县多伦淖尔镇
52. 贵州省安顺市西秀区旧州镇
53. 贵州省平坝县天龙镇
54. 云南省孟连县娜允镇
55. 西藏自治区日喀则市萨迦镇

**中国历史文化名镇名单（第五批）**

14. 浙江省景宁畲族自治县鹤溪镇
23. 湖南省绥宁县寨市镇
33. 云南省宾川县州城镇
34. 云南省洱源县凤羽镇
35. 云南省蒙自县新安所镇
36. 陕西省宁强县青木川镇

## 中国历史文化名村

第一批：2003年10月8日公布，共12个；第二批：2005年9月16日公布，共24个；第三批：2007年5月31日公布，共36个。第四批：2008年10月30日公布，共36个。第五批：2010年12月13日公布，共61个。

中国历史文化名村包含少数民族地区名村35个，都是必须重点保护的少数民族村寨。

**中国历史文化名村名单（第二批）**

06. 内蒙古土默特右旗美岱召镇美岱召村
19. 四川省丹巴县梭坡乡莫洛村
20. 四川省攀枝花市仁和区平地镇迤沙拉村
21. 贵州省安顺市西秀区七眼桥镇云山屯村
22. 云南省会泽县娜姑镇白雾村
24. 新疆维吾尔自治区鄯善县吐峪沟乡麻扎村

**中国历史文化名村名单（第三批）**

09. 内蒙古自治区包头市石拐区五当召镇五当召村
31. 广西壮族自治区灵山县佛子镇大芦村
32. 广西壮族自治区玉林市玉州区城北街道办事处高山村
33. 贵州省锦屏县隆里乡隆里村
34. 贵州省黎平县肇兴乡肇兴寨村
35. 云南省云龙县诺邓镇诺邓村
36. 青海省同仁县年都乎乡郭麻日村

**中国历史文化名村名单（第四批）**

25. 广东省连南瑶族自治县三排镇南岗古排村
27. 广西壮族自治区富川瑶族自治县朝东镇秀水村
28. 四川省汶川县雁门乡萝卜寨村
29. 贵州省赤水市丙安乡丙安村
30. 贵州省从江县往洞乡增冲村
31. 贵州省开阳县禾丰布依族苗族乡马头村
32. 贵州省石阡县国荣乡楼上村（楼上古寨）
33. 云南省石屏县宝秀镇郑营村
34. 云南省巍山县永建镇东莲花村
35. 宁夏回族自治区中卫市香山乡南长滩村
36. 新疆维吾尔自治区哈密市回城乡阿勒屯村

**中国历史文化名村名单（第五批）**

44. 湖南省辰溪县上蒲溪瑶族乡五宝田村
49. 广西壮族自治区南宁市江南区江西镇扬美村
50. 海南省三亚市崖城镇保平村
54. 贵州省三都县都江镇怎雷村
55. 贵州省安顺市西秀区大西桥镇鲍屯村
56. 贵州省雷山县郎德镇上郎德村
57. 贵州省务川县大坪镇龙潭村
58. 云南省祥云县云南驿镇云南驿村
59. 青海省玉树县仲达乡电达村
60. 新疆维吾尔自治区哈密市五堡乡博斯坦村
61. 新疆维吾尔自治区特克斯县喀拉达拉乡琼库什台村

我国属于“古建筑”的民居村落，已有2项列入世界遗产名录：皖南古村落：西递、宏村，2000.11文化遗产；开平碉楼与古村落，2007.6.28文化遗产。目前，还没有1项民居村落入选世界遗产名录。

2006年12月15日国家文物局公布了重设的《中国世界文化遗产预备名单》，共有35个项目入选。其中3项属于少数民族古村落：

27. 藏、羌碉楼与村寨（四川省丹巴县、理县、茂县）
28. 黔东南苗族村寨：苗岭山区雷公山麓苗族村寨（贵州省雷山县、台江县、剑河县、从江县）
29. 黔东南侗族村寨：六洞、九洞侗族村寨（贵州省黎平县、从江县、榕江县）

为进一步提高我国世界文化遗产申报工作质量，实现《中国世界文化遗产预备名单》的动态管理，按照相关规定，国家文物局印发《关于更新〈中国世界文化遗产预备名单〉的通知》（2011年4月22日）。通知要求：无论是已列入2006年国家文物局公布的预备名单的、还是准备新申报列入的遗产项目，此次都必须履行申报程序。申报项目除了符合世界范围内的突出普查价值和良好的真实性、完整性要求，还必须已制定遗产保护管理规划并报国家文物局审核、认可，并建立了可靠有效的保护管理机制。

建立可靠有效的保护管理机制，是少数民族古村落列入《预备名单》进而入选世界遗产名录的关键。

加强少数民族古村落保护意义重大，形势紧迫，任重道远。城镇化进程中如何让中华文化的传承不受损害，是当前一个重大的文化问题。

### （二）中国景观村落评选

1999年6月14日—16日，中国城市经济学会、新华社上海分社电视新闻中心、上海市城市经济学会共同发起，在浙江省温州市、永嘉县政府的关心支持下，在永嘉县召开了《中国古村落保护与发展首次研讨会》。2007年12月23日中国古村落保护与发展专业委员会第一次会议正式通过《中国景观村落保护公约》。会议认为有必要通过采用公约形式的规定，以便为保护具有普遍价值的“中国景观村落”建立一个科学的、长效的社会化机制，继而缔结并公布此公约。

该研究会同时启动开展中国景观村落评选活动，目前已评选3批，评出中国景观村落40处，其中包括少数民族村寨12处：

广西三江县程阳八寨

云南云龙县诺邓村

广西龙胜各族自治县金竹壮寨

贵州雷山县西江寨

福建南靖县塔下村

贵州雷山县郎德上寨

湖南通道侗族自治县芋头寨

贵州省锦屏县文斗村

云南省红河哈尼族彝族自治州泸西县永宁乡城子村

贵州省从江县高增乡占里村

贵州省从江县往洞乡曾冲村

四川省理县桃坪乡桃坪羌寨

文化景观（cultural landscape）是指被联合国教科文组织和世界遗产委员会确认的人类罕见的、目前无法替代的文化景观，是全人类公认的具有突出意义和普遍价值的“自然和人类的共同作品”，是世界遗产中的一种类型。

文化景观的概念是1992年在美国召开的联合国科教文组织世界遗产委员会第16届年会提出，并纳入世界遗产名录。目前中国属于文化景观世界遗产有4项：江西庐山风景名胜区，1996. 12；山西五台山，2009. 6. 26；嵩山“天地之中”古建筑群，2010. 7. 30；杭州西湖，2011. 6. 24。

中国景观村落虽然使用“景观”用语，但侧重点在于文化遗产中的“古建筑”，这些景观村落都是“古村落”，对于加强少数民族古村落的保护将起到重要的推动作用。

### （三）民族生态博物馆·民族文化村建设

20世纪60年代，西方工业社会发起了环境保护运动，与之密切相关的生态学学科随之勃然兴起。这一时期在国际博物馆学界也出现了基于生态学的变革潮流，一种崭新的博物馆理念——“生态博物馆”首先在欧洲应运而生，并很快在世界各地蓬勃发展。我国的生态博物馆建设发端于贵州，始于20世纪90年代中期，此后陆续出现在广西和内蒙古等地。

**什么是生态博物馆?**

被称为生态博物馆之父的法国博物馆专家乔治·亨利·里维埃（Georges Henri Riviere）是这样定义生态博物馆的：“通过探究地域社会人们的生活及其自然环境、社会环境的发展演变过程，进行自然遗产和文化遗产的就地保存、培育、展示，从而有助于地域社会的发展，生态博物馆便是以此为目的而建设的博物馆。”另一位法国博物馆学家雨果·黛瓦兰（Hugues de Varine）则如是说：“生态博物馆是居民参加社区发展计划的一种工具。”法国的《生态博物馆宪章》把生态博物馆定义为：“生态博物馆是在一定的地域，由住民参加，把表示在该地域继承的环境和生活方式的自然和文化遗产作为整体，以持久的方法，保障研究、保存、展示、利用功能的文化机构。”

通常认为，生态博物馆必须具备以下三个要素：

第一,生态博物馆必须在现地保存其地域的自然环境、文化遗产和产业遗产。

第二，为了住民的未来，生态博物馆必须由住民参与管理运营。

第三，生态博物馆必须开展各种活动。

三个要素具体包括如下一些内容：地域内遗产的现地保护包括地域博物馆、文化遗产、露天博物馆、自然公园、历史环境、国际托拉斯等的保护。住民主体参与管理运营的对象包括地域博物馆、共同体博物馆、近邻的博物馆、街区建造、地域振兴、城镇等的保护等。博物馆的活动包括资料的收集保存、调查研究、展示教育以及博物馆、资料馆、学习场馆等设施的建设。

生态博物馆的产生，在博物馆领域乃至在整个学术领域，都有十分积极的意义，它在某种程度上反映了社会对于文化事业的目的和功能的诉求，它所提倡的尊重文化拥有者和使博物馆社区化的理念，体现了文化伦理的回归。①

**贵州生态博物馆**

1986年，中国博物馆学会常务理事苏东海研究员首次在他主编的《中国博物馆》杂志上介绍了生态博物馆。1995年在他的倡导下，贵州省开始建设生态博物馆，这个工程得到了挪威政府的援助，被纳入《1995至1996年挪中文化交流项目》中。贵州生态博物馆建设选择了四个地点：梭嘎（苗族）、镇山（布依族）、隆里（汉族）和堂安（侗族）。

---

① 参见尹绍亭，乌尼尔．生态博物馆与民族文化生态村．中南民族大学学报，2009（5）．

**广西民族生态博物馆**

2003 年，广西壮族自治区政府选择南丹里湖怀里（瑶族）、三江（侗族）和靖西旧州（壮族）作为试点，建设民族生态博物馆。2005 年由广西民族博物馆编制了《广西民族生态博物馆建设“十一·五”规划及广西民族生态博物馆建设“1+10 工程”项目建议书》。广西的“1+10 工程”，即一个“龙头”博物馆——广西民族博物馆和 10 个民族生态博物馆的组合。追加的 7 个馆是：贺州市莲塘镇客家围屋生态博物馆、融水苗族生态博物馆、灵川县灵田乡长岗岭村汉族生态博物馆、那坡达文黑衣壮生态博物馆、东兴京族三岛生态博物馆、龙胜龙脊壮族生态博物馆和金秀县瑶族生态博物馆。

生态博物馆属于博物馆的一种类型，保存、保护和展示村寨传统技术和物质文化资料是核心概念。村民是其文化的主人，有权认同与解释其文化。公众参与，以民主方式管理是生态博物馆运行的基本理念。

在贵州，还有另一种类型的民族生态博物馆，即地扪侗族人文生态博物馆。该馆位于黎平县茅贡乡地扪侗寨，2005 年 1 月 8 日，经黎平县人民政府批准，由香港明德创意集团资助建设，中国西部文化生态工作室负责组织实施，并提供日常管理和营运支持，旨在促进地方文化的保育、传承与发展，推动社区经济进步，是中国首家民办生态博物馆。

名称虽是“人文生态博物馆”，但与上述民族生态博物馆性质上差异较大，宗旨和目标与下面提到的民族文化村更为接近。

发展民族地区特色旅游，是上述两种生态博物馆的重要发展目标。

**什么是民族文化村？**

最初的文化村的概念是从博物馆学理念产生的。“展示”是其主题。

台湾学者李亦园认为：“通俗所说的文化村，在术语上应称为‘模型文化’，其意义就是把某一时期或某一民族的文化生活状况以‘模型’的方式保存或重建起来，以作为展示；把真实的文化生活状况展示出来的大半是不可能的或不易做到的，所以只有以模型来代替。”① 1991 年 10 月建成的深圳中国民俗文化村是个典型的模型文化展示。

我国的民族文化村是展现中国少数民族文化的实地村落。实地村落是在少数民族聚居区选择村寨加以保护，展现其民族活生生的现实生活状况，其宗旨是展示少数民族风貌和风情文化。这种民族文化村既具有“露天博物馆”的展示性质，又具有一定的保护功能。20 世纪 80 年代以后，贵州省雷

① 李亦园．我看博物馆．世界博物馆总览：地球与人类的全部遗产．台北：出版家文化事业公司，1983. 152.

山县郎德上寨成为一座典型的对外旅游开放的苗族文化村。

在现实中，对于民族文化村的概念、功能的见解不一。

20 世纪 90 年代出现民族文化生态村的理念并付诸实施。云南学者尹绍亭指出：

什么是民族文化生态村呢？我们给了它如下定义：民族文化生态村，是在全球化的背景下，在中国进行现代化建设的场景中，力求全面保护和传承优秀的地域文化和民族文化，并努力实现文化与生态环境、社会、经济的协调和可持续发展的中国乡村建设的一种新型模式。

他主张“民族文化生态村建设以民族文化保护为宗旨”。他说：

我们拟定了建设民族文化生态村应该努力实现的六个基本的目标：第一，具有突出的、典型的、独特而鲜明的民族文化和地域文化的特色。第二，具有朴素、醇美的民俗民风。第三，具有优美良好的生态环境和人居环境。第四，摆脱贫困，步入小康。第五，形成社会、经济、文化、生态相互和谐和可持续的发展模式。第六，能够发挥示范作用。

民族文化生态村对于文化村理念的超越在于从“文化展示”向“村寨保护”的转向。正是基于这种理念，上世纪 90 年代中期以来，尹绍亭先生在云南开始从事以文化和生态环境保护为宗旨的“民族文化生态村”建设的探索实践。云南代表性的六大文化生态村有：

保山腾冲和顺文化生态村

文山邱北仙人洞彝族文化生态村

西双版纳景洪巴卡基偌小寨

昆明石林月湖民族文化生态村

玉溪新平南碱傣族民族文化生态村

红河州弥勒县可邑彝族民族文化生态村。

民族生态博物馆和民族文化村既有共通之处，也有不同之点。尹绍亭认为：

两者的性质不完全相同。从自然和文化遗产保护的角度看，两者的性质是相同的，而从建设的模式来看，却不一样。生态博物馆的某些理念虽然已经超出了传统博物馆的范畴，它体现了博物馆发展的新的潮流和趋势，然而它仍然属于博物馆的范畴；民族文化生态村在每一个试点的规划中，也把博物馆作为建设内容的一个重点，然而其整体不是博物馆，而是致力于民族文化保护和可持续发展的新型的乡村建设模式。①

民族生态博物馆和民族文化村是民族村寨保护与发展的有益尝试，其效果有待更多的实践检验。民族生态博物馆和民族文化村只是民族村寨保护的方法，还没形成一种有效的保护机制。

**（四）少数民族特色村寨保护与发展试点工作**

2009 年 9 月 8 日，国家民委办公厅、财政部办公厅下发了《关于做好少数民族特色村寨保护与发展试点工作的指导意见》{民办（经济）发［2009］315 号}。文件中指出：

我国少数民族的农村人口，主要分布在少数民族聚居的民族村寨。这些民族村寨，在产业结构、民居式样以及风俗习惯等方面都集中体现了少数民族经济社会发展和文化的特点。民族村寨是传承民族文化的有效载体，是发展特色经济的宝贵资源。但在农村发展过程中，部分地区破坏少数民族传统建筑风格和生态环境的现象时有发生，少数民族村寨的特色急剧消失，因此，做好少数民族特色村寨保护和发展工作，在促进少数民族地区发展、脱贫致富的同时，抢救和保护少数民族特色村寨的传统和文化遗产刻不容缓。

该文件提出少数民族特色村寨保护与发展试点工作任务，并提出了选择试点村寨条件：

试点村寨的选择应考虑以下因素：少数民族人口聚居且比例较高，主体民族为世居少数民族；村寨民族特点比较突出，对保护和传承少数民族文化具有一定价值；当地政府和群众都有积极性，具有一定的工作基础和区位条件；村寨规模适中，可选择五十户以上、集中连片的自然村寨作为首批试点村寨。

该文件规定的试点工作的主要任务：

试点项目以支持特色民居保护和改造、特色产业培育、民族团结进步活动创建为主要内容，其中以民居保护和改造为重点，支持特色产业发展，同时开展与经济发展有关的民族团结进步活动和文化保护工作。

---

① 尹绍亭，乌尼尔．生态博物馆与民族文化生态村．中南民族大学学报，2009（5）．33.

（一）特色民居保护。保护少数民族特色村寨的建筑风格、建筑工艺和与自然相和谐的乡村风貌。根据规划和不同民族、不同地区的具体情况，抢救、修复或建设一批带有民族特点的特色民居，形成一批独具特色的民族建筑群落。

特色民居保护的内容主要有：采取加固、防火等措施，保护、维修古建筑和特色民居；设计可供选择的图纸，引导、鼓励村民建设带有民族特点或地方特点的新民居。所需资金采取群众自筹、国家补助等多种形式加以解决；扶持村内小型基础设施建设和公益事业，如连户道路硬化、环境卫生整治、修建体现民族文化特点的标志性建筑物，等等。

（二）特色产业培育。支持培育具有当地自然资源和人文资源比较优势的产业，如特色种植养殖、农副产品加工、传统工艺品生产、与民族村寨旅游有关的村级民族文化设施建设等，推动产业发展与保护少数民族村寨文化紧密结合，增加群众收入。

2010 年 7 月 26 日至 27 日，全国少数民族特色村寨保护与发展试点工作现场经验交流会在宜昌召开。参加会议的有来自全国 28 个省、市、自治区民（宗）委（厅、局）经济发展处处长，国家民委经济司、财政部农业司、有关省市区财政厅相关处室负责人，少数民族特色村寨保护与发展方面的专家共 110 余人。国家民委经济发展司巡视员王铁志出席会议并讲话，湖北省民宗委主任谭徽在、宜昌市政府市长李乐成分别致辞。

中国民族建筑研究会于 2011 年 4 月 23—24 日在东南大学顺利召开国家民委十二五规划课题研究中的“少数民族特色村寨保护与发展规划研究”课题研讨会。

2011 年 12 月 7 日，国家民委主任杨晶在《湖北省以特色村寨保护试点拉动民族地区发展》一文上作出重要批示：“在财政部的大力支持下，少数民族特色村寨保护与发展工作取得很大成绩，深受民族地区干部群众欢迎。请经济发展司会同有关部门积极推广湖北等地的经验做法，加强各地进一步做好特色村寨保护与发展工作。联合财政部逐步推广试点范围，把这项工作越做越好，使之成为‘十二五’期间加快民族地区发展的新亮点。”

目前，少数民族特色村寨保护与发展试点项目实施计划正在全国开展。

少数民族特色村寨保护与发展试点工作为建立少数民族特色村寨保护与发展的长效机制积累了宝贵经验。

## 二、少数民族的中国传统村落名录

### （一）建立中国传统村落名录是我国传统村落保护的长效机制

传统村落是指拥有物质形态和非物质形态文化遗产，具有较高的历史、文化、科学、艺术、社会、经济价值的村落。传统村落承载着中华传统文化的精华，是农耕文明不可再生的文化遗产。传统村落凝聚着中华民族精神，是维系华夏子孙文化认同的纽带。传统村落保留着民族文化的多样性，是繁荣发展民族文化的根基。但随着工业化、城镇化的快速发展，传统村落衰落、消失的现象日益加剧，加强传统村落保护发展刻不容缓。

为促进传统村落的保护和发展，住房和城乡建设部、文化部、财政部于2012年组织开展了全国第一次传统村落摸底调查，在各地初步评价推荐的基础上，经传统村落保护和发展专家委员会评审认定并公示，确定了第一批共646个具有重要保护价值的村落列入中国传统村落名录。2013年8月6日，住房和城乡建设部发通知公示第二批中国传统村落名录915个。两批中国传统村落名录共计1561个。

2012年12月12日，住房和城乡建设部、文化部、财政部发布《关于加强传统村落保护发展工作的指导意见》（建村［2012］184号），确定了我国传统村落保护的基本方针。

《指导意见》中明确阐释传统村落保护发展的重要性和必要性：

> 传统村落是指拥有物质形态和非物质形态文化遗产，具有较高的历史、文化、科学、艺术、社会、经济价值的村落。传统村落承载着中华传统文化的精华，是农耕文明不可再生的文化遗产。传统村落凝聚着中华民族精神，是维系华夏子孙文化认同的纽带。传统村落保留着民族文化的多样性，是繁荣发展民族文化的根基。但随着工业化、城镇化的快速发展，传统村落衰落、消失的现象日益加剧，加强传统村落保护发展刻不容缓。
>
> 新时期加强传统村落保护发展，保护和传承前人留下的历史文化遗产，体现了国家和广大人民群众的文化自觉，有利于增强国家和民族的文化自信；加强传统村落保护发展，延续各民族独特鲜明的文化传统，有利于保持中华文化的完整多样；加强传统村落保护发展，保持农村特色和提升农村魅力，为农村地区注入新的经济活力，有利于促进农村经济、社会、文化的协调可持续发展。

《指导意见》规定基本原则和任务：

保护发展传统村落要坚持规划先行、统筹指导，整体保护、兼顾发展，活态传承、合理利用，政府引导、村民参与的原则。

保护发展传统村落的任务是：不断完善传统村落调查；建立国家和地方的传统村落名录；建立保护发展管理制度和技术支撑体系；制定保护发展政策措施；培养保护发展人才队伍；开展宣传教育和培训。

《指导意见》明确了建立传统村落名录制度具体办法。文件中指出：

传统村落保护应保持文化遗产的真实性、完整性和可持续性。尊重传统建筑风貌，不改变传统建筑形式，对确定保护的濒危建筑物、构筑物应及时抢救修缮，对于影响传统村落整体风貌的建筑应予以整治。尊重传统选址格局及与周边景观环境的依存关系，注重整体保护，禁止各类破坏活动和行为，已构成破坏的，应予以恢复。尊重村民作为文化遗产所有者的主体地位，鼓励村民按照传统习惯开展乡社文化活动，并保护与之相关的空间场所、物质载体以及生产生活资料。因重大原因确需迁并的传统村落，须经省级住房城乡建设、文化、财政部门同意，并报中央三部门备案。

《关于加强传统村落保护发展工作的指导意见》出台，使传统村落保护有规可依，有据可查，为建设我国传统村落保护的长效机制奠定了扎实的基础。

**（二）摸底调查，建立传统村落档案体系**

建立中国传统村落名录，是传统村落保护的有效机制和具体办法。

摸底调查是建立中国传统村落名录的基础。2012 年 4 月 16 日，住房和城乡建设部、文化部、国家文物局、财政部发出《关于开展传统村落调查的通知（建村〔2012〕58 号）》，提出调查目的和意义：

我国传统文化的根基在农村，传统村落保留着丰富多彩的文化遗产，是承载和体现中华民族传统文明的重要载体。由于保护体系不完善，同时随着工业化、城镇化和农业现代化的快速发展，一些传统村落消失或遭到破坏，保护传统村落迫在眉睫。开展传统村落调查，全面掌握我国传统村落的数量、种类、分布、价值及其生存状态，是认定传统村落保护名录的重要基础，是构建科学有效的保护体系的重要依据，是摸清并记录我国传统文化家底的重要工作。

《通知》明确规定了调查对象：

传统村落是指村落形成较早，拥有较丰富的传统资源，具有一定历史、文化、科学、艺术、社会、经济价值，应予以保护的村落。符合以下条件之一的村落列为调查对象：

（一）传统建筑风貌完整

历史建筑、乡土建筑、文物古迹等建筑集中连片分布或总量超过村庄建筑总量的1/3，较完整体现一定历史时期的传统风貌。

（二）选址和格局保持传统特色

村落选址具有传统特色和地方代表性，利用自然环境条件，与维系生产生活密切相关，反映特定历史文化背景。

村落格局鲜明体现有代表性的传统文化，鲜明体现有代表性的传统生产和生活方式，且村落整体格局保存良好。

（三）非物质文化遗产活态传承

该传统村落中拥有较为丰富的非物质文化遗产资源、民族或地域特色鲜明，或拥有省级以上非物质文化遗产代表性项目，传承形式良好，至今仍以活态延续。

传统村落调查对象的鲜明特点是将物质文化遗产、自然条件和非物质文化遗产有机地融为一体，体现出“整体性保护”的基本原则。

2013年2月4日，住房和城乡建设部、文化部、财政部又发出《关于做好2013年传统村落补充调查和推荐上报工作的通知（建村［2013］20号)》。

每个村落完成的《传统村落调查登记表》，即《关于开展传统村落调查的通知》附件《中国传统村落档案》，是按“一村一档”建立中国传统村落档案的底盘，为建立较为系统的中国传统村落名录提供了可靠的依据。

全国传统村落摸底调查，在我们国家历史上是第一次。全国经过调查，上报了1.2万个传统村落。这些村落形成年代久远，其中清代以前的占80%，元代以前的占1/4，包含2000多处重点文物保护单位和3000多个省级非物质文化遗产代表项目，涵盖了我国少数民族的典型村落。应该说这次普查是一次传统文化的大盘点。

在深入摸底调查的基础上，建立起中国传统村落名录制度。

2012年8月22日，住房城乡建设部等部门印发《传统村落评价认定指标体系（试行)》，具体包括村落传统建筑评价指标体系、村落选址和格局评价指标体系和村落承载的非物质文化遗产评价指标体系。

该《评价认定指标体系》定量与定性相结合，设计合理，简明具体，便于操作。

村落承载的非物质文化遗产评价指标体系中，规定了“依存性”评价，即非物质文化遗产相关的仪式、传承人、材料、工艺以及其他实践活动等与村落及其周边环境的依存程度。“依存性”将非物质文化遗产的活态传承与村落周边环境所构成的“村落文化空间”凸显出来。

依据该指标体系，结合传统村落登记信息，各地区对于传统村落的保护价值进行评价认定，按照统一的分值要求推荐国家级传统村落。在各地初步评价推荐的基础上，经传统村落保护和发展专家委员会评审认定并公示，住房和城乡建设部、文化部、财政部于2012年12月和2013年8月认定并公布了二批中国传统村落名录。

**（三）大力加强少数民族的中国传统村落名录建设**

中国传统村落名录中，少数民族地区占有重要位置。初步统计，五大自治区的中国传统村落名录94个，自治州（不含自治区内的自治州）的中国传统村落名录445个。自治县（不含自治区、自治州内的自治县）的中国传统村落名录95个，民族乡（不含自治区、自治州、自治县内的民族乡）及散杂居少数民族的中国传统村落名录109个，合计743个，占总数的48%（详见附录四、五、六、七）。

由于历史、自然条件等复杂原因，各民族区域自治地方传统村落的存在数量差异很大。目前两批名录中，云南最多，有294个，贵州次之，有292个，东部一些经济发达省如浙江、广东、福建也不少，相对而言东北等一些地区较少。就少数民族中国传统村落名录的数量而言，贵州省最多（234个），云南省次之（124个）。在民族区域自治地方，最多的是黔东南苗族侗族自治州（225个）。有的民族区域自治地方，例如延边朝鲜族自治州，二批名录中一个也没有。黔东南苗族侗族自治州现有联合国人类非物质文化遗产名录1项（侗族大歌，2009），国家级非物质文化遗产名录38项，这些项目，大多数传承在村落之中。延边朝鲜族自治州也是非物质文化遗产十分丰富的民族区域自治地方，现有联合国人类非物质文化遗产名录1项（中国朝鲜族农乐舞，2009），国家级非物质文化遗产名录16项，然而，这里的朝鲜族传统村落却消失殆尽。“农乐舞”俗称“农乐”，其历史可追溯到古朝鲜时代春播秋收时的祭天仪式中的“踩地神”。传统民俗仪式中农乐舞的前导必有一面写有“农为天下之本”的“农旗”，说明农乐舞与“农”有着不可分割的血脉联系。当“农乐舞”脱离农村，其本源的民俗意义自然会发生改变。非物质文化遗产的传承扎根在传统村落的深厚土壤之中。延边朝鲜族自治州至今没有一项“中国传统村落”名录，意味着这里的非物质文化遗产扎根的土壤贫瘠，村落保护迫在眉睫。

《关于加强传统村落保护发展工作的指导意见》要求：

> 各地住房城乡建设、文化、财政部门要按照三部门要求，对已登记的传统村落进行补充调查，完善村落信息档案。同时，进一步调查发现拥有传统建筑、传统选址格局、丰富非物质文化遗产的村落，特别要加强对少数民族地区、空白地区的再调查，并发动专家和社会各界推荐，不断丰富传统村落资料信息。

大力加强少数民族地区，特别是至今空白地区的传统村落调查、保护，是当前一项十分重要的工作。

## 三、少数民族传统建筑文化遗产保护

加强少数民族村寨文化空间保护，是国家级文化生态保护区建设中的重要内容。

在已公布的三批国家级非物质文化遗产名录中，属于少数民族传统建筑的项目有：侗族木构建筑营造技艺、苗寨吊脚楼营造技艺、蒙古包营造技艺、黎族船型屋营造技艺、哈萨克族毡房营造技艺、俄罗斯族民居营造技艺、撒拉族篱笆楼营造技艺、藏族和羌族碉楼营造技艺、土家族吊脚楼营造技艺、维吾尔族民居建筑技艺等，共 10 项。这些技艺的传承物都是少数民族传统建筑物，有的已列入国家重点文物保护单位，例如广西壮族自治区的程阳永济桥、岜团桥、马胖鼓楼，贵州省增冲鼓楼、地坪风雨桥等。

少数民族传统建筑不是孤立存在的，而是依存在少数民族日常生活的场景之中，也就是特定的文化空间之中。这种文化空间，主要是以村寨聚落形态展现出来的。因而，只有完好的村寨的存在，才能真正实现少数民族传统建筑文化遗产的本真性和整体性保护。

在少数民族文化转型、经济大发展的语境下，少数民族传统建筑文化遗产正面临“保护”与“发展”相互冲突的窘境。

在“经济发展”的强势下，文化遗产“保护”还很“孱弱”。最近几年，笔者在参与非物质文化遗产保护工作中，切身感觉到以下几种特别值得注意的情形：

### （一）不被关注类型：绥宁大园村

湖南省邵阳市绥宁县关峡苗族乡大园村，是一个保留比较完整的古老苗家村寨。2008 年 7 月，绥宁县人民政府将其列为县级文物保护单位。2008 年 10 月，被列为湖南省历史文化名村。以该村为主要传承地的“苗族四 · 八姑娘节”已列入国家级非物质文化遗产名录。

绥宁县少数民族人口占 60% 以上，由于各种因素，绥宁不是少数民族自治县，因而，这里的少数民族往往被忽视。绥宁是古苗疆重地，少数民族文化与内地文化交融，村寨建筑物“汉化”，给外界造成少数民族特色不鲜明的印象。这里的建筑虽然不以“吊脚楼”见长，但确实不是汉族村寨，而是苗族古老的村寨。一种说法是该村的苗族民居建筑群始建于宋代。至今保存完好的一些墙砖上，可以清晰地看到烧制的时间是康熙年代。这在少数民族村寨建筑中是十分罕见的，具有重要的历史学、民族学、民族建筑学价值。

**乾隆二十六年孟秋月起造楊晟成立**

绥宁大园村传统民居建筑展现的不是“吊脚楼”特色，但这份遗产的持有人是苗族，大园村是个名副其实的苗族古村寨，其建筑特色在于体现出“文化间性”（Interculturality）。所谓文化间性，就是“交互性”，也就是文化的相互影响、吸收，“你中有我，我中有你”。绥宁苗族四 · 八姑娘节的起源传说是纪念杨家将的“杨金花”。少数民族非物质文化遗产的“文化间性”，展现出中华民族“你中有我、我中有你”的特性，我们在少数民族文化遗产保护工作中，不仅要注意保护“文化多样性”，同时也要注意保护文化遗产的“文化间性”，以利于维护中华民族多元一体格局，以利于各民族和谐共处和民族团结。

大园村苗寨古民居建筑是少数民族值得珍视的民族建筑遗产，应当引起有关方面和学界足够的重视，采取有力措施，抢救和保护这份在“发展大潮”中幸存下来的重要遗产。

**（二）不宜居住类型：黎族船形屋**

船形屋是黎族古老的传统民居样式，外形像一条被高架起来的船，门外有船头（晒台），室内间隔像船舱，整座房子用木柱支撑，离地面 1.5—2 米左右，用竹片和藤条编成架空地板，靠小梯上下。明代顧岕撰《海槎余录》载：“凡深黎村，男女众多，必伐长木，两头搭屋各数间，上复以草，中剖竹，下横上直，平铺如楼板，其下则虚焉。登涉必用梯，其俗呼曰‘栏房’。”船形屋属于一种干栏式民居建筑，具有重要的民族学、民俗学、民族建筑学价值。

清康熙后期编绘的《琼州海黎图》中有船形屋图像。

近代以来，受汉族民居影响，有的地区将船形屋直接盖在地面上，由架空结构变为落地式民居，变成一种“半船形屋”的住宅。中华人民共和国成立后，特别是改革开放以来，船形屋半船形屋日趋减少，濒于消失。为抢救、保护这一遗产，2008 年，黎族船型屋营造技艺被列入国家级非物质文化遗产名录。

船形屋因其简陋，在现代社会不适宜居住。目前仅有东方市江边乡白查村还有 80 余间船形屋保留着比较完整的黎族传统村寨的形态。

白查村现有 71 户人家，正憧憬着新的生活：马上就要迁入新建的砖瓦房。毫无疑问，民族地区民房改造，能从根本上改善当地百姓的生活质量，是件惠及民生的大好事。但白查村民整体搬迁，势必出现旧村没了人烟，人走屋塌的结果。有的研究者忧心忡忡地说：“没了人气，茅草房三年内就得塌完了！”这就是不宜居住类型民居遗产的现状！如何将黎族这份建筑遗产存续下去，却是一道不易解决，但必须解决的难题。

**（三）发展变化类型：傣族竹楼**

改革开放以来，少数民族地区社会经济急速发展，群众生活质量不断提高。民居改旧换新，是一种必然的趋向。傣族竹楼是传统民居不断发展变化类型的标本。

傣族竹楼是我国南方一种典型的干栏式建筑。1981 年发行的“中国民居”邮票，“云南民居”采用傣族竹楼图案。

随着傣族社会经济的发展，傣族竹楼在建筑材料方面，由干栏式竹楼逐步向木楼、砖木结构以及钢混结构发展变化。由竹楼组成的傣族村寨的“田园风光”也正在向“现代”发展变化。

橄榄坝是西双版纳傣族文化的象征之地，“不到橄榄坝，等于没到西双版纳”。改革开放以后，橄榄坝成为西双版纳旅游中心地，以“傣族文化园”闻名于世。在现代发展和旅游大潮推动下，橄榄坝的民居、村寨正在发生前所未有的变化。2006 年 11 月 23 日《春城晚报》发表图文：《异化建筑愈演愈烈版纳傣家竹楼岌岌可危》。

**折中方案下建盖的另类傣家竹楼**

2008 年 7 月，《中国民族报》收到一篇题为《傣族园的竹楼在被蚕食》的来稿，提出了《傣族园：傣族竹楼保护之争》（王珍：《中国民族报》2008 - 7 - 11）这个令人瞩目的话题。

这里，笔者想谈一点关于橄榄坝标志性建筑景观——曼春满佛寺“发展”的感慨。

曼春满佛寺位于云南省西双版纳州景洪市勐罕镇曼春满村，始建于佛历 1055 年（公元 512 年），是西双版纳勐罕镇橄栏坝的中心佛寺。

1981 年 1 月 20 日发行的我国第一套民族风情邮票“西双版纳风光”中，“贝叶古刹”居其中。

1983 年 9 月 1 日发行的以曼春满佛寺为图案的“西双版纳”邮票，是“祖国风光”第一枚。

**1980年满春满佛寺明信片**

贝叶树生长期为五六十年，1981年，满春满佛寺6棵贝叶树死了5棵。

2007年，再次来到橄榄坝，由于“发展”大变样，“祖国风光”第一枚“贝叶古刹”永远成为邮册中的美好记忆。

“不可再生”是文化遗产的基本属性。“祖国风光”第一枚的版纳象征风光在“发展”中永远消失现象，值得深思。

对于特色民族村寨，一要保护，二要发展。文化遗产属性鲜明的特色民族村寨不是特色民族村寨的全部，而是其中的一部分，对于这部分村寨，必须依据有关法规，实行“保护为主、抢救第一”的方针，第一位的工作任务是“保护”。

特色民族村寨中的特色景观，应当是保护的重点。要特别警惕在“发展”中对于特色景观的破坏。

**（四）旅游开发类型：千户苗寨**

以旅游为主导，开发打造，贵州千户苗寨具有典型性。

千户苗寨位于贵州省黔东南苗族侗族自治州西江镇，现有1288户居民，是全国最大的苗寨，故称“千户苗寨”。其村落、吊脚楼、美人靠等苗族建筑，被誉为“苗族建筑瑰宝”。1992年被贵州省人民政府列为全省八个历史文化名镇之一，2006年传承在这里的“苗寨吊脚楼营造技艺”列入国家级非物质文化遗产名录。

1982年，千户苗寨被贵州省政府列为全省乙类旅游农村旅游区；1987年被列为东线民族风情旅游景点。

2008年9月26日，贵州省每年一次规格最高、规模最大的旅游发展大会在贵州黔东南苗族侗族自治州雷山县西江千户苗寨召开。为了迎接这次旅游发展大会，政府共投入3亿多元，完成了道路建设、主会场馆、苗族博物馆、精品街建设、民族古街改造、观景台、河滨道民族特色改造等20多个重点项目。政府对西江如此大动作的“千年苗寨换新颜”改造，有人欢欣鼓舞、有人痛心不已、有人无奈摇头，在各界引起“保护还是破坏”的争议。①

2006年12月15日，黔东南苗族村寨：苗岭山区雷公山麓苗族村寨（贵州省雷山县、台江县、剑河县、从江县）已列入国家文物局公布的《中国世界文化遗产预备名单》。一个非常现实的问题是：打造的“现代化”的建筑会对日后申报世界遗产产生什么影响？

## 二、特色村寨文化空间的整体性保护

实施少数民族特色村寨保护与发展试点工作中，应当大力加强与村寨非物质文化遗产保护工作的协调，实现特色村寨文化空间的整体性保护。

“文化空间”（Culture Place）是西方文化人类学中被普遍认同的一个概念。联合国教科文组织在保护非物质文化遗产时使用，成为一个专有名词，用来指人类非物质遗产代表作的形态和样式。在已经公布的人类非物质文化遗产代表作中，有许多项目被冠以“文化空间”，它们是：波桑地区的文化

① 新华社．3亿元改造世界最大苗寨保护还是破坏—文化—人民网．culture. people. com. cn/GB/70658/70888/8119164. html.

空间（乌兹别克斯坦，2001 年公布）、基努文化空间（爱沙尼亚，2003 年公布）、圣·巴斯里奥宫殿的文化空间（哥伦比亚，2005 年公布）、帕特拉和瓦迪拉姆游牧人的文化空间（约旦，2005 年公布）、德干莱牙阿拉文化空间（马里，2005 年公布）、铜锣文化空间（越南，2005 年公布），等等。

非物质文化遗产持有群体“在场”，并展现多种相互关联的民俗活动表现形式，是“文化空间”的属性，而“文化场所”可以离开人、离开人的活动而存在。离开人及人的活动，仅仅是由物构成的“文化场所”，只有“文化空间”才能展现出活态传承的非物质文化遗产鲜活的生命力。

少数民族非物质文化遗产代表作名录项目主要存续在特色民族村寨之中。

少数民族特色村寨是构成少数民族非物质文化遗产的文化空间的基础条件，或者说，离开了少数民族特色村寨，少数民族非物质文化遗产的文化空间便成了空中楼阁。

在少数民族特色村寨保护与发展工作中，加强各级非物质文化遗产代表性名录项目的保护，应当是一项不可忽视的重要任务。

# 附录四：自治区中的中国传统村落名录

编者按：名录名称依据住房和城乡建设部、文化部、财政部公布第一批、第二批列入中国传统村落名录村落名单。主要是自治区实行民族区域自治的主体民族村落，也包含一部分其他少数民族或汉族村落。

共计 94 个。

## 内蒙古自治区（共 8 个）

**第一批**（3 个）

包头市土默特右旗美岱召镇美岱召村

包头市石拐区五当召镇五当召村

乌兰察布市丰镇市隆盛庄镇隆盛庄村

**第二批**（5 个）

呼和浩特市土默特左旗塔布赛镇塔布赛村

呼和浩特市土默特左旗毕克齐镇腊铺村

呼伦贝尔市额尔古纳市蒙兀室韦苏木室韦村

呼伦贝尔市额尔古纳市奇乾乡奇乾村

呼伦贝尔市额尔古纳市恩和俄罗斯民族乡恩和村

## 广西壮族自治区（共 69 个）

**第一批**（39 个）

南宁市江南区江西镇扬美村

柳州市融水苗族自治县拱洞乡平卯村

柳州市融水苗族自治县四荣乡东田村

柳州市融水苗族自治县四荣乡荣地村

柳州市三江侗族自治县丹洲镇丹洲村

柳州市三江侗族自治县独峒乡高定村

柳州市三江侗族自治县林溪乡高友村

桂林市龙胜各族自治县和平乡龙脊村
桂林市灌阳县洞井瑶族乡洞井村
桂林市灌阳县水车乡官庄村
桂林市灌阳县新街乡江口村
桂林市荔蒲县马岭镇永明村小青山屯
桂林市临桂县四塘乡横山村
桂林市灵川县潮田乡太平村
桂林市灵川县大圩镇熊村
桂林市灵川县定江镇路西村
桂林市灵川县灵田乡长岗岭村
桂林市灵川县灵田乡迪塘村
桂林市灵川县青狮潭镇老寨村
桂林市灵川县青狮潭镇江头村
桂林市灵川县三街镇溶流上村
桂林市平乐县沙子镇沙子村
桂林市兴安县白石乡水源头村
桂林市兴安县漠川乡榜上村
桂林市阳朔县白沙镇旧县村
桂林市阳朔县兴坪镇渔村
钦州市灵山县佛子镇大芦村
玉林市北流市民乐镇萝村
玉林市玉州区城北街道高山村
百色市隆林各族自治县金钟山乡平流屯
百色市那坡县城厢镇达腊屯
百色市西林县马蚌乡浪吉村那岩屯
贺州市钟山县燕塘镇玉坡村
贺州市富川瑶族自治县朝东镇秀水村
贺州市富川瑶族自治县朝东镇福溪村
贺州市富川瑶族自治县新华乡虎马岭村
贺州市平桂管理区鹅塘镇芦岗村
贺州市钟山县回龙镇龙道村
来宾市象州县罗秀镇纳禄村

**第二批**（30 个）

南宁市江南区江西镇同新村木村坡
南宁市江南区江西镇同江村三江坡
南宁市横县平朗乡笔山村
柳州市三江侗族自治县林溪乡平岩村

桂林市阳朔县高田镇龙潭村
桂林市阳朔县高田镇朗梓村
桂林市阳朔县普益乡留公村
桂林市临桂县会仙镇旧村
桂林市灵川县大圩镇上桥村委上桥
桂林市灵川县大圩镇廖家村委毛村
桂林市灵川县青狮潭镇东源村委新寨村
桂林市灵川县海洋乡大庙塘村委大桐湾
桂林市永福县罗锦镇崇山古居民
桂林市灌阳县文市镇月岭村
桂林市灌阳县水车乡伍家湾村
桂林市平乐县张家镇榕津村
防城港市防城区大菉镇那厚村
钦州市灵山县丰塘镇萍塘村
钦州市灵山县佛子镇苏村
钦州市浦北县小江镇平马村
玉林市北流市新圩镇新圩村（第五组）
贺州市八步区莲塘镇仁化村
贺州市八步区开山镇开山村上莫寨村
贺州市八步区信都镇祉洞古寨
贺州市钟山县凤翔镇松桂村
贺州市钟山县燕塘镇英家街
贺州市富川瑶族自治县莲山镇大莲塘
贺州市富川瑶族自治县葛坡镇深坡村
河池市大化瑶族自治县板升乡弄立村二队
来宾市金秀瑶族县六巷乡下古陈村

## 西藏自治区（共6个）

**第一批（5个）**

昌都地区芒康县纳西民族乡上盐井村
昌都地区左贡县东坝乡军拥村
日喀则地区吉隆县贡当乡汝村
口喀则地区吉隆县吉隆镇帮兴村
林芝地区工布江达县错高乡错高村

**第二批（1个）**

拉萨市墨竹工卡县甲玛乡赤康村

## 宁夏回族自治区（共4个）

**第一批**（4个）

固原市隆德县城关镇红崖村一组
固原市隆德县奠安乡梁堡村一组
中卫市沙坡头区迎水桥镇北长滩村
中卫市沙坡头区香山乡南长滩村

## 新疆维吾尔自治区（共7个）

**第一批**（4个）

吐鲁番地区鄯善县吐峪沟乡麻扎村
哈密地区哈密市回城乡阿勒屯村
哈密地区哈密市五堡镇博斯坦村
伊犁哈萨克自治州特克斯县喀拉达拉镇琼库什台村

**第二批**（3个）

克孜勒苏柯尔克孜自治州阿克陶县克孜勒陶乡艾杰克村
阿勒泰地区布尔津县禾木哈纳斯蒙古民族乡禾木村
阿勒泰地区哈纳斯景区铁热克提乡白哈巴一村

# 附录五：自治州中的中国传统村落名录

编者按：名录名称依据住房和城乡建设部、文化部、财政部公布第一批、第二批列入中国传统村落名录和名单。主要是自治州实行民族区域自治的主体民族村落，也包含一部分其他少数民族或汉族村落。本资料不包括隶属于自治区的自治州所属传统村落。

共计445个。

## 湖北省（23个）

### 恩施土家族苗族自治州（23个）

**第一批**

恩施土家族苗族自治州恩施市崔家坝镇滚龙坝村
恩施土家族苗族自治州恩施市白果乡金龙坝村
恩施土家族苗族自治州鹤峰县铁炉白族乡铁炉村
恩施土家族苗族自治州鹤峰县铁炉白族乡细杉村
恩施土家族苗族自治州鹤峰县五里乡五里村
恩施土家族苗族自治州鹤峰县中营乡三家台蒙古族村
恩施土家族苗族自治州来凤县百福司镇新安村
恩施土家族苗族自治州来凤县大河镇冷水溪村
恩施土家族苗族自治州利川市凉雾乡海洋村
恩施土家族苗族自治州咸丰县大路坝区蛇盘溪村
恩施土家族苗族自治州咸丰县甲马池镇马家沟村王母洞
恩施土家族苗族自治州咸丰县清坪镇中寨坝村郑家坝
恩施土家族苗族自治州宣恩县椒园镇庆阳坝村
恩施土家族苗族自治州宣恩县沙道沟镇两河口村

**第二批**

恩施土家族苗族自治州利川市谋道镇鱼木村
恩施土家族苗族自治州利川市忠路镇老屋基老街
恩施土家族苗族自治州利川市沙溪乡张高寨村

恩施土家族苗族自治州建始县花坪镇田家坝
恩施土家族苗族自治州咸丰县尖山乡唐崖寺村
恩施土家族苗族自治州来凤县百福司镇舍米湖村
恩施土家族苗族自治州来凤县大河镇五道水徐家寨
恩施土家族苗族自治州来凤县革勒车乡鼓架山村铁匠沟
恩施土家族苗族自治州来凤县三胡乡黄柏村下黄柏园

## 湖南省（25 个）

### 湘西土家族苗族自治州（25 个）

**第一批**

湘西土家族苗族自治州保靖县夯沙乡夯沙村
湘西土家族苗族自治州保靖县碗米坡镇首八峒村
湘西土家族苗族自治州凤凰县阿拉营镇舒家塘村
湘西土家族苗族自治州凤凰县都里乡拉毫村
湘西土家族苗族自治州凤凰县麻冲乡老洞村
湘西土家族苗族自治州古丈县高峰乡岩排溪村
湘西土家族苗族自治州古丈县红石林镇老司岩村
湘西土家族苗族自治州古丈县默戎镇龙鼻村
湘西土家族苗族自治州花垣县边城镇磨老村
湘西土家族苗族自治州花垣县排碧乡板栗村
湘西土家族苗族自治州吉首市矮寨镇德夯村
湘西土家族苗族自治州吉首市矮寨镇中黄村
湘西土家族苗族自治州龙山县苗儿滩镇六合村
湘西土家族苗族自治州龙山县苗儿滩镇惹巴拉村
湘西土家族苗族自治州永顺县大坝乡双凤村
湘西土家族苗族自治州永顺县灵溪镇老司城村
湘西土家族苗族自治州永顺县小溪乡小溪村

**第二批**

湘西土家族苗族自治州吉首市峒河街道小溪村
湘西土家族苗族自治州吉首市社塘坡乡齐心村
湘西土家族苗族自治州吉首市排绸乡河坪村
湘西土家族苗族自治州凤凰县山江镇老家寨村
湘西土家族苗族自治州凤凰县山江镇凉灯村
湘西土家族苗族自治州泸溪县达岚镇岩门村
湘西土家族苗族自治州龙山县靛房镇万龙村
湘西土家族苗族自治州龙山县里耶镇长春村

## 四川省（24个）

### 阿坝藏族羌族自治州（9个）

**第一批**

阿坝藏族羌族自治州理县桃坪乡桃坪村
阿坝藏族羌族自治州马尔康县沙尔宗乡丛恩村
阿坝藏族羌族自治州茂县黑虎乡小河坝村鹰嘴河组
阿坝藏族羌族自治州汶川县雁门乡萝卜寨村

**第二批**

阿坝藏族羌族自治州茂县雅都乡四瓦村四组
阿坝藏族羌族自治州黑水县色尔古乡色尔古村
阿坝藏族羌族自治州黑水县木苏乡大别窝村
阿坝藏族羌族自治州黑水县维古乡西苏瓜子村
阿坝藏族羌族自治州马尔康县卓克基镇西索村

### 甘孜藏族自治州（12个）

**第一批**

甘孜藏族自治州得荣县子庚乡八子斯热村
甘孜藏族自治州炉霍县更知乡修贡村
甘孜藏族自治州炉霍县泥巴乡古西村
甘孜藏族自治州炉霍县新都镇七湾村
甘孜藏族自治州丹巴县梭坡乡莫洛村

**第二批**

甘孜藏族自治州炉霍县朱倭乡朱倭村
甘孜藏族自治州炉霍县雅德乡然柳村
甘孜藏族自治州乡城县青德乡仲德村
甘孜藏族自治州乡城县香巴拉镇尔宫村
甘孜藏族自治州得荣县子庚乡阿称村
甘孜藏族自治州得荣县子庚乡子实村
甘孜藏族自治州得荣县子庚乡子庚村

### 凉山彝族自治州（3个）

**第二批**

凉山州盐源县泸沽湖镇木垮村
凉山州美姑县依果觉乡古拖村
凉山州美姑县依果觉乡四季吉村

## 贵州省（234 个）

### 黔西南布依族苗族自治州（1 个）

**第一批**

黔西南布依族苗族自治州兴仁县巴铃镇百卡村卡嘎布依寨

### 黔东南苗族侗族自治州（225 个）

**第一批**（60 个）

黔东南苗族侗族自治州从江县往洞乡增冲村
黔东南苗族侗族自治州从江县往洞乡则里村
黔东南苗族侗族自治州从江县丙妹镇岜沙村
黔东南苗族侗族自治州从江县谷坪乡银潭村
黔东南苗族侗族自治州从江县下江镇高仟村
黔东南苗族侗族自治州丹寨县扬武乡排莫村
黔东南苗族侗族自治州剑河县南哨乡翁座村
黔东南苗族侗族自治州锦屏县隆里乡隆里所村
黔东南苗族侗族自治州锦屏县河口乡文斗村
黔东南苗族侗族自治州雷山县郎德镇上郎德村
黔东南苗族侗族自治州雷山县郎德镇下郎德村
黔东南苗族侗族自治州雷山县郎德镇南猛村
黔东南苗族侗族自治州雷山县西江镇控拜村
黔东南苗族侗族自治州黎平县坝寨乡坝寨村
黔东南苗族侗族自治州黎平县坝寨乡蝉寨村
黔东南苗族侗族自治州黎平县坝寨乡高场村
黔东南苗族侗族自治州黎平县坝寨乡高兴村
黔东南苗族侗族自治州黎平县坝寨乡青寨村
黔东南苗族侗族自治州黎平县大稼乡邓蒙村
黔东南苗族侗族自治州黎平县德顺乡平甫村
黔东南苗族侗族自治州黎平县地坪乡岑扣村
黔东南苗族侗族自治州黎平县地坪乡高青村
黔东南苗族侗族自治州黎平县地坪乡滚大村
黔东南苗族侗族自治州黎平县洪州镇归欧村
黔东南苗族侗族自治州黎平县洪州镇九江村
黔东南苗族侗族自治州黎平县洪州镇平架村
黔东南苗族侗族自治州黎平县洪州镇三团村
黔东南苗族侗族自治州黎平县九潮镇高寅村
黔东南苗族侗族自治州黎平县九潮镇贡寨村
黔东南苗族侗族自治州黎平县九潮镇吝洞村

黔东南苗族侗族自治州黎平县雷洞瑶族水族乡金城村
黔东南苗族侗族自治州黎平县茅贡乡蚕洞村
黔东南苗族侗族自治州黎平县茅贡乡冲寨
黔东南苗族侗族自治州黎平县茅贡乡登岑村
黔东南苗族侗族自治州黎平县茅贡乡地扪村
黔东南苗族侗族自治州黎平县茅贡乡高近村
黔东南苗族侗族自治州黎平县茅贡乡流芳村
黔东南苗族侗族自治州黎平县茅贡乡寨头村
黔东南苗族侗族自治州黎平县孟彦镇芒岭村
黔东南苗族侗族自治州黎平县尚重镇高冷村
黔东南苗族侗族自治州黎平县尚重镇纪登村
黔东南苗族侗族自治州黎平县尚重镇绍洞村
黔东南苗族侗族自治州黎平县尚重镇育洞村
黔东南苗族侗族自治州黎平县尚重镇朱冠村
黔东南苗族侗族自治州黎平县双江乡黄岗村
黔东南苗族侗族自治州黎平县岩洞镇述洞村
黔东南苗族侗族自治州黎平县岩洞镇岩洞村
黔东南苗族侗族自治州黎平县岩洞镇宰拱村
黔东南苗族侗族自治州黎平县岩洞镇竹坪村
黔东南苗族侗族自治州黎平县永从乡豆洞村
黔东南苗族侗族自治州黎平县肇兴乡肇兴中寨村
黔东南苗族侗族自治州黎平县肇兴乡纪堂村
黔东南苗族侗族自治州黎平县肇兴乡纪堂上寨村
黔东南苗族侗族自治州黎平县肇兴乡堂安村
黔东南苗族侗族自治州黎平县肇兴乡肇兴村
黔东南苗族侗族自治州榕江县平江乡滚仲村
黔东南苗族侗族自治州榕江县兴华乡八蒙村
黔东南苗族侗族自治州榕江县兴华乡摆贝村
黔东南苗族侗族自治州榕江县栽麻乡大利村
黔东南苗族侗族自治州榕江县栽麻乡宰荡村

**第二批**（165 个）

黔东南苗族侗族自治州黄平县谷陇乡苗陇村
黔东南苗族侗族自治州三穗县良上乡雅中村
黔东南苗族侗族自治州镇远县报京乡报京村
黔东南苗族侗族自治州岑巩县平庄乡平庄村凯空组
黔东南苗族侗族自治州剑河县南加镇塘边村
黔东南苗族侗族自治州剑河县柳川镇巫泥村

黔东南苗族侗族自治州剑河县革东镇八郎村
黔东南苗族侗族自治州剑河县久仰乡基佑村
黔东南苗族侗族自治州剑河县久仰乡久吉村
黔东南苗族侗族自治州剑河县太拥镇太坪村
黔东南苗族侗族自治州剑河县太拥镇九连村
黔东南苗族侗族自治州剑河县南哨乡巫沙村
黔东南苗族侗族自治州剑河县南哨乡反召村
黔东南苗族侗族自治州剑河县南寨乡展留村
黔东南苗族侗族自治州剑河县南寨乡柳富村
黔东南苗族侗族自治州剑河县磻溪镇洞脚村
黔东南苗族侗族自治州剑河县磻溪镇大广村
黔东南苗族侗族自治州剑河县敏洞乡沟洞村
黔东南苗族侗族自治州剑河县观么乡巫包村
黔东南苗族侗族自治州台江县台拱镇展福村
黔东南苗族侗族自治州台江县台拱镇板凳村
黔东南苗族侗族自治州台江县台拱镇南省村
黔东南苗族侗族自治州台江县台拱镇南冬村
黔东南苗族侗族自治州台江县台拱镇排朗村
黔东南苗族侗族自治州台江县台拱镇桃香村
黔东南苗族侗族自治州台江县台拱镇登鲁村
黔东南苗族侗族自治州台江县台拱镇交片村
黔东南苗族侗族自治州台江县台拱镇展下村
黔东南苗族侗族自治州台江县施洞镇小河村
黔东南苗族侗族自治州台江县施洞镇旧州村
黔东南苗族侗族自治州台江县施洞镇八梗村
黔东南苗族侗族自治州台江县施洞镇黄泡村
黔东南苗族侗族自治州台江县南宫乡交包村
黔东南苗族侗族自治州台江县南宫乡交下村
黔东南苗族侗族自治州台江县南宫乡交密村
黔东南苗族侗族自治州台江县南宫乡展忙村
黔东南苗族侗族自治州台江县排羊乡九摆村
黔东南苗族侗族自治州台江县排羊乡上南刀村
黔东南苗族侗族自治州台江县台盘乡德卷村
黔东南苗族侗族自治州台江县台盘乡南尧村
黔东南苗族侗族自治州台江县革一乡北方村
黔东南苗族侗族自治州台江县革一乡排生村
黔东南苗族侗族自治州台江县革一乡西南村

黔东南苗族侗族自治州台江县老屯乡长滩村
黔东南苗族侗族自治州台江县方召乡反排村
黔东南苗族侗族自治州台江县方召乡巫脚交村
黔东南苗族侗族自治州台江县方召乡巫梭村
黔东南苗族侗族自治州台江县方召乡交汪村
黔东南苗族侗族自治州黎平县孟彦镇罗溪村
黔东南苗族侗族自治州黎平县孟彦镇岑湖村
黔东南苗族侗族自治州黎平县九潮镇高维村
黔东南苗族侗族自治州黎平县九潮镇定八村
黔东南苗族侗族自治州黎平县九潮镇大榕村新寨
黔东南苗族侗族自治州黎平县九潮镇顺寨村
黔东南苗族侗族自治州黎平县岩洞镇大寨村
黔东南苗族侗族自治州黎平县岩洞镇小寨村
黔东南苗族侗族自治州黎平县水口镇东郎村
黔东南苗族侗族自治州黎平县水口镇花柳村
黔东南苗族侗族自治州黎平县水口镇南江村
黔东南苗族侗族自治州黎平县水口镇茨洞村
黔东南苗族侗族自治州黎平县水口镇宰洋村宰直寨
黔东南苗族侗族自治州黎平县尚重镇岑门村
黔东南苗族侗族自治州黎平县尚重镇顿路村
黔东南苗族侗族自治州黎平县尚重镇归德村
黔东南苗族侗族自治州黎平县尚重镇旧洞村
黔东南苗族侗族自治州黎平县尚重镇上洋村
黔东南苗族侗族自治州黎平县尚重镇下洋村
黔东南苗族侗族自治州黎平县尚重镇西迷村
黔东南苗族侗族自治州黎平县尚重镇宰蒙村
黔东南苗族侗族自治州黎平县雷洞乡岑管村
黔东南苗族侗族自治州黎平县雷洞乡牙双村
黔东南苗族侗族自治州黎平县永从乡九龙村
黔东南苗族侗族自治州黎平县永从乡中罗村
黔东南苗族侗族自治州黎平县茅贡乡额洞村
黔东南苗族侗族自治州黎平县茅贡乡寨南村
黔东南苗族侗族自治州黎平县茅贡乡已炭村汉寨
黔东南苗族侗族自治州黎平县坝寨乡高西村
黔东南苗族侗族自治州黎平县坝寨乡器寨村
黔东南苗族侗族自治州黎平县口江乡银朝村
黔东南苗族侗族自治州黎平县双江乡四寨村

黔东南苗族侗族自治州黎平县双江乡寨高村
黔东南苗族侗族自治州黎平县肇兴镇肇兴上寨村
黔东南苗族侗族自治州黎平县肇兴镇厦格村
黔东南苗族侗族自治州黎平县肇兴镇厦格上寨村
黔东南苗族侗族自治州黎平县龙额镇上地坪村
黔东南苗族侗族自治州黎平县地坪乡新丰村
黔东南苗族侗族自治州黎平县地坪乡下寨村
黔东南苗族侗族自治州黎平县大稼乡高孖村
黔东南苗族侗族自治州黎平县平寨乡纪德村
黔东南苗族侗族自治州黎平县德化乡高洋村
黔东南苗族侗族自治州黎平县德化乡下洋村
黔东南苗族侗族自治州榕江县寨蒿镇票寨村侗寨
黔东南苗族侗族自治州榕江县栽麻乡苗兰村侗寨
黔东南苗族侗族自治州榕江县三江乡脚车村苗寨
黔东南苗族侗族自治州榕江县塔石乡怎东村瑶寨
黔东南苗族侗族自治州从江县下江镇高良村
黔东南苗族侗族自治州从江县宰便镇引东村
黔东南苗族侗族自治州从江县西山镇田底村
黔东南苗族侗族自治州从江县停洞镇架里村
黔东南苗族侗族自治州从江县高增乡岜扒村
黔东南苗族侗族自治州从江县谷坪乡高吊村
黔东南苗族侗族自治州从江县雍里乡归林村
黔东南苗族侗族自治州从江县刚边壮族乡刚边村
黔东南苗族侗族自治州从江县刚边壮族乡银平村
黔东南苗族侗族自治州从江县加榜乡加车村
黔东南苗族侗族自治州从江县加榜乡下尧村
黔东南苗族侗族自治州从江县翠里瑶族壮族乡高华村
黔东南苗族侗族自治州从江县往洞镇朝利村
黔东南苗族侗族自治州从江县往洞镇增盈村
黔东南苗族侗族自治州从江县东朗乡孔明村
黔东南苗族侗族自治州从江县加鸠乡加翁村
黔东南苗族侗族自治州从江县光辉乡加牙村
黔东南苗族侗族自治州雷山县丹江镇乌东村
黔东南苗族侗族自治州雷山县丹江镇虎阳村
黔东南苗族侗族自治州雷山县丹江镇教厂村
黔东南苗族侗族自治州雷山县丹江镇脚猛村
黔东南苗族侗族自治州雷山县丹江镇干皎村

黔东南苗族侗族自治州雷山县丹江镇猫猫河村
黔东南苗族侗族自治州雷山县西江镇长乌村
黔东南苗族侗族自治州雷山县西江镇黄里村
黔东南苗族侗族自治州雷山县西江镇中寨村
黔东南苗族侗族自治州雷山县西江镇开觉村
黔东南苗族侗族自治州雷山县西江镇龙塘村
黔东南苗族侗族自治州雷山县西江镇麻料村
黔东南苗族侗族自治州雷山县西江镇乌尧村
黔东南苗族侗族自治州雷山县西江镇北建村
黔东南苗族侗族自治州雷山县永乐镇加鸟村
黔东南苗族侗族自治州雷山县永乐镇开屯村
黔东南苗族侗族自治州雷山县永乐镇乔洛村
黔东南苗族侗族自治州雷山县永乐镇乔歪村
黔东南苗族侗族自治州雷山县永乐镇肖家村
黔东南苗族侗族自治州雷山县郎德镇杨柳村
黔东南苗族侗族自治州雷山县郎德镇乌瓦村
黔东南苗族侗族自治州雷山县郎德镇乌流村
黔东南苗族侗族自治州雷山县郎德镇也改村
黔东南苗族侗族自治州雷山县郎德镇报德村
黔东南苗族侗族自治州雷山县郎德镇也利村
黔东南苗族侗族自治州雷山县望丰乡乌迭村
黔东南苗族侗族自治州雷山县望丰乡三角田村
黔东南苗族侗族自治州雷山县望丰乡公统村
黔东南苗族侗族自治州雷山县望丰乡丰塘村
黔东南苗族侗族自治州雷山县望丰乡乌的村
黔东南苗族侗族自治州雷山县望丰乡荣防村
黔东南苗族侗族自治州雷山县望丰乡乌响村
黔东南苗族侗族自治州雷山县望丰乡排肖村
黔东南苗族侗族自治州雷山县大塘乡新桥村
黔东南苗族侗族自治州雷山县大塘乡掌坳村
黔东南苗族侗族自治州雷山县大塘乡独南村
黔东南苗族侗族自治州雷山县桃江乡乔王村
黔东南苗族侗族自治州雷山县桃江乡岩寨村
黔东南苗族侗族自治州雷山县桃江乡掌雷村
黔东南苗族侗族自治州雷山县桃江乡龙河村
黔东南苗族侗族自治州雷山县达地水族乡也蒙村
黔东南苗族侗族自治州雷山县方祥乡陡寨村

黔东南苗族侗族自治州雷山县方祥乡毛坪村
黔东南苗族侗族自治州雷山县方祥乡格头村
黔东南苗族侗族自治州雷山县方祥乡提香村
黔东南苗族侗族自治州雷山县方祥乡雀鸟村
黔东南苗族侗族自治州麻江县杏山镇六堡村
黔东南苗族侗族自治州麻江县龙山乡河坝村
黔东南苗族侗族自治州麻江县龙山乡复兴村
黔东南苗族侗族自治州丹寨县排调镇麻鸟村
黔东南苗族侗族自治州丹寨县扬武镇扬颂村
黔东南苗族侗族自治州丹寨县雅灰乡送陇村
黔东南苗族侗族自治州丹寨县南皋乡石桥村

### 黔南布依族苗族自治州（8个）

**第一批**

黔南布依族苗族自治州荔波县瑶山民族乡董蒙村
黔南布依族苗族自治州荔波县永康民族乡太吉村
黔南布依族苗族自治州荔波县永康民族乡尧古村
黔南布依族苗族自治州平塘县卡蒲毛南族乡场河村交慬组
黔南布依族苗族自治州三都水族自治县坝街乡坝辉村
黔南布依族苗族自治州三都水族自治县都江镇怎雷村
黔南布依族苗族自治州三都水族自治县拉揽乡排烧村

**第二批**

黔南布依族苗族自治州平塘县掌布镇掌布村

## 云南省（124个）

### 楚雄彝族自治州（7个）

**第一批**

楚雄彝族自治州姚安县光禄镇西关村

**第二批**

楚雄彝族自治州楚雄市子午镇以口夸村
楚雄彝族自治州双柏县法脿镇雨龙村委会李方村
楚雄彝族自治州牟定县安乐乡小屯村委会小屯村
楚雄彝族自治州牟定县蟠猫乡蟠猫村委会母鲁打村
楚雄彝族自治州禄丰县金山镇炼象关村
楚雄彝族自治州禄丰县妥安乡琅井村

## 红河哈尼族彝族自治州（16 个）

### 第一批

红河哈尼族彝族自治州建水县官厅镇苍台村
红河哈尼族彝族自治州建水县西庄镇团山村
红河哈尼族彝族自治州泸西县永宁乡城子村
红河哈尼族彝族自治州弥勒县西三镇可邑村
红河哈尼族彝族自治州弥勒县西三镇腻黑村
红河哈尼族彝族自治州石屏县宝秀镇郑营村

### 第二批

红河哈尼族彝族自治州蒙自市草坝镇碧色寨村
红河哈尼族彝族自治州蒙自市新安所镇新安所村
红河哈尼族彝族自治州建水县西庄镇新房村
红河哈尼族彝族自治州红河县洛恩乡朋洛村
红河哈尼族彝族自治州红河县乐育乡龙车村
红河哈尼族彝族自治州红河县乐育乡坝美村
红河哈尼族彝族自治州红河县乐育乡尼美村
红河哈尼族彝族自治州红河县乐育乡桂东村
红河哈尼族彝族自治州红河县乐育乡玉古村
红河哈尼族彝族自治州红河县浪堤乡马龙村

## 文山壮族苗族自治州（9 个）

### 第一批

文山壮族苗族自治州麻栗坡县董干镇新寨村委城寨村

### 第二批

文山壮族苗族自治州砚山县者腊乡批洒村
文山壮族苗族自治州马关县马白镇马洒村
文山壮族苗族自治州马关县八寨镇街脚村
文山壮族苗族自治州丘北县曰者镇河边村
文山壮族苗族自治州丘北县平寨乡革雷村
文山壮族苗族自治州丘北县腻脚乡老寨村
文山壮族苗族自治州丘北县温浏乡石别村
文山壮族苗族自治州广南县坝美镇革乍村委会汤拿村

## 西双版纳傣族自治州（15 个）

### 第一批

西双版纳傣族自治州景洪市基诺族乡洛特老寨村
西双版纳傣族自治州景洪市勐罕镇曼春满村
西双版纳傣族自治州勐腊县易武乡十字街村

**第二批**

西双版纳傣族自治州景洪市勐龙镇曼龙扣村委会曼飞龙村
西双版纳傣族自治州景洪市勐罕镇曼听村委会曼乍村
西双版纳傣族自治州景洪市噶洒镇曼掌宰村委会曼景保村
西双版纳傣族自治州景洪市基诺族乡巴亚村委会巴坡村
西双版纳傣族自治州景洪市基诺族乡巴亚村委会巴卡老寨
西双版纳傣族自治州景洪市基诺族乡巴亚村委会扎吕村
西双版纳傣族自治州景洪市基诺族乡巴亚村委会巴亚中寨
西双版纳傣族自治州景洪市大渡岗乡大荒坝村委会勐满村
西双版纳傣族自治州勐海县打洛镇勐景莱村
西双版纳傣族自治州勐海县西定乡章朗村
西双版纳傣族自治州勐腊县勐腊镇曼龙勒村
西双版纳傣族自治州勐腊县勐腊镇曼旦村

**大理白族自治州（57 个）**

**第一批**（15 个）

大理白族自治州大理市太邑乡者么村委大村
大理白族自治州大理市喜洲镇喜州村
大理白族自治州大理市喜洲镇周城村
大理白族自治州剑川县金华镇剑川古城
大理白族自治州剑川县沙溪镇寺登村
大理白族自治州祥云县禾甸镇大营庄村
大理白族自治州祥云县禾甸镇旧邑村
大理白族自治州祥云县云南驿镇云南驿村
大理白族自治州永平县博南镇曲硐村
大理白族自治州永平县博南镇花桥村
大理白族自治州永平县杉阳镇杉阳村
大理白族自治州云龙县宝丰乡宝丰村
大理白族自治州云龙县检槽乡师井村大村
大理白族自治州云龙县诺邓镇诺邓古村
大理白族自治州巍山县永建镇东莲花村

**第二批**（42 个）

大理白族自治州大理市下关镇刘官厂村委会凤阳邑村
大理白族自治州大理市大理镇龙龛村委会龙下登村
大理白族自治州大理市凤仪镇丰乐村北汤天村
大理白族自治州大理市喜洲镇沙村村委会城北村
大理白族自治州大理市喜洲镇庆洞村
大理白族自治州大理市挖色镇大城村

大理白族自治州大理市双廊镇双廊村
大理白族自治州大理市双廊镇长育村
大理白族自治州大理市太邑彝族乡桃树村委会坦底么
大理白族自治州祥云县刘厂镇大波那村委会大波那村
大理白族自治州宾川县金牛镇柳家湾华侨社区
大理白族自治州宾川县大营镇萂村村
大理白族自治州弥渡县密祉乡文盛街村
大理白族自治州南涧县公郎镇罗佰克茶园村
大理白族自治州巍山县南诏镇新村村委会新村
大理白族自治州巍山县庙街镇阿朵村
大理白族自治州巍山县庙街镇利克村
大理白族自治州巍山县庙街镇盟石村委会陈德厂村
大理白族自治州巍山县大仓镇新胜村委会啄木郎村
大理白族自治州巍山县永建镇马米厂村委会米姓村
大理白族自治州巍山县马鞍山乡青云村
大理白族自治州云龙县关坪乡字衙村
大理白族自治州云龙县长新乡长春村
大理白族自治州云龙县长新乡包罗村大达社
大理白族自治州云龙县检槽乡检槽村委会大村
大理白族自治州云龙县苗尾傈僳族乡表村村委会表村
大理白族自治州云龙县苗尾傈僳族乡松坪村
大理白族自治州剑川县金华镇三河村
大理白族自治州剑川县金华镇向湖村
大理白族自治州剑川县沙溪镇甸头村
大理白族自治州剑川县沙溪镇四联村委会段家登村
大理白族自治州剑川县沙溪镇石龙村
大理白族自治州剑川县甸南镇天马村
大理白族自治州剑川县甸南镇龙门村
大理白族自治州剑川县弥沙乡文新村岩洞村
大理白族自治州剑川县弥沙乡弥新村弥井村
大理白族自治州鹤庆县松桂镇长头村
大理白族自治州鹤庆县松桂镇龙珠村委会军营村
大理白族自治州鹤庆县松桂镇松桂村委会街南村
大理白族自治州鹤庆县金墩乡和邑村
大理白族自治州鹤庆县六合乡五星村五星大村
大理白族自治州鹤庆县六合乡灵地村灵地大村

### 德宏傣族景颇族自治州（6 个）

**第一批**

德宏傣族景颇族自治州陇川县户撒乡曼东村

**第二批**

德宏傣族景颇族自治州梁河县九保乡九保村
德宏傣族景颇族自治州梁河县河西乡邦读村
德宏傣族景颇族自治州盈江县旧城镇旧城村委会大寨村
德宏傣族景颇族自治州盈江县太平镇芒允村
德宏傣族景颇族自治州盈江县新城乡繁勐村委会芒别村

### 怒江傈僳族自治州（1 个）

**第二批**

怒江傈僳族自治州泸水县鲁掌镇鲁祖村

### 迪庆藏族自治州（13 个）

**第二批**

迪庆藏族自治州香格里拉县洛吉乡尼汝村
迪庆藏族自治州香格里拉县三坝乡白地村
迪庆藏族自治州香格里拉县建塘镇小街子村
迪庆藏族自治州德钦县云岭乡雨崩村
迪庆藏族自治州德钦县燕门乡茨中村
迪庆藏族自治州维西县叶枝镇同乐村
迪庆藏族自治州维西县叶枝镇叶枝村
迪庆藏族自治州维西县塔城镇塔城村塔城一二组
迪庆藏族自治州维西县塔城镇朵那阁村
迪庆藏族自治州维西县保和镇腊八底村
迪庆藏族自治州维西县保和镇永春村白帕塘
迪庆藏族自治州维西县巴迪乡结义村
迪庆藏族自治州维西县维登乡富川村

## 甘肃省（2 个）

### 临夏回族自治州（1 个）

**第二批**

临夏回族自治州临夏市城郊镇木场村

### 甘南藏族自治州（1 个）

**第二批**

甘南藏族自治州卓尼县尼巴乡尼巴村

## 青海省（13 个）

### 黄南藏族自治州（6 个）

**第一批**

黄南藏族自治州同仁县保安镇城内村
黄南藏族自治州同仁县隆务镇吾屯下庄村
黄南藏族自治州同仁县年都乎乡年都乎村
黄南藏族自治州同仁县年都乎乡郭麻日村
黄南藏族自治州同仁县曲库乎乡江什加村

**第二批**

黄南藏族自治州同仁县扎毛乡牙什当村

### 海南藏族自治州（1 个）

海南藏族自治州贵德县河西镇下排村

### 玉树藏族自治州（2 个）

**第一批**

玉树藏族自治州玉树县仲达乡电达村

**第二批**

玉树藏族自治州囊谦县娘拉乡多伦多村

# 附录六：自治县中的中国传统村落名录

编者按：名录名称依据住房和城乡建设部、文化部、财政部公布第一批、第二批列入中国传统村落名录名单。主要是自治县实行民族区域自治的主体民族村落，也包含一部分其他少数民族或汉族村落。本资料不包括隶属于自治区、自治州所属自治县传统村落。公布的名录中有些没有标明自治县，编者在括号中标出。括号文字均为编者所加，说明该村落少数民族情况。

1961 年成立的丽江纳西族自治县属丽江地区。2003 年 4 月，丽江撤地设市，将原丽江地区改设为丽江市，并将原丽江纳西族自治县分为古城区及玉龙纳西族自治县。本资料中将丽江市古城区包括在内。

自治县中的中国传统村落共计 95 个。

## 湖北省（1 个）

**第一批**

宜昌市长阳土家族自治县高家堰镇向日岭村六组

## 湖南省（7 个）

**第二批**

邵阳市城步苗族自治县丹口镇桃林村

邵阳市城步苗族自治县长安营乡大寨村

**第二批**

怀化市通道侗族自治县坪坦乡坪坦村

**第二批**

怀化市麻阳苗族自治县锦和镇岩口山村

怀化市麻阳苗族自治县郭公坪乡溪口村湾里

怀化市麻阳苗族自治县尧市乡小江村

怀化市麻阳苗族自治县大桥江乡豪侠坪

## 重庆市（9个）

**第一批**

石柱土家族自治县金岭乡银杏村

石柱土家族自治县石家乡黄龙村

石柱土家族自治县悦崃镇新城村

**第一批**

秀山土家族苗族自治县梅江镇民族村

**第一批**

酉阳土家族苗族自治县苍岭镇大河口村

酉阳土家族苗族自治县酉水河镇河湾村

酉阳土家族苗族自治县酉水河镇后溪村

酉阳土家族苗族自治县南腰界乡南界村

**第二批**

酉阳土家族苗族自治县可大乡七分村

## 贵州省（9个）

**第一批**

遵义市务川仡佬族苗族自治县大坪镇龙潭村

**第二批**

安顺市镇宁布依族苗族自治县城关镇高荡村

安顺市镇宁布依族苗族自治县扁担山乡革老坟村

**第二批**

铜仁市沿河县思渠镇荷叶村（沿河土家族自治县）

铜仁市沿河县黑獭乡大溪村

铜仁市沿河县新景乡白果村

铜仁市沿河县后坪乡茶园村

**第二批**

铜仁市松桃县普觉镇候溪屯（松桃苗族自治县）

铜仁市松桃县正大乡苗王城

## 云南省（60个）

**第二批**

昆明市石林县圭山镇糯黑村（石林彝族自治县）

**第二批**

玉溪市元江县澧江街道龙潭村委会者嘎村（元江哈尼族彝族傣族自治县。者嘎村是

一个傣族村寨，住房跟云南其他地方的傣族住房不一样，墙壁主要是用石头跟土基建成，住房顶部也是多用油料布加土质材料合成）

玉溪市元江县洼桎乡它才吉村委会坡桎村

**第一批**

丽江市古城区大东乡大东行政村（1961 年成立丽江纳西族自治县，属丽江地区。2003 年 4 月，丽江撤地设市，将原丽江地区改设为丽江市，并将原丽江纳西族自治县分为古城区及玉龙纳西族自治县。古城区总人口 14.2 万人，有纳西、汉、白、藏、彝、普米等 10 余个民族，其中纳西族人口有 8.6 万人，占总人口的 60.6%。金山白族乡总人口 24352 人。其中纳西族 14862 人，汉族 1619 人，白族 6950 人，傈僳族 334 人，其他 325 人）。大东乡位于古城区东北，1825 户，7118 人，居住着以纳西族为主的汉、苗、壮、傈僳、普米等民族。

丽江市古城区金山乡贵峰村（金山乡位于丽江东南郊，现有总人口 24171 人，其中纳西族 14862 人，汉族 1619 人，白族 6950 人，傈僳族 334 人，其他 8 个民族 325 人）

丽江市古城区金山乡漾西村

丽江市古城区七河乡共和西关村（七河因原住有七个姓和的家族村落而得名，后演变为七河。清代为七河里，民国时期为丽南乡。1963 年至 1965 年属丽江纳西族自治县第三区。现有 4404 户，18887 人。其中纳西族 11320 人，汉族 3904 人，白族 3087 人，苗族 238 人，藏族 9 人，彝族 40 人，其他民族 254 人）

**第二批**

丽江市古城区金山乡良美村委会启良村

丽江市古城区金安镇义新村委会五坝里村

丽江市古城区七河镇羊见村委会金安村

丽江市古城区七河镇新民村委会新民下村

丽江市古城区七河镇共和村委会南溪村

丽江市古城区七河镇共和村委会东关村

丽江市古城区束河街道龙泉村委会

**第一批**

丽江市玉龙县白沙乡白沙村（玉龙纳西族自治县）

丽江市玉龙县宝山乡石头城村

丽江市玉龙县石头乡桃园村

**第二批**

丽江市玉龙县黄山镇文华村委会文华中村（玉龙纳西族自治县）

丽江市玉龙县黄山镇白华村委会吉来村

丽江市玉龙县石鼓镇石鼓村委会海螺村

丽江市玉龙县石鼓镇大新村委会竹园村

丽江市玉龙县石鼓镇仁和村委会石支村

丽江市玉龙县白沙镇玉湖村委会玉湖村

丽江市玉龙县拉市镇海南村委会丰乐村

丽江市玉龙县拉市镇南尧村委会南尧村

**第一批**

丽江市宁蒗县永宁乡落水村（宁蒗彝族自治县，落水村沿泸沽湖而建）

**第二批**

丽江市宁蒗县拉伯乡加泽村委会油米村

丽江市宁蒗县永宁乡温泉村委会瓦拉别

**第一批**

普洱市江城县整董镇城子三寨村（江城哈尼族彝族自治县。“整董”原名“勐桑洛”，据记载，它是与西双版纳同时期出现的。西双版纳是傣语“十二块千亩田”的意思，旧时的整董就属十二版纳之一，是以傣族为世居民族的小镇。这里保持着古朴的傣族文化，贝叶文化所蕴含的“五树六花”非常适宜生长在整董地区，这里还是经典傣剧《娥并与桑洛》中王子桑洛的故乡）

**第二批**

普洱市江城县整董镇整董村大河边组

普洱市江城县整董镇整董村老伯寨

普洱市江城县整董镇整董村曼滩组

普洱市江城县整董镇整董村大青树

普洱市江城县整董镇整董村力哨坡

普洱市江城县整董镇整董村麻木树

普洱市江城县国庆乡摸等村博别寨组

**第一批**

普洱市景东县大街乡三营村（景东彝族自治县。三营村是汉族、彝族混居地，其中汉族 2791 人，彝族 1110 人）

普洱市景东县文井镇清凉村梁家组

**第二批**

普洱市景东县锦屏镇黄草岭村

普洱市景东县大街镇文山村田心村民小组

普洱市景东县林街乡林街村回营村民小组

**第二批**

普洱市景谷县景谷镇纪家村（景谷傣族彝族自治县）

**第一批**

普洱市墨江县联珠镇碧溪古镇村（墨江哈尼族自治县。碧溪古镇位于云南墨江县联珠镇北部，现有居民 246 户，人口 890 人，汉族、哈尼族、彝族、拉祜族、傣族杂居其中）

普洱市墨江县那哈乡牛红村委勐嘎村（那哈乡辖 5 个行政村，2808 户，13075 人。

境内居住着哈尼、汉两个民族（以哈尼族中的白宏支系为主），哈尼族占全乡总人口的95%）

**第二批**

普洱市墨江县联珠镇癸能村委会大寨村

**第一批**

普洱市宁洱县同心乡那柯里村（宁洱哈尼族彝族自治县。同心乡是一个汉、彝、哈尼、傣、拉祜、回、白、壮、佤、苗、侗、水等多民族混居的山区乡）

**第二批**

普洱市宁洱县宁洱镇宽宏村委会困鹿山村民小组

普洱市宁洱县勐先镇蚌扎村

普洱市宁洱县勐先镇上宣德村

**第一批**

普洱市澜沧县酒井哈尼族乡勐根村老达保组（澜沧拉祜族自治县）

**第二批**

普洱市澜沧县上允镇上允村老街组

普洱市澜沧县惠民镇景迈村糯干组

普洱市澜沧县惠民镇芒景村

普洱市澜沧县惠民镇芒景村翁基组

**第二批**

普洱市西盟县岳宋乡岳宋村永老寨（西盟佤族自治县）

**第二批**

临沧市双江县勐库镇冰岛村（双江拉祜族佤族布朗族傣族自治县）

**第一批**

临沧市沧源县勐角乡翁丁村（沧源佤族自治县翁丁村是佤族村寨。“翁丁”的“翁”是“水”的意思，“丁”为连接之意）

**第二批**

临沧市沧源县勐懂镇芒摆村委会永点村

临沧市沧源县勐懂镇芒摆村委会永让村

临沧市沧源县芒卡镇湖广村

## 青海省（9个）

**第一批**

海东地区互助县丹麻镇索卜滩村（互助土族自治县）

海东地区互助县丹麻镇哇麻村

海东地区互助县东沟乡大庄村

海东地区互助县五十镇北庄村

海东地区互助县五十镇寺滩村

海东地区互助县五十镇土观村

**第二批**

海东地区互助土族自治县五十镇五十村

海东地区互助土族自治县红崖子沟乡张家村

**第一批**

海东地区循化县街子乡孟达山村（循化撒拉族自治县）

# 附录七：民族乡及散杂居少数民族中的中国传统村落名录

编者按：名录名称依据住房和城乡建设部、文化部、财政部公布第一批、第二批列入中国传统村落名录村落名单。民族乡据国家民委网站（www. seac. gov. cn/gjmw/zlk/2004—11—01）发布的《中国民族乡镇一览表》。散杂居少数民族，一是指居住在自治地方以外的少数民族，一是指居住在自治地方以内但不实行自治的少数民族。民族乡不是自治地方，而是民族区域自治的补充形式。民族乡是散杂居地区少数民族聚居程度较高的乡镇。一些乡镇虽然不是民族乡，但在村镇的历史、文化中有重要影响，是与少数民族密切相关的传统村落，因而也列入本资料中。名录后括号文字是编者所加，说明该村落少数民族情况。

共计 109 个。

## 吉林省（1 个）

**第二批**

通化市通化县鹿东来乡圈子村（建有关东民俗村，建有 10 套不同风格的满族、朝鲜族、汉族等特色民居及农家小院 20 余栋民居）

## 黑龙江省（3 个）

**第一批**

齐齐哈尔市富裕县友谊达斡尔族满族柯尔克孜族乡宁年村富宁屯

齐齐哈尔市富裕县友谊达斡尔族满族柯尔克孜族乡三家子村

**第二批**

黑河市爱辉区新生乡新生村（新生村位于黑河市区西北方 76 公里处，1953 年 9 月，原属爱辉县辖区内的 14 个部落的鄂伦春族下山建村定居，开始了新生活，故名新生村。1956 年建立新生鄂伦春族乡。1992 年末全乡总人口 953 人，鄂伦春族人口约占 18%，满族等其他少数民族人口约占 13%。）

## 福建省（2个）

**第一批**

宁德市霞浦县溪南镇半月里村（畲族）

**第二批**

宁德市霞浦县崇儒畲族乡上水村

## 河南省（1个）

**第二批**

平顶山市郏县姚庄回族乡小张庄村

## 江西省（1个）

**第二批**

上饶市铅山县太源畲族乡西坑村查家岭

## 湖南省（5个）

**第一批**

怀化市辰溪县上蒲溪瑶族乡五宝田村

**第二批**

邵阳市绥宁县东山侗族乡东山村

邵阳市绥宁县在市苗族乡正板村

邵阳市绥宁县乐安铺苗族侗族乡天堂村

邵阳市绥宁县黄桑坪苗族乡上堡村

## 海南省（1个）

**第一批**

东方市江边乡白查村（白查村是海南省东方市江边乡下辖的一个自然村，白查村的茅草房犹如一艘艘倒扣的船，村民习惯称之为“船形屋”。白查村现存81间船形屋，是海南船形屋保存得最完整的自然村落之一。船形屋是黎族优秀建筑技艺的载体，2008年该村船形屋被列入国家非物质文化遗产保护名录）

## 四川省（8个）

**第一批**

攀枝花市仁和区平地镇迤沙拉村（攀枝花市仁和区平地镇迤沙拉村是四川省最大的少数民族聚居村，人口518户2245人，彝族人口占总人口的96%，属彝族中的理泼支系。迤沙拉为彝语的读音，迤，译为汉语是水；沙，是洒或漏；拉则是下去；连接起来，大意为“水漏下去的地方”。迤沙拉村始建于明洪武年间，距今有600多年历史）

**第一批**

泸州市叙永县分水镇木格倒苗族村

**第二批**

泸州市叙永县水潦乡海涯彝族村

泸州市古蔺县箭竹乡团结村苗寨

**第一批**

雅安市宝兴县硗碛乡夹拉村委和平藏寨（硗碛藏族乡）

雅安市石棉县蟹螺藏族乡蟹螺堡子

**第二批**

雅安市石棉县蟹螺藏族乡猛种堡子

雅安市石棉县蟹螺藏族乡木耳堡子

## 贵州省（37个）

**第一批**

贵阳市花溪区高坡苗族乡批林村

贵阳市花溪区石板镇镇山村大寨（每年正月初十举行“跳厂”活动，参加者来自石板镇一带的布依族、苗族，有万余人，活动内容为吹奏芦笙、跳舞、斗雀等。农历“六月六”是布依族的传统节日，在寨内搭台举行对歌。1995年经省人民政府批准为省级文物保护单位和民族文化村。2000年9月5日中挪奥斯陆协议，镇山村建成了布依族生态博物馆）

贵阳市开阳县禾丰布依族苗族乡马头村

**第一批**

安顺市西秀区大西桥镇吉昌村（大西桥镇辖区居住有汉、苗、仡佬、白等民族，汉族有独具特色的屯堡文化，苗族、仡佬族、白族等有着自己的民族风情，有西陇溶洞和已经开发的九溪村屯堡文，娄家庄的苗族风情点。吉昌村是明朝洪武年间朱元璋调北征南入黔屯军最早建立的屯堡村落之一）

安顺市西秀区大西桥镇石板房村

安顺市西秀区大西桥镇鲍屯村

**第二批**

安顺市普定县马官镇下坝屯（马官镇内居住着汉、苗、布依、白、仡佬等民族）

**第一批**

铜仁市德江县楠杆土家族乡兴隆社区上坝自然寨

铜仁市江口县太平土家族苗族乡云舍村

**第二批**

铜仁市江口县民和侗族土家族苗族乡封神懂

铜仁市江口县怒溪土家族苗族乡黄岩

**第一批**

铜仁市石阡县白沙镇马桑坪村（2005年白沙镇26288人，其中少数民族12679人，占48%。人口较多的少数民族有侗族、苗族、彝族、土家族和仡佬族。马桑坪村的非遗项目有石阡仡佬毛龙）

铜仁市石阡县白沙镇箱子坪村

铜仁市石阡县国荣乡楼上村（楼上村距石阡县城15公里，至今保存着独特的汉族古汉民族风俗，有哭丧、哭嫁、吹唢呐、民间刺绣等古老的习俗。楼上村文物保护单位较多，历史文化价值高，共有各级文物保护单位3个，其中省级1个，县级2个。其中楼上古寨是一个有着600多年历史的侗族村寨）

铜仁市石阡县国荣乡葛容村高桥自然村（葛容村主要民族有汉族、侗族、仡佬族）

铜仁市石阡县河坝场乡小高王村（河坝场乡居住着仡佬族、侗族、苗族、土家族、蒙古族等13个民族，4610余户，1.89万人，其中少数民族占48.3%）

铜仁市石阡县聚凤仡佬族侗族乡黄泥坳村

铜仁市石阡县聚凤仡佬族侗族乡廖家屯村

铜仁市石阡县聚凤仡佬族侗族乡瓮水屯村

铜仁市石阡县石固仡佬族侗族乡公鹅坳村

铜仁市石阡县五德镇大寨村（五德镇位于石阡县东南部，居有汉、侗、苗、仡佬、土家、蒙古等民族）

**第二批**

铜仁市石阡县五德镇董上村（苗族聚居村）

铜仁市石阡县聚凤仡佬族侗族乡指甲坪村

铜仁市石阡县青阳苗族仡佬族侗族乡青山寨

铜仁市石阡县坪地场仡佬族侗族乡石榴坡村

铜仁市石阡县甘溪镇铺溪村（甘溪仡佬族侗族乡是一个以仡佬族、侗族和羌族为主的少数民族乡，改甘溪镇。铺溪村位于甘溪乡南部，558户，2290人，少数民族人口2180人，占总人口的95%）

**第二批**

铜仁市思南县许家坝镇舟水村（全镇8605户，35320人，居住着以苗、土家为主的6个少数民族，少数民族占总人口的46%）

铜仁市思南县文家店镇龙山村（镇内汉、土家、苗等民族杂居，少数民族占总人口的48%）

铜仁市思南县思林乡金龙村（思林土家族苗族乡位于思南县城西南23公里处，境内居住着土家族、苗族、仡佬族等6个少数民族）

铜仁市思南县思林乡黑河峡社区

铜仁市思南县板桥乡郝家湾古寨（板桥苗族土家族乡板桥乡，人口中以苗族为主，达6058人，占36.26%；还有土家族、仡佬族、汉族等4个民族，少数民族共8550人，占51.17%；其中苗族6058人，占少数民族人口的70.85%；土家族2066人，占24.16%；仡佬族426人，占4.98%。郝家湾古寨有“土家花灯”、“甩神节”、“薅草锣鼓”、“金钱杆”、“土家服饰”、“土家婚俗”等非物质文化遗产）

铜仁市思南县兴隆乡天山村（兴隆土家族苗族乡是贵州省思南县内位于乌江支流龙底江上游的一个少数民族乡，1.6万多人口，主要是土家族苗族聚居）

铜仁市思南县杨家坳乡岑头盖村（1992年10月，以原杨家坳、大盆水、水口寺三乡合并建立杨家坳苗族土家族乡，其中苗、土家、仡佬等少数民族占总人口的56%）

**第二批**

铜仁市印江县永义乡团龙村（该村由土家族、苗族构成，民族文化历史悠久，民风淳朴。至今，沿袭了过年、哭嫁、哭丧等民俗传统文化）

**第二批**

铜仁市德江县复兴镇棋坝山村（复兴土家族乡改复兴镇，人口38150人，少数民族人口26705人，占总人口的70%）

铜仁市德江县共和乡焕河村（共和土家族乡主要民族成分有土家族、汉族、苗族、侗族、仡佬族）

铜仁市德江县沙溪乡大寨（沙溪土家族乡位于德江县西北部，人口15605人，少数民族以土家族、苗族为主，占总人口的60%）

## 云南省（42个）

**第二批**

昆明市西山区团结乡乐居村（位于昆明市西山区团结乡境内的乐居村是昆明地区现存唯一保存完好的老式彝族山寨）

**第二批**

昆明市晋宁县双河乡田坝村（夕阳彝族乡位于晋宁县西南面，是晋宁县两个少数民族乡之一。总人口10103人，其中少数民族人口8012人，占总人口的79.3%。田坝村隶属晋宁县双河彝族乡）

昆明市晋宁县夕阳乡木鲊村（木鲊村隶属云南省晋宁县夕阳彝族乡）

昆明市晋宁县夕阳乡打黑村（打黑村隶属云南省晋宁县夕阳彝族乡）

昆明市晋宁县六街镇新寨村（1983年为行政村，1984年改为彝族乡，村内民族以彝族为主。）

**第一批**

曲靖市会泽县娜姑镇白雾村（娜姑原为彝语“纳姑”，意为“黑色的坝子”。娜姑镇是镇政府所在地，而娜姑古镇是坝子东南端的白雾村，早在明朝中后期，就已形成集镇，成为会泽县西部的商贸重镇。会泽的铜从这里源源不断地运出，来往马帮络绎不绝，被称为“万里京运第一站”）

曲靖市罗平县鲁布革布依族苗族乡罗斯村委腊者村

**第二批**

曲靖市马龙县马鸣乡咨卡村（彝族村，农历六月廿四过火把节。彝族火草褂传统工艺是云南省级非物质文化遗产名录项目）

**第一批**

玉溪市元江县青龙厂镇它克村（元代，它克村叫做龙池村。元朝大德年间，元江地区傣族那氏土司在龙潭后山上修建了一座著名的龙池书院，起名为“龙池”。当时龙池村附近已经有了一些彝族聚居的村寨，而这些前来耕读定居的学子中大多数是汉族人，龙池村也就成了夹杂在彝族村寨中的一个汉族村子。彝语中它克是龙池或龙潭之意。它克和龙池只是彝语和汉语的叫法不同）

**第二批**

玉溪市通海县高大乡高大社区克呆村（克呆村隶属于高大傣族彝族乡高大村委会，是彝族特色村寨）

玉溪市通海县兴蒙乡北阁下村（兴蒙乡是云南省唯一的蒙古族聚居乡，北阁村是乡政府所在地）

**第二批**

保山市腾冲县滇滩镇水城村（水城是傈僳族村寨，相传其得名源于王骥将军为抵御外侵者，建立了一个水坝做城池。春节、刀杆节、献新节是传统节日。2006 年末，该村共有农户 158 户，764 人，全部为傈僳族）

保山市腾冲县滇滩镇棋盘石（棋盘石是傈僳族村寨，过刀杆节。）

保山市腾冲县滇滩镇烧灰坝（烧灰坝共有 86 户，429 人，皆为傈僳族）

保山市腾冲县猴桥镇老寨（猴桥镇是腾冲的 2 个民族乡之一，少数民族主要是傈僳族，2004 年末总人口为 25052 人，其中傈僳族 4214 人。主要的民间艺术是傈僳族传统节日——刀杆节中的“上刀山下火海”表演）

保山市腾冲县中和镇勐蚌社区（勐蚌是傣语地名。现在该村以汉族为主，3262 人；少数民族 221 人，其中傈僳族 169 人，白族、傣族、景颇族 52 人）

保山市腾冲县荷花镇羡多（荷花傣族佤族乡有傣、佤、回、汉、景颇、阿昌等多民族杂居，为腾冲的 2 个民族乡之一，2011 年 5 月改镇。羡多是傣族村，有 380 多户人家）

保山市腾冲县芒棒镇张家村（芒棒是傣语地名。芒棒镇原为芒棒乡，2011 年 6 月撤乡设镇。芒棒共居住着 14 个民族，其中回族、傣族、傈僳是主要的世居少数民族，少数民族人口占总人口的 10%。回族 2460 人占 6%；傣族 549 人占 1%；傈僳族 747 人占 2%；其他民族 215 人占 1%。张家村现居住有 72 户，303 人，在外华侨有 520 多人，分布于缅甸、泰国、加拿大、新加坡、马来西亚、美国、台湾等国家和地区。是腾冲南部“第一侨村”）

保山市腾冲县五合乡联盟社区帕连寨（五合乡辖 13 个行政村，167 个村民小组，

214 个自然村。龙川江把全乡分为江东和江西两大区域，江东片区 5 个村民小组，江西片区 8 个村民小组。总户数 7837 户，总人口 33019 人。乡内居住着 13 个民族，其中较多的少数民族为傣族 2773 人，傈僳族 171 人，回族 45 人。联盟村是傣族聚集的民族村，有傣族 2606 人，是保存、弘扬、开发龙江傣家文化较好的地区）

保山市腾冲县五合乡丙弄社区丙弄寨（明代，丙弄山是傣语地名。现在该村居民以汉族为主，3236 人，傣族 17 人，白族 14 人）

**第二批**

保山市龙陵县龙山镇芒旦村（芒旦村是阿昌族聚居村，有阿昌族人口 550 人，汉族 1 人）

保山市龙陵县象达乡勐蚌村［象达历史上曾是傣、崩龙（后改为德昂）、傈僳、景颇等少数民族居住地。崩龙语“象达”意为“幽静、美丽、富饶的坝子”。傣语中意为“重要的要塞”。明朝万历年间，邓子龙平缅定边，设镇安守御千户所，下辖 18 土舍，象达属杨坤守土舍管辖，下辖象达、营坡、坝头、甘寨、赧洒、龙河、帕掌河七寨头。现在居民以汉族为主，有傈僳族 241 户 1001 人，其他少数民族 90 人。勐蚌是傣语地名］

**第二批**

保山市昌宁县湾甸乡帕旭村（湾甸古称“勐哑”，傣语。勐，地方或坝子之意；哑，姚关河、卡斯河两河相汇之意。元代时，称湾甸，“湾”，河流弯曲之意，“甸”，古代指郊外的地方，湾甸系汉语，因傣族聚居，置湾甸傣族乡，该乡是汉、傣族混居地，其中：汉族 9805 人，傣族 3445 人，彝族 720 人，其他民族 249 人）

保山市昌宁县耈街乡打平村委会大水塘村（1988 年设耈 gǒu 街彝族苗族乡。居民有彝、苗、汉等族。“昌宁苗族服饰”被国务院公布为首批国家非物质文化遗产保护名录。）

保山市昌宁县耈街乡耈街村委会老街子村

**第一批**

昭通市威信县水田乡湾子苗寨村（水田湾子古苗寨是威信县最具特色的苗族聚居村。该村苗族的语言、服饰、民间乐舞、节日、婚丧嫁娶、传统“子门槛”习俗、“花山节”等保存完好，独具特色）

**第二批**

昭通市镇雄县罗坎镇发达村（2006 年底，罗坎镇总人口为 72694 人；有汉、苗、彝 3 个民族，其中，苗族约占总人口的 8%；保留苗族传统文化，在有婚嫁喜事时，条件好的人家会请人“打坐堂”）

**第一批**

丽江市永胜县期纳镇谷宇村（期纳镇位于永胜县城西南。总人口 37303 人，其中少数民族人口 3730 人，占总人口的 10%。“期纳”为彝族语言，“期”是村，“纳”是肥沃，意为肥沃之地。期纳镇古为土司领地。清末明初，期纳坝分为三约，即满官、期纳、刘官三约；民国时称云山镇）

丽江市永胜县期纳镇清水村

**第一批**

普洱市思茅区龙潭乡龙潭村南本小组（龙潭乡成立于 1988 年 12 月，居住着汉、

彝、傣、拉祜、佤、白、回、哈尼 8 个少数民族，1993 年改设为龙潭彝族傣族乡）

**第一批**

临沧市临翔区博尚镇大勐村委会勐准组（1931 年设太恒镇，1950 年设乡，1955 年改博尚乡，1987 年设镇。居民有汉、彝、拉祜、傣等民族。）

临沧市临翔区博尚镇碗窑村碗窑组

临沧市临翔区博尚镇永和村委上永和村

临沧市临翔区平村乡那玉村委东岗村（临沧县辖乡。1940 年设平村乡，1950 年设平村乡、那玉乡，1987 年设平村彝族傣族乡。人口 0.8 万，有汉、彝、傣、拉祜等民族）

临沧市临翔区章驮乡勐旺村委勐旺大寨（勐旺是傣族、汉族杂居的大寨。全寨 387 户 1725 人，其中傣族 129 户 594 人）

**第二批**

临沧市临翔区南美乡南美村委会南楞田村（据南楞田 2010 年调查表，全村 134 人，均为拉祜族）

临沧市临翔区圈内乡斗阁村委会斗阁大寨（斗阁大寨是汉族、拉祜族混居地，2008 年汉族 1129 人，拉祜族 15 人）

**第二批**

临沧市凤庆县洛党镇箐头村委会石洞寺村（石洞寺村是汉族、彝族混居地，2006 年底，该村乡村人口 318 人，其中彝族 27 人）

临沧市凤庆县新华乡紫薇村平坦组（新华彝族苗族乡 2006 年总人口 26967 人，其中少数民族人口 19416 人，占总人口的 72%。新华乡有彝族、苗族、白族、傈僳族等 8 个少数民族，民族文化多姿多彩）

**第二批**

临沧市云县幸福镇邦信村（邦信村是汉族、彝族混居地，乡村人口 1670 人，其中汉族 143 人，彝族 1527 人，其他民族 323 人）

临沧市云县茂兰镇茂兰社区（茂兰系傣语“勐朗”的谐音，意为有水的地方。彝族、布朗族是茂兰镇的土著民族）

临沧市云县大寨镇文丰村（文丰村居民以汉族为主，共有乡村人口 3652 人，其中傣族 222 人，其他民族 90 人）

**第二批**

临沧市永德县乌木龙乡二道桥俐侎部落村（1988 年置乌木龙彝族乡。俐侎人是彝族支系，每年的农历二月十五是俐侎人最盛大的节日——“桑沼哩”节）

## 甘肃省（4 个）

**第一批**

兰州市永登县连城镇连城村（连城镇有第四批全国重点文物保护单位鲁土司衙门旧址。鲁土司系蒙古族，始祖脱欢是元太祖成吉思汗的后代，为元始祖忽必烈的侄重孙。

还有著名的藏传佛教寺庙妙因寺、显教寺、石屏山尕达寺）

**第二批**

陇南市文县铁楼民族乡入贡山村

陇南市文县铁楼民族乡石门沟村案板地社

陇南市文县铁楼民族乡草河坝村

## 青海省（2个）

**第二批**

海东地区平安县洪水泉乡硝水泉村（1984年设洪水泉乡，同年改设洪水泉回族乡。共有1508户7733人，其中少数民族2580人，约占总人口的33%。）

海东地区平安县洪水泉乡洪水泉村

## 新疆维吾尔自治区（2个）

**第二批**

阿勒泰地区布尔津县禾木哈纳斯蒙古民族乡禾木村

阿勒泰地区哈纳斯景区铁热克提乡白哈巴村（白哈巴村内居住的图瓦人属蒙古族支系，图瓦人多少世纪以来繁衍生息在阿勒泰的白哈巴、禾木河、喀纳斯湖的肥沃草原上，世世代代以放牧为生）

# 落实非物质文化遗产法，大力保护少数民族非物质文化遗产

中国少数民族文化遗产十分丰富，是中华民族文化遗产保护的重要组成部分，展现出中国多样性文化特色。特别是非物质文化遗产，中国少数民族中有着特别的优势。虽然称为“非物质”，但与“物”又密不可分。口头和非物质文化遗产的本质不在于“物”与“非物”，而在于文化的“传承”，其核心是传承文化的人。少数民族非物质文化遗产是一座巨大的宝库，随着社会急剧变革，少数民族口头和非物质文化遗产面临濒危、失传的危机。因而，抢救和保护少数民族非物质文化遗产，十分重要，十分迫切。

非物质文化遗产保护不能仅仅停留在保护层面，应当与利用、开发有机地结合起来，实现文化遗产的“可持续性”保护。一方面，过度或破坏性开发必须坚决果断制止；另一方面，也不能由于出现某些问题就“因噎废食”，应该理顺利用与开发的关系。我们必须清醒定位：改变贫穷、落后面貌，大力发展生产力，实现社会主义现代化，是少数民族不可动摇的目标。在少数民族文化遗产保护工作中，坚持科学发展观更具有特别重要的意义。大力抢救与保护好少数民族非物质文化遗产，使少数民族传统文化传承成为现代化进程中有机组成部分，应是正确的出发点。

在我国，少数民族非物质文化遗产不仅具有特别重要的价值性，也具有特殊的“濒危性”，因而，采取有效措施，加大对少数民族非物质文化的抢救与保护的力度，是全社会的共同责任。最近，国务院办公厅发出《关于我国非物质文化遗产保护工作的意见》，《国家级非物质文化遗产代表作申报评定暂行办法》也已出台，这对于少数民族非物质文化遗产的抢救与保护，必将起到重要的推动作用。

申报世界遗产，是保护优秀传统文化的一项重要措施。我们必须清醒地认识到，世界遗产毕竟是极少数，而文化遗产具有的广泛性更不容忽视。在西部大开发日益深入的形势下，大力保护少数民族地区丰富多样的文化、自然遗产，特别是非物质文化遗产，对于保护少数民族传统文化，具有特别重

大的现实意义和深远的历史意义。最近，国务院办公厅发出《关于我国非物质文化遗产保护工作的意见》，制定出《国家级非物质文化遗产代表作申报评定暂行办法》，对于少数民族非物质文化遗产的抢救与保护，必将起到重要的推动作用。

在我国，少数民族非物质文化遗产不仅具有特别重要的普遍、杰出价值性，也具有特殊的“濒危性”，因而，采取有效措施，加大对少数民族非物质文化的抢救与保护的力度，是全社会的共同责任。

近年来，我国在少数民族非物质文化遗产保护工作中付出极大努力，取得显著成效。

在现代化发展过程中，许多少数民族都面临着传统与现代的两难选择：一方面渴求经济上高速发展，尽快实现现代化；另一方面又希望长久保留本民族的传统文化，担忧以至恐惧传统文化很快消失。这个问题在人口较少民族中尤为突出。当前，少数民族非物质文化遗产面临“一富、二变、三缺”的窘境：非物质文化遗产资源特别丰富；随着现代化进程面对社会经济的急速变化，文化遗产存续的文化生态急剧变化；缺少保护工作人才，缺少保护经费，缺少保护设施。抢救和保护少数民族有重要价值的非物质文化遗产，十分重要，十分迫切。《非物质文化遗产法》第六条特别规定：“国家扶持民族地区、边远地区、贫困地区的非物质文化遗产保护、保存工作。”这是一项非常重要的条款，必将对继承和弘扬少数民族优秀的传统文化产生重大影响。各级政府及有关部门应当积极采取有效措施，落实这一条款，进一步推动少数民族非物质文化遗产保护工作取得新的进展。

# 论云南石林阿诗玛文化

赵德光

“阿诗玛”本是彝族撒尼人的叙事长诗《阿诗玛》的诗名，这一长诗整理成汉文出版发行，特别是改编成电影后，在国内外产生了极大的影响，在某种程度上《阿诗玛》的名声或其知名度超过了石林境内的彝族支系撒尼人。有些人只知《阿诗玛》，而不知“撒尼”为何物；或者把“阿诗玛”当作“撒尼人”的代名词。本来“阿诗玛文化”只是撒尼文化的一部分，由于“阿诗玛”知名度的飙升，近几年有学者用“阿诗玛文化”的称法取代了传统的“撒尼文化”概念。但“阿诗玛文化”不仅涵盖于“石林彝族自治县”，其邻县的弥勒县、泸西县、宜良县、陆良县、邱北县等撒尼人居住区都是“阿诗玛文化”的创造和流行地。为有所区别，笔者特意使用“石林阿诗玛文化”这一概念，因此，本文所用的材料、所指的范围为石林县范围内的“石林阿诗玛文化”。

## 一、石林阿诗玛文化

“石林阿诗玛文化”的文化框架形成很早。远在19世纪七八十年代初，“路南倮倮文化”的概念就已提出。法国巴黎外方传教会传教士保罗·维亚尔（Paul Vial）对居住在云南路南（石林彝族自治县旧称）、弥勒、泸西等地的彝族撒尼人文化进行过较广泛和较系统的调查研究，并发表和出版过成就卓著的论著《法倮词典》，以及现由黄建明、燕汉生编译的《保罗·维亚尔文集——百年前的云南彝族》（云南教育出版社），其字数已超百万字；与之同时和稍晚，另一法国传教士阿尔弗来德·李埃达（Alfred Lietard，又译利埃塔尔）在主要对该地区阿细支系的调查时，也发表过关于彝族撒尼文化、社会状况的研究文章。

20 世纪 40 年代，抗日战争爆发，随着西南联大在昆明的组建和云大附中向路南县的迁移，同时也是由于中国共产党革命力量在石林撒尼人主要聚集地圭山的渗透和扩展（如边纵支队的活动），石林撒尼文化的调查、搜集、整理和研究进入了另一个发展高峰。这一时期，西南联大诸学科的专家学者及革命力量边纵二支队的文艺工作者们多次来到石林撒尼彝区，对撒尼人的语言文字、民间艺术、社会风俗、宗教文化等诸方面进行了较广泛的调查，并曾组织当地撒尼人赴昆明专门举办了“路南圭山夷（彝）族舞踊会”，从而将石林撒尼人的文化传播向石林境外，获得了极大反响。对“圭山撒尼文化”的研究集中了我国许多著名学者，如李方桂、罗常培、费孝通、楚图南、马学良、李有义等，并取得了丰硕的成果。在众多的撒尼文化研究者中，语言学方面最有成就的为马学良，马氏著有巨著《撒尼彝语研究》；在民族学、社会学方面最有成就的是李有义，李氏著有洋洋数十万字的《路南彝汉地区社会经济调查》。

这一研究过程一直延续到新中国成立初期的 20 世纪 50 年代，以李广田、刘绮、杨智勇、公刘、黄铁等为代表的文艺工作者深入圭山彝区，搜集整理出了优秀的撒尼民间叙事长诗《阿诗玛》等一大批石林彝族撒尼人的民间经典作品；此后，随着电影《阿诗玛》的创作、摄制和发行，既有地域文化内涵又有民族文化内涵的“圭山撒尼文化”研究走到了最高峰，一个作为地域文化概念的学科已基本形成。

## 二、撒尼是彝族的一个支系

撒尼是彝族的一个支系，现主要居住在云南省昆明市的石林彝族自治县、宜良县；红河哈尼族彝族自治州的泸西县、弥勒县；曲靖市的陆良县；文山壮族苗族自治州的邱北县等地。人口约 10 万左右。

撒尼人自称为“尼”，他称为“撒尼”、“撒尼泼”、“尼泼”等。

撒尼人有自己的语言和文字。撒尼彝语属于汉藏语系藏缅语族彝语支，彝语东南部方言。彝语有六大方言。与撒尼彝语同属东南部方言的有阿细语、阿哲语、阿扎语等。撒尼人使用古老的彝文。与贵州彝文、四川彝文、云南武定、禄劝彝文相比，撒尼彝文的字数少一些，经常使用的彝文约在 1000 至 1500 个之间。

撒尼人有自己独特的服饰。按清康熙本《路南州志》记载，当时彝人“衣服褴褛，与汉人稍异；虽盛暑必披羊皮。”① 民国年间《路南县志》记

① （清）金廷献修，李义传纂. 路南州志，卷三，土司. 清康熙年间刻本.

载："男子衣粗麻布，披羊皮或羊毛毡，项挂银圈，以青布套头，红布缠腰；妇女辫发，以青布镶红绿色头，海贝杂珠盘旋为髻，耳冠大环，足着花履；或赤足，红绿满身，皆自染彩。银扣银泡连缀胸前。"① 发展至今，石林境内撒尼人服饰的主要标志是女子色彩斑斓的包头，明快的衣服色调和男子的麻布褂。在总体风格统一的情况下，不同的区域间，由于民族迁徙来源的不同，撒尼人服饰也有一定的差异。石林景区一带女子的包头是歪斜的有明显的民族标识作用以及身份的标志（如从女子包头三角的位置即可看出已婚或未婚状况）等。

撒尼人依然保持着自己独特的节日。其中，"密枝节"和"火把节"是规模最大、最隆重的撒尼民族传统节庆。这两个节日都起源于彝族历史上的原始宗教，上世纪 60 年代，这两个节日还保留有浓烈的宗教气息。"密枝节"至今还保持着古老的风貌，具有神秘的宗教色彩，外民族或外来游客尚未参与过此节。"火把节"早在上世纪 50 年代就有外民族参与，80 年代有外国游客参与。

撒尼人一直固守和执着于自己的传统文化，这在宗教方面表现得尤为突出。撒尼人信仰原始宗教，崇拜祖先，崇拜自然，相信万物皆有神灵。明清以来，佛教和道教在当地汉区盛行。汉族善男信女们把佛教寺庙都建在了撒尼彝区，但佛教并没有影响撒尼人固有的宗教信仰。19 世纪末外国天主教在撒尼彝区传教，天主教在撒尼彝区盛行一时，但历经 50 余年后，教徒锐减，大多数人又回到了祖祖辈辈信仰的原始宗教。固定的祭师，固定的经书，固定的程式是人为宗教的标志之一。

在广为人知的撒尼传统文化中，最引人注目的是撒尼的民间文学和民间艺术。撒尼人之所以在国内外闻名遐迩、声誉卓著，在很大程度上得力于此，正是通过撒尼人的文学艺术，世人才了解这个一直地处偏远边隅的彝族支系。在音乐、舞蹈、文学、美术、工艺等各领域，撒尼人都拥有着令人骄傲和自豪的世界级的代表作。

撒尼人的民间音乐积淀极其丰富。传统的抒发悲伤情怀的"苦吼调"，响彻于旷野高山之上的"放羊调"，为男女青年搭建起情感桥梁的男女对歌以及传承和负载着撒尼人历史传说和史实的大批创世史诗、民间叙事歌谣，如《尼迷诗》、《阿诗玛》、《牧羊人史朗若》、《圭山彩虹》、《竹叶青青》、《逃到甜蜜的地方》等就是其中最耀眼的明珠。上世纪 50 年代初，根据撒尼民歌曲调和传统歌词，我国音乐工作者改编了歌曲《远方的客人请您留

---

① 马标修，杨中润纂．路南县志．民国六年（1917）铅印本．

下来》。这首曾获国际大奖，为石林撒尼人乃至于中国都带来荣誉的歌曲，至今仍然发挥着极其重要的作用。

撒尼人传统舞蹈品类众多，大都有着极其悠久的历史和强烈的艺术感人效果。其中，反映庆祝战争胜利的“叉舞”、“霸王鞭舞”，反映狩猎生活的“狮虎舞”，尤其是发源于刀耕火种生活的“大三弦舞”更赢得了海内外人士的赞赏。

以叙事长诗《阿诗玛》为代表，撒尼人的文学作品不仅内容丰富，而且具有极高的艺术水准。《阿诗玛》的艺术影响已不仅仅限于一县、一省、一个民族，它已经成为中国少数民族民间文学创作顶峰的代表作之一。

撒尼人的民间绘画不仅富有特色，而且有广泛的民众基础。作为珍贵的民间宗教艺术创作类型，传统的毕摩画后继有人；作为民族生活情感的载体，石林自新中国成立后形成了独具特色并已有广泛影响的“石林撒尼农民画”，由此，石林县被文化部命名为“中国民间绘画之乡”。与此相应，撒尼人的民间刺绣工艺高度发达，拥有一批宝贵的珍藏品。

撒尼人的社会发展进程，近百年来基本与当地汉族发展水平相当，在1949年前同样进入了封建社会末期，其社会经济文化结构是典型的农耕文化。不过当地汉族大部分居住在盆地“坝区”，撒尼人大部分居住在山区，其经济文化是典型的山地农耕文化。

## 三、毕摩对《阿诗玛》的加工与传播

毕摩，又写作“呗耄”、“白毛”、“布慕”、“比磨”、“西波”等，是彝族祭师和传统文化的保存者及传播者。远古时候，毕摩既是祭主，又是部落首领。所以以毕摩为首领的部落曾被称为“鬼主国”，毕摩则被称为“鬼主”。在政教合一的古代彝族社会里，只有掌握了祭祀权，才能掌握政权，毕摩的权利和地位因此而至高无上。

在土司制度时期，每当要作出重大决策时，土司都要听听毕摩的意见，采纳毕摩的高见，其社会地位依然极其重要。这一点在彝族撒尼人民间叙事长诗《阿诗玛》中有着充分的体现。热布巴拉家的儿子阿支看上了美丽的阿诗玛，并请求父亲请媒人提亲。当热布巴拉拿不定主意该请谁去作媒最合适时，便向毕摩咨询，并在最后完全采纳了毕摩的建议。

小到求亲寻媒、祈福禳灾等生活的指导，大到一方辖区的政务参谋，毕摩的意见都有着举足轻重的作用。在土司制度时期，从表面上看，毕摩已退出了上古氏族时期的政权领域，但在彝族社会的政治生活中，毕摩实际上仍起着重要的作用。毕摩的这一历史地位和作用一直保持到明清之际改土归流实施之前。此后，一方水土上的政治首领由原来的土司、土官改为中原王朝派来的流官，他们多为外民族、外地方的人。在执政过程中，流官不再请毕摩参与，到此，毕摩才完全退出了政治舞台。

退出政治舞台的毕摩，其职能有了明显变化，主要从事彝族民间的祭祀，驱邪治病，文化艺术活动等，这一切都与民众生活息息相关，毕摩成为撒尼彝区彝人中的精神导师和文化的传承者。

至今彝族仍信仰原始宗教。古代彝民相信万物有神灵，身边无论遇上吉祥的事或碰上不幸，都认为是神灵的作用。于是遇有幸运的事要请毕摩来举行祭仪，向神表示谢恩；碰上不幸的凶事，更要请毕摩作祭、禳灾。因此每个家族每年都要多次有求于毕摩。

过去，真正的毕摩多少懂得一些医药知识，毕摩在为病人驱邪作祭时，给病人一些简单治疗和给点简单的草药，用神药两解的方式为病人治病，从这点看毕摩在彝族社会中还有医生的作用。

真正意义的毕摩都懂得古老的彝文，珍藏有一定的彝文文献，并能释读彝文文献中古奥的内涵。在彝文文献的传统分类法中，毕摩的社会功能表现得尤为明显。传统的彝文文献分为两类，一类叫“毕摩司”（即毕摩用于宗教祭礼时念诵的经书）；另一类叫“佐稿司”（即用于讲唱类的文学作品书籍）。这两类书均由掌握彝文的毕摩来收藏。

在现实生活中，凡重大场合均会有毕摩出现，节庆、祭祀自不必说，婚嫁葬丧，毕摩也担任着重要角色，他要为新人或死者吟唱彝族的经典。这一点尤其突出地表现在喜事场合。彝族撒尼人在结婚、请客、喜庆都要请歌手来捧场，用歌声来渲染喜庆的气氛。担任歌手角色的有两类人：一是毕摩，二是不懂彝文但喜欢唱歌的民间歌手。

像加工其他作品一样，毕摩在《阿诗玛》的加工与传播上也作出了很大的贡献。《阿诗玛》同样经历了从无到有，从不完善到完善的过程。经过历代撒尼人民加工、锤炼，尤其是经过作为撒尼文化传承者的毕摩的精心琢磨，以及毕摩的精心记录、世代传承，《阿诗玛》才得以完整的保存，并流传到今日。毕摩在《阿诗玛》的加工上付出了比常人更多的心血。

优秀的撒尼民间叙事长诗《阿诗玛》在形式上，特别是在句式、段落等的结构上，都有明显借鉴宗教经典艺术形式的痕迹，许多地方与撒尼的宗教典籍有相同和相似之处。这一相似性反映出撒尼宗教文化对民间文学创作的深重影响。

叙事长诗《阿诗玛》开头部分中有一个精彩片断，它用极其美丽的语言描述了阿诗玛的诞生和成长：

“格格日明妈，生下一女儿，女儿生下地，睁眼望阿妈，阿妈喜一场。女儿满一月，哭声似弹琴，笑声似蜂唱，女儿须取名，到了取名时……美丽阿诗玛，生下三个月，笑颜似花开，妈给囡梳头，乌发似荫影，阿妈喜两场。女儿满七月，会坐头偏斜，女儿满八月，爬行似耙地，阿妈喜三场。女儿满一岁，一岁会走路，走似麻团滚，阿妈喜四场。女儿满三岁，走亲又串戚，坐在门坎上，帮妈绕线团，阿妈喜五场。女儿满五岁，背上背菜篮，上山找野菜，阿妈喜六场。女儿满七岁，七岁会绩麻，绩麻赛阿妈，阿妈喜七场。女儿满九岁，走路谁做伴，做饭去挑水，水桶来做伴。在家谁做伴，做饭站灶边，灶台来做伴，美丽阿诗玛，做饭赛阿妈，阿妈喜八场。女儿满十二，为父补衣裳，补裤又缝衣，为父遮风寒，阿爸喜一场”①。

这段片段着重描写了“阿诗玛”在不同的岁月健康成长的过程，幼年时期“阿诗玛”的聪明可爱，少年时期“阿诗玛”勤劳、热爱劳动的优秀品质等。作为民间的文学创作，这一篇章的形式与撒尼宗教经典有很大的相似性。

撒尼成年人正常死亡时都要举行隆重的葬礼，其中要请毕摩念很长的经文，即《指路经》。《指路经》内容一般会追述亡者的一生经历，并把亡灵指引到祖先发祥地与祖灵共聚等；此外还要教给亡灵一些生产生活知识，希望亡灵到了另一个世界后，学会生活本领，平安生存。在追述亡者幼年成长时，《指路经》中的描写就是《阿诗玛》长诗的模型所在：

“一到妈怀里，又存九个月，到你出生时，将你地上放……转眼满三月，三月你会笑，转眼满六月，六月你会跳，阿爸端饭来，味美又丰盛，喂得你打嗝，再噎你不死。你随日月长，七月你会坐，（会坐头偏斜），八月你会爬，（爬行似耙地），九月你会站。你还没站稳，伸脚就想走，蹒跚又跌倒，为何跌不死”②。

这里同样描述了亡者生前每个月的成长情况。与文学性的《阿诗玛》不同，宗教作品描述亡者一生时平铺直叙，没有加更多的修饰，而文学作品《阿诗玛》借鉴了宗教作品的框架后，增添了一些内容，增加了一些文学色

① 黄建明等译．阿诗玛．北京：中国文学出版社，1999. 104.

② 罗希吾谷等译．喀吉思．成都：四川民族出版社，1983. 132.

彩，具有了更大的可读性。

我们还可以举出更多的例证来说明这一问题。《阿诗玛》作品中有一段脍炙人口的叠章，反映的是女儿出嫁后怕被人刁难的主题：

“不嫁啊不嫁，嫁到别人家，一天去打柴，打柴不给刀，只有用手掰，腐柴有一背，腐柴烧完了，霉话听不完，霉话里度日，一世多忧伤。一天去找菜，找菜不给篮，手掐衣襟兜，手采三兜菜，枯菜有一兜，枯菜吃完了，闲话听不完，闲话里度日，一世多忧伤。一天去挑水，挑水不给瓢，只有用手捧，捧得三罐水，浑水有一罐，浑水喝完了，臭话听不完，臭话里度日，一世多忧伤。不嫁啊不嫁，不把女儿嫁。”①

在撒尼人的宗教经籍中也存在类似的段式。

生活中，偶尔会出现女子走失并死于野外的事件。由于历史上撒尼人生活艰辛，经济贫困落后，或是由于其他主客观原因，该女子尸首未能及时找回安葬，那么，日后实施埋葬时往往就会请毕摩念诵《补女子冷葬经》。经籍叙述道：一个妇女无法忍受婆婆的虐待，先后到池边、森林中寻死都未果，最后用跳崖的方式结束了自己的生命。恶婆过意不去多方寻找，见崖子上挂有儿媳的遗物，于是痛心地拔起一把草回家，并把山草当作儿媳替身。经籍中哀怨恶婆虐待儿媳情景是这样描写的：

“恶婆强支媳，支儿媳挑水，一日三挑水，一挑水浑浊，浑水喝完了，丑话听不完，阔兴尼安奴，心中生郁怨，无法来排遣。一日去找菜，野菜满三兜，一兜菜蔫黄，蔫菜吃完了，丑话听不完。阔兴尼安奴，一日去找柴，找柴找三背，一背柴腐朽，腐柴烧完了，丑话听不完。”②

文学作品《阿诗玛》和宗教作品《补女子冷葬经》都反映了女子出嫁后怕男方家虐待的忧虑。两者都同时以挑水、打柴、找菜等事例说明男方家的故意刁难。其间的区别只是在叙述挑水、打柴、找菜三件事的前后位置不同而已。另外，作为文学作品的《阿诗玛》在叙述这三件事时更为流畅和饱满，而作为宗教作品的《补女子冷葬经》叙述这三件事时则显得呆板一些，朴素一些。这一区别是不同艺术体裁的性质所决定的。宗教题材偏重于

① 黄建明等译．阿诗玛．111.

② 昂自明等译．彝族撒尼祭祀词译疏．昆明：云南民族出版社，1999. 233.

祈福禳灾的社会功用，偏重于实用性；而文学作品侧重于表达和抒发人们的思想情感，它以感人为目的和追求。

## 四、源于生活的《阿诗玛》

生活是一切艺术包括文学作品的源泉，各种题材和各种体裁的文艺作品都是社会生活的反映。历史题材是历史社会的反映，现当代题材是现当代社会生活的反映。

因此读《阿诗玛》就仿佛是重现撒尼人昔日的历史，一切与撒尼人社会生活相关的场景都一一重现，历历在目。《阿诗玛》以叙事诗的形式反映了撒尼古代社会生活的多个方面，其中包括社会风俗、生活习惯、生产劳作、婚恋对歌等，我们从叙事诗《阿诗玛》中能看到古代撒尼社会生活的影子，撒尼先民居住环境的场所和历史人物的原型。

### （一）撒尼人的婚恋习俗是《阿诗玛》的生活源泉

《阿诗玛》反映的是撒尼人恋爱自由、婚姻自主的自由的爱情价值观，其主题是反对封建婚姻和婚姻压迫。然而这一主题并非凭空想象出来的，它有着深厚的生活基础。

撒尼社会为青年男女的恋爱自由提供了宽松的环境。因而无论是男是女、富贵与贫贱在恋爱自由方面的权利是平等的。历史上广泛流行于撒尼彝区的“公房”就是一个例证。

“公房”是集体居住的意思，而非产权公有。按过去的传统，撒尼男女青年长到13—14岁以后，就会相约几个性别相同的好友住到“公房”里。少男少女们离家住进“公房”为的是恋爱方便。一般来说，4—5人为一群体，也有10来人为一群体的。男孩们住的地方叫“男公房”，女孩们住的地方叫“女公房”。约好友同住公房有着严格的选择，一般的，血缘相同或相近的同一家族人为一群体。如此，同一血缘群体的男孩们到“女公房”玩时就避开了本家族血缘群体的女孩。

“公房”一般利用家中的闲房。假若家中无闲房的话，可以到村里有闲房的人家借用（为无偿提供，并非租用）。出于传统，无论是否存在亲属关系，家里有闲房的人家都会无条件地借给，否则将会受到社会舆论的谴责。男女青年们结婚后，“公房”则又物归原主了。

“公房”实际上是男女青年谈恋爱的场所，著名学者马学良把撒尼彝区的“公房”称为撒尼男女青年的“俱乐部”。一般来讲，往往是“男公房”的青年到“女公房”中去玩，女公房的女子一般不会主动到男公房中，只有“男公房”的人专程到“女公房”去邀请，女孩们才会到“男公房”中来玩耍。公房里的活动一般是唱歌谣、唱情歌、跳三弦舞。一开始是群体性的对歌，跳舞，通过一段时间的接触和了解后，男女情人相互中意，初步确立恋爱关系后，则单独约会。

“公房”中交友的范围和接触面有一定的局限。“公房”交友，多限于同村的男女，邻村人到“公房”来玩的情形比较少见；但是对于追求恋爱自由，执着寻求相亲相爱的撒尼人来说，还有其他的交流机会和场所，如赶集场、摔跤场、喜庆节日（如“三月三”）等，这其中，“三月三”是撒尼男女青年谈情说爱的节日。届时方圆数十里的男女青年都相约到老圭山共度三天三夜的节日。这一切为撒尼青年的自由恋爱提供了更多的机会、更多的时间、更宽广的天地。

无论在公房里，在赶集场上，喜庆节日或“三月三”盛会上认识及谈恋爱，男女双方都须把自己的真实情况告诉对方，以表示以诚相待。通过一段时间接触并用情歌表达爱慕之情和对对方的赞美之后，撒尼男女的爱情就进入考验阶段。而所谓的考验仍然借用情歌的方式来完成。不同点在于，此时的情歌已不再是欢声笑语，而是用泪声唱出的自己不幸的身世、俩人走到一起后万一遇上困难或贫困该如何面对等问题。对方用情歌表达解决困难的办法并表达同甘共苦的感情。

由于撒尼人是自由恋爱，又经过种种爱情的考验，双方都经过了深思熟虑，因此，一旦结了婚，就很少有离婚的现象。

撒尼人婚恋的整个过程一直由当事人即男女青年起决定性的作用。随着社会的发展进步，婚恋过程中媒人这一角色实际上只是走走过场，履行一种手续而已。事实上，在此之前男女青年就已把结婚时间、婚宴规模、仪式都作了深入的探讨，并已达成共识。媒人的实际作用仅只是作为中介和沟通者，与男女青年的双方家长作一些必要的交流沟通；另外就是根据自己的丰富阅历，对男女青年提出的方案予以完善。

生活中的婚恋方式就是撒尼人的婚姻价值取向，撒尼人健康向上的婚恋习俗，是文学作品《阿诗玛》反对封建婚姻、追求恋爱自由这一主题的深层来源，也是《阿诗玛》作品的生活源泉。

**（二）历史人物和事件是《阿诗玛》的艺术原型**

和大多数优秀的民族民间叙事诗一样，撒尼长诗《阿诗玛》在反映撒尼人社会文化、价值观念等精神内涵的同时，也折射着撒尼人真实历史的影子，作为反映历史体裁的作品，《阿诗玛》是对历史题材的艺术化，从中，我们可以发现撒尼人昔日历史的部分真面目。这一点，充分反映在《阿诗玛》故事的发生地“阿着底”和《阿诗玛》作品中的反面人物“热布巴拉”身上。

(1) 阿着底论

阿着底是阿诗玛故事发生的主要地点，是女主人公阿诗玛的出生地和长诗重要人物热布巴拉家族的主要生活地。虽然，不同版本的《阿诗玛》其故事情节、阿诗玛与阿黑的人物关系等有不同的记述，学者们对《阿诗玛》的看法也有许多不同甚至是相左相悖的观点，但关于阿诗玛故事的发生地在阿着底却没有任何疑义。所有版本中相同的记述是“阿诗玛”的故事发生在阿着底。如“彝家阿着底，阿着底上方，有地没人住，格路日明家，居住在这里……彝家阿着底，阿着底下方，有地没人住，热布巴拉家，居住在这里。”① 可见“阿着地”是“阿诗玛”的故乡，也是《阿诗玛》故事的发生地。

很多彝文文献中也涉及“阿着底”地名。因为“阿着底”关系到《阿诗玛》作品的本身以及对彝族历史的研究，不少学者对“阿着底”作过深入的探讨，都试图弄清阿着底的具体位置。

第一种观点认为阿着底在“大理”。《阿诗玛》1954 年整理本“在撒尼人阿着底地方”一句的脚注中这样说：“‘阿着底’据说即现在的大理。传说撒尼人原住在大理，后迁到昆明碧鸡关，因反抗租佃压迫失败，最后才迁到路南圭山区。”②

第二种观点认为在“罗平县境”。1953 年搜集的《阿诗玛》口传资料《芭茅村的传说（阿诗玛)》作注说：“尼米阿着底：尼米，兄弟民族的意思。阿着底，地名，这里又说在罗平县境。”③

第三种观点认为在“滇·黔交界”。1953 年搜集的《阿诗玛》原始资料（十四）系口传故事，说“阿诗玛”的哥哥用白泥把黑猪糊白，从热布巴拉家赎回阿诗玛，但“来到半路。刮来一阵大风。把阿诗玛挂在石岩上……十年前，有人到贵州打猎，还看见阿诗玛石像。”④ 去贵州打猎的途中见到阿诗玛石像，则热布巴拉家在东，阿诗玛家在西。

第四种观点认为在“曲靖一带”。这个观点是近 10 年来提出的新说法，但这一说法得到了多方面的资料佐证，因此得到更多学者的认同。

第五种观点认为在“以沾益为中心的一个坝子”。“据彝文古籍可以查

① 赵德光主编．阿诗玛文献汇编．昆明：云南民族出版社，2003. 338.

② 同上. 24.

③ 赵德光主编．阿诗玛原始资料汇编．昆明：云南民族出版社，2002. 421.

④ 《云南民族文学资料》第一集．昆明：云南人民出版社，1956. 132.

证出‘阿着底’是以沾益为中心的一个大坝子，为白彝阿佐赤部辖地，因而以之命名。‘阿佐赤’亦作‘阿仲赤’，简称‘阿佐’。‘阿佐赤部’亦称‘赤家’，当系以人名作部族名的。”①

第六种观点认为“无专一特指”。普学旺等译的《查诗拉书》一书说：“‘阿着底’在彝文古籍中多次出现，是对坝子的美称，无专一特指。”②

笔者认为“阿着底”是古代彝人居住的一个区域地名，是一个大地名概念。因而无法用今天的某一个地名来对号入座。这类似于“四川”是一个行政区域大地名概念，用某一个市、一个县、一个乡、一个村很难确定“四川”位置一样。“阿着底”应指古代爨氏政权所辖之地的中心地带。即包括今之曲靖、陆良、沾益、石林、马龙等在内的地区。其理由在于：一是彝文文献《指路经》中记载，“阿着底”从今撒尼人居住的地方，走过几个驿站即是。由此推断，阿着底距现在的石林不远，其地即约在上述地区之内。二是今之撒尼人仍称“曲靖”为“阿着罗玛”。其中，“罗”义为城，“玛”义为大，“阿着罗玛”即“阿着大城”的意思③。三是从彝族历史渊源看：历史学家认为，今天的彝族出自古代东爨乌蛮系统，也就是说古代的东爨乌蛮已融入今之彝族里面。古代东爨乌蛮中心位置恰在滇东北曲靖、陆良一带。该区域内保存至今的文物《爨宝子碑》，《爨龙颜碑》也说明了这一点。所以“阿着底”指的是今之曲靖、陆良、石林一带很大的范围，《阿诗玛》的故事就发源于这一带。

（2）热布巴拉其人

“热布巴拉”是《阿诗玛》作品中有权有势的人物，在“阿着底”地方，热布巴拉的话就是圣旨：“热布巴拉说的话，好比石岩压着嫩树芽。热布巴拉家要娶你，你不愿嫁也得嫁。”④ 我们不知道“热布巴拉”如何专横统治“阿着底”地方，但我们知道历史上确有过“热布巴拉”其人，因为历史上有“热布巴拉”的生活原型，所以文学作品《阿诗玛》才刻画出了有血有肉，为世人痛恨的艺术形象。

关于“热布巴拉”其人生活原型的出处有两种说法。一种认为：“贵州威宁、赫章的彝语称今之贵州安顺为‘热布巴拉’，这是因今之安顺旧时属

① 傅光宇．阿诗玛故乡‘阿着底’究竟在哪里？见：《阿诗玛研究论文集》．昆明：云南民族出版社，2002. 349.

② 普学旺等译．查诗拉书．昆明：云南民族出版社，1987. 19.

③ 段尔煜，黄建明．《阿诗玛》中的地名、人名评考．见：赵德光主编《阿诗玛研究论文集》．昆明：云南民族出版社，2002. 337－339.

④ 赵德光主编．阿诗玛文献汇编．昆明：云南民族出版社．2003. 76.

热布巴拉故土而得此名。《贵州通志》前2卷二附录《安顺志》普里本未称：‘克（即布部始祖慕克克）居于濮……濮即汉之同异，唐之北盘州，亦日暴蛮，元之普安。并、盘、暴、普一声之转，皆邵濮也。克字德溥，子孙为德溥氏（又称德施氏……济州）平普里，以其地赐火，火让位其兄之子柏墨，柏墨自濮徒居。夷谓普里为播勒，宗为主，主为革。柏墨者，火之宗，故呼普里为播勒大革’。《阿诗玛》中的‘巴拉’和《安顺志》中的‘播勒’实为同音异写”。[①] 另一观点以上文所提及的毕志光先生为代表，他认为，“热布巴拉”原型为爨氏政权创始人“班朗”。毕先生认为“巴拉”是“班朗”的同音异写，《阿诗玛》中的“热布巴拉”历史人物原型是爨氏政权创始人“班朗”。

作为奴隶主或封建阶级的统治者“播勒”或“班朗”，是统治阶级剥削和压迫劳动人民的代表。《阿诗玛》中的反面主人公“热布巴拉”只是历史人物的艺术性再创造，在他身上集中概括了历代统治者的形象，属艺术化了的人物。他的所作所为不一定是历史上“播勒”或“班朗”的真实事件和行为。

### （二）丰富多彩的撒尼民间文学孕育了著名叙事长诗《阿诗玛》

《阿诗玛》的出现绝非孤立和偶然，它有着广泛的社会基础，植根于撒尼丰厚的社会生活和优秀、悠久的民间文学创作传统。正是由于撒尼民间文学这片森林提供了养料和水分，正是由于撒尼人丰富生活的阳光照耀，《阿诗玛》才成长为一棵枝繁叶茂的大树。

撒尼民间文学种类很多，故事、谚语、诗歌等基本齐全。故事又分神话故事，生产生活故事，动植物故事。诗歌则以歌谣和叙事诗为主。

撒尼人有着极其悠久、深厚和丰富的民间文学创作传统。彝族，特别是彝族撒尼人，是一个能歌善舞的民族，以歌来哭，以歌来笑，以歌舞来表达和传递生活中所有的思想和感情。他们的生活，他们的苦乐，都离不开歌和舞。阿诗玛的故乡石林，就是歌的宝库，舞的广场。千百年以前，勤劳浪漫的撒尼人在劳动和生活中，创造了无数绚烂多彩的民歌。婚礼、丧葬、节庆、丰收都要唱歌跳舞。小至草木鸟兽，大至日月星辰，远至洪荒奥古，近至眼前身边，都有歌谣来吟来唱，来表达和抒发。那些众口相传的众多民歌，就是这里的人民丰富又博大的生活的写真。

毕摩是彝族里被称为“智者”、“知识最丰富”的人。他为家支、家族

---

① 段尔煜，黄建明．《阿诗玛》中的地名、人名评考．见：赵德光主编．《阿诗玛研究论文集》．昆明：云南民族出版社，2002. 336.

安灵、送灵、指路、招魂，也占卜、画符、咒鬼、驱鬼。终其一生，毕摩所有的诵经、祭祀，都是在特定的、朴素而浑厚的毕摩调开始和完成的。

撒尼的生活中遍布歌谣和诗句。春天的风里，牛拉着犁铧翻开红土，扶犁的男人亮开嗓子唱："得得往前走呀！洋洋转过来"，一甩树枝，喊："洋得、得！"在犁垅沟里撒种的女人接着唱："春天的花开了，布谷声声唱哩！"接着也喜悦地喊："包勒、勒！"这是撒尼人的犁地歌。仿佛它就藏在红土里，被犁铧刚刚翻出来，一片新鲜的土腥味儿。"青山谁做伴？山鸟来做伴；阿妹谁做伴？阿哥来做伴；姑娘我去放羊，谁能来做伴？羊儿多可爱，是我的好伙伴。"这是放羊的撒尼姑娘在石芽和荒草间寂寞时唱出的歌谣；在撒尼村寨，没有不能入歌的东西。日月星辰、山水树木、花鸟鱼虫，撒尼人认为，万事万物都有它们的灵和魂。对大自然、动植物的崇拜，对精灵和鬼神的崇拜和对祖先的崇拜，产生了毕摩用以祈福驱邪的祭辞。咒语："驮牛又驮马，莫驮畜和粮，莫驮庄稼神。莫驮村寨魂，莫驮福禄神。驮牛啊驮马，驮走伤寒疫，驮走霍乱症，驮走水瘟邪，再驮子魔、畜死病魔驮，人亡哭声驮……"①（《普兹楠兹》）这是人们向普神和楠神（密枝神）祈求平安，丰收的祭辞："魂招到供台上，在那供台上，粮囤魂也在，牲畜魂也有；五谷魂也在，福禄魂也有。褚魂笑盈盈，褚魂居供台，褚魂为作伴，请君入供台。就在供台居，供台多神圣，居此多欢喜！"② 这是招魂祭语。在放有祖宗灵位的供台上，把五谷魂、福禄魂们招来供奉，受到祖宗的保护，以使家人兴旺通达，福寿安康。吃饭有饮食的歌谣，穿衣有衣饰的歌谣，婚嫁丧葬、修房盖屋，撒尼人都有自己的歌谣。口弦、三弦、土掌房、石板房、荞、麦、圭山、长湖、绣花、洗麻、酿酒、织布……撒尼人的器物，生活地方都有优美的歌谣来歌唱。

撒尼人喜欢民歌，可以说撒尼人是用歌声伴随人生旅程的。当呱呱待哺的婴儿在母亲怀抱中时，年轻的母亲们唱一首又一首的"催眠曲"，让婴儿在歌声中甜甜地睡去。"快睡吧，快快睡吧！小头像松球，耳朵像菌子，小眼睛像黑星，小手像钉耙，小脚像条小锄。快睡吧，快快睡吧！"孩子们被歌谣的雨水和养分滋润、喂养，像庄稼一样，一茬又一茬地成熟。

儿童们则唱着童谣在歌声中健康成长。入夜，月光下的村寨，在大大小小的场子里，撒尼的娃娃们在做游戏。他们编出了自己的歌谣："来月亮下面玩，谁不来玩，就说他在烧猫吃！……拍拍手、伸伸脚，伸脚着糖梨树，

① 黄建明等译．普兹楠兹．昆明：云南民族出版社，1986. 5.

② 黄建明等译．普兹楠兹．昆明：云南民族出版社，1986. 107.

再伸到蓑衣山；蓑衣山旁边是麟马洞，麟马洞有个放马山，山上有个大场、有个小场子，快来月亮下面玩！”

撒尼“童谣”分两类，一类是用来训练语言能力的，一类是传授生活知识的。训练语言能力的歌谣不要求内容和逻辑，只要求句式的流畅，把每句歌词末尾两个音节，作为下句的开头词即可。传授知识性的歌谣则讲究内容的真实性。如“村名歌”把撒尼村寨以不同的建筑风格作相关村的特征一一唱出来：“糯黑石板房；海邑土掌房；和合篱笆房……”儿童的活动范围非常窄，几乎没有出过寨门，但是通过类似“村名歌”知识性的歌谣，他们从小就了解了自己周边的村寨和更为广大的外部世界。

对爱情的歌唱是人类的共性。在这些歌谣的汪洋中，青年男女从相识到娶亲过程中的情歌是最丰富、最优美的诗句。情歌，彝语称“改迷调”，以青年男女从相识、相爱到定亲的过程为标志，可分为逗歌、探歌、交歌、合歌几部分，是男女青年之间不断了解和感情不断加深的表现。逗歌，即为还较陌生的姑娘小伙子互相以歌引逗，引起对方注意时唱的歌谣。探歌，即为试探。初表心意邀对方继续对歌，加深了解所唱的歌谣。如撒尼探歌这样唱：“两山相遇难，两河相遇易。我俩生山里，一生难相遇。今日相遇了，请妹来对歌。”以两山相遇之难来喻两人相遇之不易，所以应该珍惜这次相遇的机会，态度诚恳，感情真挚。女方在接此歌时，一般在歌中谦虚地称自己笨，不会对歌。而男方则更加大胆地在歌中夸赞女方唱得好，人也长得好。对歌的气氛日趋热烈，双方的心弦被拨动，感情不断加深。这时歌谣也泼辣了、大胆了，在歌中明确提出双方恋爱相好的问题，若对歌继续，便进入交歌、合歌阶段。在歌词中男女双方互相表达爱慕、思念之情意，唱出自己对爱情忠贞不渝、死不变心的誓言。交歌、合歌的歌词泼辣热烈，充满激情。一般都不加掩饰，大胆表白自己的真诚的爱恋之情。歌词精彩、激动人心，是情歌中的精华。比如《生不丢来死不丢》：“生不丢来死不丢，就是蚂蝗生骨头，就是白岩生菌子，冷饭发芽也不丢；生不丢来死不丢，就是公鸡下鸡蛋，就是小马长嫩角，牛出上牙也不丢。”这样的爱情何其坚贞！

撒尼“情歌”曲式固定，只有几首歌是新手们学习情歌时用的，所以词句固定，其余是表白内心世界话语，现编现唱，有的可以唱几天几夜，让对方佩服其口才和智慧。由于“情歌”是即兴创作，日复一日，很多青年男女都锻炼成为创作民歌的能手。

进入中年的撒尼男女，是家庭生活的栋梁，沉重的生活压力使中年人喘不过气，独自一人时常常吼出压在心中的痛苦，所以人到中年的撒尼人唱的是“哭吼调”。撒尼中年人不喜欢把心中的痛苦告诉别人，让别人为之感到痛苦。天大的苦也自己一人默默承担下来，在世人面前表现出若无其事的样子。而独自一人上山生产劳动或放牧时，四野空阔，他们就会把心中的痛苦通过“哭吼调”宣泄出来，其旋律似哭似唱。藏在每一个撒尼中年人心中的苦，只能大山、森林、丛石知道，因为大山、森林、丛石听到了发自心底里的“哭吼调”。

老年人不再下地劳动，他们主要担当着向后人传授历史和文化知识的责任。这一时期，撒尼的老人们往往会通过古老的创始歌谣《创世纪》、《尼迷诗》等度过每一个昼夜。在向下一代传播知识的同时，他们也在古老的歌谣中安度晚年。

撒尼人重视成年人正常死亡的葬礼，认为一个成年人的正常死亡，不是生命的结束，而是另一种方式的生命延续。所以人们用歌声庆贺“新生命”的开始。若遇厚葬的家庭，除了请毕摩吟诵经文而外，还要请歌手来葬礼上唱歌，以此来消除孝子贤孙们失去老人而带来的痛苦。

正是由于撒尼社会有深厚的民间文学创作基础，才孕育出了著名叙事长诗《阿诗玛》。

撒尼的民间文学带着极其浓厚的原始性，往往是诗、歌、舞三位一体，这一点，在撒尼优秀的民间叙事长诗《阿诗玛》的搜集整理过程中，也得到了集中体现。从艺术角度看，和这里流传的所有史诗和叙事长诗一样，《阿诗玛》也是和歌、乐、舞紧密结合在一起的。在繁多的口头传唱和《阿诗玛》异文中，《阿诗玛》以五字句为主，适宜于撒尼人演唱歌谣和长诗的曲调，它节奏齐整，抑扬顿挫，采用复沓环唱的形式，用大量排比式句子、内容上逐层递进的句子来连成音乐上的循环往复，加深听者的记忆和理解，在一层一层渲染出的氛围中，感染听者。长诗语言几乎完全是撒尼人生活中的口语，是从活生生的生活之树上掰下来的一瓣瓣嫩芽，泥土味、草木味、牛粪羊粪味扑鼻而来。“酒罐搁地上，密麻如石林，吸酒的竹筒，就像老猪牙”，“荞种撒下去，七天就生长，荞叶嫩汪汪，像蛾的翅膀”。这样朴素而又精美的句子，在长诗里随处可见。石林撒尼人漫长丰富的历史在流逝过去的时光中，被《阿诗玛》新鲜地保存下来，活在撒尼人哼唱出来的《阿诗玛》歌谣中。从它的语言里，我们更能直觉地感到这个民族的质朴、美好和充满激情的生命力量。

作为诗、歌、舞三位一体的《阿诗玛》，也来源于对石林彝族撒尼人传统和丰富的民间音乐的借鉴和概括。石林一带彝族的音乐曲调繁多。有专唱长篇叙事诗的《叙事调》，男女青年唱的《情歌》；劳动中唱的《犁地调》、《放羊调》、《绣花调》、《种瓜调》、《推磨歌》，表达各种情绪的《骂调》、

《哭调》、《悲调》、《喜调》，还有经师毕摩在祭祀、婚嫁、丧葬时唱的《毕摩调》、《叫魂调》、《祭神调》、《密枝调》，以及常见的《喊调》、《库吼调》、《三弦调》、《月琴调》、《口弦调》、《哄睡调》等，它们和这里的生活一样丰富多彩，各具特色。

长诗《阿诗玛》在石林流传很广，它是以歌唱的形式保留下来的。为了符合情节的发展和对人物形象的塑造，《阿诗玛》演唱所用的曲调也是有许多种的。不同地域、不同演唱者又使其曲调变得丰富而又庞杂。《阿诗玛》最基本的曲调就包含彝族民间音乐中最常见的“喜调”、“悲调”、“哭调”、“骂调”等。各种曲调的组合，展示出自由的旋律，有时舒缓，有时急促，歌里有深沉的叹息，有平静的讲述，有抑制不住的激动和悲愤。

《阿诗玛》影响到撒尼人生活的方方面面，至今，我们依然能够在撒尼人的每一人生阶段听到传统的《阿诗玛》曲调和传统的《阿诗玛》片段，人们经常用这部优秀的撒尼民间叙事长诗代表作来表达自己的内心感情。当女子长大，她们会唱起《阿诗玛》中的绣花调；当女子出嫁，她们会唱起《阿诗玛》中的哭嫁歌。撒尼人就在《阿诗玛》的世界里生生世世繁衍下去。

**编者按：**

本文摘自赵德光博士学位论文《现代化进程中云南石林阿诗玛文化的转型与重构研究》。

2006年云南省石林彝族自治县《阿诗玛》已列入第一批国家级非物质文化遗产名录。

# 巍山彝族打歌研究

安学斌

## 一、巍山彝族打歌的源流

打歌，是一种边唱边跳的集体歌舞，是巍山彝族最喜爱的传统歌舞形式。居住在巍山等地的彝族一个支系自称“腊鲁巴”（larlolphal），有时自称“密撒巴”（mirsavpal）。新中国成立前，他们又被称为“蒙化”或“土族”，因而过去巍山彝族打歌又叫“土族打歌”。这部分彝族的语言称打歌为“锷库开”，“锷库”是唱，“开”是“跳”，打歌即是又唱又跳之意。打歌在云南彝族中普遍流行，南涧无量乡叫“跳歌”，楚雄彝族自治州叫“打跳”，牟定彝族叫“跳脚”，还有的地区称为“跳笙”。滇东路南彝族自治县和弥勒等地彝族支系撒尼、阿细的“跳月”，也是打歌的一种形式。

打歌实际上是历史记载中的“踏歌”。宋·范致明：《岳阳风土记》：“荆湖民俗，岁时会集，或祷祠，多击鼓，令男女踏歌，谓之歌场。”宋·朱辅：《溪蛮丛笑》：“踏歌习俗死亡，群聚歌舞，辄联手蹋地为节。丧家椎牛多酿以待，名踏歌。”明·木公《饮春会》（乾隆《云南通志》卷二十九之十四）：“一匝芦笙吹未断，蹋歌起舞月明中。”清·王思训：《吊甘忠果》（乾隆《云南通志》卷二十九之十三）：“群生享比竹王墓，踏歌夔鼓吹芦笙。”文献中“跳歌”也是打歌。清·鄂尔泰：《恩乐县歌》（乾隆《云南通志》卷二十九之十三）：“新妇蓬下会佳儿，携手跳歌心轣辘。”《皇清职贡图》卷三·安化宁乡等处瑶人：每稼穑登场后，治酒延宾，击长鼓，吹芦笙，男女跳舞而歌，名曰跳歌。”

从文献资料上看，打歌实际上是历史记载中的“踏歌”。打歌，是汉语称呼，打与踏，引进而转，打歌是从踏歌转成的。徐嘉瑞先生在《大理古代文化史稿》中指出：

清桂馥《滇游续笔》云：“夷俗男女相会，一人吹笛，一人吹芦笙，数十人环绕踏地而歌，谓之踏歌。”按：《子虚赋》“文成顚歌”注云：“益州滇池县，其人能西南夷歌。顚，与滇同。”刘昫谓今之吹芦笙，并以木代匏，无复八音。芦笙用匏，古音未亡也。按：即今大理土族打歌。

巍山县马鞍山的彝族称自己的打歌为“土族打歌”，徐嘉瑞先生认为马鞍山彝族打歌即古代踏歌的遗留，见解十分正确。巍山地方志中就是把打歌称为“踏歌”：

“燕会则踏歌跳舞。”（蒋旭：《蒙化府志》卷三《风俗》）

“婚丧宴客，恒以笙箫，杂男女踏歌时，悬一足作商羊舞。其舞以一人吹芦笙居中，以一、二人吹箫和之。男女百余围绕唱土曲，其腔拍音节，皆视笙箫为起止。”（梁友亿：《蒙化县志稿》卷十一《人类志》）

打歌是一种地区性歌舞活动，除彝族外，其他民族也有，红河哈尼族叫“啰作”，意为唱歌跳舞。白族、拉祜族、傈僳族、苗族、瑶族中也普遍流行打歌。各民族的打歌，以巍山彝族打歌的特点最鲜明，风格古朴，历史悠久。至今，巍宝山文昌宫文龙亭的桥墩墙壁上，还保留着一幅清代打歌壁画，壁画宽161厘米，高126厘米，彩绘在白灰墙上，已剥蚀得很厉害，但人物形象仍清晰可辨：一棵大松树下，30多人围成一圈，有男有女，中间3人，1人吹葫芦笙，1人吹笛，1人起舞，其形式与今日巍山彝族打歌完全一样。

元、明、清三代，踏歌在中原内地逐步销声匿迹或演变为其他艺术形式，而西南特别是云南各民族的打歌却完好地生存与发展。史书多有记载，如：明王尧衢《妙罗罗》中载：“跣足踏歌真个妙，芦笙吃摆舞衣还。”清《康熙蒙化府志》地理志风俗篇载巍山彝族“宴会则踏歌跳舞”①。明代开始大量汉族进入云南，彝语借用汉语的情况多有出现。到清代在称呼踏歌的同时，打歌一词也开始出现，并广为使用。《弥渡县志》（紧邻巍山县）记云：“境内有彝族二十余村，至迎神赛会，选材中宽广隙地，立一秋千架，对立一杆，上是灯幡，下焚香火，夜间男女杂踏，聚众打歌……当正月十四日，至铁柱庙领歌，杀羊为牲，焚化香火，次日又复来打歌。”《赵州志》也记载了祭铁柱庙领歌之俗。训古家邓川知州桂未谷《踏歌行》诗曰：“一人横笛居中吹，和以芦笙声缕缕，四周旋绕数十人，顿足踏地如击鼓，男子

① ［清］蒋旭著，陈永俊主编．康熙蒙化府志，卷一．芒市：德宏民族出版社，1998. 48.

赤足披袖裆，女挂耳环一尺五，男歌女和余音长，垂手转肩身伛偻，笙笛律吕两脚谐，歌词不解何言语。”清朝的桂馥在《杂扑》中载：“夷俗：男女相会，一人吹笛，一人吹芦笙，数十人环绕踏地而歌，谓之‘踏歌’”。清朝李绍书于《箭杆里观猡倮踏歌赋》载：“踏歌灯火下，白衣杂绿衣。连环腕相撞，施步作团圆。阿奴吹短律，雀跃押寒威。曲肩踵其武，经复屡依违。”清朝云南大理诗人周之烈写有一首讲述巍山一带打歌的著名诗歌《打歌行》，诗曰：

“癸卯正月刚五日，
村农结伴来相过，
怜我羁旅夜寂寞，
芦笙竹笛齐摩娑，
松棚竹火彻宵明，
团圆围绕偏多情，
男唱女和人数十，
跌足歌唱同一声，
舞之蹈之各中节，
新番曲调如春莺，
有时疾，天掀地震山云立，
有时徐，轻裘缓带如闲居，
忽而高兮忽而下，
鹤韵谣传水深泻，
声容两善真莫当，
直抵鸡鸣天色光。”

彝族祖先发明创造并历经数千年历史发展流传下来的打歌，在巍山彝族中成为生存发展必不可少的综合艺术，成为承载众多历史信息并经久不衰的优秀民族文化。“彝家户户有火塘，彝山处处是歌场。”说明巍山彝族地区到处是打歌的海洋，到处可见打歌的身影。“不弹弦子不上路，不唱山歌不出门。”说明打歌已成为巍山彝族生活中必不可少的重要内容，成为生命的重要组成部分。“芦笙一响，脚杆就痒；笛子一吹，调子就飞。”“一日不打歌，三日脚难过；打歌打得星星落，只见黄灰不见脚。”“打歌打得星星落，跳得黄灰做得药。”说明彝族群众对打歌的喜爱、投入、痴迷程度。巍山彝族打歌集悠扬的乐曲、矫健的舞步、丰富的表情、经典的调子为一体，让人痴谜，让人陶醉。彝族打歌以“火”为圆心，分内外两圈团团把大火围严，内圈是演奏乐器的，以芦笙为主要韵律，伴有笛子，还有大刀；外圈是打歌唱调的，跟着乐奏声翩翩起舞，调子脱口而出。彝族打歌常常通宵达旦，因为打歌对调谁也不服输，因此整个打歌场面充满着莺歌燕舞、诗情画意。凡是有人群聚会的地方都要打歌。

巍山彝族男女老幼都会打歌，祭祖仪式要打歌，逢年过节要打歌，庙会要打歌，婚丧嫁娶要打歌，建新房要打歌，有时看电影要打歌，开会前后要打歌。打歌时，彝族女青年头带钉着一排排银制桂花和一串串蜜蜂坠折叠式青布包头，包头折缝处插着弹动摇晃的花枝，胸前挂着银链三须，绚丽多姿。男青年们身着素净的漂白色衣服，头缠白毛巾，两端毛巾须随风飘动。他们随着有节奏的笙、笛声，霎时围成圆圈，尽情地欢唱欢跳，边舞边歌，此起彼落，情感奔放、热烈、激昂。最热闹的打歌参加者成百上千，场面像烂漫的山花，歌声像澎湃的江河，拥挤周围的观众，里里外外，层层环绕，摩肩擦背，水泄不通。一个个目不转睛地注视着舞者灵巧而迷人的动作，倾听着朴实而动听的歌声。舞步声、“阿苏啧呢瞧者”吼叫声、笙笛声响成一片，伴随着阵阵松涛声，不时在山谷中回荡，当舞蹈进入狂欢时，“鹤立松尖”、“回身敬酒”、“矮子探水”、“斑鸠找伴”、“狂猴追风”、“公羊打架”、“喜鹊蹲窝”、“苍蝇搓脚”等一串串迷人即兴动作像一颗颗珍珠从领舞者身上滚出来，这些动作在领舞者娴熟的表演中，能随其身形而变换自如。当“鹤立松尖”这一动作出现时，领舞者犹如一只脱俗傲世的古鹤，昂首翘立于松顶，怡然自得，辗转四顾；“回身敬酒”动作不大，却充满了内在的感情；“矮子探水”脚步的大起大落则如痴如狂；“斑鸠找伴”中的前仰后合在领舞者醉态的表演中，也让人为之陶醉。这些充满自然情趣的动作，往往令旁观者拍案叫绝，观者、舞者共同沉浸在打歌带来欢乐的幸福中，一同感受生命的冲动和升华。

## 二、巍山彝族打歌的区域类型

与其他一个或几个地区，只有一个类型一种式样的打歌不一样，巍山打歌因其内部地域的不同出现了不同的地域性打歌，形成了巍山彝族打歌的多元地域类型结构，体现了巍山彝族打歌非物质文化的多样性特征。

### （一）东山打歌

东山打歌，主要以巍山东部山脉区域之彝族的打歌作表征。东山彝族，当地称谓“东山泼”、“腊罗拔”、“米舍巴”，也就是历史上的蒙舍人。据传东山彝族多为巍山城里迁徙而来，颇有蒙舍王室遗风，在服饰、习俗、礼仪、文化等方面较巍山其他地方更好地保存了传统。东山彝族服饰颇显古典风格，主要以绿色为底，配金、红等色彩，衣服刺绣颇为精美。头饰讲究，显得富丽贵雅。东山打歌，一是对打歌的举行时间、程序、唱词、套路、动作有严格规定，违者多受到警告或驱逐，一年中最隆重的是农历二月八的祭密科（传说为彝族祖先）打歌；二是东山打歌的伴奏乐器为芦笙，打歌开始前须祭芦笙，中间尚舞大刀，新大刀须杀牛祭刀，用完后置放于公房，不能随便摆放或玩要，打歌时刀法变化多样，套路较为完整，并用刀刃相碰发出的响亮声音或刀杆用力击地发出的声音作为节拍，女子手甩绣花毛巾，舞步庄重典雅颇有宫廷风范；三是整个打歌动作缓慢、庄重、典雅、舒展，颇有王者风范，打歌动作为上下移动，其十六拍中的第九和第十舞步突然停顿。东山彝族打歌主要以新胜和大、小三家村为代表。

**（二）巍宝山打歌**

巍宝山为道教灵山，巍宝山前新村为南诏始祖细奴逻牧耕之地。细奴逻子孙盛逻皮于唐开元二年（公元 714 年）在巍宝山修建的巡山殿，是西南彝族地区第一个土主庙，庙内供奉着细奴逻之雕像。巍宝山打歌的特点是保持和融合了巍山各地打歌的音乐和舞步，用芦笙和笛子伴奏。同其他地区打歌一样，除结婚、建房、丧葬等要举行打歌，巍宝山最为突出的是隆重盛大的祭祖打歌。巍山彝族每年农历正月十四——十六日在巡山殿举行盛大庄严的祭祖仪式，巡山殿前有一块已逾千年的打歌场，正月十六晚周围彝族群众将通宵达旦举行盛大祭祖打歌。

**（三）五印打歌**

五印地区，包含今之龙街和鼠街，为巍山彝族中心聚居地。五印打歌中传统的仪式或程序规范已较少见，较为自由、舒畅，用芦笙和笛子伴奏。因此，流传于巍山五印乡、青华乡大部分地区和临县凤庆、昌宁、永平的广大彝族地区。五印打歌，一般在婚嫁、竖新房、葬礼上举行，小鸡足山庙会、林宝山会、老黑棚、财神会等庙会打歌规模较大，其中以农历二月初八牛街阿徐地热水潭打歌最热闹。打歌时，男用手掩耳，用假嗓唱，男女一唱一和，音调优美，悦耳动听。五印打歌，男性双脚同时着地，或全蹲或半蹲，双手或比舞或拍打双胯，雄壮有力；女性身姿飘逸、双手舞动、脚尖着地，如仙女飘动。

**（四）西山打歌**

西山打歌，主要指西部山脉庙街、云碧、紫金山一带打歌，这一带地区面临坝区，加之有其他民族杂居，相对东山较为开放。西山打歌大的有茶山寺会、正月初九的紫金山会、九月十四龙于山土主庙会等庙会打歌，这些庙会打歌一般在庙前庙后举行，规模大的庙会打歌白天进行，有的也是通宵达旦。西山打歌的娱乐性较强，程序要求较弱，人们从四村八寨而来，听到芦笙、笛子一响，打歌即开始，大家就尽情发挥，尽兴而归。

**（五）马鞍山打歌**

马鞍山打歌，主要指马鞍山乡为主要范围内的打歌。马鞍山乡位于巍山西部山脉高山地区，西与漾濞彝族自治县隔漾濞江相望，为唐初蒙巂诏故地。马鞍山打歌以青云为代表，青云打歌是彝族打歌的顶峰，花样、节奏变化之快之丰富，远远多于其他区域之打歌，它的的三步一惦、半翻半转、全转、三翻三转、对穿、十六步平摆等，都是彝族打歌中的精华。马鞍山打歌，大型的有茶房寺打歌，周围群众从各村寨到茶房寺，从早打歌打到晚，人众时数万人。从正月初三起，青云各村寨轮流打歌，而结婚、丧葬等人生仪式上，打歌更是必须的项目与要求。青云打歌以芦笙和笛子伴奏，舞单刀。青云打歌因其水平较高，多次在州、县民族文艺表演中得到最高奖项，1957 年赴京参加全国少数民族民间文艺汇演；1980 年在云南省民族歌舞汇演中获优秀节目奖；1987 年赴日本参加第十五届东南亚民族文化艺术节进行表演；2006 年 9 月赴京参加中央电视台“首届 CCTV 中国民族民间歌舞盛典”表演，多年来一直受到各方各界之欢迎与高度赞赏。

**（六）青华打歌**

青华打歌，又称青华弦子歌，主要指青华乡南部的中窑地区的打歌。青华打歌，用三弦和笛子伴奏，所以，又称弦子歌或南山歌。这个地区的打歌不烧篝火，打歌用汉语唱调，因此又被称为“打汉歌”。青华打歌步伐上分六步、十二步、十八步，分别叫直歌、方歌和攒歌，动作灵巧活泼，可列为双队，美感较强。

巍山彝族打歌的多样性地域特征，是巍山彝族长期历史发展中积淀而成的。迥异的地域类型和特征，体现了历史发展中多样化的价值观念、风俗习惯、生产生活等彝族文化的细微差别，说明历史发展中各区域封闭造成的文化交流非常稀少。当代，巍山政府组织的打歌比赛等活动，以乡镇为单位组织参加的打歌把这种多样性、差别性表现得淋漓尽致，巍山彝族打歌呈现出山花烂漫、百花盛开的景象。现代社会交流的增多，也促进了各地打歌的交流、学习、借鉴与共融，在某种程度上促进了巍山彝族打歌的发展。

## 三、巍山彝族打歌的本体结构

彝族打歌作为歌、舞、乐为一体的综合艺术，除了人这个文化的主体外，打歌的本体结构就是由音乐、歌词、舞蹈三者构成。“打歌”，巍山彝语称“阿克”，“阿”就是非常愉快地唱、喊、吼叫的意思，“克”则是非常高兴地踏、跳、跺的意思。说明歌、舞、乐三者在打歌中相互依存，相互烘托，相互作用，使打歌别具一格，具有别的艺术所不同的内涵、特点，成为广受彝族群众欢迎、广为流传的艺术形式和流传千古的珍贵文化遗产。

**（一）打歌音乐**

打歌音乐是彝族人民数千年历史发展的文明创造，打歌音乐与彝族的信仰、生产生活、地势地形都有很大关系。黄镇方先生考证说：“打歌音乐有乐曲和舞蹈歌两大类。”① 巍山打歌音乐音调、旋律优美清亮，音调较高，起伏较大；而旋律或优美欢快，或热烈奔放，体现出了彝族人民雄阔奔放而又粗中有细的一面。

巍山彝族打歌的伴奏乐器为芦笙、笛子、三弦或四弦。芦笙是西南地区彝、苗、壮、瑶、水、侗、拉祜等少数民族常用的伴奏或独奏、合奏乐器。《世本》记载：“女娲作笙簧。”说明芦笙是人类出现最早的乐器之一。而在晋宁石寨山墓葬中已出土有芦笙这种乐器，说明芦笙已在当时的舞蹈中运用。芦笙音质纯正，音色明亮深厚，深受各少数民族喜爱，成为历史上重要舞蹈类型——芦笙舞的主要伴奏乐器。芦笙在巍山彝族打歌的起调、节奏、伴奏等方面发挥着重要作用，所以芦笙的地位很高，很多村寨打歌要在祭芦笙仪式后方可开始；而笛子主要在风格、色彩方面起着作用，其中笛子的旋律与打歌调的曲调始终为双声部复调音乐。

彝族打歌的音乐不太复杂，多为短拍节曲调，有的活泼轻快，有的舒展缓慢，有的庄严凝重，有的激烈奔放，不像打歌词涉及各方面而又随时可变换更新，打歌音乐曲调相对固定，变化不大，颇有原生态味道。巍山彝族打歌音乐总的特点，一是一曲多词；二是多声部交响；三是一唱众和，对唱为主。所谓“一曲多词”，就是一个曲调（旋律）可以一夜唱到天亮不变化、不换调，但是唱词可以唱上几百调、上千调，甚至几天几夜唱不完的程度。唱的形式为，一男对一女众来和腔，二男对二女众来帮腔，也有数十男对数十女集体伴腔的。唱词有二句对二句的，如青云打歌、青华三弦歌，基本是这一形式；三句对三句的，如五印打歌；四句对四句、五句对五句、有时六句对六句的，这是东山打歌的特色。音律的出现都以葫芦笙的五音，也即中国的五声音阶 12345（宫商角徵羽）。说它跺声就是人声、笛声、芦笙和声（3－4 音）在旋律进行中基本是四至五个声部进行。音行进中的音程跳动较大，4 度 5 度上滑下滑较多，切分音、附点音的出现是打歌音乐的一大特

① 黄镇方．打歌杂识．民族艺术研究．1989，12：27－28．

点，如×× · ×× | ×× · | 节拍以二拍子、四拍子为主，极少出现三拍子。如五印打歌是有三拍子的，感觉但记谱和舞蹈的感觉职能是二拍子—| ×× · ×× |，但是唱者的内心感觉是| ××× · ××× |，|强弱弱 · 次强弱弱|。五印打歌音乐的另一特点是强弱倒置。二拍子的强弱关系是强弱强弱强弱，但是由于舞蹈动作的重音跺脚声是落在弱拍上，给人明显感到是弱强弱强。打歌音乐的调式是五声音阶宫商角徵羽的调式，4、7音很少出现，其中多以羽徵宫调式，商角调次之，旋律上下跳动较大，高音区较多，有的音区只能用小嗓（假嗓）演唱。而在“一唱众和，对唱为主”方面，旋律和歌词的对称非常严谨，哪个地方是唱词，哪个地方是衬腔，形成了固定式的、程式化的演唱格式，因为它和舞蹈的脚步式非常紧密地配合。唱音拖长或缩短都影响正常的脚步，所以哪个音唱几拍，哪个音唱几小节，哪个音上唱腔开口，任何人也无法改变，打歌音乐百人一音，千人一曲，他们速度快慢，轻重缓急，自然而然地完全统一在芦笙和笛子的富于指挥性的节拍上，加上千百人蹈地为节的重拍声和衬腔声，必然形成了少数必须服从多数的统一体。对唱是打歌音乐的唯一方法，不论何种打歌都是以对歌为主，而且是以男女对唱为主要形式的。

**（二）打歌舞蹈**

打歌舞蹈为群体性舞蹈，或十数人或数十人，多者成百上千。打歌者动作统一，头、身、腰、手、脚各部位动作协调一致。打歌舞蹈的特点，一是队形以圆为主，也有的为列队；二是步法以四步一踮为基本动作，十六拍为一个舞段；三是脚以跺、踏、跳、踢、蹬、抬等为主，身以前弯后仰、左右转动和抖肩为特点，双手以舞动和相互拍打为动作；四是道具以芦笙、大刀、木棒、三弦为主；五是打歌的一些动作和舞姿，如“苍蝇搓脚”、“斑鸠吃水”、“小鸡啄米”、“喜鹊登枝”、“老鹰展翅”、“雄鸡摆尾”、“母鸡蹲窝”等，是模仿动物而来，而有些动作是模仿日常的生产、生活劳动。打歌离不开火，巍山彝族打歌基本是以火为圆心展开的，这与彝族的火崇拜有关。火或许是打歌舞蹈（动作）产生的源泉之一。人类自从有了火，人类首先就会学会烘火、烤火。在烤火时人们首先的队形是围火而就形成圆，伸手烤火是人的本能性的第一个手上的动作，然后就产生伸手、缩手、翻手，接着就是站立、伸脚缩脚、跺脚、跳脚、转身烤背、翻身烤胸、弯腰弓身、火大了退几步、火小了进几步，如今打歌步法退三步进三步，拍手、拍腿，转身翻身，跺脚等，不能不说与火没有联系。加之人类为了生存必须出户劳动，在原始的自然生态中生活的人们，每天看到的是森林中千奇百怪的百鸟百兽奔跑、追逐、寻偶的动作。由于这些客观的存在，人类通过生活劳动、打猎、对动物动作的模仿，经过千百年的运动发展，形成了今天打歌舞蹈的丰富多彩、千姿百态。比如今天巍山打歌总的来说具有代表性的舞蹈有：三步一踮，十六步一段，半翻半转，全翻全转，一翻半转，三翻三转，三跺脚，下蹲旋转有翻身，进三退三手拍胯等。具体地讲在大统一中又有小区别，比如：

青华的三弦歌又叫汉歌（以唱汉词而得名），因为其中的打歌都用彝语演唱，它又是以六步（六拍）为一舞段，其中又分六步，十二步，十六步三种，这三种步法也叫直歌、翻歌、攒歌。伴奏以笛子、三弦，加女拍羊皮。拍羊皮是青华三弦歌独具的特色。

五印打歌舞步的特点是进三步退三步，翻身拍胯，三步一踮，下蹲转步又翻身，具体的名叫蛇蛇脚、老鹰扇翅、猴子抖泥、野鸡蹲窝、阉鸡摆尾。它的风格是音乐优美婉转，舞步轻柔飘逸。

东山打歌舞步的特点是女柔男刚，对比强烈，男子的刀舞别具特色，女子的舞蹈韵律引腹闪胸，颇具南诏宫廷舞韵。男的弓身甩手重跺脚，却又别具宫中武卫的气势，加之大刀的飞舞，甚有南诏武士的雄风。在十六步卫一武段中第七拍突停一步是东山打歌的唯一特色。

青云打歌作为巍山彝族打歌中的经典，从音乐、舞蹈都是最高水准的。其舞蹈动作有五套：1. “安适”，也就是打歌的开头、开始之意；2. “安烈波”——翻转的意思；3. “安日木土子”——是左右蹬脚的意思；4. “安妈”——舒展优美地跳；5. “安达拉儿”——像牛尾巴一样的甩手。以上五套打歌步法比较完整而且充分表现出彝族豪放、狂烈的高原民族的个性。快速的三翻三转，自称“得乐（陀螺）落地”，等等。

**（三）打歌调**

作为集歌、舞、乐为一体的综合艺术的巍山彝族打歌的重要构成，“歌”又称“打歌调”，是必不可少而又意义无穷的重要构件。在打歌场上，在芦笙、笛子、三弦的伴奏下边歌边舞，才体现“打歌唱调”的神采与魅力，才是完整意义上的打歌。在踏歌打歌的初始阶段，人们边歌边舞时嘴里只是发出一些单调的声音，慢慢地唱出一些意义单纯、结构简单的歌词或单句，只有能够唱出一些意思完整的歌调，打歌也才成熟定型。可以想见，打歌场上缺少了你来我往的对唱，没有了讲述历史、讲述故事、表辞达意的演唱，打歌就不可能有如此大的影响、如此大的魅力，也就无法吸引人们的更多兴趣，无法传播千里与流传千古。

作为巍山彝族打歌中的重要表现形式，“唱调”或是通过“对唱”来体现，或是通过“领唱”来体现。“对唱”多以问答的形式进行，因而更多是即兴的，内容多涉及轻松诙谐的日常生活和恋爱婚姻，对唱者需要机灵智慧，否则一问一答难以应对就会难以下台。“领唱”其实是一人领唱，其他人用“阿苏则”等衬词来合声，衬词无实际意义，但可起到衬托和承上启下的作用，增加“唱调”的声势与美感。“领唱”中的歌词多为叙事很强也很长的诗词。

巍山彝族打歌歌词涉及人类创世、历史传承、文化延续、民族发展、生产劳动、生活娱乐、婚姻爱情、悼念逝者等各个方面。

彝族打歌歌词，是彝族人民数千年历史发展中的生活总结和智慧创造，被称为“彝族的诗经”，是“打歌的核心和动力”。《彝族打歌调》编者杨茂虞、杨世昌认为“完整的打歌调有四句式、六句式、八句式、十句式、十二句式和少量奇数句式，其中又有五言、六言、七言和长短句。但无论属于哪一种，一首完整的打歌调有一定的格局和韵律。全诗分牌头（又叫谱）和词两部分构成。古老的诗注重抒情，牌头（谱）与词的关系常是画意与诗情的搭配关系，意境广阔。稍晚出的诗则重说明，牌头与词之间事理紧扣，或比兴相承，或对仗相应。但无论是哪一种，牌头与词之间必定有几处韵脚相押。”①

## 四、巍山彝族打歌的传承方式

巍山彝族打歌，是巍山彝族群众一种从小耳濡目染、人人参与的集体活动，一种大众艺术和一种普及文化。打歌传承的根本方式是耳濡目染、口传心授。具体方式有：

1. **家庭传承**

打歌是彝族一种体现娱乐、审美、交际的主要艺术形式，也是与彝族人民生产、生活、生存密切相关的一种文化形式，是一种群体影响个体和文化影响主体婚恋、家庭、习惯等的重要活动。打歌对自然经济、农业社会这样漫长而封闭的社会的影响是巨大的，它是彝族群众最主要的娱乐娱神方式，是抒发情怀、寻找配偶、展示自由的美好机会，同时也是作为彝族的成员所必须掌握的一种技艺。家庭是社会最小的细胞，是人类温馨的精神家园，家庭同时是人类最早的教育与传承基地。家庭给了人生长的物质保障，同时给了人良好的教育。可以说，人类的绝大多数传统与知识，是通过家庭的教育传承发展的。家族、家支、家庭观念重，是彝族的一大特点，彝族的家庭传承是彝族打歌传承的一种重要方式，而“言传身教”是家庭传承的重要特

---

① 杨茂虞，杨世昌编译．彝族打歌调：前言．昆明：云南民族出版社，2002．

点。一代代的彝族群众从他们的祖辈和父母辈中学到打歌，又毫不保留地将其传给了下一代。关于打歌的故事、传说、思想和打歌礼仪等，如同彝族的道德观念、生活知识、生产技能从小就被传输传授给了自己的下一代，让他们随着自身成长而有了丰富的理性认识；而打歌技能，则父传子、母传女，代代相传。打歌的思想与记忆，伴随他们的一生一世，又再传授给了他们的下一代，代代相传，永不湮灭。

2. **社会传承**

彝族打歌涉及人生的方方面面，而且为群体性活动，彝族群众男女老少参与，参与面广，互动性强。可以说，打歌是巍山彝族重大的仪式、大众的文化、普及的社会活动、喜爱的狂欢、日常的交际方式，是集多种功能为一身的重要活动，也是每一个彝族个体都会面临、喜爱乃至积极参与的文化、艺术、娱乐方式，自然它的社会传承性也就较强。而耳濡目染、模仿自学、无师自通，是社会传承的重要特点。即使在现代元素多元冲击下的今天，你都可能在每一个打歌场上看到年长者背着小孩打歌和小孩在旁观看、参与的情况。父母背上的小孩在醉人的打歌声和忽快忽慢的节奏中，或充满好奇，或酣然入睡；而在旁观看的早被大人打歌的欢乐场面和令人眼花缭乱的动作所吸引，于是在旁跃跃欲试，一招一式模仿，有模有样，稚气十足，到少年、青年时已对打歌非常熟悉并参与其中了。进入新社会后，文化组织形式发生了变化，有组织的文化竞赛活动出现。因为需要组队参加县、州、省、全国的重大活动或文艺表演，要求组织以“队”为单元的打歌队参赛，各村各寨因而自发组织了一系列的打歌队，这些打歌队自己抽时间招纳队员，组织排练，一种新的传承方式因而产生，实现了新的传承。作为巍山彝族的一个成员，置身这样浓厚的打歌气氛与传统中，无疑就自然而然地受到打歌社会传承的熏陶与影响。

3. **学校传承**

学校教育具备传承文化、创新知识的重要职能。学校教师的教与学生的学，刚好实现了文化与知识的传授与承接，因而学校教育是一种典型的传承方式。关于对彝族打歌的传承，由于彝族教育的落后，历史上很漫长的时间都未有学校传承方式。学校对彝族打歌的传承是现代，特别是进入 21 世纪后才出现的新情况，也是巍山彝族打歌新的传承方式。据 2004 年 3 月 9 日的《中国民族报》报道：“近几年来，巍山依托丰富的历史文化和资源，大力发展文化旅游产业，当地文化部门加大了对民族民间文化的搜集整理和保护力度。当地部分中小学校聘请了专门的教师，将彝族踏歌引进课堂。在教学过程中，老师们还加以创新，在传统的踏歌上融入新的舞姿和内容，使民族歌舞更加生动耐看和富有现实意义。此次中和铺小学在全国首届中小学文艺展演中获一等奖的《山呢惹》，就是在传统彝族踏歌基础上改编的小学生舞蹈。”巍山县巍宝山乡中和铺子小学根据彝族打歌改编的《山呢惹》参加全国首届中小学文艺展演，获小学舞蹈表演一等奖，创新了巍山彝族打歌的传承方式。

**4. 传承人传承**

传承人是文化传承最重要的主体。传承人因对所传承的文化特别喜爱、特别熟悉、特别钻研，对传承的内容、方式也就特别的精通，因而在文化传承中的作用就显著。传承人对文化的突出作用，主要体现在通过宣传、教授、创新，使文化实现纵向的传承发展和横向的扩散传播上。口传心授，是传承人传承或师徒传承的重要特点。在巍山彝族打歌的传承上，当代出现了字升、闭朝阳等一批优秀的传承人，他们在宣传打歌、组织打歌、传授打歌、创新打歌上无偿地做了大量工作，教授和影响了一大批彝族群众喜爱打歌、钟情打歌、投身打歌，对彝族打歌的传承与传播都发挥了积极的作用。

**编者按：**

本文摘自安学斌博士学位论文《巍山彝族打歌研究》。

2008 年云南省巍山彝族回族自治县《彝族打歌》列入第二批国家级非物质文化遗产名录。

# 黎族筒裙中的蛙纹样

孙海兰

蛙纹是黎族妇女筒裙上的基础纹样。祁庆富、马晓京的论文《黎族织锦蛙纹纹样的人类学阐释》中提出："蛙纹样向几何形纹样演变的最大特点是'菱形化'"、蛙纹是"黎锦纹样的主导、灵魂"①。又指出"黎锦蛙纹就是迄今为止在织物载体上保留最完整的、从母系氏族世代传承下来的图腾记忆符号，其学术价值尤为可贵"②。本人通过深入的实地调查，获取了黎族各支系筒裙中大量蛙纹样实例，汇集成篇，以为实证。

本人在对黎族五个支系筒裙纹样分类过程中，绘制出163条黎族筒裙各种纹样的533图谱。本文集中展示各支系的"蛙纹样"，每个图谱下的数字为采集筒裙的编号。

## 一、润支系黎族妇女筒裙纹样

黎族润支系主要居住在白沙黎族自治县东部黎母山以南、鹦哥岭以北的广大地区。支系内部自称为"赛"，"润"是黎族其他支系人们对其的称呼。过去也被称作"本地"黎，是汉族对该支系的称呼，意思是"土著的黎族"。

润支系黎族妇女筒裙在黎族各支系中最短，素有"超短裙"之称，上下长短一般在30厘米之间，裙围（腰围半径）30厘米—40厘米左右。

润支系黎族妇女筒裙裙身和裙尾部分通常按等距离横向编织成一个一个的方格，方格中通常以蛙纹、人形纹为主图案，除此之外，还有各种鸟纹、鱼纹、牛纹等图案。润支系黎族妇女筒裙蛙纹样主要有以下几类：

---

① 祁庆富、马晓京．黎族织锦蛙纹纹样的人类学阐释．民族艺术，2005，01：67．

② 同上．80．

## （一）具象蛙纹

115

## （二）变形化蛙纹

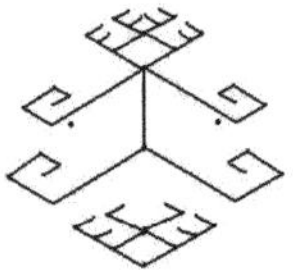

54

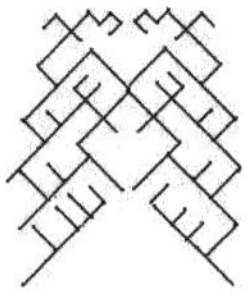

59

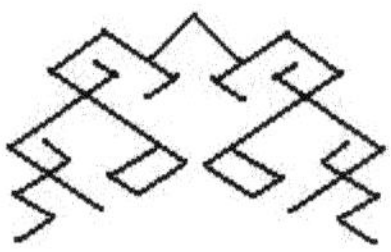

63

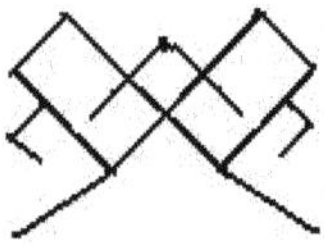

28

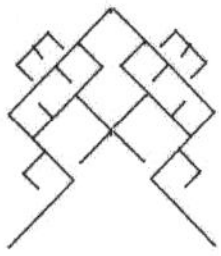

2

6

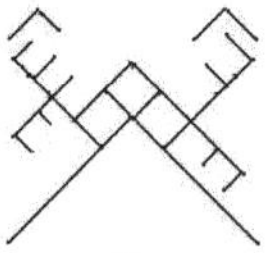

7

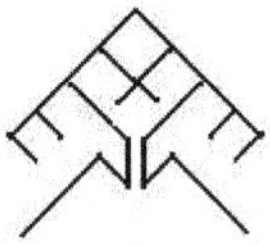

66

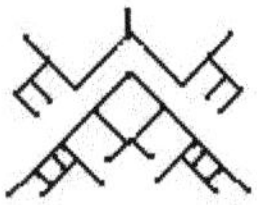

42

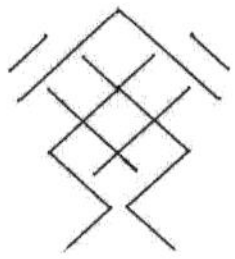

25

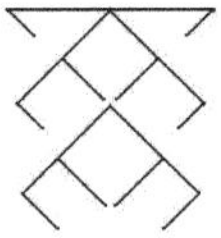

30

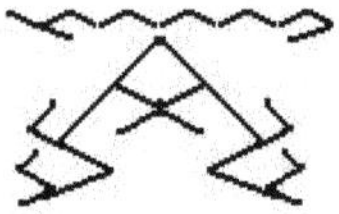

38

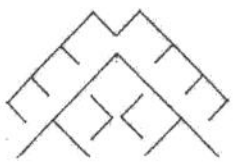

8

39

43

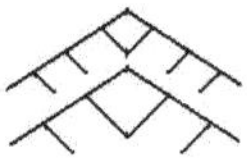

35

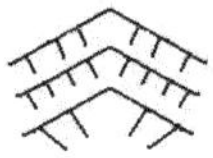

37

此型是润支系黎族妇女筒裙的基本纹样之一。纹样的特点是以青蛙的菱形体形为基础，通过各种夸张、变形的方式将其外在特征表现出来，或者突出其眼部突出特征，或者突出其跳跃的姿势特征，或者突出其“抱对”的生活习性特征，以抽象的方式表现出青蛙的整体或部分特征。

**（三）简化蛙纹**

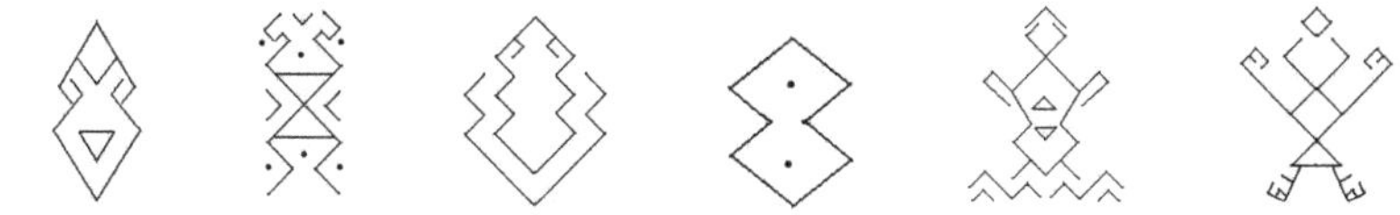

85 88 93 97 98 24

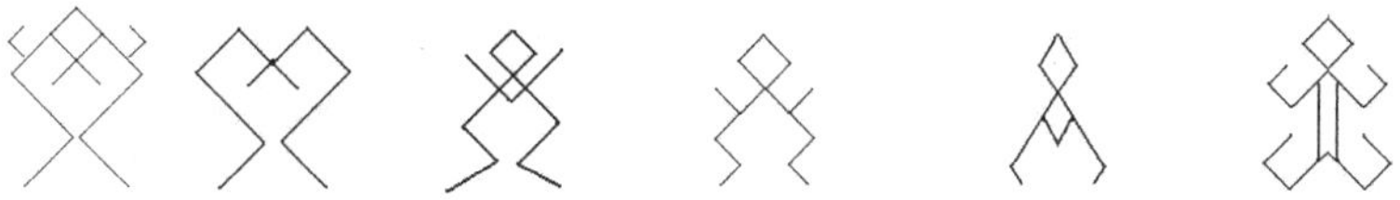

26 27 53 77 99 108

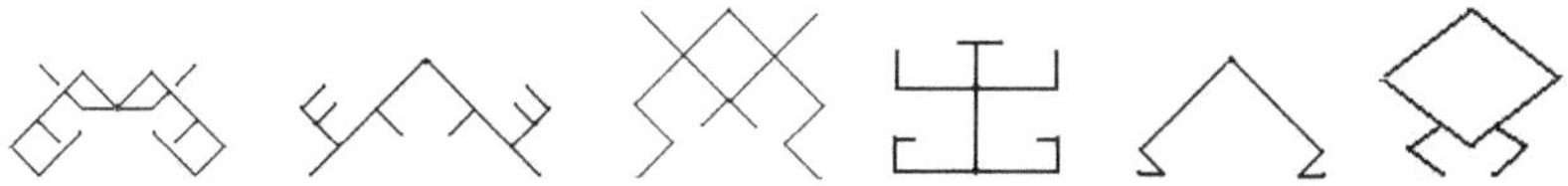

9 14 23 29 36 113

此型是润支系黎族妇女筒裙的基本纹样之一。纹样的特征是在变形化蛙纹的基础上，通过简化的方式将青蛙身体的基本形状和跳跃时的基本姿势，用异常简洁的线条呈现出来，在表现形式上则以写意为主，有的已经具有了几何形纹样的某些特征。

**（四）蛙姿人形纹**

16 21 22 78 110

58 61 116 117 120

此型是润支系黎族妇女筒裙的基本纹样之一。纹样还保留有蛙纹的某些外在特征，即具有蛙的菱形体征和蛙蹼等，但已开始呈现出人的形象特征，即具有头、身、双臂、双腿，而且最为重要的是，与蛙纹的前肢向前跃起不同，该类人形纹双臂向下，身体站立。其主要特点是较为清晰地显示出蛙纹向人形纹的过渡。

**（五）蛙形几何纹样**

10

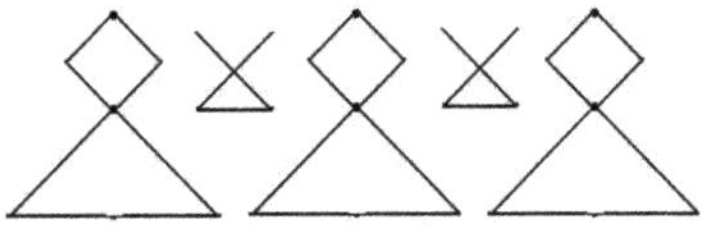

11

82

33

此型样式众多，主要以各种菱形纹、三角纹和波浪形线条等为基本图案，在横向和纵向上连续扩展，从而呈现为丰富多样、变化不定的装饰性纹样。

## 二、哈支系黎族妇女筒裙纹样

黎族哈支系主要分布在海南省西南部的乐东、三亚以及东方等市县，在白沙、昌江、保亭、陵水等市县的周边地区也有分布。过去被称作“侾”，也有称之为“霞”、“遐”、“夏”的。

哈支系黎族妇女筒裙较为复杂，不同地区的筒裙各不相同。一般来说，主要分为三种，分别为“罗活”、“抱怀”、“哈应”，它们按地理位置分别由东北向西南一带分布。

一般来说，哈支系黎族妇女筒裙的纹样较之润支系黎族妇女筒裙纹样更为复杂，不仅纹样种类更为繁多，而且变化也更为丰富。

哈支系黎族妇女筒裙蛙纹样主要有以下几类：

**（一）具象化蛙纹**

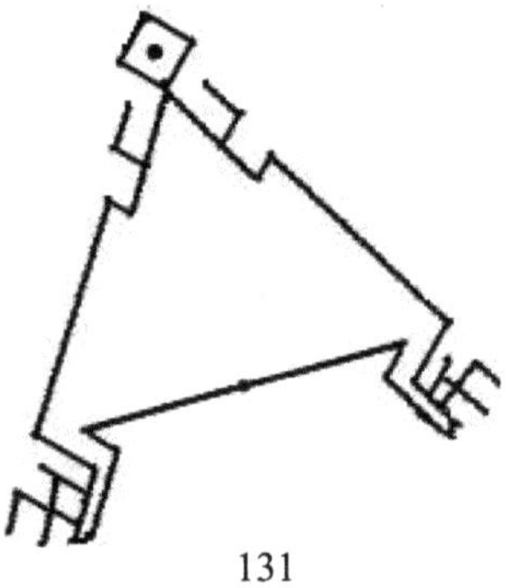

131

此型非常具象化地呈现出蛙的基本特征，即身体呈菱形，头部小，身体逐渐向两边扩展，上肢短小，下肢粗壮有力，蛙蹼清晰，整体形象如腾空跃起，栩栩如生。其主要特点是形象感强、动感有力。

**（二）变形化蛙纹**

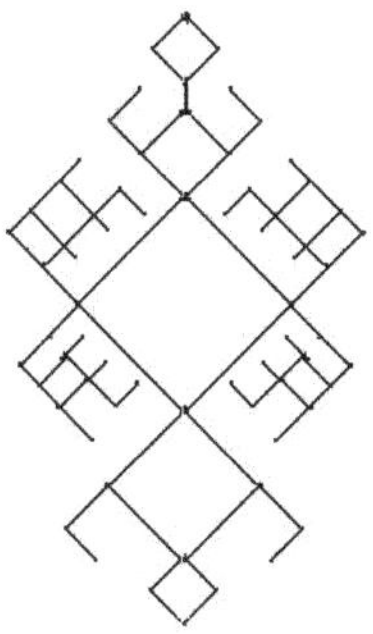

134

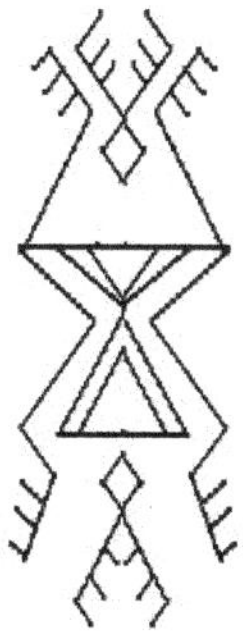

149

此型是在具象化蛙纹的基础上略加变化，主要体现为以对称的方式将蛙纹扩展，使其形成新的形象。其主要特点是蛙的菱形外形和蛙蹼仍然存在，但其形象已经发生较大变化。

**（三）简化蛙纹**

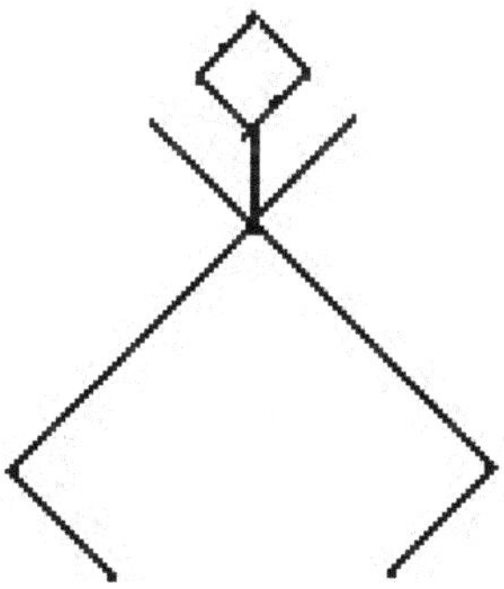

108

此型的特点与润支系黎族妇女筒裙纹样相同。

**（四）蛙姿人形纹**

57　60　121　46　112

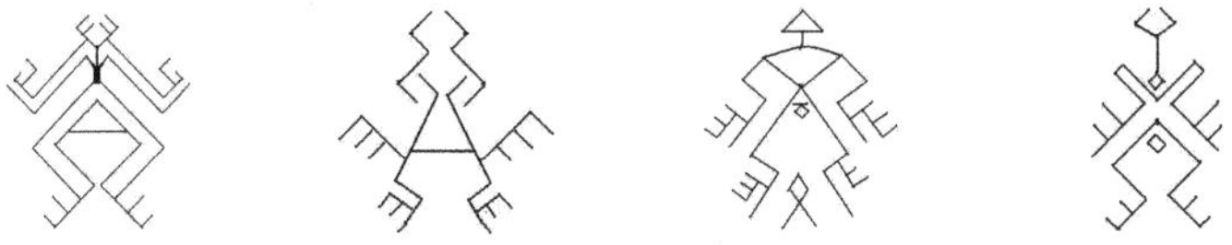

142　41　10　81

125　126　143　143s

此型是哈支系妇女筒裙的基本纹样之一，与润支系妇女筒裙纹样基本相似，但在表现形式上则更为丰富。

**（五）蛙形几何纹样**

52（蛙形）　70（蛙形）　135（蛙形）　72（蛙形）　79（蛙形）

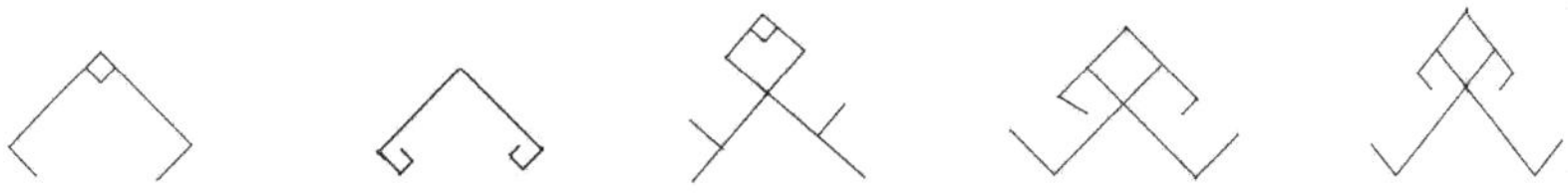

87　118　80　25　29

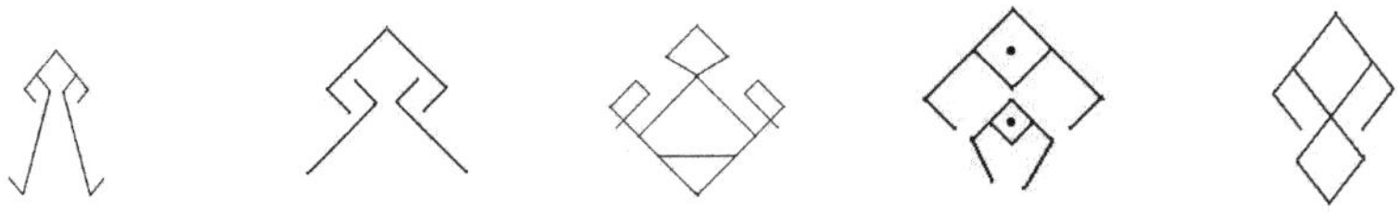

30　33　21　53　54

## 三、杞支系黎族妇女筒裙纹样

杞支系主要分布在五指山腹地周边地区的五指山、琼中、保亭等市县，在昌江、乐东、东方、三亚、万宁等市县也分布有一些杞支系村寨。

杞支系黎族妇女在织好筒裙纹样图案后，往往会再在花纹的边沿，用针刺绣彩色花纹轮廓进行补充，以提高图案的色彩，这种被称作是“牵”刺绣方法可以使所织的筒裙图案轮廓更为清晰，形象更为鲜明。

杞支系黎族妇女筒裙纹样与哈支系黎族妇女筒裙纹样有较大的相似性，表现出了一定的过渡性特征。

杞支系黎族妇女筒裙蛙纹样主要有以下几类：

### （一）具象蛙纹

100

此型与哈支系黎族妇女筒裙纹样相似，但在表现形式上则较为简化，只表现出蛙的基本姿势和外形，而细节部分则基本省略。

### （二）变形化蛙纹

10

11

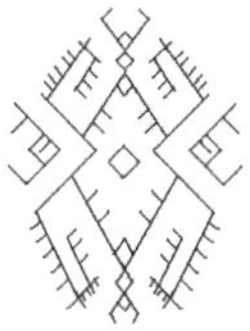

17

19

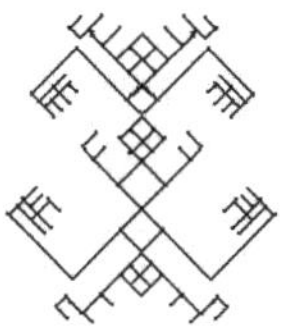

63

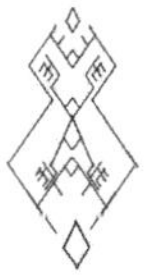

49

96

74

65

77

33　42　47　99　115　116

此型是杞支系黎族妇女筒裙的基本纹样之一。纹样兼有润支系黎族妇女筒裙纹样和哈支系黎族妇女筒裙纹样的特点，有的侧重线条化纹形的表现，有的则侧重具象化很强的蛙的局部细节表现，但总体特征都是在蛙的基本形态、基本姿势基础上夸张、变形而来。

**（三）简化蛙纹**

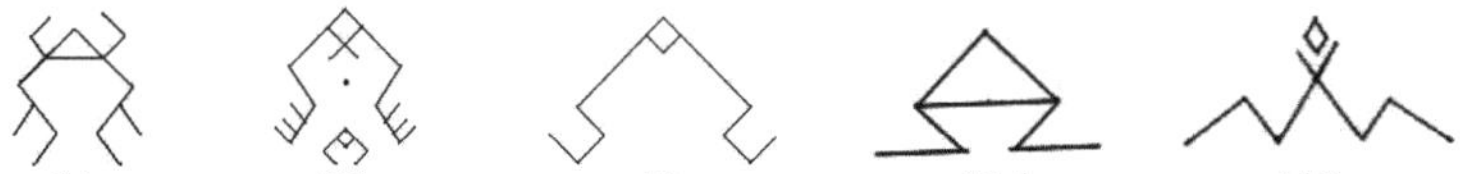

34　36　43　114　113

78　77s　98　103　104

此型是杞支系黎族妇女筒裙的基本纹样之一。纹样与润支系筒裙纹样相似，在变化上则较少一些。

**（四）蛙姿人形纹**

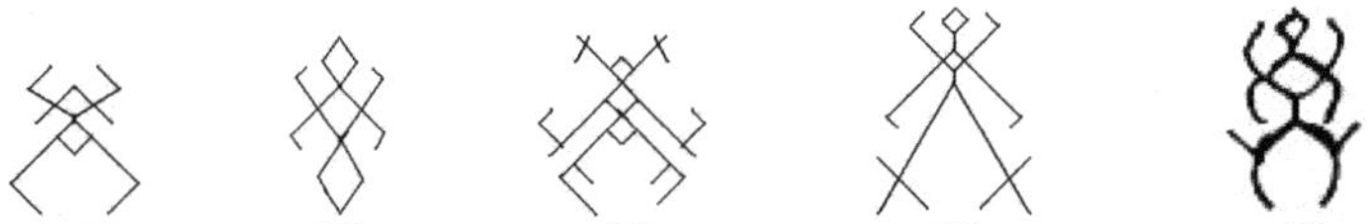

5　16　32　70　79

20　55　7　71　80　85s

48　68　81

此型是杞方言黎族妇女筒裙的基本纹样之一，与哈方言筒裙纹样基本相似，但表现形式与哈方言相比则较少，主要体现为佩戴耳环。

**（五）简化人形纹**

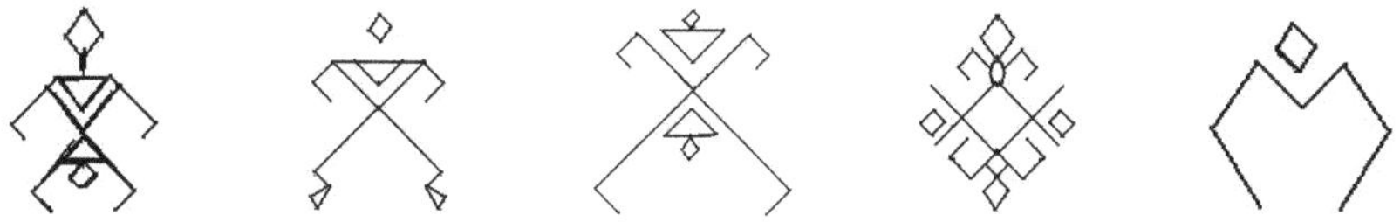

35　111　86　119　93

**（六）蛙形几何纹样**

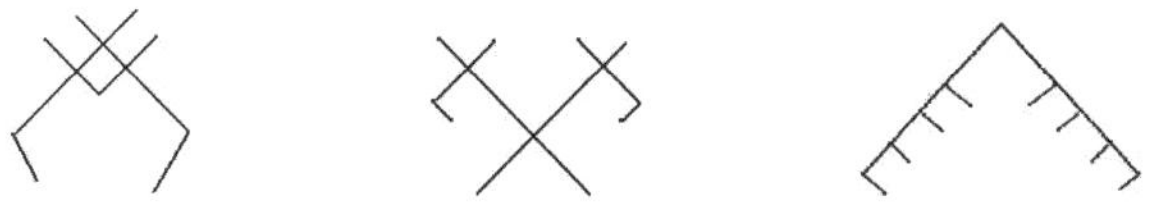

18　52　30　75

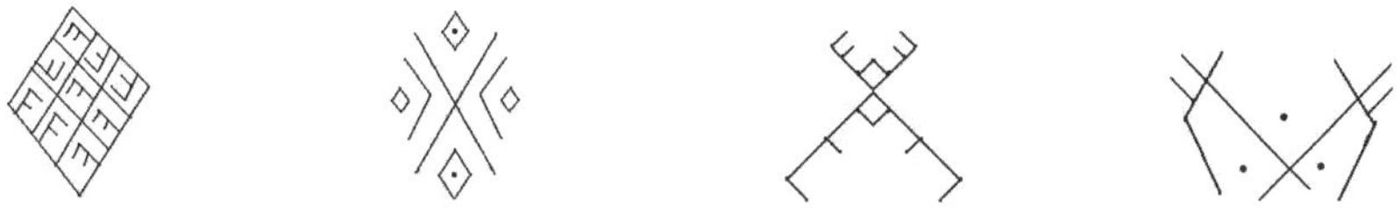

50　58　64　59

85　87　92　6　13

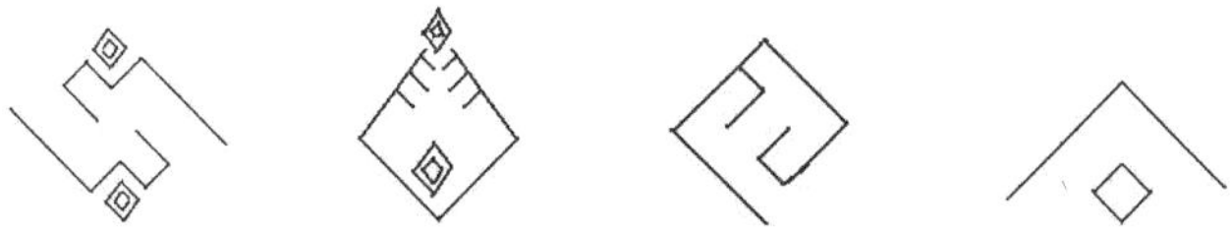

118　51　106　110

## 四、赛支系黎族妇女筒裙纹样

赛支系主要分布在保亭东南部地区的加茂镇、六弓乡、保城镇，陵水西部的祖关、群英、田仔等地，少数杂居在三亚市藤桥镇、儋州市兰洋镇等地。

赛支系妇女穿长筒裙，长约60cm左右，至小腿中部，一般比较肥大，腰围约60—70cm，穿的时候往往会在腰部打一个褶折。

赛支系黎族妇女筒裙的纹样较为简单，与哈、杞支系黎族妇女筒裙纹样有内在的一致性。

### （一）变形蛙纹

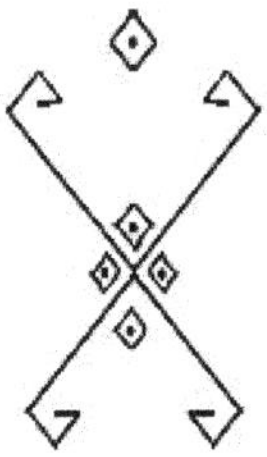

36

9

此型仅保留有蛙的基本形状，有一定变化，但不多。

### （二）简化蛙纹

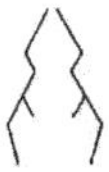

4

5

24

29

31

40

此型是赛方言黎族妇女筒裙的基本纹样之一，与润、哈、杞等方言大体相似，有一定变化，但变化不大。

### （三）蛙姿人形纹

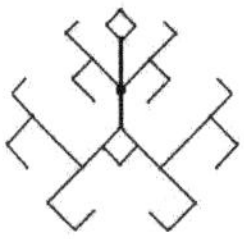

33

7

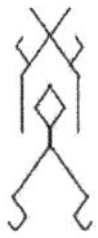

9

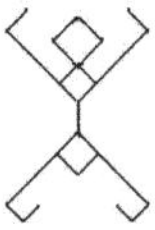

11

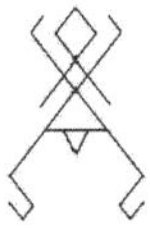

15

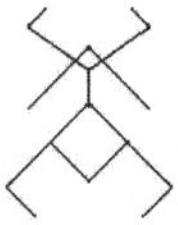

38

此型为赛支系黎族妇女筒裙基本纹样之一，与润、哈、杞等支系黎族妇女筒裙纹样大体相似，但表现形式较为单一，只保留有蛙的基本形状，蛙蹼已不见。

### （四）简化人形纹

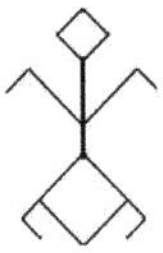

32

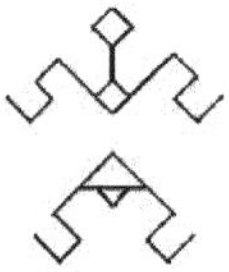

34

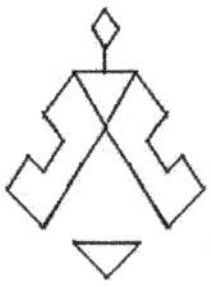

41

此型为赛支系黎族妇女筒裙的基本纹样之一，与润、哈、杞等支系黎族妇女筒裙纹样基本相似，但变化形式较少。

### （五）蛙形几何纹

3

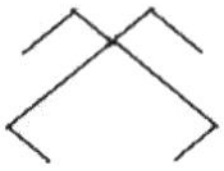
10

12

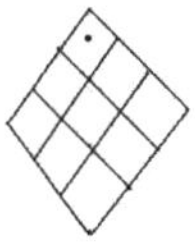
37

42

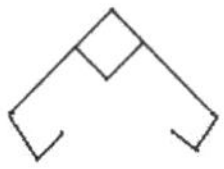
27

## 五、美孚支系黎族妇女筒裙纹样

美孚支系黎族居住相对集中，主要分布在海南岛昌化江中游和下游的东方市和昌江县境内，是黎族的“绞缬”之乡。

美孚支系妇女善于扎染（绞缬），方法是用纱线作经线，先在经线上根据图案的形状扎上无数线头，然后染线，解开一个个线头后，再纺织。

美孚方言黎族妇女筒裙通常由五幅黎锦缀接而成，筒裙从上到下的说法与各支系叫法不同。一般将五幅黎锦分别称为裙头、裙花、裙眼、裙二、裙下。

美孚支系黎族妇女筒裙的纹样较之其他支系黎族妇女筒裙纹样有一定的差异性，主要表现在对蛙纹的表现不一致，其他支系主要是以整体线条表现蛙的整体形状和基本姿势，而美孚支系黎族妇女筒裙的蛙纹则主要是通过分散线条的组合来表现蛙的形状，而各分散线条则同时起到逼真地表现青蛙背部隆起斑纹的特征，十分形象，艺术表现手法独特。

美孚支系黎族妇女筒裙蛙纹样主要有以下几类：

### （一）具象蛙纹

1

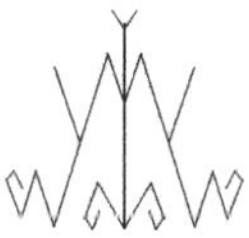
2

3

4

73

75

76

此型是美孚支系黎族妇女筒裙的基本纹样之一。纹样以正俯视的方式表现蛙的整体形象，主要通过对称出现的多线型斜纹和曲线纹模仿蛙的背部外形，具有很强的具象化特征，而纹样四周延伸出的线条末端基本都有细小的弯折，与蛙蹼十分相似。

**（二）变形蛙纹**

19 38 58 74 77

此型的主要特点是在具象蛙纹的基础上进行夸张和变形而得来，其线条或者更加丰富，或者加以简化，形状也由单一型蛙纹演变为上下对称型蛙纹。

**（三）简化蛙纹**

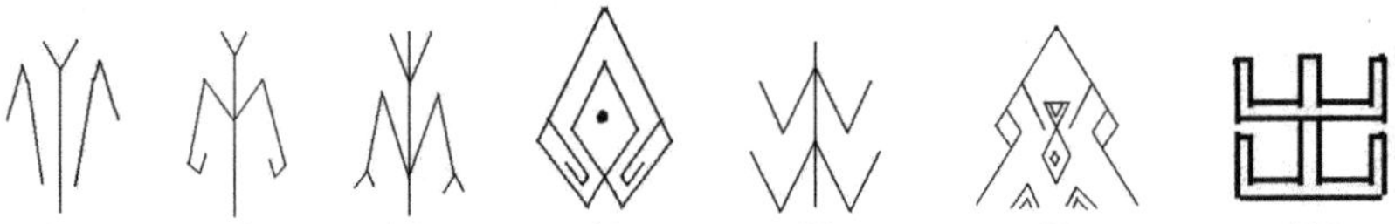

8 12 15 46 66 80 100

此型多数由前两种蛙纹简化演变而来，也有个别与其他支系黎族妇女筒裙纹样相似。

**（四）蛙姿人形纹**

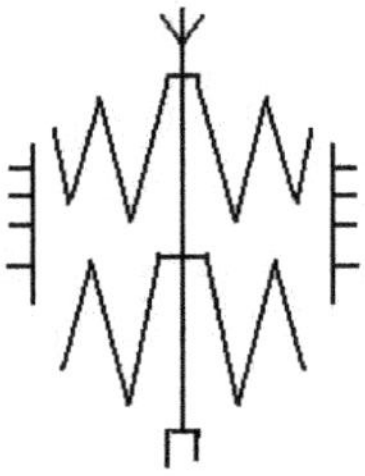

60

此型从简化蛙纹演变而来，线条更加简化，形象单一和有序，更多地呈现出人站立的基本形状，只有弯曲的四肢仍保留有蛙纹的基本特征。

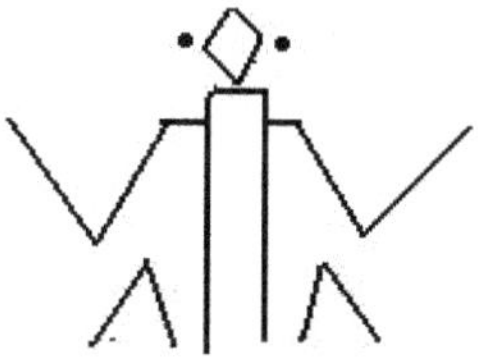
27

29

此型在形状上虽然还保留有蛙纹的某些特征，如四肢弯曲，个别手、脚部还有蛙蹼，但整体形象已经具有了人类活动的基本特征，如佩戴耳环，手中持有物品等。与其他支系相比，最大的不同在于仍较多地保留有蛙的体型和姿势，且线条感强。

**（五）简化人形纹**

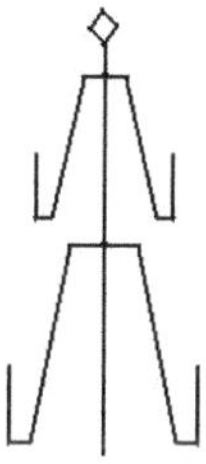
51

此型是在具象人形纹的基础上进一步简化和规范而成，仅保留有头、身和四肢，但手足部位还有一定蛙的基本形状。

**（六）符号纹样**

40

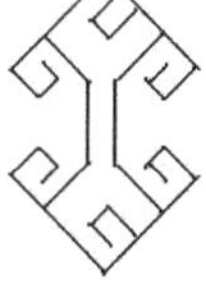
37

**（七）几何纹样**

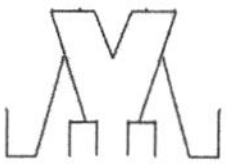
40

37

20

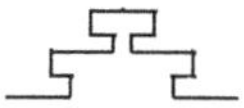
78

91

此型与其他支系黎族妇女筒裙纹样基本相似，但表现内容更多，变化形式更为丰富。

本文中所绘制的纹样图谱主要依据笔者在田野调查中所采集的165条筒裙以及王学萍主编的《黎族传统文化》和符桂花主编的《黎族传统织锦》上所出现的部分筒裙。这些样本远远不能代表黎族妇女筒裙的种类，并不能涵盖黎族妇女所有筒裙的纹样。

本文旨在通过图谱形式客观地、真实地呈现当前黎族妇女筒裙中的蛙纹样。可以证明：蛙纹是黎族筒裙中最多见的一种基础纹样。

**编者按：**

本文摘自孙海兰博士学位论文《黎族织锦纹样研究——以黎族妇女筒裙纹样为例》。

2008年海南省五指山市、白沙黎族自治县、保亭黎族苗族自治县、乐东黎族自治县、东方市“黎族传统纺染织绣技艺”列入第一批国家级非物质文化遗产名录。2008年海南省锦绣织贝有限公司、海南省民族研究所“黎族服饰”列入第二批国家级非物质文化遗产名录。

2009年10月，“黎族传统纺染织绣技艺”列入联合国教科文组织公布的急需保护的非物质文化遗产名录。

# 坡芽歌书15首符号意义解读

王志芬

坡芽歌书是流传在云南省富宁县壮族地区，以图画文字将壮族民歌记录于土布上的民歌集。由月、星、树、稻叶、犁、斧、禽、马、人、衣、手、口、房屋、鸟笼等81个符号代表着81首壮族民歌，是一部难得一见的图载歌书。

《坡芽歌书》又是一部壮族的爱情组歌，反映了壮族青年男女谈情说爱的全过程，展示了他们的炽烈感情和相互考问的智慧。整部歌集记录了一对青年男女相遇、相知、相恋并白头偕老的情感历程，鲜明地展现了壮族作为稻作民族的诗性思维特点和艺术表现技巧，具有十分浓郁的民族地域特色。

本文集中阐析书中前15首歌的符号意义。

## 第一首　月亮　男唱

歌词大意是：夜晚月明如镜，照得四下亮汪汪的。哥哥我想起你来啊只有叹息自己的命苦。我的命啊苦得就像被水坝困住的水，苦得就如被围在山坳里的牛。现在的我就像山坳里的牛在嚼干枯稻草，自己一个人在孤单叹息，悲叹我的命真是不好！不好到要与鸡一起同槽抢食。鸡专门啄吃大米，我只有吃鸡剩下的瘪谷粒。这样的我在人前没有脸面，私下也自愧不如啊！

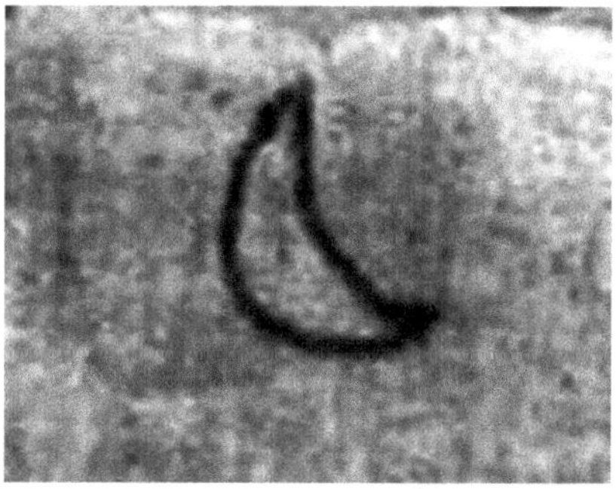

图中是一个半弯的月亮。据《富宁县民族志》记载，在富宁甘美至郎冲的路边竖有一块石基上面刻有一个月亮符号。这个月亮符号和《坡芽歌书》上的月亮符号一模一样，连月弯的方向都是一致的。只是甘美村的弯月下面还有一横线。月亮的图案不仅在歌书中有，在铜鼓上也有。云南省文山州富宁县木思中寨发现的铜鼓鼓身第12晕就有半月纹的图案。

在壮族《公太阳和母月亮》的神话传说中，天上的公太阳和母月亮结婚生下了10个太阳，把女人背在身背后的孩子都晒死了，布洛陀叫特桄做弓箭射落了那10个太阳，剩下的公太阳和母月亮不敢再出来，布洛陀派公鸡去请太阳，听到公鸡悦耳的歌声，公太阳和母月亮才冉冉升上天。在这个故事中太阳和月亮是一对夫妻，他们的性别已经十分明显。

除坡芽歌书中的月亮歌外，壮族地区还有很多关于月亮的歌。比较有名的有广西壮族民歌《月亮出来亮晃晃》、《山歌牵出月亮来》，等等。广西平果县的壮族嘹歌——《月亮》也很有特色。在这些歌中，月亮都是代表女性。

画面中的月亮画的是弯月，“脸”朝东，应当是下弦月或残月。即农历十五以后后半夜的月亮。可见这首歌画的是一个男子因为思念恋人，到了后半夜仍未入睡的情景。这首歌通过感叹自己命苦来表达对女方的思念。

## 第二首　小撮石　男唱

歌词大意：记得小时侯，我还是个小娃娃，玩抓石子的游戏，风去留下我，人单影又只，独自上山岗，独自钻小巷。三月蠓虫来叮，四月蚊子来咬。蠓虫成群叮，蚊子连片咬，没有吃的没穿的，衣服像挂在身上的纸钱一样破烂，不像妹妹那么娇贵！

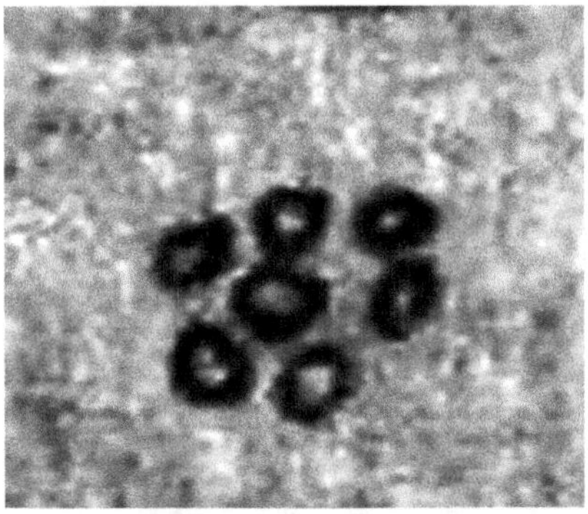

图案由7个小圆圈组成，1个圆圈在中间，6个环绕其周围。一个圆圈代表一颗石子。表示抓石子游戏中的7个石子。

抓石子是壮族儿童经常玩的一种传统游戏。这种游戏参加人数一般是2到4人。石子有5颗、7颗不等。将石子撒落地上，把其中1颗扔向空中，在它落地前赶紧抓起地面的其他任意1颗石子，同时接住空中的石子，接着连抓2颗后再接空中的石子，依此类推至抓完。通常的玩法是参加玩的人相互比赛，看谁先抓完或谁抓牢的石粒较多，多者为胜。也可逐渐加深游戏难度，如在抓地上石子时不能碰到其余的石子。

抓石子的游戏在壮族儿童中非常普遍。石子是古代壮族用于记数的器物，“抓石子”的游戏不但能锻炼儿童的手脑配合能力，而且能锻炼儿童的数字组合能力。通常这种游戏女孩子玩得较多，但这首歌是男方唱的歌，表明在壮族地区男孩也经常玩这种游戏。

这首歌通过小时候常玩的一种游戏来象征歌者小的时候。这一首是试探，表明双方都还在互不了解的阶段。

## 第三首　男子　女唱

歌词大意是谁站在那儿若隐若现？是血桐树还是岗柃树？是官家子弟还是帝王之子？像初升的太阳一般充满朝气，像蟠龙眼的花一样甜美无瑕！你是成家还是未成家？小妹我要用歌把你拦下，和你来对一对歌。哥哥你卯时上路，妹妹我辰时迎道，我们俩的相遇那么巧，真是天涯一对有缘人！让我们一同捡栗子！让我们一起对生辰！

图案画的是一个半身人的形象。人物只有大体的轮廓，分不出男女。

卯时、辰时不相冲，表示是个好时辰。歌中以此比喻两人相遇的时辰较好。生辰八字在壮族的日常生活中非常重要。壮族婴儿出生三日就要请摩公将生辰换算成天干地支，写在红绿布上或木板上由父母收藏。在以后的人生道路上，看病、看日子都和这生辰八字有关，特别是壮族男女青年定婚姻时要经过“合八字”，只有八字相合才能结为夫妻。

歌中唱“对生辰”有“看八字”合不合做夫妻之意。这是一首投石问路的探问歌。表明双方互不了解，只是有一些好感。

## 第四首　鸭头绿　男唱

歌词大意是：两只绿头鸭，看见一塘清水，站在堤上引颈想喝却怎么也喝不到，只有翻身下水游向对方。我俩在一起是命中注定！十泉才能汇成一池，百池才能聚成一塘，即便岸堤是泥巴垒的我也相信不会渗水塌方！这样的日子，过一百年就像过一个月，不要说会相互淡忘！

左边的鸭子代表“男方”，右边的鸭子代表“女方”。左边的鸭子跟随右边的鸭子表示男方对女方的追随。

壮乡是水乡、稻乡，十分适宜养鸭子。鸭子成为壮族日常生活中十分常见的东西。歌中虽然画的是两只鸭子，歌中唱词所描写的也是两只鸭子的状态，实际上刻画的却是两个恋人之间的关系和心理状态。此处的鸭子象征的是人。

阐释：鸭子在壮族文化里总是和祖先有关。

实际上鸭子的意义不只于此。壮族认为自己的男性祖先布洛陀是一只鸟，在此基础上发展出以生殖崇拜为核心的祖先崇拜观念。鸡作为壮族鸟崇拜的衍生物备受壮族推崇。在云南省文山州广南县贵马村，每逢农历大年三十晚上，收藏铜鼓的戴氏家族要进行祭铜鼓仪式。祭祀铜鼓必须杀鸭子做供品。杀鸭时，要将鸭血滴在鼓面上，先让年长的女性第一个吮铜鼓上的鸭血酒，然后，戴氏家族按从长到幼的顺序依次在铜鼓上各吮一口鸭血酒。认为这样可保来年宗族兴旺、人人健康！在这里，鸭子血象征着祖先的血脉，喝鸭子血就是继承了祖先的血脉，获得了祖先的护佑，宗族从而得以兴旺，子孙从而得以健康！

歌者用两只绿头鸭比喻和女方的恋人关系，向女方诉说衷肠。

### 第五首　鹧鸪　女唱

歌词大意是：哪里鹧鸪叫？哪里斑鸠[①]闹？哪里野鸡啼？哪里小伙到？外边谁唱歌？把我平静的心唱得乱糟糟的！我的心乱得就像一锅沸腾的油！我的心乱得就像山洪暴发时的水漂柴！我的心乱得就像随波逐流的马耳杆！我的心就像悬在树上的马蜂窝！我的心就像黄蜂在里面炸了窝！每一棵心都想马上飞到你身边！

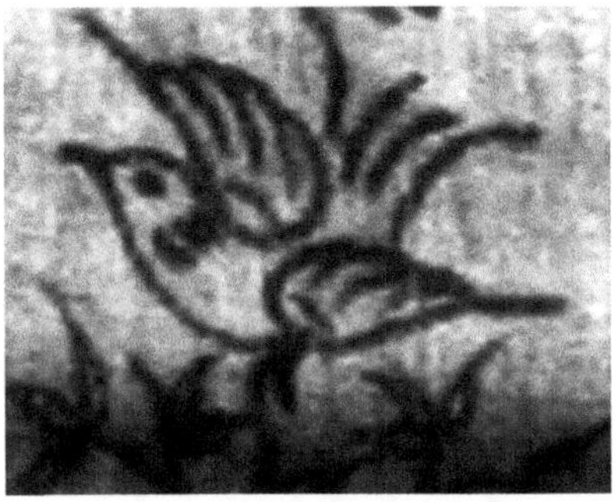

图案画的是一只展翅欲飞的鸟。这种鸟图案在村民的枕头、鞋样、门帘、挎包上十分常见。

鸟是壮族及其先民越人的崇拜物。在广西都安瑶族自治县大化乡的壮族民间流行一种叫跳斑鸠的迎客舞蹈，每当村里有人办喜事或丧事时，主家邀来一些人，到村口或在屋前跳起斑鸠舞。鸟崇拜实际上是一种男性崇拜。在壮族地区，壮族的女祖先叫“咪六甲”，男祖先叫“布洛陀”。而“布洛陀”在壮语里是头人、老人、老祖宗、祖父和鸟的首领之意，表明壮族男性先祖与鸟的关系。[②]

---

① 《中国富宁壮族坡芽歌书》翻译为“锦鸡”，坡芽村村民翻译为“斑鸠”，此处采信坡芽村村民的说法.

② 廖明君. 壮族自然崇拜文化. 南宁：广西人民出版社，2002，437.

在壮族的刺绣中，“鸟”的出现总是和“花”连在一起。在壮族地区，“花”是女始祖咪六甲、女性、姑娘的象征。可见，“鸟”实际上是先祖布洛陀、“男性”、小伙子的象征符号。

歌者通过表示鹧鸪、斑鸠、野鸡、小伙将“我”的心唱乱，表达想要与男方对歌的急切心情。

## 第六首 刚竹 男唱

歌词大意是：沿着这条河一直往下走，看见青竹十五丛。没见哪根直，没见哪节匀，单见这根直，单见这节匀，单见你可爱！最爱的是你的双眼！最爱的是你的双唇！你的双眼微微颤动，眼波流转就像要说话！你的双唇微微轻启，就像含苞欲放的棉花！你的肤色比棉花还要洁白！妹妹的脸啊如此的白嫩娇俏，有谁能比得上？

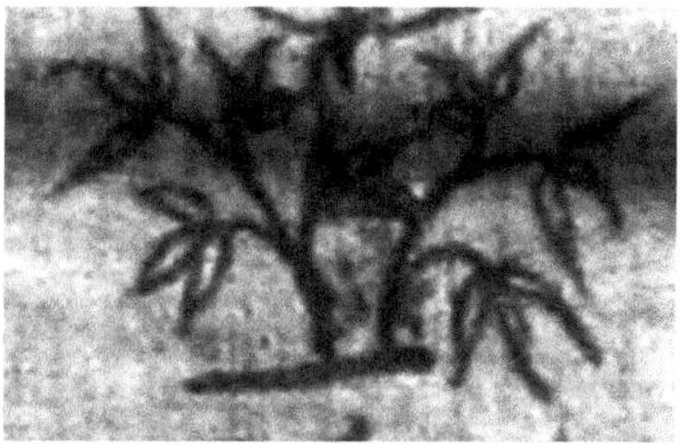

图案画的是两根竹枝的形状。竹枝根部画有一条横线。

竹子的生命力很强，只要随便砍一截插入土中便可成活，并且很快枝繁叶茂，郁郁葱葱。因此，竹崇拜是壮族生殖崇拜的一个重要对象。

壮族对竹的崇拜更多倾向于女性的生殖力。因为竹的叶子形似女阴；竹茎口圆中空，极易被视为女性子宫的象征物；壮族有很多“竹能生人”的传说，如《布伯的故事》、《莫一大王》、《白马英雄》、《未长成的兵马》等故事里都有“竹生人”的情节。①

因此，在这首歌中，竹象征的是女性，即与男方对歌的“你”。这首歌主要表达男方对女方的夸奖和赞美。

## 第七首 慈竹 女唱

歌词大意是：沿着这条河一直往下走，长着十五丛名叫“思念”的竹子，竹子丛丛相连、根根相生！阿哥的歌甜啊，甜得就像油脂，柔滑细腻！阿哥的歌美啊，美得就像白嫩细长的河藻叶，飘逸灵动！歌声漂入长满芦苇的河岸，如此绝妙。妹妹我听了飘飘欲仙，陶醉其中。

这首歌用了谐音象征。因为“小绵竹” mai²² nam²⁴ 的壮语发音和壮语“渴望、思念”谐音，因而此歌象征思念。

① 廖明君．壮族自然崇拜文化．南宁：广西人民出版社，2002，229－242.

竹子代表的也是歌中的女方，因为“思念”的对象是“哥哥”，所以“思念的竹子”代表的是女方。

这首歌中通过对男方的歌声进行了赞美，表现歌者对男方的欣赏态度。

## 第八首　孤单人　男唱

歌词大意是：我怨恨自己的命不好啊，亲娘只生了我一个！在家的时候孤单一个，外出的时候没有人看家，挑一挑水一个人喝，担一担柴独自作饭！下田地干活，去时候一个人，回来的时候也是一个人，形单影又只，无依又无靠！

图案画的是一个侧身托腮，独作忧思冥想之状的半身人物形象。

在这首歌中，主人翁通过表达自己是伤心孤独人来介绍自己家庭中的情况，说明他是独身一人，非常需要女方的爱情。

歌词中反映出一个壮族青年男子在那个时代的非常简单的生活，即：挑水、担柴、做饭、下田地干活和谈情说爱。同时，因为挑水、担柴、做饭一般是家庭妇女的劳动，歌者通过表现自己在做这些事情来表明自己是单身一人、尚未婚配。

## 第九首　开口　女唱

歌词大意是：你怨什么叹什么？你不是有一个和你一样好的老婆吗？为什么还要怨叹？你和老婆都有情人，你们在家是两人，出门各成双，为什么

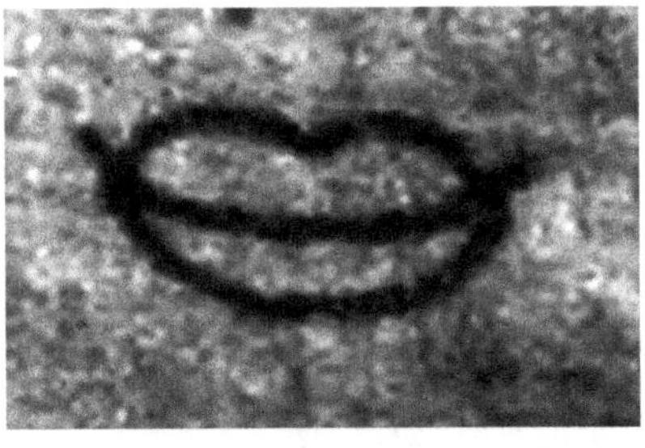

还要怨叹！你们挑水回家一起喝，担柴回家一起烧，你耕田来她种地，夫妻相对笑哈哈！为什么还要怨叹！

图中画的是一张嘴角上扬、开口即笑的嘴巴。

壮族旧时有“依歌择偶”的习俗，婚姻要依礼数，男女间恋爱交友却相对

自由，即使在婚后，男女双方也可以结交异性朋友，此句是女子戏称男子在家有妻子，外出有情人，还怨叹命苦。① 女方这样说有引出话题，进一步了解男方情况的企图，而不是在说一种真实的情况。

因为前一首歌男方表示自己是伤心孤独人，这首歌主要表达女方的疑问：你不是很好吗？应该笑才对？为什么还要怨叹？一方面，歌者通过这首歌表现出自己的关心，另一方面通过这首歌进一步探问男方，了解男方的情况。

## 第十首　枫叶　男唱

歌词大意是：正月里枫叶开始发芽，二月里枫叶开始变绿。谁来为孤单的人缝一件衣服？谁来铲田埂？谁来拔秧苗？早晨谁先起？谁来扫碓窝？谁来烧火塘？谁来把家当？

图案画的是一片枫叶，枫叶向左倾斜（以图案本身为参照物）。

“我”，即歌者。枫树在壮族地区是祖先的象征。枫叶是枫树上的一片叶子，叶子和枫树的关系就是祖先和后代的关系。因此，此歌用枫树上的一片叶子来表示“我”的概念。壮族有男左女右的观念，此歌枫叶符号向左倾斜，表示“我”是男性。②

在壮族民间故事中，枫树与人类的繁衍有密切的联系。壮族民间故事《枫树、榕树和木棉树》更是明确表明枫树是祖先的观念。

壮族的三月三是传统的盛大节日，壮族认为祖先就是在这一天上山去种枫树、榕树和木棉树的，值得祖祖孙孙来欢庆。在“三月三”节日上，黑糯饭是必备的物品。黑糯饭就是用枫香树叶染成的，在节日中，黑糯用来供奉祖先，以此来表示不忘祖先，而活着的人则通过吃枫香树叶染的黑糯饭表示自己继承了祖先的血脉。

因为枫香树代表祖先，祖先在壮族人的观念里是护佑后代子孙的形象，因而枫香树和枫香树叶也有了护佑子孙、驱邪避邪的功能。因此在“三月三”节日中，人们要将枫香树叶插在头上，插在大门外两侧和神台上，寄意神明佑护，象征吉祥平安。就连做五色饭的枫叶料渣，人们也要将它撒在

① 刘冰山．中国富宁壮族坡芽歌书．北京：中国民族出版社，2009.

② 左和右以歌书符号本身为参照物，而不是以观察者的角度为参照物。

房屋外围的墙脚下，以为这样就能驱赶邪气鬼蜮，求得全家平安。

在坡芽村，三月三这一天是村里同一个家族的人集体扫墓的日子，表示了壮族对祖先的集体认同。

缝衣服、刨田埂、拔青秧、扫碓头，晨早起，这些活动在壮族地区一般都是由女人来做的。这首通过歌唱春天来临的景象和有谁来帮“我”做这些女主人做的事情来表达一个春心萌动的男子希望有一个配偶的心情。

## 第十一首　枫叶　女唱

歌词大意是：正月枫芽发，二月枫叶绿。妹来缝蓝衣，妹来铲田埂。妹来拔青秧，清晨妹先起，妹来扫碓窝，妹来烧火塘。妹来把家当。

图案画的是一片枫叶，枫叶向右倾斜（以图案本身为参照物）。

符号：象形符号。不可拆分。在第10首歌中重复使用。

这首歌画的也是一片枫香树叶。只是前首歌的枫叶往左边倾斜，这首歌的枫叶往右边倾。基于壮族男左女右的观念，此歌枫叶符号向右倾斜，表示“我”是女性。[①]

在云南富宁县的坡芽村，壮族的房屋一般是三间三进深的房子。中间是客厅，一家人白天的活动在此进行，如织布、吃饭、待客等。客厅的最里面靠墙为神位，放供桌供奉着壮族人信仰的祖先、门神、灶神、花婆、土地神等神灵。客厅的左边（东边）是家里长辈的居所，右边是儿女辈的居所。在全家共席的正式场合，翁姑子媳同桌的时候，座位就有严格的规定，正位（靠近神案一侧）为主位，由公公和婆婆坐；公公婆婆对面为下位，儿媳坐；左右两侧为儿子和姑娘的位子。

男左女右的观念在壮族地区非常普遍。因此，歌书用枫叶向左倾斜表示男声唱，用枫叶向右倾斜表示女声唱。

这首歌是对前一首男子歌曲的对答。歌者通过表示自己承担缝蓝衣、铲田埂、拔青秧、扫碓窝、烧火塘等家务和田间劳动，答应男方的求偶请求。

---

① 左和右以歌书符号本身为参照物，而不是以观察者的角度为参照物，后面涉及的左右符号以此同.

## 第十二首　油蚂蚱　男唱

歌词大意是：妹妹你真会说话，是不是你阿妈教的？你一定出生在达官贵人家。你的嘴唇像油蚂蚱一样红，你的手啊白得就像芭蕉芯。你是哪家生的妹妹，你给哥哥讲句实话，是远是近让哥心中有数，也好下次去你家找你。

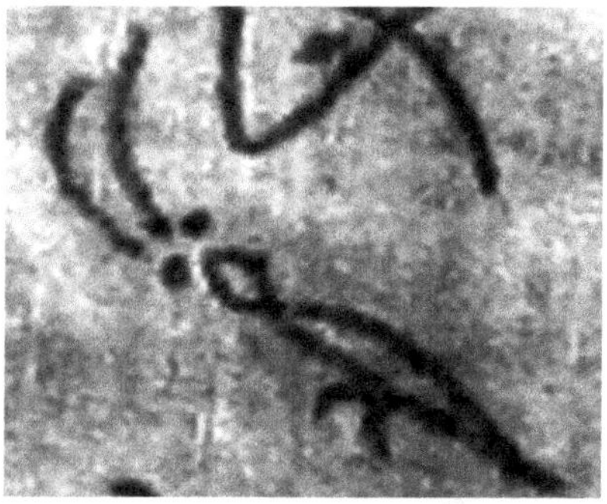

图案上画的是一只蝗虫。

歌书上画的是一种当地人叫“油蚂蚱”的蝗虫。歌书上画的油蚂蚱抓住了蝗虫的特性，突出了长长的触角、大大的复眼和强壮的后足。同时，蝗虫的尾部画了一条尖尖的长尾巴，表示这是雌蝗虫。

蝗虫的种类很多，油蚂蚱是蝗虫中最漂亮的一种。它的身子全是绿色的，肚子大大的、嫩嫩的全是一包油，但她头背是红的，看起来十分干净漂亮。此歌用油蚂蚱象征心仪的女子，表现出对女方的一种赞美。因为油蚂蚱的头背是红的，又长在头部，和歌者所要赞美的女方的嘴巴相对应，表示歌者所赞美的对象是个女性。

蚂蚱和壮族少女的关系十分密切，在壮族地区有一个用蚂蚱占卜少女婚姻仪式十分值得注意。这个仪式通常发生在收割谷子的时节。

这种用蚂蚱占卜婚姻的仪式过去在壮乡十分普遍。云南壮族著名的民间歌手黄廷秀说：“我从小时候就会唱（这首歌）了，在我们壮家，妇女老老少少都会唱，是古老古代传下来的古歌。”在坡芽村，歌手依丽英、农凤妹和村里现年30岁以上的妇女少女时代都唱过这首歌卜婚。

壮族少女之所以将蚂蚱作为占卜婚姻的吉祥物，跟蚂蚱生长在水田有关。蚂蚱喜欢吃稻、玉米等庄稼的禾苗，因此在以种植水稻为主的壮族地区，蚂蚱十分常见。

这首歌用“你一定出生在达官贵人家。你的嘴唇像油蚂蚱一样红，你的手啊白得就像芭蕉芯。”表示对女方的赞美。同时用“你是哪家生的妹妹，你给哥哥讲句实话，是远是近让哥心中有数，也好下次去你家找你。”进一步探问女方更为确切的信息。

## 第十三首　荒园韭菜　女唱

歌词大意是：哥哥你问起我出生的人家？我就说给你听：阿妈只生了我一个独女，生得那么差、那么丑！我孤苦伶仃一个人，就如剩在树梢上的一只牛奶果，就如遗落在枝头上的一颗空壳锥栗，就如干枯在旱田里的一叶浮萍，就如遗忘在荒园里的一根韭菜。有谁像我这么孤苦伶仃？孤苦到难为情，孤单到懒得提。说给哥哥你听的话我的脸会红，我实在是羞与你说啊！

画面由一根三叶的草状物，不远处的一根竖线，和其下面的一条横线组成。表示“荒园韭菜”。

韭菜是云南文山壮族常见的菜。因为“韭”与“九”谐音，韭菜有象征“长久”之意。百越生活在长江以南、珠江流域的广大地区，由百越民族发展而来的许多民族至今仍有用韭菜表示“长久”的习俗。

云南文山广南壮族的“六月六”节，是壮族祭祀祖先和英魂的节日。除各村寨的男人要上山祭祀外，家家要用红糯米饭和韭菜在屋外的阳台上祭祀。[①] 此处的韭菜应该有“长久记忆”之意。

歌者自比荒园中的韭菜，表明自己长久剩余、无人问津。主要通过此歌表示自己尚未出嫁，还未婚配。

壮族男女青年对歌，一般是在歌圩上，不知道对方的姓名和家庭状况，因此在刚开始对歌时有一个试探阶段，歌手用一对一答的方式慢慢摸清对方的情况，同时也向对方交代自己的家庭状况。这首歌是试探阶段时唱的歌。

### 第十四首　流泪　男唱

歌词大意是：我恨呀恨！我恨这条河太弯！我恨这座山太高！我恨这芦苇一丛又一丛将我们阻隔！我恨咱俩不同村！不敢想能和你共做一家人，只敢想我家的晒台要是能连着你家的晒台多好！洗脚的时候可以相互对望！洗脸的时候可以偷看两眼。我们的毛巾一同湿，我们的手脚一同干。妹妹的毛巾早干了啊，哥哥的毛巾还是湿淋淋的，那是思念的泪水啊你可知道！妹妹你是不是有了丈夫啊？把我骗得这么的孤单？

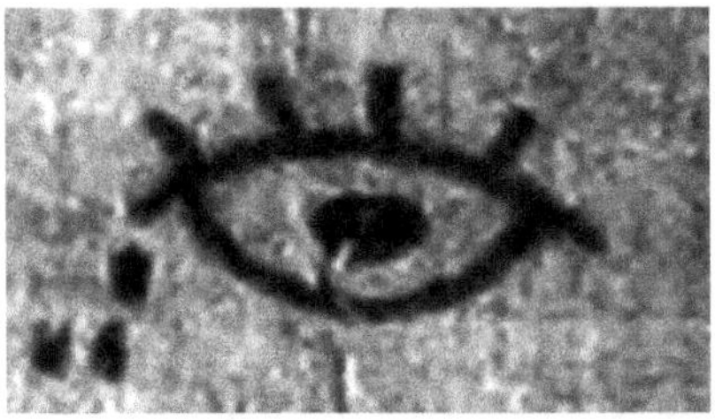

画面是一只眼睛，眼角处画了一些点点。整个画面所要表达的意思是“流泪”。

① 杨宗亮．壮族文化史．昆明：云南民族出版社，1999. 120.

歌曲的主题表达的是男方对女方的想念。而“想念”这个词语并没有一个明确的图案可与之对应。因此用“流泪”的符号表示十分想念以至到了流泪的地步。

在这首歌中，男主人翁希望自己和女方是同村，即使不能同在晒台洗脸脚，也能在晒台上看到对方。洗脸脚的时候能在晒台上看对方已经是一种非常亲密的关系。

歌者用痛恨河太弯、山太高、芦苇太深、不和你同村等人力无法改变的因素来表达对女方的思念之情。在表明自己感情的同时，也用“妹妹你是不是有了丈夫啊把我骗得这么的孤单？”来对女方的感情作出相应的询问，

## 第十五首　石块　女唱

歌词大意是：你怎么会这样说啊？妹妹我还是独身一人。独处的时候就像一块石头，呆立的时候就像一棵树桩。就连树桩都有人来靠，就连石墩都有人来坐。饿了有人坐下来吃晌午饭，累了有人坐下来歇一歇。只有我一个人孤独地守在女儿房里，是一个远近闻名的老姑娘。像我这样没有如意郎君的全村就剩我一个，在这一片地方也绝无仅有啊！

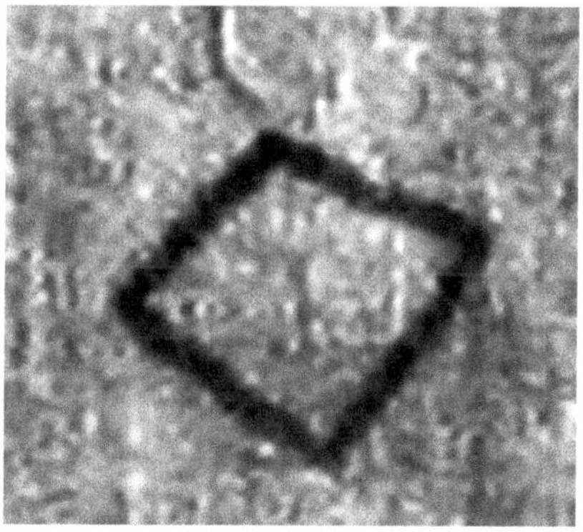

画面是一块四方形的石头，表示歌词中所唱到的“一块石”。

石崇拜和树崇拜是壮族自然崇拜的一个重要组成部分。①

富宁县的壮族过隆恩节的习俗应当与“祖先石生”的观念有关。隆恩节于每年正月十五在富宁归朝镇甘美村山峒内外举行。壮语“隆”即下去，“恩”是溶洞，意下洞。此地古称洞连，周围有“粮峒”、“银峒”、“牛峒”、“羊峒”、“虎峒”等40多个溶洞。传说古代建村后，某年农历正月，有人见一对玉兔跑进山脚一小石洞里，又见一对青年男女牵手进入一较大溶洞去，遂不出来，于是相约几人进去寻找，毫无踪迹，即认为此洞是金童玉女下凡娱乐的山洞，即以祝之，谓能给人带来福运。每年正月十五，江曲、郎冲、甘美三村青年男女慕名到此游玩，开展抛绣球、踢毛毽等活动。中青年人也来此观赏。又说古时洞连村有人到广西“十亭弄母”，看到那里人畜

① 廖明君．壮族自然崇拜文化．南宁：广西人民出版社，2002．94－116．

平安，人民殷富，经访探，说是神农保护所致。长老得知后，在某年正月派人到“十亭弄母”求取其神农香炉，回到时正是正月十五。因抬其香炉至山洞附近时，抬竿突然折断，人们认为此地即为神农安身之地，就在此地建神农庙，并决定每年正月十五，由各村寨老通知本村各户带鸡、肉、米到神农庙供祭。

在这首歌中，歌者将自己比喻为石和树桩，应当是壮族这种观念的具体体现。正是因为有自己和周围的人有这样的观念和年复一年的“石崇拜”、“树崇拜”崇拜仪式，潜移默化，歌者才会用这两种东西来比喻自己。

这首歌是对上一首歌的回应，表达“我孤身一人，正如这块石头，又普通又没人要。我怎么会有丈夫呢”的意思。

“坡芽歌书”是一部以图画文字将壮族民歌记录于土布上的民歌集，歌书由 81 个图画文字构成，每一个图画文字代表一首情歌，反映的是壮族人民的劳动生活和多姿多彩的民风民俗。本文对 81 首中的开头十五首的解读可以看出：《坡芽歌书》是一部壮族的“传情”组歌，反映了壮族青年男女谈情说爱的全过程，展示了他们的炽烈感情和相互考问的智慧。整部歌集记录了一对青年男女相遇、相知、相恋并白头偕老的情感历程。

**编者按：**

本文摘自王志芬博士学位论文《云南壮族坡芽歌书符号意义解读》。

2011 年云南省富宁县《坡芽情歌》列入第三批国家级非物质文化遗产名录。

# 蒙古族马头琴传承方式及其变迁

通拉嘎

马头琴传承方式的变迁是整个马头琴文化变迁中最重要的内容之一，也是决定马头琴从一件民间乐器向专业乐器变迁的重要因素。传统马头琴与现代马头琴的最大的区别，除了乐器形制不同之外，主要区别就在于：传统马头琴的传承方式与现代马头琴的传承方式不同。从总体上来说，传统马头琴的传承方式是以“口传心授”为基本特征的。而现代马头琴的传承方式（教育模式），则是音乐院校的“专业化”音乐教育。更准确地说，即是以西方“综合性音乐教育模式”为特征的。

需要强调的是，本文所说的“口传心授”的传承方式和“专业化教育模式”，只是强调其传承方式的不同，并没有对之进行先进与落后、高级与低级的区分。那么，内蒙古马头琴界为何出现上述两种教育模式呢？造成传承方式的变迁最重要的原因，就是蒙古族的整个文化环境发生了根本性的改变。

## 一、传统马头琴的传承方式

传统马头琴的传承方式及其变化，是与整个蒙古族传统音乐的传承方式联系在一起的。因为，作为蒙古族传统音乐的一个组成部分，传统马头琴的传承方式只是蒙古族传统音乐的传承方式的一个侧面。

总体说来，蒙古族传统音乐的传承和流播，主要有以下四种方式：（1）“汗·斡耳朵”（宫廷）传承；（2）寺庙传承；（3）军队传承；（4）民间传承。从而构成了“宫廷—民间”；“宗教—世俗”；“军队—平民”；“艺人—群众”的四组对应关系。以上四种传承方式，既有区别又有联系。其最大共同点便是通过“口传心授”的传授方法。蒙古族传统马头琴的传承和流播，就是依靠以上四种渠道来实现的。从历史上看，四种渠道或同时发挥作用，或交替发挥作用，客观上延续了蒙古族传统音乐的传承和变迁。

相对而言，前面提到的四组对应关系中，“民间”这一范畴的传承是最为稳定的，也是蒙古族传统音乐主要的传承方式。而其他三种渠道，由于受到政治、经济、外来文化等诸多客观因素的影响，或多或少都有中断的历程，有的甚至已经彻底消失了。

### （一）“汗·斡耳朵”——王府传承

蒙古族传统音乐的传承过程中，“汗·斡耳朵”占有重要地位。

所谓“汗·斡耳朵”，本身虽然追求永恒，但却在历史的长河中不断流动，带有明显的相对性。蒙古族的“汗·斡耳朵”，经历了四个历史阶段：（1）蒙古氏族部落时期的“汗·斡儿朵”；（2）蒙古汗国时期的“汗·斡耳朵”；（3）大元帝国时期的“汗·斡耳朵”；（4）“北元”时期的“汗·斡耳朵”。

有清一代，蒙古族处于清朝的统治之下，成为大清皇帝的子民。清朝对蒙古族的统治，采取了两种方式：一为间接统治：即保留历史上形成的蒙古族贵族统治集团，承认其合法地位，重新任命为王公贵族，并给予种种优厚待遇，让他们作为代理人，直接统治原有的土地和居民。大凡清朝间接统治的地区，原先的王府均得到妥善保留，其中包括乐班和歌手。二为直接统治：对于某些重要的蒙古地区，清朝不设盟旗，也不任命蒙古族王公，而是委派官员实行直接统治。另外，对于那些武装反清的蒙古族王公贵族，清朝一律予以无情镇压。同时，还要褫夺其王公贵族身份，派遣官员实行直接统治。例如，内蒙古的察哈尔地区，就没有蒙古族王公，由朝廷派遣的都统直接统治。

清代的内蒙古地区，清朝设有49旗，每个旗都有自己或大或小的王府。自成吉思汗建立蒙古汗国（1206），经过元朝、“北元”、清朝，直到20世纪40年代末期，蒙古族王府存在了近七百多年时间。内蒙古地区的“汗·斡耳朵——王府”，即是统治人民的政权机构，同时也是创造、发展、保存和传承民族文化艺术的重要场所。

从某种意义上说，每一座王府都是特殊的“民族文化博物馆”，里面集中保存着大量的文化艺术财富以及优秀的文化艺术人才。例如，元朝著名乐曲《白翎雀》、《海青拿天鹅》、《十六天魔舞》，便是在宫廷中产生的。“北元”时期的《笳吹乐章》和《番部合奏》，保留在林丹汗宫廷里，后来转入了清朝宫廷音乐。至于“潮尔”合唱形式及其传统曲目《圣主成吉思汗》、喀喇沁王府乐队等，也都是通过王府乐手而流传下来的。

蒙古族文化艺术方面的“专业”队伍，其实是在“汗·斡儿朵”——王府内部形成的。自清代以来，蒙古族统治者为了自身享乐的需要，往往将一些优秀的民间艺人（包括歌手、乐手），征招到王府乐班中来，专门为自己服务，从而逐渐形成了“专业”性的音乐队伍。同时，通过有名望的音乐家，培养年青一代音乐人才。久而久之，形成了相对独立的王府内部音乐文化传承系统。诸如色拉西、哈扎布、巴拉干等著名的民间艺人，几乎都曾在王府中演奏或演唱过，有的则是王府乐班的正式成员。王府内部音乐传承方式，应该属于精英传承范畴，而民间传承则属于大众传播范畴。王府乐师或歌手的表演，主要是为了取悦王公贵族，经济上完全依附王府。而民间艺人则不同，他们的演唱和演奏主要是以自娱自乐为目的，具有大众化、草根化特点。

王府传承方式与民间传承方式，两者的界限是相对的，有时甚至可以相互转化。因为，许多优秀的王府乐手，本身就是出身于民间。由于名声日隆，才为统治者所赏识，被招入王府的。反之，王府乐手也不会因地位改变而割断同民间音乐的联系。一方面，他们将自己的高超技艺传授给所熟悉的民间艺人；另一方面，他们也从民间艺人那里学到不少新的技艺以及生动活泼的民歌和乐曲，不断丰富和提高自己的艺术水平，从而形成王府传承方式与民间传承方式的良性互动关系，推动蒙古族文化艺术不断发展进步。蒙古族传统音乐中的某些体裁形式，如“胡仁·乌力格尔”（蒙古说书），原本产生于民间。后来得到王公贵族的青睐，一些优秀的艺人被招入王府，为王爷和官员说书，使蒙古说书得到提高和完善，最终得以定型，达到较高的艺术水平，形成民族音乐中的精品。这些精品书目反过来传入民间，对民间说书的发展产生了巨大影响。①

20世纪40年代中后期，随着解放战争的胜利，内蒙古自治区的建立，各旗王府被彻底铲除。长期以来，“汗·斡耳朵——王府”机构一直处于蒙古族文化传承的主导地位，客观上发挥着积极作用。然而，对于“汗·斡耳朵”——王府，我们过去只是看到它统治人民的基本职能，却忽略了它创造、保存和传承民族文化财富的特殊职能，带有一定的片面性。

**（二）军队传承**

历史上蒙古族的军队，既有强大的职业军团，如成吉思汗的宿卫队；也有“全民皆兵”体制下的民兵。蒙古汗国和大元帝国的军队，除了军事职能之外，其实还有其文化职能。根据文献资料来看，古代蒙古军人大都能歌善舞，擅长演奏乐器，几乎人人都有一把火不思。例如，苏尼特蒙古部人吉洛库台，既是成吉思汗麾下的一员大将，又是一位闻名全军的歌手。蒙古族

---

① 庆歌乐．谈谈蒙古族宴乐曲《阿斯尔》的传承与演变．内蒙古艺术，2008.2.

音乐史上明确记载的第一支歌曲——《成吉思汗挽歌》，就是他编唱的。

蒙古人是酷爱音乐的民族，将音乐直接应用于战争，发挥着鼓舞士气，提高战斗力的作用。意大利旅行家马可波罗在他的《马可波罗行记》中记载："缘鞑靼人作战以前，各人习为歌唱，弹两弦乐器，其声颇可悦耳。弹唱久之，迄于鸣鼓之时，两军战争乃起"。[①] 蒙古人还有一种独特习俗，军队与大本营之间传递秘密情报，采取编唱"把话歌"的特殊方式。凡此种种，久而久之，逐渐形成独具特色的军旅音乐艺术，并产生了文化艺术方面的军队传承方式。所谓军队传承方式，其实是民间传承方式的一种变体或延续。军队中的杰出歌手和乐手，均来自于民间，大都出身于民间音乐世家。因此，所谓军队传承方式，只能算是其他三种传承方式的补充而已。1634年，林丹汗兵败身死，蒙古族军队转入了清朝"八旗"军事体制。于是，蒙古族文化艺术领域内的军队传承方式，也随之逐渐自然消失。

**（三）寺庙传承**

1578年，西土默特蒙古部领主阿勒坦汗，于青海湖畔会见西藏佛教领袖，宣布放弃萨满教，正式皈依了藏传佛教格鲁派。随着藏传佛教的传入，蒙古各地修建了很多佛教寺院，佛教音乐艺术也逐渐进入了蒙古族地区。与民间传承方式不同，寺庙传承方式讲求规范化以及严格的基本功训练，形成独特的寺庙传承方式。

寺庙传承方式也同"汗·斡耳朵"——王府传承方式一样，与民间音乐有着密切的联系。藏传佛教出于传教目的，便在其佛教音乐中吸收蒙古族民间音乐，以此吸引广大民众，从而促使外来的佛教音乐经历一个本土化过程。但这种传播方式并不是独立存在的，而是与其他传承方式相辅相成共同促进的。寺庙内的僧侣音乐家，大都熟悉和喜爱民间音乐，有的本身就是民间艺人。他们既精通佛教音乐又擅长民间音乐，成为佛教音乐和民间音乐之间的联系纽带。

另外，寺庙传承还有一个重要特点，其传承方式已突破民间"口传心授"方法。诸如唢呐、管子、笙、笛子等乐器，均采用汉族"工尺谱"及西藏传入的"央易"谱进行教学。但到目前为止，还没有发现传统马头琴利用"央易"谱进行传承的记载。

**（四）民间传承**

传统马头琴的传承方式，与其他民间艺术传承方式有许多共同之处，但又有其自身的特点。传统马头琴的传承主要有三种方式：（1）家族传承；

① 马可波罗行记．中册．奉承军译．上海商务印书馆．1936.

（2）师徒传承；（3）社会民俗生活传承。蒙古族民间音乐的传承，包括马头琴在内，以家族血缘传承关系为基础。在漫长的历史长河中，三种传承方式相辅相成，相互依存，几乎“催生”了所有的民间艺人，也促进了民间艺术的传承和发展。

家族血缘继承关系——有些民间歌手或乐手，往往子承父业，代代相传，形成民间音乐世家。蒙古族民歌手和马头琴手中，许多人就是通过家庭关系而走上艺术道路的。

师徒传承关系——有些民间音乐世家子弟，先是向自己的父母亲人学艺，当达到一定水平之后，便需要拜更高明的艺人为师，以求得艺术上的进一步提高。大多数情况下，都是父母亲人带领他们拜师。另外，有些并非民间艺术世家出身的少年儿童，显露出过人的艺术天赋，往往被民间艺人所看中，主动将他们收为弟子。

社会民俗活动——当民间乐手或歌手学有所成之后，便开始走向社会，学习到更多的民间音乐。

**1. 家族传承**

对于传统马头琴艺术来说，家族传承是最基本的传承方式之一。很多优秀的传统马头琴演奏家，通过跟自己的父亲、母亲、兄长、亲友学习，日后成为杰出的民间艺人。为了说明问题，我们不妨列举著名抄儿大师色拉西、史诗说唱艺人布仁楚古拉以及蒙古国马头琴大师吉米扬为例，阐述传统马头琴民间传承方式的某些特点。

（1）色拉西（1887—1968），男，蒙古族。内蒙古哲里木盟科尔沁左翼中旗人。抄儿演奏家、音乐教育家，内蒙古东部科尔沁地区抄儿流派的主要代表人物，被誉为抄儿大师。

色拉西所诞生的家族，乃是科尔沁草原上的“五代抄儿世家”。据色拉西的祖父哈拉图特·哈达讲述：其先祖是从呼伦贝尔草原迁徙到科尔沁草原的。该家族除了拥有八辆勒勒车，二百多头牲畜外别无财产。然而，从民族文化的角度来说，色拉西的祖先却是十分富有的。他们拥有祖传的2把抄儿，以及四胡、“冒顿·潮尔”（胡笳）、弦子等蒙古族传统民间乐器。后来，虽然家境逐渐衰落，但该家族却始终没有丢掉音乐传统。直至色拉西这一代，已经是“五代抄儿世家”了。哈拉图特·哈达是杰出的史诗艺人，擅长在抄儿伴奏下说唱“陶力”（“蟒古思”）。色拉西的父亲额尔德尼是被乡亲们交口称赞的“抄儿奇”。母亲敖德木齐齐格则是远近闻名的民间歌手。色拉西的二哥色仁宁布，是当地负有盛誉的抄儿手，绰号为“得胜令”。因擅长演奏汉族乐曲《得胜令》而得此美名。以至于人们只知他的绰号，而不知其真实姓名。色拉西的嫂子哈斯查干，则是扎鲁特蒙古部著名歌手的女儿，善于演唱古老的长调民歌。① 色拉西所诞生的家庭，乃是科尔沁草原颇有名望的音乐世家。这对他日后走上音乐道路，无疑产生了巨大的影响。

（2）布仁楚古拉——内蒙古哲里木盟科尔沁左翼中旗人，杰出的英雄史诗艺人，擅长演奏抄儿。他的成材之路同样起步于家族传承关系。其舅舅包·那木吉拉，当年是享誉科尔沁草原的"抄儿奇"。布仁楚古拉说："从小我舅舅就演唱'蟒古思故事'，那时候我就特别爱听。而且家里也经常来一些民间艺人，他们在一起喝酒唱歌，我就在旁边听，觉得非常有意思。久而久之，我不知不觉中学会了很多的故事和曲调。"②

（3）吉米扬——蒙古国马头琴大师、音乐教育家。吉米扬是蒙古国现代马头琴的奠基人，同样出身于马头琴世家。吉米扬的父亲官布道尔吉，无论是那达慕"男子三项竞技"赛马、射箭、摔跤，还是宴会"三项技艺"唱歌、赞词、饮酒，都是少有的高手。同时，他还是一位演奏技艺不错的马头琴手。官布道尔吉的父亲是喇嘛，严守佛教戒律，反对儿子从事民间音乐。声称如果不停止演奏马头琴的话，就要砍断官布道尔吉的手。为此，竟然砍掉了吉米扬心爱的马头琴并锁进柜子里。

1927 年秋季，官布道尔吉和家人一起向冬季牧场转场。途中观察到骆驼行走的步伐就像是一种音乐。抵达冬季牧场后，官布道尔吉难以抑制内心的兴奋之情，便向父亲说起了自己的发现。父亲默默地倾听儿子的诉说，沉思良久。接着父亲打开柜子，取出那把被砍坏了的马头琴，亲手将其修好，交到了儿子的手上。从此，官布道尔吉开始教吉米扬演奏马头琴，也由此开始了吉米扬传奇般的马头琴人生。③

确实，家族血缘关系是音乐传承的重要方式，带有一定的普遍性。无论蒙古族的传统音乐，还是西方古典音乐，都不乏家庭传承的成功案例。例如，欧洲古典乐派时期的伟大作曲家巴哈、莫扎特、贝多芬等人，都是音乐世家出身的。家庭的影响和熏陶，是他们日后取得辉煌成就的前提。

**2. 师徒传承**

蒙古族传统马头琴艺术中，师徒传承关系也是重要途径之一。与家族传

---

① 李·柯沁夫．时代的一面镜子——对潮尔大师色拉西的再认识．选自《纪念潮尔艺术大师色拉西诞辰 120 周年暨潮尔艺术研讨会论文汇编》，2007 年 9 月．

② 根据笔者采访记录．

③ （法）马克斯尔扎布．弦线征服——马头琴．内蒙古文化出版社．1999. 13.

承方式不同，该传承方式并不以血缘亲情为纽带。传承的目的性也比较明确，其出发点就是通过拜师学艺，成为专业或者半专业的马头琴演奏者。下面，我们且以抄儿大师色拉西、马头琴演奏家巴拉干、民间叶克勒演奏家罗·巴德玛三人为例，说明师徒传承关系的一些情况。

（1）色拉西。色拉西17岁那年，按照旧社会的封建制度，被征招到莫力庙去服徭役，当了一名伙夫喇嘛。如果说家族传承是自发性的艺术活动，那么师徒传承就属于自觉性的艺术活动了。色拉西在莫力庙服役期间，先后结识过几十个民间艺人，从他们身上学到了不少知识和经验。然而，对色拉西产生过巨大影响的，说来只有三个人。他们是：老一辈抄儿艺人仁钦、朝克吉勒额尔敦以及民间器乐多面手达令嘎。但凡听过他们演奏的人，无不被其精湛的技艺、美妙的音乐所折服，色拉西亦不例外。于是，他暗下决心，一定要拜他们三人为师。色拉西所掌握的十几首古老的科尔沁长调民歌，诸如《乌拉盖河》、《本宾希里》、《高高的博格达山》等，就是从仁沁老人那里学来的。[①] 在莫力庙服役三年，是色拉西人生道路和艺术生涯的重要时期。经过三年的劳动、学习和思考，经过仁钦等三位高师的指点，他的抄儿技艺日趋成熟。如果没有拜师学艺的这段经历，色拉西未必能成为日后全国闻名的抄儿大师哩！

（2）巴拉干（1910—1966），男，蒙古族。马头琴演奏家、音乐教育家。内蒙古锡林郭勒盟阿巴嘎旗人。内蒙古中部地区“五度定弦法”演奏流派的杰出代表。出身于民间音乐世家，天资聪颖，少年时代即从父亲（山吉米图布）学会演奏四胡、笛子等民间乐器。后拜著名马头琴手阿尤尔扎那为师，技艺日趋精湛。年轻时应召加入王府乐班。新中国成立后参加内蒙古巴彦淖尔盟歌舞团，任独奏演员。音色纯净明亮，清新自然，尤为擅长泛音演奏法。其代表曲目有：《鄂尔多斯的春天》（与他人合作）、《凉爽的杭盖》、《清秀的山峰》、《四季》、《阿斯尔》等。除了精通传统的马头琴曲目之外，还从民间挖掘和提炼出几十种表现骏马形象的“马步奏法”，为后人的演奏和创作提供了宝贵资料。从事演奏之余，还培养了许多年轻的马头琴人才，如著名马头琴手桑都仍、巴依尔等人，均先后师从于他。

（3）罗·巴德玛（1940—），民间歌手。女，蒙古族。内蒙古自治区阿拉善盟额济纳旗人。内蒙古西部地区民间叶克勒演奏法的主要代表人物。出生于民间音乐世家，其外祖母陶克特呼、母亲乌尼尔都是优秀的民间歌手，

① 乌兰杰．潮尔大师——色拉西传略．选自《纪念潮尔艺术大师色拉西诞辰120周年暨潮尔艺术研讨会论文汇编》（未公开出版）．2007年9月．

擅长家乡的长调民歌。父亲罗布桑敦都布曾经是一位活佛，熟悉和喜爱蒙古族民间音乐，会唱长调民歌、演奏叶克勒。自幼受到家庭熏陶，学会了许多优美动听的民歌。9岁那年拜加杜拉为师，学习演奏叶克勒。后又向民间艺人贡格尔学习《卓南哈拉》、《带着绊子的枣红马》等乐曲。偕同母亲参加各类民间宴会，为牧民演唱长调民歌，演奏叶克勒。自少年时代始崭露头角，能歌善舞，经常参加当地的群众业余文艺活动。1957年和弟弟一起被乌兰牧骑招收为演员。后因家庭困难回乡参加劳动。野外放牧骆驼时独自演唱长调民歌，亲身体验到劳动中歌唱的奇妙感受。多次赴盟、自治区演唱，荣获优秀表演奖。

1993年8月，筹备成立“阿拉善民歌协会”，2003年恢复活动，并当选为会长。积极从事抢救、保护和弘扬民歌工作，取得显著成绩。组织会员搜集整理民歌，2009年编辑出版《阿拉善民歌继承》，共五册八卷，收录1200余首民歌。努力开展群众性民歌演唱和比赛活动，已培养了40余名长调歌手。向当地中小学普及推广长调民歌，教会数百名少年儿童演唱长调民歌。被评为国家级“非物质文化遗产”传承人，任内蒙古师范大学音乐学院客座教授。

通过以上三位马头琴类乐器的重要代表人物的艺术道路，我们不难发现，一个优秀马头琴手的成长，并不是单一传承方式培养的结果，而是多种传承方式综合起作用的结果。优秀马头琴艺人的成长过程中，师徒传承方式起着至关重要的作用。且以铸造宝剑为例，如果说家族传承是将铁胚锻造成剑体；那么师徒传承关系则犹如“点钢淬火”，最终铸造出一把锋利的宝剑！

**3. 社会民俗生活传承**

传统马头琴的传承方式，除了家族传承和师徒传承两种方式之外，还有一个重要传承方式，那就是社会民俗生活传承方式。我们知道，蒙古人的日常生活中充满着各种民俗活动。诸如那达慕、过春节、婚礼仪式、赶庙会、老人祝寿、打马鬃之类。每项民俗活动中均有民间音乐，演唱长调民歌，演奏马头琴。通过民俗活动中的不断实践，民间艺人不仅艺术上得到锻炼，增长才干，而且逐渐得到民众认同，知名度也随之提高。例如，1951年秋，女民间歌手宝音德力格尔在本旗的那达慕上演唱民歌，一举成名，后被调入内蒙古歌舞团。1955年，她随中国青年代表团赴华沙，参加第五届世界青年联欢节，在国际声乐比赛中演唱长调民歌《修长的海骝马》、《辽阔的草原》，荣获金奖。

对于蒙古族民间艺人说来，每年夏秋两季的“赶庙会”也是难得的实践机会。同时也是艺人们相互交流心得，提高技艺，丰富知识的绝好场所。“赶庙会”期间，许多有名望的民间艺人前来说书、唱歌、奏乐，甚至汉族戏班子也从城市里赶来唱戏。此时，悦耳的歌声、琴声取代了往日单调乏味的法鼓梵呗之音。另外，内蒙古地区的藏传佛教寺院，每年有固定的休假制度，称之为“劳斯尔”（藏语，休假之意）。按佛教规定：每年腊月二十日至正月二十日。随着佛事活动的结束，僧人们也要休假。在这期间，寺院方面则组织各式各样的娱乐活动。

此时，寺庙的社会功能得到全方位的体现。除了满足广大信徒的宗教需求外，牧民们在庙会上购买各种商品，宁静平和的寺庙立即变成热闹的物资集散基地。而丰富多彩的民间艺术表演，使草原古刹变成特殊的民间艺术狂欢节，精神产品的集散基地。许多新颖活泼的民歌、说书和乐曲，通过庙会传播到草原的每一个角落，起到传承民族文化的作用。

内蒙古草原上的各种民俗活动场合，往往有多名歌手或乐手表演献艺，形成事实上的相互比赛，并且涌现出公认的最佳歌手和乐手。从这个意义上说，民间艺人参加民俗活动，也是他们交流经验，切磋技艺，相互学习，扩充新曲目的大好时机。蒙古族民间音乐传承流播渠道中，社会民俗活动犹如一座大熔炉，一所大学校，造就出一代又一代杰出的民间艺术家。总之，社会民俗活动需要民间艺术，民间艺人也需要民俗活动，两者是鱼和水一样的关系。

## 二、现代马头琴的传承方式

所谓现代马头琴的传承方式是与传统马头琴的传承方式相对而言的，主要是指马头琴进入学校教育体系之后，借鉴西方音乐教育模式和内容，并结合马头琴自身的特点而形成的现代马头琴的传承方式。笔者从小学习马头琴一直到大学毕业，并且在田野工作期间对内蒙古师范大学、内蒙古大学艺术学院等院校的马头琴课进行了旁听，了解到了许多现代马头琴传承，或者说马头琴教学当中的特点。

### （一）现代马头琴传承（教学）的特点

与传统马头琴传承方式相比较，现代马头琴教育呈现出许多不同的特点，这些特点充分表明，内蒙古地区的现代马头琴教育已日趋成熟，且与传统马头琴的传承方式有了根本的区别。

#### 1. 从“口传心授”方法向“文本（教材）教学”转变

前面已经做过介绍，传统马头琴的传承，无论是家族传承、师徒传承，还是社会民俗生活传承，都是以“口传心授”为主要方式。人们只能通过模仿和记忆来进行学习，基本上不借助任何其他辅助手段。而现代教学则完全不同，教学中引进大量的辅助手段，如五线谱、简谱、钢琴以及先进的录音录像设备等。在这样的情况下，学员对“口传心授”的依赖程度大为降低，教师一时不在现场的情况下，也可以独立学习和演唱演奏。

从目前艺术院校的教学情况来看，马头琴教学中已普遍使用教材。每一个马头琴教员都根据自己的教学经验，或者所学老师的教育模式，编写出属于自己的教材。

齐·宝力高：《马头琴教材》（蒙古语、汉语），内蒙古人民出版社，1979 年。

巴依尔：《马头琴教程》（汉语），1983 年，内部发行。

白·达瓦：《马头琴演奏法》（汉语），内蒙古人民出版社，1991 年。

仟·巴依拉：《马头琴教程》（汉语，附光盘），内蒙古大学出版社，2008 年。

达日玛：《马头琴演奏法》（蒙古语、汉语，附光盘），内蒙古人民出版社，2009 年。

以上所列几部教材得到广泛使用，在马头琴界影响较大。教材出版虽然数量较多，至少有十几种以上，但还没有形成统一的教材。马头琴教材建设目前尚处于起步阶段，应该“百花齐放”，量中求质，而不必急于统一。根据笔者观察，这些教材有以下几个特点：

（1）教材作者为马头琴演奏家、教育家

目前，内蒙古地区所流行的马头琴教材，其作者基本都是马头琴演奏家或教育家，只有少数是非马头琴演奏人员编写的。内蒙古马头琴教育的特点是，教育家和演奏家合而为一，几乎所有的演奏家都有马头琴学生。如齐·宝力高、巴依尔、白·达瓦、达日玛、仟·巴依拉等人，本身既是优秀的演奏家，又是马头琴教员。从长期的舞台生涯中积累了丰富的演奏经验，对于他们的教学十分有益。

（2）教材内容以蒙古族传统民歌为主体

内蒙古地区的所有马头琴教材，其曲目都以蒙古族民歌为主体，尤其是长调民歌占据主导地位。这样的教材内容，带有明显的双重性。首先，教材以本民族的传统音乐为基础，具有鲜明的民族风格，体现出自身的文化优势。其次，从专业教材的角度来看，马头琴的新曲目数量太少，且体裁单一，技法简单，难以构成教材曲目的主题。换言之，从目前情况来看，马头琴教材暂时还离不开传统民歌。

（3）教材体例兼收并蓄，大胆借鉴西洋

从目前所能看到的马头琴教材来看，其内容大体有以下几个部分：一为介绍马头琴乐器结构；二为练习曲（音阶、琶音和各种弓法）；三为马头琴曲目（民歌、小型独奏曲），教材结构基本相似。现行马头琴教材的一个显著特点是，几乎都借鉴了西洋器乐教材，从内容到体例莫不如此。之所以出现这样的情况，并不是偶然的。首先，马头琴教材建设起步较晚，没有现成的教材可资借鉴。最简便而有效的办法，就是参考西洋的弓弦乐器类教材。其次，蒙古族马头琴界的第一代、第二代演奏家，基本都是学习西洋乐器出身，后来才改行学习马头琴的。例如，桑都仍演奏过圆号；齐·宝力高学习过大提琴、巴依尔、达日玛演奏过小提琴，他们对西洋器乐教材都非常熟悉。

通过对比后他们发现，马头琴是蒙古人的代表性乐器，同时存在着诸多缺陷，也是一个亟待改进和发展的乐器。于是，他们在编写教材的时候，利用以前学习西洋乐器的经验，大胆借鉴西洋器乐教材的体例。我们从白·达瓦所编教材中的练习曲就可以看出，其音阶、练习曲都是根据小提琴的音阶、琶音而来的。又如调式方面，蒙古族音乐体系属于“五声音阶”调式体系，也就是“宫、商、角、徵、羽”，而很少使用“清角、变宫”。但是在现有的马头琴教材中，大量引进“七声音阶”练习曲。当然，从时代发展和马头琴新曲目的需要来看，这样做也是十分必要的。

（4）教材建设的系列化、规范化

无论任何一种器乐教材，应该具有系列化特点。换言之，必须具备初级、中级和高级教材，以提供不同程度和级别的学员使用。遗憾的是，从目前情况来看，内蒙古地区的马头琴教材，还远远没有形成系列化。各种版本的教材大都停留在初级阶段上，严重制约着马头琴演奏水平的提高，甚至阻碍着马头琴的改革和发展。笔者以为，出现这样的情况并不奇怪，也不可怕。我们知道，欧洲的小提琴、大提琴等乐器，经过几百年时间、几十代演奏家和教育家的共同努力，才实现了教材的系列化、规范化。而马头琴的实际情况是，乐器本身改革的时间较短，新式教育起步晚起点低。加上演奏的人数少、教学的人数更少，故马头琴教材一时难以达到系列化、规范化的地步，这也是正常的。相信在不久的将来，内蒙古马头琴界感到问题的严重性和紧迫性，必然会编写出更好的教材。马头琴教材的系列化——初级、中级、高级教材的合理衔接，应该是指日可待的事情。

**2.“一对一”的教学模式**

马头琴的教学形式与其他音乐表演种类的授课形式一样，也都是以

“一对一”授课方式进行的。一般来讲，每一节课都是先由主课老师为学生上课，指出优点和缺点，亲自做示范，帮助克服技术上的困难，然后再为学生留作业。每个老师的教学方法不尽相同，但基本模式则大同小异。然而，“一对一”的教学模式，已不能完全适应当前音乐界的发展趋势，需要进行必要的改变。例如，保持“一对一”教学模式的同时，还可以进行集体教学，打破门户界限。这样做对于老师和学生交流技艺，扩展视野很有帮助。教学内容方面，也可以考虑将重奏、合奏和乐队演奏等形式引进课程教学，这样做有助于学生联系实际，积累实践经验。

**（二）现代马头琴传承（教育）的现状与改革思路**

内蒙古地区的马头琴事业，各方面都取得了显著成绩，这是毫无疑问的。目前，马头琴这一乐器不但流传内蒙古，而且早已传遍中国乃至于全世界即是最好的证明。当然，从马头琴的传承角度来说，还有很多工作需要我们去做，甚至还存在着许多缺点，急待我们去克服。内蒙古地区马头琴教育的现状是，一方面，现代马头琴艺术得到蓬勃发展，培养出了大批演奏人才。另一方面，传统马头琴的传承方式已经逐渐消失，濒临灭绝的边缘。而艺术院校的专业化马头琴教育，由于脱离了传统马头琴传承渠道，犹如一辆独轮车，行进在一条“非土非洋”的崎岖道路上，陷入了尴尬境地。为此，改进现代马头琴教育方式，寻求教学改革的突破口，应是当务之急。

**1. 深入草原，面向牧民，回归传统马头琴风格**

现代马头琴教育方式的变迁，最为本质的变迁是，传统草原游牧经济的衰落，相关社会民俗生活的消失，导致了马头琴赖以生存的文化土壤的消失。如果马头琴的文化属性逐渐模糊，势必变成一件没有明确文化属性的乐器。人们经常抱怨说，马头琴越来越没有风格，听起来没有味道了。根本问题在于，马头琴逐渐脱离其赖以生存的草原生态，脱离原有的社会民俗生活。现代的蒙古人都走进了城市，住进了高楼大厦，思想感情和审美情趣也随之发生了变化。不错，草原上依旧存在那达慕、家庭聚会、婚礼等民俗活动，但其内容也都发生了很深刻的变化。所以，马头琴演奏者脱离了“草原生活”，没有了社会民俗活动的熏陶，也就没有了浓郁的民族风格。

对于青年一代马头琴演奏者来说，大都在城市环境中成长，几乎没有草原生活经历，从来没有骑着骏马在草原上奔驰，也没有在蒙古包里过夜，更没有亲耳聆听过老艺人演奏马头琴。缺少草原游牧文化的滋养，应该说是最主要的缺憾。如何弥补上述缺憾，乃是青年一代马头琴手亟待解决的基本功。

有比较才能鉴别，为了更好地说明问题，不妨将马头琴和长调民歌的传承情况做一比较。长调民歌是蒙古族最具代表性的音乐体裁之一。从其传承情况来看，情况要好于马头琴。其主要标志是：长调民歌的艺术院校教学传承与民间自然传承，基本上得到均衡发展，两者相得益彰，互相促进，从而出现了良好的局面。自从宝音德力格尔、照那斯图等老一辈长调歌唱家、教育家进入内蒙古艺术学校开始，长调也进入了学校所谓“专业化”教育体系。但长调民歌的专业化，并没有与民间传承产生矛盾。民间传承与学校的“专业化”教学，反而起到了相互补充的作用。

目前，艺术院校长调民歌的招生来源比较多，主要来自锡林郭勒、呼伦贝尔、阿拉善等草原牧区。上述地区考生的共同特点是，一般都精通蒙古语和蒙古文，而且大都会唱家乡的长调民歌。为什么会出现这样的情况呢？原来，这些孩子大都出身于长调民歌世家，其父母或长辈是当地的民歌手，擅长演唱长调民歌，而且都是按照传统的“口传心授”的模式传承下来的。艺术院校专业长调传承以民间长调传承为基础，民间长调传承为艺术院校长调专业提供源源不断的生源，这就是长调民歌传承兴旺发达的原因所在。

值得注意的是，长调专业的蒙古族学生，来自草原牧区和来自城市的孩子，呈现出明显的差别。相对而言，牧区学生的进步要比城市学生快，成绩要好，成材率也比较高。例如，拉苏荣、乌云毕力格等著名长调歌唱家，几乎都来自草原牧区。从他们的身上可以看出，草原游牧文化对当代艺术人才成长的潜在影响。由此可知，熟悉和不熟悉草原生活，掌握不掌握蒙古语，会唱和不会唱长调民歌，差别确实很大。何况，马头琴和长调民歌是孪生音乐形式。马头琴不过是“物化”的长调民歌，它们是结合在一起流传和传承的。毫不夸张地说，只要学会演唱长调民歌，就等于打开了马头琴艺术的大门。因此，对于青年一代马头琴演奏者说来，深入草原，面向牧民，学习演唱长调民歌，回归传统马头琴的独特风格，无疑是摆在他们面前的迫切任务，也是学好现代马头琴专业的基本前提。

**2. 提倡马头琴教学的专业性、知识性和综合性**

传统马头琴的传承目的，就是培养一名合格的马头琴手，熟练地演奏民歌或者《阿斯尔》等传统乐曲即可。而现代马头琴教学培养的目标，应该是综合型的“马头琴人才”。除了继承传统马头琴的技法、风格和曲目外，还要具备很丰富的音乐知识。

现代音乐教育与传统音乐教育，主要区别就在于，除了教授乐器的演奏技法外，强调知识性和综合性。学习的内容比较丰富，包括基本乐理、视唱练耳、和声、复调、曲式等基本知识。同时，还要通过用其他音乐基础知识——音乐史、经典作品赏析，提高学员的综合素质。当然，内蒙古地区的音乐教育，早已关注综合素质教育，较前有了很大改进。但仍然存在一些问题。简要地说，对蒙古族草原游牧文化关注不够。且以音乐史为例，《西洋音乐史》、《中国古代音乐史》两门课程，教材完备，师资雄厚，授课水平较高。反之，《蒙古族音乐史》、《蒙古族民歌赏析》这两门课，则比较薄弱。教材少，师资缺，课时安排也不够，不能令人十分满意。至于《北方民族艺术史》课，更是无人问津了。因此，对于马头琴专业的学生来说，如何加强对蒙古族草原游牧文化的学习，提高这方面的综合素质，可以说是一个新的课题。

**3. “乐器改革——教材建设——曲目创作”同时并举**

自从色拉西进入内蒙古艺术学校任教开始，马头琴教学就逐渐向“专业化”教育模式转变，而且取得了巨大成就。大凡现今知名的马头琴演奏家，几乎都是通过这一渠道学习和成材的。与此同时，现代马头琴的影响力也越来越大，一定程度上制约了传统马头琴的传承和发展。目前的情况是，很多年轻人不再喜欢传统马头琴，因为音量过小、音色混浊、曲目速度缓慢，已不能适应当代年轻人的审美需求。反之，他们更喜欢音量较大，音色明亮，热烈奔放、可快可慢、刚健有力的现代马头琴。广大听众的审美需求，促进现代马头琴教育越来越发展。而民间传承的传统马头琴，民间艺人岁数越来越大，人也越来越少。且后继无人，日渐衰微，已经到了失传的地步。

那么，马头琴应该如何走出上述困境，绝处逢生，开创未来繁荣昌盛的局面呢？其奥秘就在于“乐器改革——曲目创作——教材建设”同时并举。桑都仍的杰出贡献，就在于从传统马头琴的上述三个环节上发现问题，并同时动手解决了问题。为了加深印象，我们不妨从对比的角度审视四胡这件民族乐器。

四胡，同样是弓弦类民族乐器，但其传承状况与长调民歌、马头琴又有所不同。自从“盲艺人”铁纲进入内蒙古艺术学校以来，四胡这件民间乐器也走上了“专业化”传承的道路。近年来，艺术院校的四胡专业都不大景气，出现了逐步萎缩的局面。例如，内蒙古师范大学音乐学院四胡专业，已有很多年没有招过学生了。内蒙古艺术大学的四胡专业，考生也少得可怜，简直不能和长调、马头琴专业相比。但是，民间四胡的传承情况却不是这样。无论从深度和广度来看，四胡远比马头琴好得多，表现出强大的生命力。例如，科尔沁地区和鄂尔多斯地区，四胡的普及率非常高。蒙古族农牧民当中会拉四胡的人比比皆是，其中不乏能人高手。相反，从上述两个地区的农牧民中，几乎找不到会拉传统马头琴的人了。

那么，为什么会出现这种反常现象呢？笔者以为，大概有以下两方面的原因：

一是四胡的乐器改革严重滞后，至少远远落后于马头琴，已经跟不上时代的前进步伐。四胡所存在的缺陷是显而易见的：音域狭窄、音量弱小，音质不纯，杂音较多。音色单调，尖锐有余，浑厚不足。弓子缺乏力度，强弱对比不明显等。自新中国成立以来，四胡进入文艺团体和艺术院校的时间，要早于马头琴。然而，几十年时间过去了，四胡在乐器改革方面并没有取得太大进展。所谓四胡改革，大都停留在改造外型、加大音箱、内部装入圆桶之类。笔者以为，四胡改革的根本出路在于解放弓子，把弓子从琴弦的“夹缝”中解放出来。如同马头琴弓子一样，从琴弦外面擦奏。唯有实现这一步，四胡乐器改革才会取得突破性进展。否则，任何改革都难以解决根本问题。“解放”弓子，说起来容易做起来难。难点在于如何保持四胡的原有音色。如果“解放”弓子后的四胡，失去了固有的音色，变成同马头琴相类似的音色，自然也就失去了改革的意义。

二是乐曲创作严重滞后，远远不能满足群众的需要。马头琴教育的一个重要环节，便是演奏曲目。演奏的曲目应该丰富多样，除了要演奏民歌或者《阿斯尔》等传统曲目之外，还要演奏新创作的大型乐曲，诸如《万马奔腾》(齐·宝力高)、《马头琴音诗》协奏曲等。甚至还要演奏外国乐曲或者其他具有“现代音乐特征”的乐曲。所以，马头琴教学中强调专业性之外，加强知识性、综合性是十分必要的。

四胡的传统曲目远远多于传统马头琴。但新创作的四胡乐曲，尤其是大型独奏曲却少得可怜，为群众所喜闻乐见的名曲不过那么几首，远不如马头琴乐曲多。新曲目的严重匮乏，也在某种程度上阻碍了四胡这件乐器的发展进步。通过对比马头琴和四胡两种民族乐器的不同境遇，我们丝毫不应该盲目乐观，而应引以为戒，吸取教训，继续对马头琴进行客观全面的分析，找出优点和缺点，在现有基础上进一步进行改革。

**编者按：**

本文摘自通拉嘎博士学位论文《蒙古族非物质文化遗产研究——以马头琴文化变迁为例》。

2006年内蒙古自治区《蒙古族马头琴音乐》列入第一批国家级非物质文化遗产名录。

# 木垒乌孜别克族游牧民的民间传统文化

解志伟

乌孜别克族游牧民在长期的历史发展过程中创造了丰富的民间传承文化，这些民间文化面临现代化浪潮的严重冲击，其生存受到很大的威胁。

## 一、文学艺术

这里的文学艺术是狭义上的艺术之一种——文学，而不是文学与艺术的总称。民族学和民俗学以及人类口头非物质文化遗产领域的文学艺术研究往往关注和偏重的是民间口头文学，民间口头文学按文体可以分为三大类：(1）散文的口头叙事文学，包括神话、传说和各种民间故事；(2）韵文的民间诗歌（抒情的和叙事的长诗、各种歌谣）、谚语、谜语；(3）综合叙事、抒情、歌舞，具有较多表演成分的民间说唱、民间戏曲。①

乌孜别克族创作的文学艺术具有典型的原生态特色，他们创作了大量的神话、传说、各种民间故事、英雄史诗、民间叙事、民间谚语、谜语等文学作品，这些作品大多在牧民的游牧生活中代代口口相传，包含着丰富的游牧历史和社会生活知识，具有十分重要的非物质文化遗产价值。

史诗是游牧民族的伟大杰作，新疆的史诗产生于西域早期社会的“英雄时代”，它是原始社会末期到奴隶社会这一阶段的英雄文化结晶。② 柯尔克孜族创作的《玛纳斯》、蒙古卫拉特人（西蒙古）传颂的《江格尔》和藏族歌唱的《格萨尔王》并称为中国三大英雄史诗，是人类非物质文化遗产宝库中的瑰宝。像上述三个民族一样，乌孜别克族也拥有自己的英雄史诗，他们的英雄史诗尽管流传不广、影响不大，但是他们的史诗和其他民族的英雄史诗一样具有无比重要的价值。据莫福山《中国少数民族文学古籍

---

① 钟敬文．民俗学概论．上海：上海文艺出版社，2003. 241.

② 樊传庚．新疆文化遗产的保护与利用．北京：中央民族大学出版社，2006. 217.

举要》介绍：

“乌孜别克族史诗《从坟墓中生的孩子》成书于16世纪以前。四百多年来，它广泛流传于中亚至新疆各地，在近东、中东及外高加索等地亦有变种流传，他们把坟墓中生的孩子看成是伊朗皇帝阿拔斯一世（1585—1628）的同时代人。原著有19世纪末喀山石刻本。20世纪初至中叶，新疆乌鲁木齐、伊犁、喀什有维吾尔语译本流传。1984年，在中国民间文学研究新疆分会主办的《遗产》上，刊布了艾尔西丁·塔提力克等人整理、校译的维吾尔和哈萨克语译本。全书三百多页。目前，郝关中同志已将其译成汉文，将由新疆人民出版社出版。

“这部史诗对乌孜别克、哈萨克、塔塔尔和维吾尔等民族的民间文学影响很大。这些民族的许多长诗都是由此演化出来的，至今，仍是民间艺人常常演唱的史诗之一。史诗是以乌孜别克传统风格表现的，韵文与散文相杂，诗的格律是七、八、十一音节的固定格式。史诗描述了15至16世纪中亚和新疆等地封建王国之间的斗争。主人公坟墓中生的孩子是一个乌孜别克和土库曼的首领。他出生无比奇特，从小就有为国担忧、追求美好、疾恶如仇之心。长大以后，更加智勇双全、刚正不阿，不久就成为人民一致拥戴的好首领。他废寝忘食、精心图治，曾使自己的部族人心安宁、生活幸福。但外族统治者却对他的国家垂涎三尺，发动了侵略战争。这时，他一马当先，率领自己精心教导的四十个（约数，意很多）武艺超群的勇士迎击敌人。在艾斯卡尔山麓的恰姆布力与敌人浴血奋战。战斗非常激烈残酷，而且具有传奇色彩。最终他们取得了胜利，捍卫了自己人民的和平安宁。

《从坟墓中生的孩子》具有相当浓厚的浪漫主义色彩。从坟墓中生的孩子是一个高度概括化和理想化的非凡形象，在他身上，寄寓了当时乌孜别克人民处在战乱频繁、残暴黑暗的现实社会中，对和平安定、自由幸福的美好生活的向往和憧憬。这也充分说明，历史上的乌孜别克人民如同其他民族一样，具有高度的社会人生价值观和健康的审美观；他们总是希望人类社会能沿着美的规律向前发展，而不应该滞留在野蛮、粗俗、愚昧的阶段。这是一部研究15至16世纪乌孜别克民族社会生活和乌孜别克人民文化观念的珍贵遗产。”①

史诗往往记述了民族战争、迁徙过程等，乌孜别克族除了上述史诗之

① 莫福山．中国少数民族文学古籍举要．天津：天津古籍出版社，1990．

外，还有一部描述他们迁徙中国的长篇诗歌。我国乌孜别克族由中亚迁徙而来，《中国乌兹别克民族长诗》一书中的古代长诗“亚迪卡尔”（乌兹别克语意为留念、纪念等），较详尽地叙述了约在14世纪和15世纪克普恰克乌兹别克人开始有组织地迁徙我国的艰辛过程。[①]

木垒县乌孜别克族老人木斯塔创作的叙事长诗《五个哈扎合拜》同样具有英雄史诗的特点，这部史诗叙述了木垒乌孜别克族先民之一哈扎合拜迁徙、游牧转场的历史，王晓珠和阿丽亚·吉力力编著的《乌孜别克族——新疆木垒县阿克喀巴克村调查》一书对这部史诗有较为详细的介绍，而且摘译了一些段落，并且从文学、民俗学、民族学和文化人类学的角度对这部诗歌的内容进行了分析，本文前文也转引了这部史诗的部分内容。与前述史诗不同的是，这部史诗是直接用文字进行创作，而其他英雄史诗大多是先有口头作品，后来才有文字整理的材料。

除英雄史诗之外，乌孜别克族还创作了大量的其他类型的口头文学作品，这些作品和英雄史诗一起从不同侧面反映了各个历史时期乌孜别克族社会生活，它们是广泛认识、深入研究乌孜别克族民族文化不可或缺的重要材料。乌孜别克族民间文学渐渐由匿名大众创作、口头传承走向署名编纂创作、书面文字记录和书面文献传承。口头文学，比如传说，有很多异文。泰勒认为：“传说经常改变和丧失它的意义，新的歌手和讲故事人一世代一世代地用新的形式来传播古代神话，以便使它们适应新的听众。”[②] 尽管口头传承的民间文学具有大量的异文，但是在一定程度上来说，用文字记录是拯救和保护非物质文化遗产的一种十分有效的手段。魏泉鸣翻译整理的《乌孜别克族寓言故事集》收录了21篇乌孜别克族寓言故事，这些寓言故事不仅弘扬了乌孜别克族惩恶扬善、讽愚贬贪等伦理思想，而且很多内容反映了乌孜别克族牧民的狩猎与游牧生活。乌孜别克族的性格与民族心理、道德观、爱情观、价值观与行为准则都通过这一个个故事得以鲜明地体现，而这又是借助叙述中的各种手法和叙事模式展现出来的。通过对乌孜别克民间故事叙事特征的分析，我们看到了乌孜别克族的诗一般的语言，听到了乌孜别克族那爽朗的笑声，感受到乌孜别克族坦率的心灵、宽广的胸怀，体会到乌孜别克族疾恶如仇、积极扬善的生活态度。所有的这一切，都是由乌孜别克民间故事告诉我们的。乌孜别克民间故事是属于乌孜别克族自己的文化，是

① 赵小刚. 乌孜别克族社会经济文化研究. 北京：民族出版社，2004. 42.

② （英）爱德华·B. 泰勒. 人类学——人及其文化研究. 桂林：广西师范大学出版社，2004. 372.

乌孜别克人的财富，也是各民族的共同财富。[①]

## 二、音乐舞蹈

民族歌舞是表演的艺术，歌是声音的艺术，舞蹈是形体的艺术。[②] 乌孜别克族是能个善舞的民族，音乐舞蹈与社会生活紧密地联系在一起，生产、节日、仪式等与音乐舞蹈等艺术活动密不可分，音乐舞蹈艺术是社会生活有机的组成部分。随着乌孜别克族的发展，艺术渐渐从日常社会生活分化出来，乌孜别克族音乐与舞蹈不仅仅只是日常社会生活的有机组成部分之一，而且渐渐走上现代舞台，出现了以艺术为生的职业演员。

乌孜别克族舞蹈形式多样，舞步轻盈、身腰柔软、双臂优美、节奏明快。表演形式很多，有男、女单人舞，单人独舞，也有双人舞和集体舞。与维吾尔族舞蹈相比，乌孜别克族舞蹈的手臂动作主要在腰部以上，多为两步、三步舞，而维吾尔族舞蹈上下都有，且大多为四步舞。“抖手”、“转手”、“晃手”、“弹指”的运用在乌孜别克舞蹈中最具特色。舞蹈中常用挺胸等方式和眼神的不断变化，强烈地表现舞蹈所演示的内容以及舞蹈者的心情。乌孜别克族的手鼓舞以手鼓伴奏，节奏明快，如空谷荡音，具有十分别致的风格。而“铃铛舞”是以舞中铃铛作响而得名，舞蹈者以脚步踏节拍，在不停的旋转中发出清脆的铃声。《阿衣江》、《乌帕尔》、《他纳瓦尔》、《迪里哈拉奇》、《木那佳提》、《哈拉增》等都是乌孜别族流传甚广的民间舞蹈。[③]

乌孜别克族音乐可分为民歌、歌舞曲、说唱音乐、器乐曲以及大型歌舞音乐套曲木卡姆等5类。乌孜别克族民间音乐丰富多彩，旋律复杂多变，华丽流畅，节奏鲜明，曲式结构多样，在新疆地区独树一帜。其最早的源头可以追溯到隋唐时期“九部乐”和“十部乐”中的“安国乐”、“康国乐”与“石国乐”，至今仍能从中领略到中亚帕尔哈耐、塔什干、撒马尔罕、布哈拉、土库曼、伊朗花剌子模一带多种音乐的风格流韵。[④]《掀起你的盖头来》是一首优美欢快的新疆歌曲，是由乌孜别克族民歌《卡拉卡西乌丌姆》改编而来，在我国家喻户晓。[⑤]

---

① 阿丽亚·吉力力．乌孜别克族民间故事的叙事特征．西北民族研究，2005，2：145.

② 樊传庚．新疆文化遗产的保护与利用．北京：中央民族大学出版社，2006. 305.

③ http：//www. ycwb. com/gb/content/2005－08/19/content_ 965849. htm.

④ 黎蔷．乌孜别克族民间音乐概览．交响——西安音乐学院学报（季刊），1997，2：42.

⑤ 李延红．“掀起你的盖头来”唱响的地方——乌孜别克族的音乐生活．音乐周报，2007，8，22：7.

乌孜别克族的口头民间文学和社会生活密切地联系在一起，这些作品不仅来源于生活，而且还为社会生活服务。在劳动中、节庆时和各种人生礼仪上，它们扮演着十分重要的角色。以婚嫁为例，乌孜别克族嫁女时要歌唱送嫁歌，迎娶新娘也有迎新歌曲、揭面纱歌等。

“埃希来”和“叶来”① 是乌孜别克族民歌中非常重要的两种表现形式和组成部分。据新疆非物质文化遗产研究专家周吉介绍：“埃希来”是长篇叙事民歌，结构比较严谨，曲式比较恢弘，在古时是宫廷音乐；“叶来”是流传于民间的短篇、小段民歌，表现形式和曲风多样，常常与舞蹈结合在一起。乌孜别克族送亲歌，介乎于“埃希来”与“叶来”之间，也属于乌孜别克族人代代相传、口传心授的民歌。②

“琼唉虚来”（“埃希来”）意为大歌，是一种多段体曲式的声乐曲。常选用古典诗人艾里西尔·纳瓦依等人的诗词，每首歌5～6段以上。大歌的节拍徐缓，旋律优美抒情。如深受人们喜爱的《木那加特》、《我是多么忧伤》、《叹息》等，多由民间艺人自弹自唱，或3～7人分别演唱大歌中的不同乐段，以手鼓、都它尔、弹拨尔乐器伴奏。耶来（叶来）指一种结构较为短小的歌曲，音乐结构具有方正性。节奏活泼欢快，旋律进行中常有四、五度音程的跳进。有的带有简短的副歌，其中《黑眉毛的姑娘》广为流传。此外，乌孜别克民歌中还有摇儿歌、婚礼歌以及宗教歌曲等。

乌孜别克族牧民也勒开江的妻子20多岁，她是一位十分出名的歌手，她的歌三天三夜也唱不完，而且歌声优美动人。像这样的歌手一般都是自编自唱，或者是独唱，也有像阿肯那样对唱。当代乌孜别克族歌曲的内容多是民族团结，歌唱新社会、歌唱共产党，提倡发家致富，劝向善，批评买卖婚姻，反对酗酒、抽烟等各种恶习。一般在节日和婚礼上总有她的歌声。现在夫妻俩住在木垒县城，开了一家照相馆。也勒开江的父亲别依先别克，以前放鹿，后来在木垒用鹿皮做了一个标本鹿，用作照相的道具。顾客坐在鹿上，照一次相他们收5元钱的费用。自从他家搬进了县城之后，牧民听她唱歌的机会也就少多了。

像哈萨克族人民一样，乌孜别克族牧民也喜欢阿肯弹唱。在木垒，哈萨克族和乌孜别克族岁时节庆、人生礼仪上，牧民往往请阿肯唱歌助兴。据一位牧民讲，热玛然是乌孜别克族最著名的阿肯。1928年木垒县大石头乡乌

---

① 2008年6月7日，国务院公布第二批国家级非物质文化遗产代表作名录，乌孜别克族埃希来、叶来名登榜上。

② http://www.tianshannet.com.cn/special/content/2008－05/18/content_2592446.htm.

尊布拉克有一位巴依，十分富有，为了庆祝儿子的割礼，他举办一场阿肯弹唱。他邀请了一位十分有名的巴里坤女阿肯，同时也邀请了热玛然。两位阿肯对唱了三天三夜，最后热玛然获胜，那位巴依奖给他一件狐狸皮领的皮毛大衣。

当代乌孜别克族游牧社会转场期间，牧民住得比较分散，文化活动方式比较贫乏。在牧场上，夜幕降临之后，年轻的牧民往往卧在炕上，倾听着收音机里的阿肯弹唱，陶醉在优美的旋律和阿肯的歌声中。

乌孜别克族常用的乐器有都它尔、热瓦甫、手鼓等，这些乐器并非为乌孜别克族所独有专用，它们受到新疆各个民族的青睐。“热瓦普”（热瓦甫）可称得上是新疆地区最为普及的乐器了。它不但深受维吾尔族的喜爱，也是塔吉克和乌孜别克等少数民族所钟爱的弹拨乐器。因其形制外观稍有不同，所以在名称上也有区别，依其盛行地分别被称为喀什热瓦普、刀郎热瓦普、乌兹别克热瓦普等几种类型。[①] 乌孜别克族的热瓦甫源于中亚，据说在20世纪50年代初，由苏联传入喀什，仿制后流行于南疆。乌孜别克族的热瓦甫和喀什热瓦甫外形相似，只是共鸣箱要稍大些，琴颈较宽，有5条琴弦，全部采用钢丝弦，两条主奏弦同定为d音，3条共鸣弦定音为d、a、a音，是里外八度、中间加纯五度。演奏时以主弦为主，时而会弹扫共鸣弦。这种热瓦甫音量较大，弹奏出的音乐音色明亮、浑厚，有一种不同的美。[②]

“都塔尔”名字来源于波斯语“dutar”，“独”意为“二”，“它尔”是“琴弦”之意，即两条弦的乐器。汉语译音也写为“都他尔、都塔尔、独塔尔”等。独塔尔琴声悠扬婉转，清脆迷人。独塔尔是新疆乌孜别克族及维吾尔族、哈萨克族钟情的也是唯一的民间弹弦乐器。

演奏乐器可以展示他们的才华、抒发他们的情怀，木垒乌孜别克族不仅重视乐器这方面的实用价值，而且还将乐器作为一种家居装饰品，把它看成有文化、有品位的一个标志性符号，悬挂在居室墙壁显要位置。

## 三、美　术

装饰装潢是绘画尚未作为一种独立的艺术形式存在的表现，在形式上说，这是比较原始的一种艺术形式。在木垒，乌孜别克族美术作品大多主要为装饰装潢而用，这些装饰装潢图案附着在家具等器物上，作品的内容大多是羊角花或其他一些动植物纹样。除此之外，很多器物上还有一些汉族传统

---

① 贺志凌. 万方乐奏有于阗——迷人的木卡姆乐器. 乐器，2006，10：86.

② http：//xj. cnr. cn/slsq/mytxykx/200701/t20070104_ 504368413. html.

纹样。刺绣是木垒乌孜别克族十分流行的一种工艺，乌孜别克族牧民将不同纹样绘制在各种织品底样上，然后再按照绘制的纹样绣出丰富多彩的图案。

壁画在乌孜别克民族乡很常见，阿克喀巴克村民居户外墙壁上绘制了大量的宣传招贴画，这些宣传招贴画从风格到内容大多与内地几乎没有什么不同，十分缺乏乌孜别克社会生活特色，这些壁画大多数是宣传国家政策、法规等，它们一方面反映了国家政治建设的需要，另一方面也反映了汉族艺术文化在乌孜别克族中的广泛传播。这种艺术与其说是乌孜别克族的，倒不如说是乌孜别克民族乡的。

## 四、体育游戏

在木垒乌孜别克族传统游牧生活中，赛马、刁羊、摔跤和姑娘追是十分重要的体育游戏，这些体育游戏具有浓厚的游牧文化特色。摔跤这一体育运动已为世界各地人们所熟知，在此笔者不再赘述。赛马是乌孜别克族十分喜爱的活动，分为赛走马和赛跑马两种。赛走马主要看马行走速度、步幅、行走姿态等，这种比赛没有赛跑马激烈。赛跑马速度是最重要的，赛程一般为15 千米左右。一般情况每个氏族或阿吾勒推荐一名选手参赛，比赛按骑手性别分为两组分别进行。

乌孜别克族被誉为“赛马的好手”，比赛开始前马儿一字排开，一声令下，像决口的江河，飞流直下，群马奔腾，你追我赶，奋力争先。终点线上，人们翘首凝望。开始，远处坡顶腾起一股烟尘，人马逐渐变得清晰。当最前面几个骑手接近终点时，人们手舞足蹈，呼喊助威。赛毕，要奖励创造出优异成绩的勇敢骑手，并把夺得冠军的马匹誉为“拜盖阿特”（最快的马），其饲养员要荣获最高奖品——一匹马。①

胜利的荣誉是一种无形的价值，获胜选手往往除了获得一定的奖品之外还赢得社会的尊重，这种荣誉不仅仅是赛手一个人的，而且还属于整个阿吾勒或氏族的。比赛设立的奖品一般都很重，牲畜是游牧社会主要的财富，比赛的物质奖励一般为牲畜（一般是幼畜），第一名有时能得到 1 峰甚至 2 峰骆驼，或者 1 到 2 匹马驹；第二名第三名的奖品相对降低一些标准。除了幼畜作为奖品之外，丝绸、砖茶、方糖等也往往是较传统的物质奖励，这些东西一般和幼畜搭配在一起使用。改革开放之后，乌孜别克族游牧社会的物质也日渐丰富，赛马的奖品不只局限于上述传统的幼畜、丝绸、砖茶和方糖等物品，家用小电器等已成为当代牧民所青睐的奖品。

---

① 永年，言兼. 赛马好手乌孜别克族. 神州学人，2002，1（143）：37.

刁羊也是一种马上比赛，乌孜别克、塔吉克、哈萨克等游牧民都十分喜爱这一紧张、惊险的活动，电影《冰山上的来客》中刁羊精彩的片段是这些民族这一体育活动的真实写照。刁羊是一种力量、智慧、骑术的较量。刁羊是一种团体性的体育运动，参与者一般被分为两个 7 到 12 人人数相等的竞争群体。宰杀的羊羔被扔在赛场上，两组纵马前行，羊羔被捡起后并不算获胜，两组在相互追逐中经过无数次的争夺，最后对方无法追上才算获胜。

姑娘追虽然是源于哈萨克族，乌孜别克族也广泛参与这一独特的传统娱乐活动。姑娘追是男女表达情爱的一种方式，适于未婚男女青年参与。按习俗，男女青年骑马向终点飞跑，小伙在前，姑娘在后追赶。小伙若是心仪这个姑娘，可以向姑娘表达爱意。如果姑娘接受这个小伙，返回的赛程中，姑娘将追赶上小伙，向他扬鞭炫耀。假若小伙不是表达爱情，而是故意开玩笑，说些谐趣调情的话语，姑娘并不恼怒，只有在回程中，追上小伙扬鞭抽打，进行报复，小伙只有狼狈逃跑躲避马鞭，这种场面给观众带来无限的欢笑和眼泪。为了显示骑术，已婚男女往往也参与这一生动有趣的活动。

过去，全民性的节日期间举行的赛马一般由氏族首领或一些巴依组织，诞生礼、割礼和婚礼等人生礼仪时举办的赛马一般由事主组织。现在地方政府已经广泛参与地方社会的文化建设，很多游戏活动都由政府责成相关的文化体育等机构进行组织，民间组织的体育游戏活动渐渐稀少，而活动的场所也渐渐从牧场转移到城市。木垒“全县每两年举办一次少数民族传统运动会，赛马、赛骆驼自然成为重点项目。”①

过去按照氏族和阿吾勒的划分选拔赛手，现在按照行政区划进行选拔。观众原先为社区内部成员，进入城市后显然观众成分已经改变。虽然这些体育活动及获胜者的影响已经超出了游牧社区的边界，但是这样的体育活动已经渐渐脱离地方小社会，体育活动的目的渐渐由“悦己”（为参与者本人及其生活的社区带来快乐和愉快）变为“悦人”（为社区外的人带来快乐和愉快）。县、地州及自治区举办的民运会为民族传统体育文化的传承与发展带来了契机，但是把民族传统体育运动从牧民生活的草原上（小社区）分离出来，使之脱离牧民的日常社会生活，往往使传统体育运动的性质发生某些改变，选手的“荣誉之争”由此也渐渐渗入了物质利益的成分，在木垒县乌孜别克民族乡的调查报告中，孙岿博士认为，民运会的赛马、赛骆驼也更多地变成了一种带有商业味道的竞争。② 一味地追求民族文化的商业价值显

① 孙岿．中国突厥语诸民族文化发展研究．银川：宁夏人民出版社，2004.324.

② 孙岿．中国突厥语诸民族文化发展研究．银川：宁夏人民出版社，2004.325.

而易见是不利于民族文化遗产的保护与发展的，民运会为民族传统体育的发展做出了一定的贡献，将传统体育运动和牧民的社会生活紧密地联系在一起，将会更好地保护游牧民族的文化传统。

**编者按：**

本文摘自谢志伟博士学位论文《新疆木垒县乌孜别克族游牧社会文化变迁研究》。

2008年新疆维吾尔自治区艺术研究所、伊犁哈萨克自治州、喀什地区《乌孜别克族埃希来、叶来》列入第二批国家级非物质文化遗产名录。2011年新疆维吾尔自治区塔城地区《诺茹孜节》列入第三批国家级非物质文化遗产名录。

# 侗寨鼓楼的象征意义

石开忠

鼓楼这一宝塔形建筑在侗族人民心目中有着特殊的地位和作用，因此人们极力去修造它，美化它，并赋予它象征的含义。象征的存在就有了隐喻和所指，侗族人民在这个基础上形成了对鼓楼的认同仪式。

## 一、鼓楼的象征

侗族鼓楼的象征，一是既可以从整个鼓楼来看，也可以从鼓楼的某一个部分来看；二是既可以从鼓楼的建立过程来看，也可以从鼓楼建筑完好之后来看；三是既可以从鼓楼的主体构件来看，也可以从它的附着物来看；四是还可以从鼓楼的大小来看；等等。

关于鼓楼象征的源起，侗族古歌是这样唱的：在远古的时候，人们没有家，于是常聚于大杉树之下，它是遮荫树和遮雨伞。后来开始建村寨，而建村寨首先插上一根杉树，接着才起鼓楼，然后才修建房屋。时至今日，依然如此。这段古歌所唱的内容反映了早期人类是栖息在树上的，这是与考古学资料所证明的早期人类是“树居”的论点是一致的。由树上下来建房构成了百越民族的“干栏式”民居建筑；由树上下来后也仍然需要一个集中议事、娱乐的地方，这就形成了最早的鼓楼，即独柱鼓楼，以后才发展为四柱、六柱等多柱鼓楼。

侗族居住的地区一直是我国著名的杉木产地之一，杉树木质优良，成长迅速，纹理清晰，木质细密色泽美观。从外表看，挺拔秀丽，细长碧叶，在阳光的照射下银光闪闪，十分壮观。其他树种无论是在形状上、木质上，或者是在成长的时间上都无法与之相比。正如侗族民歌中所唱的：“百年树木要数杉树又直又高大。”由于长时间的栽种培育以及杉树直接造福于人们，侗族对它有一种特别的感情，有的把它比喻作“神树”，有的叫它“杉仙”；还希望人也像杉树一样茁壮成长。因此，当小孩出世时，老人们立即栽上杉树，盼望他（她）们同杉树一样茁壮成长。当地民谣唱道：“十八杉，十八杉，儿女落地就栽它，待到姑娘十八岁，陪着姑娘到婆家”，即用这些木料作嫁妆陪嫁。尽管杉树长大后终被砍伐，但砍了又发，似前仆后继，一代接一代株株挺拔，人们即寓以村寨安定，人丁兴旺的含义于其中，鼓楼也是基于这一点开展了它的象征意义及其表达的。

由“鼓楼的类型与分布”部分可知，尽管由于历代的战火以及木质结构等原因，现在仍然有700多座鼓楼存在，几乎遍及侗族较古老的村寨。从这个数字及分布地区我们可以看出，鼓楼是某一个姓氏、村寨的象征，而每个侗族村寨都有鼓楼，这也就成为了侗族的象征。

鼓楼是姓氏（汉姓）及村寨的象征，一般说来一个较大的姓氏就是一座鼓楼，但在侗族社会中是以“兜”这个具有血缘联系的单位为标志的，即一个村寨有几个“兜”就有几座鼓楼，如贵州黎平肇兴寨的人们在汉姓上多为陆姓，但在其内部却分为仁、义、礼、智、信五个“兜”，每“兜”建有一座鼓楼，所以整个寨子共有五座鼓楼。在一些地方除“兜”各有鼓楼外，还有寨子共同建筑的鼓楼。广西壮族自治区三江侗族自治县高定村现有386户1927人（1991年2月统计数），共分为五个“兜”，它们是“伍苗”、“伍通”、“伍大”、“伍央”和“伍六雄”，分别各建有一座鼓楼，全村共建有一座鼓楼。也有一些建寨较早而人口较少村寨几个“兜”共建一个鼓楼的，贵州省从江县千三款地区的占里（今属贵州从江高增乡占里村）寨共有“兜务”、“兜得”、“兜金堂”、“兜大”和“兜闷”五个兜，由于人口较少，整个寨子仅有一座鼓楼。鼓楼既然是每个“兜”或村寨的，它就要反映这个“兜”、村寨的人文状况，同时鼓楼也就成了它们的象征。

修建鼓楼时所用的中柱（主承柱）由寨中或兜内最老即居住时间最长的住户捐献，其他住户不能替代，表明该寨是由这些老住户发展起来的，它是寨中的、兜中的“主体”，当然也就是鼓楼的主体——中柱（主承柱）。鼓楼修建时所需的其他木料由各户平均捐献，表明鼓楼是大家共同修建的，反过来则说明每家每户甚至每个人均是鼓楼的一部分。唯有连接中柱的枋凳由与之通婚的邻近的兜或村寨捐献，它表明与邻近兜、村寨的关系是紧密相联系的，是与寨中的发展相关的。鼓楼除有主承柱、瓜柱、檐柱外，还有“冬嘎”，意即汉人的柱子。它附着在主承柱上既不落地又不登顶，是一棵没有实际用处的柱子，所以汉语称之为“假柱”。但它的象征意义是明显的：侗寨是单一民族聚居，其外在的标志就是鼓楼，如果外民族要迁入也就等于加入了鼓楼的象征意义之中。汉族是世界上人口最多的民族，它与侗族交往最为久远，在以侗族为主的地区也有汉族的成分。

鼓楼在立架前由兜老或寨老们商议选择几十名青年人作帮手来立鼓楼，

入选的条件是父母健在，兄弟姐妹齐全，家里没有非正常死亡者。在立架的当天晚上，凡是独生子女的都要离开自己的住房；在立架的过程中，所有参加者都不得发出声音，木匠师傅凭手势指挥大家进行操作。鼓楼主架立好后天刚好大亮，此时旭日初升。一日之季在于晨，它象征着生命勃发生机、蒸蒸日上。

鼓楼的楼身呈多边锥柱形，外轮郭或直或略呈柔和的凹曲线，腰檐层层叠叠，由下而上一层比一层缩小，使庞大的塔式楼身显得稳重而壮丽，远远望去犹如巨龙盘绕，顶亭似龙首高昂；覆盖的小青瓦像鳞甲片片，白色的封檐板像龙的腹部，真可谓活灵活现。当视线由远及近注视时，随着鼓楼在视觉上的增高加大，盘龙状的腰檐会有一种动态效果。腰檐之间的通透架空更增加了“龙身”的立体感，鼓楼亭是在顶檐猛然升高达5—6尺之多而形成，露出木柱安设透窗，斜十字格如龙鳞片片。每根亭柱均在中柱上端内缩一尺，使塔顶又突然缩小，这种样式的亭身恰似从盘绕中昂起的龙颈；有的鼓楼封檐板直接雕塑有龙，或是游龙戏水，或者二龙抢宝等。侗族鼓楼中有龙或隐含有“龙”，可能与他们长期依山傍水而居有关，或者是受汉文化“龙”的影响，是以龙作为象征的中华民族的一员。

鼓楼平面不管是四边形，还是六边形或八边形，但都是偶数，意味着天地、阴阳、男女的组合。檐层多而楼层少，而且檐层数均为单数，取其“活”意，属可变之数，如一个鼓楼是由一根雷公柱、四根主承柱和十二根檐柱组成，它表示的是一年四季和十二个月，其结构寓意“日久天长”。

鼓楼的装饰图案除有飞龙、二龙抢宝外，还塑有虎、豹、猴、猫、狮、象、鹿、龟等动物形象，均隐含有各压一方邪气之意。钵、缸等也是装饰的一部分，它是被黏附在塔尖顶部，反映天体轮回的意念。鼓楼攒尖顶四坡交角屋面上以及其他类型的垂脊之间，有云头形如意装饰，取如意的含义。楼的正梁中间多绘有圆形二分之一分割法的道教太极图，寓意着事物正在变化或者是万事万物无时无刻不处在变化之中。

鼓楼翼角起翘，侗语叫它为“勾”，它是用扁铁弯成弧状而成，钉于角梁上，外包塑桐油、石灰（用糯米浆加固），一根一根的白勾冲天，如白鹤齐飞，如刀剑林立，如龙爪只只，如云气缥缈。有的塑以升龙、立虎和仙鹤、凤凰等吉祥、辟邪动物，以保寨子及居民的安康。

绘画内容丰富，具有浓厚的生活气息和民族特色。描写现实生活内容的有打猎归来、踩歌堂、耕种、汽车进寨、斗牛等；反映历史的有“姜良姜美”创造万世万物的传说，有反映争取婚姻自主的珠郎娘美等；反映各民族文化交流的有三国演义、西游记、杨家将等，所有这些体现了侗族人民对生活的热爱与向往，是历史与现实的象征。

鼓楼最早的图像构拟源于杉树，当它形成一个塔形建筑后又隐含了侗寨的社会结构于其中。侗族村寨多以一个兜为其构成，类似于汉族中所说的一个姓氏。兜有兜老，如果是一兜一寨，则兜老就是这里的最高首脑；如果是多个兜居住在一个寨子，则是在兜老基础上选出的寨老是这里的最高首脑。他根据村规民约处理有关事务，义务为人们服务。兜之下是房族，房族之下是叔伯兄弟家族、家族之下是某个具体的家庭户。在侗族社会中有以 60 岁以上老人组成的“宁劳”组织和以 15 岁至 36 岁男子组成的腊汗组织以及由未婚妇女组成的“告班”组织等。上述这些组织共同构成了侗族社会的网状、层次结构，给予它以象征的就是呈宝塔状的鼓楼。它既寓杉树勃发生机之意，又寓侗族的社会组织结构于其中，是一种自然、社会及人文的综合象征图像。它源于植物，但却寓义着社会及其结构，是侗族社会及其结构的立体图像。当村寨之间互相走访作客时，到鼓楼坪之后唱的第一首歌多是赞鼓楼。与其说是赞美鼓楼，不如说是赞美这里勤劳的人们更为恰当。

侗族社会是一种和谐的社会，村寨聚落居于自然而融于自然；父母对子女的教育向来都是轻言细语，从不打骂，没有“棍棒出好人”的说法；社会组织中的领导者与被领导者之间是以血缘及年龄、阅历的关系来维持，处于“自然”状态之中，无须用“铁的纪律”来巩固其关系，所以在鼓楼的建筑构架上从不用一钉一铆，均为榫头穿合。

在鼓楼的周围为鼓楼坪，它是用鹅卵石镶嵌而成的太阳形图案，它象征阳光与生命。

鼓楼是每个兜即族姓或村寨的象征，因此，两寨之间唱歌互相称赞时多互赞鼓楼，以物拟人。

广西三江和里赞南寨新鼓楼歌是这样唱的：

静静听我唱支歌儿赞鼓楼，
你寨木匠手艺高超造就新楼美如画。
五百村寨就数你寨新楼好，
新楼建成美名传侗家。
百年大计先得择好吉日和良辰，
老人齐心把那吉祥时辰来订下。
家家捐料上山去伐木，
不上十天木料备到了家。
匠师精心画线又打墨，

男女老少个个踊跃参加。
捐工捐料大家争出力，
政府支持文明建设样样关心咱。
有人砍枋有人来修柱，
不上一月造就新楼人人夸。
锦旗锦屏挂满楼，
金匾装扮新楼闪光华。
新楼六角又七层，
层层密檐飞角拱盖天下。
六角配群金鸡悠扬把歌唱，
鸿雁闻声飞落楼顶同欢叫嘎嘎。
第一楼柱双龙抢宝闹腾，
第二楼柱金凤起舞赛金花。
第三楼柱摇钱树上财宝多，
第四楼柱画蔸糯禾收成大。
第五楼柱牛郎织女在那云天结情意，
你寨生男育女聪明才智胜人家。
第六楼柱麒麟狮子穿楼过，
你寨青年威武保国家。
第七楼柱唐僧取经去西天，
你寨青年胸怀大志看天下。
第八楼柱七仙美女飞飘云天外，
你寨姑娘手脚灵巧会绣花。
第九楼柱英雄雷锋在楼中，
老少建设文明村寨众人夸。
第十楼柱八仙拜寿在那天王府，
你寨老人松柏常青高龄百岁福万家。

从侗族地区现存的几百座鼓楼来看，其高低是不一样的，有的人认为这是与本村本寨的财力有直接关系，从表面上看是说得过去的。但实际上鼓楼的高低不一也是有象征意义的。

贵州省从江县、榕江县的侗族部分地区有长期居住在这里的“蜡卡”和以后迁来居住的“腊更”两种不同寨子。根据当地人讲，腊卡寨是主寨，腊更寨则是附属于腊卡寨的，属于从属地位，这种情况在清代就已经存在。

清代李宗坊所著的《黔记》就记载有这一情况："洞崽苗（经笔者调查考证为今天的侗族）在古州……居大寨为爷头（即腊卡），小寨为侗崽（即腊更），每听爷头使唤"；林溥所著的《古州杂记》一书也记载了类似情况："……小寨不能自立，附于大寨，谓之侗崽，尊大寨谓之爷头"。腊卡是居住在这一地区的最早居民，当腊更后迁来依附他们时，则予收留和接济，无偿授以口粮、田土、荒山，腊更则每年给腊卡世代送礼，履行各种义务，永尊腊卡为长辈等。贵州省从江县的九洞、六洞、千七等地这种情况保存得较为完整。九洞地区的信地寨为腊卡寨，它的腊更寨是牙现、九昔两寨；增冲寨为腊卡寨，它的腊更寨是摆流寨；朝利寨是腊卡寨，它的腊更寨是会里、吾架、贡寨和口寨；则里寨是腊卡寨，它的腊更寨是归屯寨；上皮林是腊卡寨，它的腊更寨是宰那（nia）等寨；洒洞寨是腊卡寨，它的腊更寨是伦洞、岑细和岑往三寨；龙图寨是腊卡寨，它的腊更寨是样洞寨，等等。由于主寨与附属寨的等级关系不一样，因而在社会生活中有明显的隶属和从属关系，即腊更寨要比腊卡寨低一等，不能互相通婚，清李宗坊《黔记》记载："婚姻各分寨类，若小寨私与大寨结婚，谓之犯上，各大寨知之，则聚党类尽夺其产或伤其命"。因此，凡处于腊更地位的寨子，在建造鼓楼时要受到种种限制。如从江县的牙现寨以前是为腊卡寨信地寨守坳看河的，该寨建造的鼓楼层数不能高过腊卡寨鼓楼的层数，装饰及华丽程度不能超过腊卡寨的鼓楼。所以，上牙现寨的鼓楼是平面六边形、立面六角九层重檐攒尖叠顶式，外观瘦削，虽有斗拱，但各层翼角均无起翘和施以装饰。处于主寨即腊卡寨的信地寨鼓楼高十三层约20余米，呈八面流水，飞檐翘角，呈八角伞状，为省级重点文物保护单位。时至今日这种现象依然存在。榕江县宰荡的加烧寨是从黎平佳所迁来的，该寨建有三层攒尖顶鼓楼，为了适应旅游的需要，准备将鼓楼升高，因碍于它是佳所的外迁寨而未能实现。

鼓楼是村寨的象征，它的象征意义必须与村寨结合起来，形成了侗族村寨特有的风水文化。

鼓楼最早是为了便于人们有一个集会的场所以及为了通风报讯而修建的，随着时间的推移和与汉族的不断交往，在接受汉族文化的同时也将其风水文化吸纳了进来，或许侗族本身就有风水文化观念的存在。侗族多是依山傍水而居，但她们认为这并不是聚落的最佳位置，而是要对它进行一番改造。聚落必须是选择在绵延而至坝区或溪边嘎然而止的地方，这里是山的"头"，居住在"头"部才有活力。不仅如此，这个山脉要绵延不断，说明村寨的来源好；山脉上还要蓄有参天古树，树长青则说明生命力永存。在山脉嘎然而止的坝区或溪边是聚落地点，这恰好是依山傍水，而聚落的周围环境则需要是圆形、槽形的盆地。盆地边上是山峰、山峦及树木构成的边缘，如若不符合这一观点，则需要进行一番改造。诸如将树木栽满山梁，于山丫口修建凉亭，以免风水走漏，等等。盆地中有河流、田坝、道路、民居及风雨桥和鼓楼等。河流是用来排水和灌溉用的，因而水既有能利用的一面，但同时又因水容易冲走一切，包括冲走“财富”，所以在河流的流向上和水的流速上也渗入了人们的风水观，如将河流故作弯曲状等。桥是拦风水的一个特别建筑，因是阻拦水冲走财富，所以一般都是建在寨子的下方河上，有的地方的桥现在依然是上方作栏杆，下方用木板封死，以免水冲走“财富”。侗族人将其所居住的地方参照周边的地形地貌比附为某种动物或植物，如牛、老虎、龙、蛇等。贵州黎平构洞大寨被地理先生看作是一头牛，肇洞（肇兴）是一条船，纪堂是一条龙，等等。鼓楼一般是要建在高处即这个动物的头部地方，这样才能永葆青春，永具活力。这种风水观在侗族地区由来已久，因此在古老的款词中就有这方面的内容，有一首《赞风水》的歌是这样的：

摆下四方桌，四方四条凳；
四面亲朋坐，听我赞寨村。
（众合）是呀！
村脚是三抱大的古树参天，
村头有三围大的乌柏树盖地；
乌鸦到此孵蛋，喜鹊喳喳贺喜。
鼓楼高崴崴，
顶上盖琉璃，檐下垂玉珠，
结实又雄伟，百样美。
花桥长又长，璃琉阁上安，
玉珠檐下装，
富丽又堂皇，百样强。
山青又水秀，胜过别的村乡。
（众合）是呀。

（《侗款》，岳麓书社 1988 年版，第 468—469 页）

鼓楼这种宝塔式建筑在汉文化中是被看作是风水补救的一种形式，而补救的目的是为了昌文运，最为常见的补救方式是建文昌塔，还有是为了固形势，那就是修镇塔等。它是佛教的产物，宗教意义和象征意义极为明显，它是为风水服务的，因此有人称之为“风水建筑”，计有文峰塔、水口塔、厌胜塔等。厌胜塔即消灾驱邪之塔，又称镇塔，为驱邪之物。江浙一带这种塔较为多见。如过去江苏常熟老县城里有个高迫云霄的方塔，是为了镇牛而修的，具有风水镇塔的作用：“这个虞山以象形的缘故，同时又称牛山。山形宛如蹲伏着的一只老水牛。城内的一部分当一个牛头，圆圆的一弯城墙好比套在斗头上的一个颈环……那个高迫云霄的方塔，据说都是按照了风水建造的，说是老水牛头上的两只角”（祖正《山中杂记（二）》，《语丝》第84期，1926年）。水口塔用来镇水之用。在风水中西北的乾方为天门，东南的巽方为地户，水的最佳流向是从西北的天门流入，从东南的地户流出。特别是对坐北朝南的城市来说，东南方又是生气方，且流出之水要有“捍门砂”或“水口砂”关锁，否则就要用塔来补形势。泉州出海口先后建有三重塔，以巩固泉州水口的风水形势。它是补形势用的，但在客观上却发挥了一些作用，如作航标，供人观赏等。

文峰塔是中国古代兴文运、昌科举的象征。风水中指出：“凡都、省、府、县、乡村，文人不利，有发科甲者，可于甲、巽、丙、丁四字方位上择其吉地，立一文笔尖峰，只要高过别山，即发科甲。或于山上立一笔，或于平地建塔，皆为文笔峰。”文笔峰、文笔塔、文峰山几乎遍及古代中国的每一个城镇。

中国是一个以汉族为主的多民族国家，汉族的政治、经济、文化对各少数民族的影响是深刻的。侗族鼓楼是否高大，建在什么地方，与人们的财力有关，与象征意义（见前述）有关，同时也与风水观念有关。这在侗族的任何寨子都有他们自己村寨风水的说法。

贵州黎平肇兴寨所处的地理位置是一个山间小盆地，人们将这山形看成是一条大船，修建鼓楼时要遵守这一风水观念：居船头的寨子建鼓楼时不能太高，为七层。居船仓的寨子所建鼓楼要高大，形似桅杆上扯起的蓬帆，故达十一层、十三层。居船篷的寨子建鼓楼要平顶，如同船一样，所以现在肇兴五座鼓楼中仅智寨鼓楼为歇山顶。居船尾的寨子所建鼓楼也要高大，才能使船头仰首前进，现为十一层攒尖顶式。与肇兴寨为邻的纪堂寨地处麟麟山西端的一块凹地上，侗语的“纪”即山、岭，“堂”即凹地或塘。根据这里的地形，人们将纪堂寨看成是处“龙”口处。纪堂分为上下两寨和寨头寨。上寨正处在“龙”的舌尖上，所修鼓楼要矮，立面是九层重檐，第一、二层为四角，第三层至第八层为八角，攒尖顶；平面边长7.2米，高15.8米。下寨处在“龙”的下颌处，因此所修建的鼓楼要高，立面十一层重檐，第一、二层为四角，第三层以上为八角，攒尖顶，平面边长78米，高21米。

寨头寨座落在“龙”的左颈部，因此所修鼓楼不仅要短小，而且四根中柱不得落地，立面是四角五层重檐，攒尖顶，平面边长只有4.6米，比上寨鼓楼少26米，比下寨鼓楼少3.2米；高只有8.3米，比上寨鼓楼少7.5米，比下寨鼓楼少12.7米。只有这样才能降住龙脉而又不伤害龙脉，地方上才能得以繁荣昌盛。这种情况，只要是有鼓楼的侗寨，老人们都会说出地理位置选择的一番风水理论。

## 二、对鼓楼的认同仪式

民族学人类学界对仪式的研究是比较深入和广泛的①。加拿大仪式学家罗纳德·格兰姆斯（Ronald L. Grimes1995：42）从发生学（abiogenesis）的角度探讨了仪式行为的起源，认为仪式的根源来自生物的和自然的现象。他在其所著的《仪式研究的起点》（Beginnings in Ritual Studies）一书中，根据仪式的实际用途，将仪式划分为六种类型：（1）仪式化（Rutialization），是指具有仪式意味的动作或姿态。（2）礼仪（Decorum），格氏认为，礼仪起源于公众交际和社会生活，如见面礼仪、社交礼仪等，其特征是“个人间的，形式化的”。（3）典礼（Ceremony），典礼与仪式的区别是，仪式是人际面对面的交往，典礼是大型群体的政治性互动，权力在典礼中具有中心意义。典礼的特征是“群体间的，政治性的”。（4）巫术（Magic），一种仪式不仅具有意义，而且具有效力，这便是巫术，其特征是技术性的，是因果关系的和终极手段导向的。（5）礼拜（Liturgy），礼拜是一种精神实践，是一种符号的行为，是期待神圣力量的一种结构。其特征是宗教性的，神圣性的。（6）庆典（Celebration），是社会的和形而上学的虚构，其特征是玩耍性的、戏剧性的、审美性的。法国著名社会学家爱弥尔·涂尔干（Emile Durkheim）把仪式看做是人类宗教现象的重要组成部分，认为宗教就是由信仰（思想方面）和仪式（行为方面）两个范畴组成的。如果仪式不具有一定程度的神圣性，它就不可能存在②。

德国出生的人类学家阿劳德·凡·盖尼普（Arnold Van Gennep）将仪式概括为“个人生命转折仪式”（individual life - crisis ceremonials，包括出生、成年、结婚、死亡）和“历年再现仪式”（recurrent calendric ceremonials，例如生日、新年节日），并将这些仪式统称为“过渡仪式”（rites of

① 彭兆荣．人类学仪式研究评述．民族研究．2002.2；薛艺兵．对仪式现象的人类学解释（上）．广西民族研究．2003.2；薛艺兵．对仪式现象的人类学解释（下）．广西民族研究．2003.3.

② Emile Durkheim，1995：34－35。

passage)，其为三个阶段：隔离（separation）阶段、阈限（liminal）或转换（transition）阶段、重整（reintegration）阶段[①]。英国人类学家维克多·特纳（Victor Turner）在其所著的《仪式的过程：结构与反结构》（The Ritual Process：Structure and Anti – Structure）中说，过渡仪式通常指与个人生命周期有关的、在人生的几个重要转折点上举行的仪式，如出生礼、成年礼、结婚礼、丧葬礼等，因此也叫“生命周期仪式”。他认为，过渡仪式不仅可以在受文化规定的人生转折点上举行，也可以用于部落出征、年度性的节庆、政治职位的获得、秘密社团的加入等社会性活动上。[②] 上述这些民族学、人类学理论对于开展对侗族起款仪式的研究具有理论上的指导作用。我认为加拿大仪式学家罗纳德·格兰姆斯的理论和英国人类学家维克多·特纳的理论比较适合指导这一研究。如格兰姆斯的仪式化理论、特纳的过渡仪式理论等。

鼓楼是自己家族（兜）、村寨的象征，因此人们都极力地去把它修建好，而且尽可能地把它雕琢装饰一番。正是基于对它的认同，才有了对鼓楼的仪式，这些仪式除了前面提到的聚众议事、制订、执行规约，迎送宾客、节日集会等既有的鼓楼社会功能外，还有认同仪式的内容于其中，但属于专门的认同仪式主要有以下一些：

**鼓楼取名**。侗族传统的个人命名制是随着年龄、是否结婚等的变化而变化的，这种命名制被人类学界叫做“亲从嗣名”制，或者叫做“称亲从子”，它不同于苗族、彝族等民族的父子连名制。具体说来是这样的，一个侗族成员他的一生活的时间越长，辈分变化的次数越多，被命名的次数就越多。婴儿满月时要抱到鼓楼内来进行命名活动，这时的命名叫取奶名。当他（她）长到 11 岁或 13 岁时又要到鼓楼来进行第二次取名，这次命名叫做“鼓楼名”。当他结婚生有孩子时要到鼓楼来进行第三次命名，当他有孙子其名称也要发生变化，但一般是对父亲进行命名，而不对爷爷进行鼓楼命名。除此地之外的其他地方的命名都将被视作无效，也不承认有另外的命名场所。因在鼓楼命名是全兜（村、寨）人都在场，名字一旦取出，则都会知道，于是也就被传播开来了。

**鼓楼丧祭**。侗族在历史上曾有停棺待葬的习俗，根据鬼师卜测某人死时是否吉利来决定是否下葬或停棺待葬。如果死时是吉日吉时就将其灵柩抬到

---

① 参见 Bowie，2000：152；161 – 166。

② 薛艺兵．神圣的娱乐——中国民间祭祀仪式及其音乐的人类学研究．北京：宗教文化出版社，2003. 20.

鼓楼（坪）来举行有关仪式后下葬。如果死时不是吉日吉时则要将灵柩抬到山上停放一段时间后再抬到鼓楼来举行仪式才埋葬。如果在外面死亡则不能在鼓楼举行有关仪式。

**荣辱标志**。鼓楼是全兜或全村寨人的象征，修建得富丽堂皇能给兜、寨人们以光彩，如果是低矮简陋则将会使兜、寨人脸上无光。鼓楼的象征也反映在主承柱上，所以主承柱的附着物、饰物就成为了一种标志。附着象征胜利与光荣之物，表明人们的喜悦之情，以示永久纪念；附着悲惨与羞辱之物，以示人们永久牢记，以激发人们奋发向上。

斗牛是兜或村寨的又一种象征物，打赢了的斗牛死后将角挂在主承柱上，以供人们缅怀与祭奠、引以自豪。打输而被杀掉的斗牛的牛角也要挂在主承柱上，让人们永远牢记这个耻辱，激发寨人饲养更强壮善打斗的斗牛。我们在侗族地区调查时都还看到这种现象，有的鼓楼的主承柱上挂有一个牛角，有的则是挂有多个牛角，最多的挂有 9 个牛角的。

鼓楼是村寨的象征，对于兜与兜、寨与寨之间的重大事情如通婚范围等一旦决定之后要将大铁钉钉入主承柱，以示永不翻悔，如果哪一方翻悔则要用嘴咬铁钉将其拔出。为了维护和推行“姑表优先婚”，把十二颗钉耙钉入鼓楼柱里。凡反对这种婚姻者必须从鼓楼柱上徒手拔出全部钉耙，才能破除此俗。如果舅家不要，姑娘才可以嫁给别人。即使这样，姑娘出嫁时还要给舅舅家送去“出钉耙银”以表示赎身。这种情况在侗族地区是很普遍的，民间的说法也比较多，现在都还可以找到这样的例子。

**编者按：**

本文摘自石开忠博士学位论文《侗族款组织的文化人类学阐释》。

2008 年贵州省黎平县、从江县“侗族木构建筑营造技艺”列入国家级非物质文化遗产名录。

# 贵州黎平地扪侗寨“洁净空间”

尤小菊

地扪村是贵州省黔东南苗族侗族自治州黎平县茅贡乡下辖的一个行政村，也是一个典型的侗族村落。

不同的空间对不同的人有不同的意义，同一空间对不同的人也具有不同的意义。不同社会环境下的人群对空间的认知不同，因而对空间的使用、占用、控制方式亦不相同。空间认知上的差异导致空间实践行为的差异。以空间为分析研究框架，论述集于民族文化村寨这一场域中的各种主体的空间认知与实践，在此过程中关注当地人的空间观念与空间实践，即“地方性空间”并使之与非物质文化遗产中的“文化空间”发生有意义的勾连。

现在的村落社区往往处于世界、国家、外在资本、外来人员等的种种影响之下，而非一种单一、相对均质的文化区域。这点在进行旅游开发的少数民族村寨中表现得最为明显。作为一种旅游目的地的空间已呈现一种“混杂化”过程，多种主体同时在场并展开互动：当地人、地方政府、投资商、游客等。“洁净空间”鲜明地表现出地扪村落空间“混杂化”特征。

2006 年 4 月 14 日，当地古历三月十七，地扪村模寨一位生病的老人因夜间烤火不慎，棉被掉入火盆，由此引发一场大火。这场大火波及模寨、维寨、芒寨三寨，六十多户人家因此一夜之间失去居所，一无所有……①

2006 年 5 月 13 日，笔者到达地扪村寨时，火灾已过去一个月，进寨仍可闻到木头的焦糊味。烧断、烧焦的棺木，散落一地的板扇、木桩，“千三”鼓楼也未能幸免于难，被烧掉大部分，只余几根木柱支撑。被烧人家大多在房屋原址的基础上搭建一人多高的木棚，以杉树皮或塑料覆顶，木棚

---

① 火灾日益成为侗寨一个不可忽视的安全隐患。2005 年 7 月，黔东南州文斗上寨发生火灾，三十多户人家被烧，几百张民间契约亦葬于火海。2007 年 1 月 12 日，临近春节，距地扪村七里之遥的罗大村又起火灾，三十户人家房屋被毁。该村曾于 1989 年腊月，毁于一场大火，全村烧得片瓦不留，“连厕所、猪圈都烧没了”。

内厨房和居室并用，阴冷潮湿……

当地人的空间观念中含有“洁”与“不洁”的二元区分。如果这种“不洁”成为事实，人们便有一套驱除不洁的仪式来恢复原有的洁净状态，即人类学意义上的“禳解仪式”。例如当地人认为，人们经过不净的地方，很有可能招惹上一些外神，而出现一些不舒服的症状，例如发烧、喉咙痛、头痛、浑身乏力等，当这些症状吃药打针仍不见好转时，人们便相信此人一定冲撞了哪个神，必须请当地的风水先生施行一定的宗教仪式将冲撞的神灵送走，此人便会好转。如若不然，此人有生命危险。因此村民即便是年轻人也都知晓本寨甚至本村的各种空间方位，他们清楚地知道哪里是千三总坛，哪里是千三坟山，自己房族的墓地在何处，哪里是塘公王的居所，哪里是干净的，哪里是不干净的。

地扪村火灾过后，当地村民为了恢复社区空间的“洁净”，采取了一系列的禳解仪式。

## 一、将“火香头”[①] 逐出寨外

道光年间（公元1821年—1850年），吴文彩[②]和金牢、金武等人倡议联合大款，范围包括今黎平、榕江、从江毗连地区，代表们集中在黎平腊洞的“打广隆”款场开会，共同制定了十二条规约，其中第十一条为防火规约，内容为：世间唯火最无情，既是为人又害人，人人都要防火，不得掉以轻心。哪个用火不慎，烧毁杉山柴林，除了赔偿损失，还要杀猪“打平伙”（即聚餐）。烧毁村寨房屋，驱邪用费他一人，还要赶他出寨，不许再害全村。[③]

引起火灾的老人葬身火海。事发后，当夜值班看护老人的人有三个，分别为老人的二儿子、三儿子及老人的孙子。火灾发生后，因事态严重，这三人逃出寨外，无人知其下落。老人的大儿子、大儿媳便作为“火香头”被迫搬出寨外接受惩罚[④]。按照地扪村村规民约，“火香头”不准再居住在村

---

① 当地人将起火的人家称为“火香头”，这是火灾发生的地点，也就是说“火香头”不仅仅是指引起火灾的肇事者，而且肇事者的直系亲属也被视为“火香头”。

② 吴文彩为侗戏创始人，黎平县茅贡乡腊洞村人氏，距离地扪村七公里远。

③ 姚丽娟、石开忠. 侗族地区的社会变迁. 北京：中央民族大学出版社，2005 年. 193—194.

④ “火香头”认为自己很冤枉，因为当时守老人的是他的两个弟弟和他的大儿子，两个弟弟均未成家。出事后，两人逃到外面，大儿子也逃到外面打工。必须要找一个人（接受惩罚）。找到他，他当时并不当班。当地寨老则认为，之所以要将老人的大儿子作为“火香头”逐出寨子，是因为他没有尽到责任，而且以前他的媳妇对老人也不太孝顺。

里，要搬迁出寨子，且一定要搬到河对岸去。三年后，再由寨老商量决定是否准予其搬回村内，即使允许其搬回村内，也禁止在原宅基地处起屋居住，而是要在远离大寨的地方起屋。除外逃的大儿子外，“火香头”一家尚有读小学的一子一女。这一双儿女仍在地扪小学读书，暂住伯妈家。

除被迫搬出寨外，“火香头”还被罚以 1.5 万元的罚款，一部分用来请全村人及登岑、腊洞、茅贡等帮忙救火的人吃饭，另一部分受灾户多少也有一点补偿。至于分得多少，寨老拒绝透露具体数字，只说“分点点，没多”。受此牵连的还有当晚去探望老人的亲戚。因为他们守护老人家没有尽到责任，也应该受到惩罚，承担部分责任。当晚所去每个人都被罚款，轻者三五十元，多者五百元，这些钱平分给寨上 11 个村民小组，各组有 200 块钱，村民小组将这些钱主要用于“洗寨”活动即祭请龙神土地以及进行“过阴”活动。

逐出寨外的这户人家，除尚在读小学的一子一女仍留在地扪小学读书，可自由进出寨子外。家庭其他成员，无一再敢回寨中。逐出寨外，也就意味着脱离村寨中的一切社群生活，村寨中的一切红白喜事、婚丧嫁娶、宗教祭祀等活动与自己再无关联，而自己家中的一切大事小情，也与村寨中的其他人不再相干。三年内，“火香头”一家将不得不远离地扪村寨六七里外的山坡上独自过活。“火香头”临时的家便由自家一块水田内的牛棚改建而成，一大一小两间木棚，小间为厨房，内放日常生活用品及基本生产用具，大间为住处，内有简单的棉被、衣物。

地扪村总寨老这样介绍：“对‘火香头’的惩罚是以前乡规民约里面规定的。这是民族风俗习惯，老人家就是这样传下来的嘛。以前各寨都有自己的乡规民约，都是寨里面自己商量决定的。按照老的乡规民约，‘火香头’必须搬出村寨居住，三年后寨老要再商量决定是否让他回村居住。现在的乡规民约都是乡里面、村里面干部制定的，关于整脏治乱的，没有提到对‘火香头’的惩罚。”乡规民约作为一种非国家性的行为规范，其合法性并不由国家立法机关来赋予，而是来源于当地人认同，其运行要依靠社会文化的支持而非国家强制力。乡规民约本身成为传统文化的一部分，当这种认同未得到承认时，这种乡规民约自然也就失去了其效力与规范作用。将“火香头”驱出寨外的这一行为，均得到了当地村民、寨老及村委会的默认。

但是这种处罚机制对于离开村寨的人，如老人的二儿子、三儿子和孙子却失去效力。也就是说，此种处罚机制仅对生活于本村寨内的人（老人的大儿子、大儿媳以及当晚去看望老人的众亲戚）等适用。

“刑罚作为一种赎罪，不过就是公共愤怒的一种展现，它恰恰是一致性的物质证明。所以说，惩罚确实具有人们所说的那种疗效。在本质上，真正意义上的赎罪仪式所根植的情感，与我们在其他的禳解仪式的基础中所发现的情感并没有什么不同：它们都是一种群情激愤的悲伤，倾向于通过各种破坏行为呈现出来。”①

可以说，对“火香头”的惩罚，也是当地人禳解仪式中的一部分。

欧剑菲通过对金平县哈尼族山寨习惯法的研究，认为“‘开除村籍’的习惯法对应于当地的知识体系，在妥善解决问题的同时，也间接强化了本民族的知识与文化。”② 并认为这种习惯法与国家法相比，具有一定的实用理性。就本案例而言，“逐出寨外”作为一种惩罚机制，也是其当地乡规民约残留的一种表现。虽然这种惩罚机制在新中国成立后政府普法努力下从当地人村规民约中消失了，但是在当地人那里仍作为实存的行为规范与社会秩序发挥作用。

## 二、祭“龙神土地”

“人类的定居行为将总是经历一个神圣化的过程。赋予居住地神圣化，从中心向空间四个方位的延伸——人类定居点的宗教意义”。③ 侗寨居民对其居住地的圣化，是通过对土地的圣化来完成的。而对土地的圣化反映在人们对龙神土地的普遍信仰与崇拜，龙神不仅存在于村寨周围的山、水（井），且存在于脚下的每一寸土地，当人们开始营造自己的居住空间时，不论是寨门、水井、戏台、鼓楼、花桥、凉亭一类的公共建筑、还是民居、禾仓、坟墓等私人性建筑，凡是涉及“动土”时，都要择吉日请寨中的风水先生郑重地举行一个“开山破土”仪式。主人家事先准备一碗米，“垫罗盘”的几块钱，米酒三杯、香烛若干。仪式开始后，先生念经，念词为：

伏以吉日时良，
天地开张，
召集破土大吉昌。

---

① 爱弥尔·杜尔干．宗教生活的基本形式．上海：上海人民出版社，1999年．535.

② 欧剑菲．“开除村籍”所体现的实用理性——金平县哈尼族习惯法的法律人类学思考．贵州民族学院学报，2004，83（1）：20.

③ （罗马尼亚）米尔恰·伊利亚德（Mircea Eliade）．神圣与世俗，王建光译．北京：华夏出版社，2002年．12.

天无忌，
地无忌，
年无忌，
月无忌，
日无忌，
时无忌。
阴阳无忌，
百无禁忌，
大吉大利。
奉请南方天神，
请你祀位，
我斩地府，
地府消灾，
一斩东方甲乙木，
龙脉种种来相顾。
二斩西方庚辛金，
龙脉地上紫微星。
三斩南方丙丁火，
龙脉条条千里长。
四斩北方壬癸水，
青山秀水楼前龙。
五斩中央戊己土。
一齐来斩去。
年发月发日发，
五龙六飞，
六把远离他乡。
我是天上北帝君，
下手兴工百鬼惊，
金锄落地大富贵
银锄落土富双全，
大吉大利。

完毕，将事先准备好的一只雄鸡的脖颈割断，把鸡血撒于新地基上。之后，先生拿起锄头，在锄把上用右手中指先后画“斩、普”两个字符，然后在新地基处象征性地挖三锄头，即表示“开山破土”。主人家从即日可以开始打地基，动工建新屋。“开山破土”，一方面是敬龙神土地，另一方面则是把地基周围的凶神恶煞驱走。

当地风水先生的解释：

“龙神土地一般很少祭，有时候两三年才昭谢一次，如果寨中发生哪样大事，比如养的鸡、牛、马等病死啊，田头有死鱼，或有其他不顺利的事情，像去年三月份寨上火烧屋了，就要昭谢龙神土地。寨子里各家各户房子周围都要插香昭谢土地。插竹竿的地方，那是要祈求保护的地方，新动土的地方也要昭谢。寨门、水井这些地方也要谢的。新盖房的，挖坡的地方（即挖房基盖房的坡上）也要祭的，保佑以后不出事。龙神土地也有蛮多（种），像屋头土地在各家各户房屋周围，主要负责保佑各个小家的；寨中土地则是负责保佑全寨。还有桥头土地管人出入平安的。”

祭龙神所需的全部费用或部分费用要由“火香头”承担。地扪总寨老如是说：“‘火香头’引起火灾，要受处罚的，要罚他出钱，买猪请土地神，把寨子不安定的东西排出去，洗寨子，把寨子清洗一下，把脏东西赶出去，寨子才能安定。”

火灾发生后，火灾波及到的维、模、芒三寨分别举行祭龙神土地活动。笔者于 2006 年 5 月 13 日到达地扪村时，维、模两寨的祭祀活动刚刚完毕。因两寨受灾户数较多，昭谢龙神土地活动举行得非常隆重，杀了两头猪进行祭祀。芒寨有五六户人家受灾，2006 年 6 月 1 日，此寨也举行了一次全寨性的昭谢龙神活动，规模要小多了。

昭谢龙神土地活动仪式比较简单：由当地的风水先生选择一个吉日良辰，先到寨中龙脉所在处“引龙神”，口诀大意如下：请四海龙王、十二龙神到贵州省黎平县茅贡乡地扪村某某寨，芒寨 120 户大男小女备大肥猪一头，各位龙神保佑芒寨大男小女身体安康，家有猪羊满圈，大吉昌。先生将龙从龙脉山脚引到水井处，再引至寨中卡房处，芒寨各家各户的成年男性（该活动禁止女性参与）按先生选定的时辰在卡房处等候，先生“引龙”到“卡房”时，每人分别从卡房“接龙”到自己家中，并在家中主要位置，如厨房、猪牛羊圈，房屋各个柱脚处，插纸燃香。当晚，参与昭谢的人分老年组、中青年组聚餐（仅限于男性）。

## 三、“过阴”活动

在当地人的观念中，寨子的后龙山、大树都是保护整个寨子的，有些人为了个人利益，偷偷拿着自己祖先的骨灰到后龙或大树下偷埋，为的就是使自己的家族子孙满堂，家财万贯。但是却给全寨子的人带来灾难，甚至会毁灭整个寨子。当地人流传的一个版本是：1963、1964 年的时候，湖南一个姓王的汉人到地扪烧瓦，他发现地扪风水好，于是在一个晚上，偷偷把他父亲的骨灰偷葬在地扪龙脉之上。五年后，全村好多人都眼疼，下不了田，做不了活路，村里的猪牛羊、鸡等病死。还发过一次洪水，差点把地扪淹了。当时那个年代不敢“过阴”，“文革”过后才开始“过阴”，把偷葬的骨灰挖出来，全村才得平安。偷葬那个人后来瘫痪，两个儿子去广东打工，也死在外面。母寨后面有一片坟山，后也是一条龙脉，当地人解释，那是祖先最早落户的地方，“没犯龙神”祖先葬在那里没有关系。这个传说也许有杜撰或夸大的成分，但是却为当地人深信不疑。笔者曾就此访谈过几个人，有老人，也有中年人。每个人说起这个故事来，都是一脸严肃和凝重。笔者曾好奇：为什么一定是外面的人偷葬呢？他们的回答是惊人的一致：当地人都是亲戚，不可能害自己人。

祭龙神土地与“过阴”活动的禁忌：活动限制妇女参加，特别是孕妇（当地人称四眼）和来月事的女人。不仅是孕妇本人，就连孕妇家里有关人等，一律不许在场。先生称：“如果过阴时，有这两种女人在场，那么，阴马什么都看不到。‘过阴’也就收不到找出偷葬地方的效果了。他们（怀孕妇女及其家人）都知道这些，到时候自己就会藏起来。”

这一禁忌同样适用于外面的人、陌生人等。寨老的解释：“如果是陌生人就没得让参加。（因为）没晓得他（她）干没（不）干净，寨子外面的人（和本寨子的人是亲戚），如果是比较近的亲戚，三代以内，他可以看，可以参加‘过阴’活动。”弗洛伊德认为：禁忌包含双重含义，一是崇高的、神圣的，惟其崇高神圣而凛然不可侵犯，二是神秘的、危险的、不洁的、禁止的。[①] 在此活动中，对妇女及陌生人的禁忌显然是属于后者。这种禁忌也可用 Munn 的“否定性空间”、“被排斥的空间”或“空间禁忌”来

---

① 弗洛伊德. 图腾与禁忌（中文版），北京：中国民间文艺出版社，1986 年，32.

解释，即空间删除或在某些特殊地点限定某人在场的空间。① 这种空间被禁止某些人从物理上（即身体上）进入，不允许在场。

在此，笔者不想讨论祭龙神土地、“过阴”活动的科学与否，而只是想说明，当地人的空间观念、风水观念以及在此观念指导下的实践行为。这种空间实践活动，便是当地人运用传统文化资源应对危机或灾难的一种实践行为。

“洁净、不洁、以及禳解仪式三者之间形成了一种关系。禳解仪式，本身说明已经有不洁的存在，以及需要利用禳解仪式来除去不洁。也只有在举行了禳解仪式以后，才可转化为洁净状态。在这样的逻辑思维方式的支配下，人们在意识到生活中有不洁存在时，就动用禳解仪式来完成除去不洁的意图。”② 当地人所采取的种种努力，包括将“火香头”逐出寨外、祭龙神土地、“过阴”活动等反映的是当地人对自己空间的护卫，一方面对“火香头”的处罚，另一方面寻找灾难多因根源，并以通过行使一定的仪式化解之。当地人所做可视为以传统的文化、传统的文化逻辑来应对灾难的机制。这种空间实践具有较为浓重的宗教意义。

**编者按：**

本文摘自尤小菊博士学位论文《民族文化村落之空间研究——以贵州黎平县地扪村为例》。

2012 年 12 月黔东南苗族侗族自治州黎平县茅贡乡地扪村被列入第一批中国传统村落名录。

---

① Nancy D. Munn. Excluded Space: The Figure in the Australian Aboriginal Landscape. In: Setha M. Low and Denise Lawrence—Zuniga, eds. *The Anthropology of Space and Place*: *Locating culture.* Blackwell Publishing, 2003. P93.

② 文忠祥. 土族村落的空间结构及土族的空间观. 青海民族研究，2007，18（1）：23.

# 宰荡侗寨村落文化景观遗产保护研究

刘艺兰

作为世界遗产里出现最晚的类别，文化景观的保护方式区别于传统的自然遗产、文化遗产或自然文化混合遗产的保护方式。其保护的独特性源于其根本特征，即世界遗产的文化景观所体现的文化意义与“文化生态系统”。因此，文化景观的保护必须注重保护其原始的形态，这种保护既要避免今人破坏历史遗留下来的文物古迹、风景山水以及人们传统的生活方式，又不能简单地把在景观地生活的人们迁出，破坏了其“文化生态系统”的延续。

## 一、村落文化景观遗产的保护

文化景观是在人类社会的成长发展中产生的，它是人们依靠所生存的自然环境，按照自己的需要利用自然界所提供的材料，有意识地在自然景观之上创造出的景观。村落文化景观随着历史的进展，体现着不同的时代特征，在时代和生活方式的不断推进中，村落文化景观也在发生着明显变化。

村落文化景观是人类与自然和谐发展的产物，是物质文化景观和非物质文化景观的有机综合体。村落文化景观保护不仅包括保护村落文化景观系统及其赖以生存的自然和人文环境，也包括所有有价值的物质文化景观及一切能反映当地特性和个性的非物质村落文化景观，把它们作为一个整体加以保护。“整体性”表现为不仅要保护自然生态环境，也要保护风雨桥、鼓楼、民居、古石板道这样的物质文化景观，同时保护宰荡侗寨的空间布局和一切能反映侗族文化特性和个性的非物质文化景观，即由多元特性组合而成的带有侗家地域特色的景观整体。

在众多的保护理论中，最能体现动态保护和价值传承的保护思想就是可持续发展观。1987 年，世界环境与发展委员会对可持续发展给出了一个明确的定义：“可持续发展是既满足当代人的需求，又不对后代人满足其需求的能力构成危害的发展。”而其中生态环境多样性、生物多样性和民族文化多样性的良性互动，是可持续发展的重要指标和重要手段。可持续发展是人类社会发展的必由之路。因此，在开展民族村落文化景观的保护工作时，必须以可持续发展的思想作为指导。

村落文化景观需要用整体的保护观念进行保护，但是在具体的保护实践中，应该针对不同的景观性质分别制定保护措施。因此，笔者认为，对于宰荡侗寨村落文化景观遗产保护，自然生态景观的保护主要是要优化生态，维持人与自然的和谐关系；物质文化景观，尤其是公共建筑、民居的保护采用静态的保存，采用“有机更新”理论进行改造，尽量维持原有风貌，同时增加建筑的可识别性；非物质文化景观保护则抓住“人”这个核心，从树立村民对本民族文化的自信心，提升文化自觉的具体策略入手进行动态保护。三者的保护措施互为支撑，从而实现对文化景观的有效保护。保护的实质是对文化变化进行有目的的干预，使当地居民生活方式保持稳定性，防止社会生活过快、过度变迁。

**（一）自然生态景观的保护**

自然生态环境是村落形成和发展的物质基础，村落在长期历史发展演变过程中与其所处的自然环境形成相生相息的生态关系，维持着非常微妙的平衡状态，并孕育出富有地域特色的村落空间结构，“山—水—聚落—田园”构成了宰荡侗寨宜人的环境景观。因此，对自然环境的保护已经成为村落文化景观保护的重要部分。宰荡侗寨外部环境的保护主要包括周边山体、水体和树木等。自然景观保护首先要划定山体保护区，在山体保护区内保护好山崖陡坡、地形地势，禁止开山采石，防止水土流失；保护好现有林木，并加强山体绿化，使其成为保持良好生态环境的重要保障。其次，划定水域保护区，尤其是对百五溪的源头进行整治，加强源头的绿化和周边环境整治；严格控制村民向河流中排放污水，乱扔垃圾，保证水质的清洁。加强对宰荡侗寨的山体、水系、植被、森林、土壤等进行科学规划，有计划地进行恢复性建设，实现山水景观的有机融合、人与自然的完美统一。

俞孔坚先生曾提出“反规划”理论，指出“反规划”不是不规划，也不是反对规划，“反规划”是指乡村规划和设计首先应该从规划和设计不占用建设用地入手，而非传统的建设用地规划。“反规划”就是优先规划和设计乡村生态基础设施，包括维护和强化整体山水格局的连续性，保护和建立多样化的乡土生态系统，维护和恢复河流水系的自然形态，保护和恢复湿地系统，保护遗产景观网络等。尤其是较为偏远的村落，乡土景观丰富，生态基础较好，但是各项基础设施条件差，这样的村庄就该以保护原有自然秩序为主，否则建设投入大，乡土景观严重破坏，得不偿失①。宰荡村正是这种景观丰富、生态基础较好的民族村寨，因此在建设中应以保护原来自然秩序为主。

此外，宰荡侗寨的一些石、树往往被赋予神的力量，保护好它们，就等于保护人们自然崇拜的载体。再如对山上丰富的药材资源进行保护和培育，才能使得当地侗族传统医药有得以传承和发展的物质载体，才能实施对非物质文化景观遗产的保护。

### （二）物质文化景观的保护

物质文化景观是物质文化的外在表现，是在大自然提供的物质基础上，可以被人们肉眼感觉到的有形的人文因素，如村落布局、聚落、建筑、农田、衣食住行等，其主要的特征是可视性，其中聚落及其建筑最具持续性、标志性和代表性。因此，聚落景观保护重点在于保持宰荡聚落的风貌和整体结构，力求保护其历史信息。

#### 1. 聚落格局保护

随着历史的变迁，聚落格局也在发生相应的变化，如何保持村落原有风貌和格局的延续性对于村落文化景观保护显得尤为重要。对于村落整体空间环境的保护，我国目前较为有效的做法是划定保护界限（包括保护区、建设控制地带和环境协调区），“各个保护边界经过规划确定以后，立桩标界，管理方便，避免了因盲目建设而造成的历史环境破坏。”

街巷空间是村落结构的骨架，是村落的重要组成要素和村落风貌特色的集中体现。因此对街巷空间的引导和控制是村落整体空间环境保护和“场所精神”保护的核心和魅力所在，也是村落景观保护中传承和延续原有风貌的关键所在。尊重宰荡侗寨原有的街巷形态，不能用现代的景观设计眼光去“去弯取直”、“拓宽路面”，村寨内部主要为石板步行道，严格控制车辆的通行，达到保护和延续村寨传统的路网格局。外部交通环境的改善应要选择合适的地点，尽量不要破坏村落文化景观的完整性，以免造成新的建设性破坏。在村内适度限制现代化的交通工具，一是可以避免机动车对传统风貌的破坏，二是可以某种程度维持村内生活的慢节奏。巷道两旁的建筑风貌应该统一协调。对沿水街巷空间环境不作大的调整。维护宰荡侗寨依山而建的建筑结构以及错落有致、向心内敛的空间形态结构。

#### 2. 公共景观及场所的保护

公共景观及场所是村落显性景观中重要的组成部分，因此对公共景观的

---

① 俞孔坚. 新农村建设宜先做“反规划”. 北京规划建设，2006（3）.

保护是保护村落整体风貌环境特色的重要环节。宰荡侗寨公共景观的构成要素主要有鼓楼、风雨桥、萨坛、戏楼、寨门、古树等。因此，根据现场观察和访谈的形式，分别对上述景观要素采取维护（Maintenance）、修复（Restoration）和重建（Reconstruction）几种保护方法进行保护。

（1）维护。即运用一定手段维护遗产的状况和工艺特征，只通过必要的工程措施对其结构进行加固，或采用必要措施防止自然侵蚀和人为的破坏，以延长古迹的寿命。鼓楼、萨坛、古树适用。

（2）修复。即通过去除影响整体风格的添加物，维修景观中缺失、损毁的部分，把建筑物现有状态恢复到原来的状态。风雨桥适用。

（3）重建。异地重建或在原址上重建已经消失的建筑。戏楼、寨门适用。

以上三种方法，从技术层面上确保了宰荡村落文化景观文化信息完整、真实的保存。

场所空间是人们传统上交流和进行公共活动的地方，熟悉的风貌形象是人心理和情感的归属。因此村落文化景观风貌的延续也是检验保护工作成败的标志，“因为只有在生活中继承了真正的文化，才使人感到历史的存在”。[①] 风貌保护的目的是为维系和加强居民之间以及他们与生活的聚落环境之间的情感纽带。日本学者早川和南认为“保存、保护历史环境就是保存、保护从古至今的人的关系”。所以，对文化景观聚落风貌的保护既是对建成环境的保护，某种意识上也是对地方习俗和传统文化观念的保护。尤其是一些公共空间、半公共空间都存在着多样化的含义，如坝场不仅仅是晒谷的场所，更是人们社交的场所。杜海迪博士在《关于社区可持续发展的七个基本点》一文中指出，这种现象可以称为“区域的情感共享性”，并认为这些区域的存在，是构成一个可持续发展社区不可或缺的因素之一。因此在景观风貌的保护中，保留公共活动空间、保留标志物是一种共识。村落标志物能唤起村民灵魂深处某种情感，是维系文化认同感的载体，保留和强化村落标志，能增强对传统文化和信仰的认同。在宰荡标志物包括鼓楼、风雨桥、古树、萨坛等公共景观，对这些要素的保护应该坚持原真性保护，严格尊重其历史风貌，保持它们的历史可读性，体现其在村落文化景观中的地位。

对于宰荡村内一些景观，如古道、古井、指路牌、梯田等，则可以通过

① 早川和南．论古城市的保护．李雄飞编．城市特色与古建筑．天津：天津科学技术出版社，1991．187．

标识系统，放大文化细节，引导人们对其中蕴含的文化信息进行认识和欣赏，通过增强识别性体现景观价值。

3. **民居建筑的保护**

民居建筑是一个民族村落文化的凝固景观的表现，是村落历史的载体，是经过自然和人类社会长期的选择和淘汰而形成的，其固定下来的形式往往包含了合理的环境生态理念，具有很强的生命力，具有鲜明的特点。民居既是最显著的景观，也是村民的家。因此，村落民居建筑风貌的维护体现在对旧建筑的整治、保护和新建建筑控制两个方面：首先是对旧建筑的整治和保护在坚持修旧如旧、保护外貌、整修内部的原则上，灵活运用原真性原则，因为对有人继续居住在其中的民居不可过分强调原真性保护。在保持建筑特色和风貌基础上，可以对建筑进行必要的改造、改善、更新，可以改善基础设施，对防火、卫生、采光进行改良，有条件的增加浴室和厕所，使内部设施现代化，只有村民喜欢居住，才能保持村落的有机生长，这种变化是一个新陈代谢的动态有机更新过程。其次新建民居应严格禁止出现现代建筑物，重点控制其建筑形式、形态和色彩，以保证新建建筑与原有村寨风貌协调统一。相关部门要在广泛征求村民意见的基础上对宰荡侗寨制定出控制性详规，并加大行政执法力度，对未经批准、违反规划擅自新建有损村寨风貌的建筑物，要依法责令拆除，确保村寨及其附属建筑的原有特色和风貌。民居修建要结合侗族文化特色，采用当地材料、当地建筑工艺、当地人工，延续宰荡侗寨原建筑风格。

在宰荡侗寨文化景观的保护中要充分运用吴良镛教授提出的"有机更新"理论。"所谓有机更新即采取适当规模，合适尺度、依据改造的内容和要求，妥善处理目前与将来的关系——不断提高规划设计质量，使每一片的发展达成相对的完整性，这样集无数相对完整性之和，即能促进北京的旧城环境得到改善，达到有机更新的目的。"① 有机更新的概念，既包括历史性城市整体的有机更新，也包括历史城区街巷肌理的有机更新，还包括历史街区传统建筑的有机更新。所以说，有机更新包括三个层次。整体更新是最高层次，其次是街区，再次才是单个建筑的有机更新。空间结构是构成村落文化景观的骨架，那村落肌理就是血肉，撑起整个村落景观系统。有机更新理论对于村落文化景观保护也同样具有指导意义。在有机更新的过程中，要把建筑的舒适性、经济性、审美性和遗产性结合起来；要把建筑本身的保护和民族文化的传承紧密联系起来。村落文化景观的保护是一个活态的保护。只

① 吴良镛．京旧城与菊儿胡同．北京：中国建筑工业出版社，1994．

有让民族村落建筑得到有机的更新，宰荡侗寨文化脉络才能得到自然的延续和彰显，优秀的侗族文化才能得以传承。

**4. 民族服饰的保护**

宰荡侗族服饰体现了当地的生活信息，反映了他们的审美情趣，是民族村落文化景观保护的重要内容之一。有意思的是，宰荡侗族女子一直坚持穿着民族传统服装——裙装，直至“文化大革命”后。但她们的服饰与周围几个侗寨相比，可以说是朴实无华。衣服上的刺绣很少，只有较为简单的图案，全然不如晚寨、尚重等地侗族的服饰华丽，以至于宰荡侗族姑娘在外演出侗族大歌时，相关部门嫌服饰不够亮丽，想法给她们借来其他侗寨的衣服。这可能与她们这支侗族妇女平时工作量大，比其他寨的妇女承担了更多的劳动，再加上闲暇之余更喜欢唱歌有关。现在宰荡妇女刺绣的更少了，尤其是年轻人，最多给心上人绣双鞋垫。传统的侗族服饰的制作工艺也逐渐流失，这是在现代化进程中出现的令人惋惜的事。而面对这种状况，为了让侗族传统的服饰文化传承、发展下去，首先我们要帮助宰荡人认识到他们传统服饰的重要价值。服饰传承应通过保持家庭、房族传承为主，提倡继续传承侗族传统服饰，通过宣传使年轻人认识到自己服装独特的文化价值和审美趣味。其次，要大力鼓励和培养优秀侗族服饰民间艺人，从政策和资金方面支持民族传统的面辅料、配料和服装的生产方式和制作方式，并设立交易市场，使传统侗布和侗衣在生产中得以保护。学校有条件可以开设侗族传统服饰制作技艺课程。这样，保留自身传统，使之成为生活习俗代代流传，宰荡传统服饰文化才会延续下去。

**（二）非物质文化景观的保护**

非物质文化景观的内容涵盖了人们的思想感情、宗教观念、价值取向以及社会的制度规范、民风民俗、伦理道德等十分广泛的内容。物质文化景观是村落存在和发展的物质基础，村落文化景观保护既要保护好物质对象和历史信息，更要巩固和延续非物质文化景观，因为一旦没有非物质文化，物质文化景观不可避免地也会衰退，村落就失去了存在的意义和发展的社会条件。非物质文化景观遗产保护，要坚持“保护为主、合理利用、继承发展”的指导方针，通过各种方式和途径，使宰荡侗族非物质文化遗产得到有效保护并得以代代传承下去。

尽管面临着现代化强烈冲击，宰荡侗寨文化景观出现了一些变化，但是其传统的主体性结构并没有改变，村寨的原生环境没有改变，村民们在有选择地接受外来文化的同时，仍然说着侗话，穿着侗族的服饰，住着传统的木板楼，唱着侗族大歌，过着侗族的节，遵循侗族的风俗习惯，按侗族的规矩办事，沿袭着侗民族的生产生活方式。宰荡侗寨村落文化景观中的基本单位和元素均保持完整，非物质文化遗产继续保持着强大的生命力。在民族村落文化景观处处遭到严重破坏的时代，不能不去探寻其原因。经调查发现，宰荡侗寨文化景观保持较好，主要是因为宰荡人保留了大多数侗族传统文化的价值观，并以文化传承的核心方式——心理传承下来。我们知道民族文化的核心是文化价值观，而心理传承是最稳定、最持久的文化传承方式，是民族意识的深层次积累。因此，对文化景观的保护，关键在于人，在于人的观念，说到底就是对侗民族传统文化观念和价值观的保护。侗族文化传统价值观不仅是长期维系侗族生存、发展的文化根基，也是今天我们保护和发展村落文化景观必不可少的精神要素，我们绝不可丢掉这份丰厚的文化宝藏。另一方面，只有树立村民对本民族文化的自信心，维持这种心理传承，这样才能维系民族的认同意识，传承民族文化景观。下面就如何树立宰荡村民对本民族文化的自信心，认同本民族的传统价值观，清楚了解本民族文化，最终形成文化自觉提以下建议：

**1. 增加资金投入，切实改善宰荡村民生活条件**

在宰荡人心里，宰荡村风水好，在历史上是有名的富裕村，每年到粮荒的时候附近的村寨都来借粮食，因为富裕还老招土匪惦记。这主要是宰荡的先祖来到该地的时间比较早，加上人比较勤劳，不断开拓荒地，种粮植树，拥有了大片土地，而后又喜欢置地，在附近包括大利等侗寨买了几百亩田地。据说新中国成立初期定成分的时候定了一户地主，十多户富农，现在附近的宰闷、八匡等村寨的土地都是土改时分过去的。宰荡现在占有的土地并不比其他村寨有多少优势了，但他们仍认为他们比周边其他村强，就是外出打工都比周围富。村里是一种共同和普遍的富有，大家差距并不大，当然家里劳动力多的还是有一定优势。宰荡村家家都养有猪，但很少用于买卖，都是自用，他们的富足体现在生活上一年四季都有饭吃、有菜吃、有肉吃。有意思的是，一年四季除了在春耕和秋收两季较忙外，其他时间都处于农闲状态。经济基础决定上层建筑。这也许是古话说的："仓禀足而知礼仪，衣食足而知荣辱"吧，生活的富裕使他们有更多的时间和精力花在学习和传承文化上，也使得他们的业余生活特别丰富，唱侗歌、演侗戏成为他们主要的精神生活。宰荡非常重视教育。村落形成后，就专门到湖南请先生来开办私塾，教出许多文化人，清末有杨文举、罗学道等名士，在宰荡周边至三宝一带侗族地区很有影响，他们编写的侗族大歌《龚空》（侗语）、《父母歌》流传至今，而由他们继承发展的唱大歌、演侗戏文娱活动更加蓬勃发展，源远流长。宰荡常年一直保持一个侗戏班，多个侗歌队。侗戏班的传统剧目有

《珠郎娘美》、《李旦凤姣》、《梅良玉》等，戏班师傅经常被邀请到其他侗寨教戏传歌。宰荡大歌非常出名，代代都有著名歌师，最著名的是清末女歌手杨乃胜凡，相传在九洞地区侗族歌手聚会中，她一人连唱七天七夜，击败到场的所有歌手而闻名，至今在宰荡侗民中有口皆碑。

但现实却是近些年宰荡村由于交通不便，经济发展水平较低，与其他几个相邻的村寨相比经济收入已经有了差距，宰荡的“富裕”只是村民美好的记忆。就拿曾与他们“吃相思”的从江孔寨来说，现在孔寨的发展日新月异，人民生活非常富裕，按宰荡人的话说“那是奔小康去了!”让他们羡慕不已。世界遗产中心主任贝德恩·冯·德罗斯特（Bernd Von Droste）曾经指出“村落文化景观的价值依存于传统的农业发展基础。也许，古村落的保护在发达国际进展顺利，那是因为发达国家的人口稳定并有着较高的生活水平，于是人们也愿意去保护这些反映历史价值的村落文化景观。但是在发展中国家人口剧增，政府和村民都对高水平生活充满了渴望，这些都使文化景观的保护步履艰难”。

在少数民族地区，民众最关心的问题是如何生存，如何摆脱饥饿与贫穷，如何像发达地区的人们那样过上现代化的生活。只讲保护，不讲发展，民族村落的村民长期陷入贫困的窘境中，连基本的生存条件都难于保证，保护无从谈起，更可能造成生态环境的日益恶化。因此，增加投入，积极解决宰荡的交通状况，通过改造和提升传统农业，发展特色种植、生态旅游等途径，切实提高宰荡村民收入，改善生活条件，让他们真正富裕起来，这是宰荡村落文化景观持续发展的基础。

**2. 营造良好氛围，恢复或树立村民对本民族文化的自信心，实现文化自觉**

文化景观是人类价值观的反映。文化景观尤其是非物质文化景观的产生，实质上就是一种价值观的外在表现。价值观的形成具有惯性，在一定时期内保持相对稳定，如果他们能延续传统观念、恪守自己的信仰，那他们就会继续保持和沿袭过去的文化景观。但是如果他们不自珍、自豪，反而自卑、唾弃，那这种传统就会被打破，不再延续。宰荡人以前一直有较强的自豪感，但是近几十年来，由于一部分人把少数民族看作是“落后”的民族，村民是“没有文化的人”，因而把他们当作教育、批评和改造的对象，并想方设法去改变他们的信仰，以挽救这些有“落后思想”的人。因而，长此已久，村民也觉得自己“落后”、“没文化”、“迷信”。但我们知道，由于任何民族文化都有自己生存的特定空间范围，因而任何民族文化对所持生态环境和社会环境的适应体现，就必须打上地方和民族的烙印而称为“地方性知识”。发展必须是也只能是每一个民族文化与所处环境持续调适的过程①。因此，这些“地方性知识”是各民族对其生境长期适应的智慧结晶，是千百年来各族人民创造的精神财富的积淀，不仅具有历史、文化价值，而且对于当代人类的生存和发展仍具有十分重要的意义。而能否有效地保护文化景观遗产，取决于当地民众对于文化景观遗产所包含的传统文化和精神信仰是否认同并继续保持。因此，我们应让宰荡侗族清楚地认识自己文化的价值，增强对自身文化的自信心和自豪感。

费孝通先生提出“文化自觉”的问题，并对文化自觉理论中提出的背景和应用范围作了近一步的阐释：其意义在于生活在一定文化中的人对其文化要有“自知之明”，明白它的来历、形成的过程，所具有的特色和它的发展的趋向，自知之明是为了加强对文化转型的自主能力，取得适应新环境、新时代文化选择的自主地位②。各民族都要面临一个文化自觉的问题，也就是如何去认识每个民族自身文化的问题。因此，我们可以得出这样的结论：只有具有“文化自觉”和“自知之明”的民族，才有可能珍稀、爱护、保护和传承自己的文化，在广采博纳其他民族优秀文化的基础上，提高对本民族优秀文化的自识自重自尊意识。另外，“自知之明”也意味着，一个民族能冷静地看到自己文化的利弊，学习和吸收异族文化的长处优点，才能不断地丰富自己的文化，促进自己的文化传承和发展。所以，民族的“文化自觉”和“自知之明”是文化保护的原动力③。宰荡侗寨文化景观的保护与发展必然是一个文化自觉的过程。

然而，我们也应该认清这样一个基本的事实：由于村民长期在强势文化的影响下，对所谓落后文化和迷信文化的批判影响和改变了村民对文化价值的判断和选择，他们会对自身文化的认识不清，产生文化自卑心理，“在文化上，自觉地自我轻贱很危险，不自觉地自我轻贱更危险”④。因此，他们的文化品位、认识水平是需要正确地加以引导的，这时学者尤其是民族学者的工作就显得十分重要，一方面要对宰荡侗寨的宗教、信仰、伦理、道德、节日等非物质文化进行研究和整理，另一方面需要引导村民对认识村落文化景观中所包含的科学精神及其特定的价值，使他们的信仰不再处于地下状态，让他们了解自身所拥有的文化是很优秀的文化，最终他们将从中受益，

① 郭家骥．发展的反思——澜沧江流域少数民族变迁的人类学研究．昆明：云南人民出版社，2008.55.

② 费孝通．费孝通论文化与文化自觉．北京：群言出版社，2007.389，390.

③ 费孝通．费孝通论文化与文化自觉．北京：群言出版社，2007.34.

④ 冯骥才．紧急呼救．文汇出版社，2003.31－32.

并引以为自豪，更加热爱本民族文化，形成文化自觉。此外，增强民众保护民族民间传统文化的自觉性，形成全社会主动参与保护的文化自觉，是持久做好保护工作的根本。

民俗活动会随着社会的、文化的变迁而产生变异，会随着国家权威机构的态度而发生重大的变化，因此，来自政府层面的推动和支持，会有力地促成传统民俗活动的恢复、发展和繁荣。在传承中，政府应给予相应的扶持，而这种扶持是两方面的：一是以较为宽容的态度来对待非物质文化遗产，着力营造一个宽松和谐的教育环境；二是给予必要的倡导和经济支持。

通过创设宽松的氛围或环境，恢复发展民俗活动，强化民族信仰，提升宰荡侗族“文化自觉”的方式方法主要有：

一是积极开展各种民俗节庆活动，使民族文化得以传承发展。侗族传统节日是侗族存在的重要标志，是侗族人的精神文化。传统节日能增强本族人民族认同，实现民族内部的心理沟通，能增强侗族人的心理凝聚力。努力挖掘宰荡侗寨的节日文化，政府可以每年安排一定的专项资金用于宰荡侗寨传统节日的保护、传承和发展工作。这些节日他们原本就在过，所以政府现在只需大力提倡，略加扶助，就能将节日办得有声有色。通过带有村落自身内容的民俗节日、仪式活动，展示村落历史、民俗、信仰和观念，展示宰荡侗寨活态的文化生命和村民们的情感。通过经常举办全体村民参加的各种节庆和民俗活动，唤醒民众对民族文化的集体记忆，增强民族文化的认同感，以调动他们投身民族文化保护的积极性。

二是恢复巩固信仰禁忌，保护传统仪式。在远古时代，原始宗教信仰与各种生产、生活性祭祀活动是非物质文化景观传承的主要形式。特别是一些传统仪式，是民间信仰的核心和表现形式，保护好传统仪式，对于协调人与自然、人与人的关系，增进家族认同、民族认同和文化认同，维护社会稳定，弘扬民族精神，展现地方文化特色都是十分必要的。因此，注意发挥家族等传统社会力量，在鬼师的主持下，每年在有象征神灵和祖先村寨的地方和特定空间举行各种宗教仪式，对宰荡侗族信仰恢复和巩固是非常有必要的。

三是恢复和活跃侗族大歌、琵琶歌、芦笙舞、哆耶舞、侗戏等为代表的侗族民间歌舞戏曲文化活动，使它们成为宰荡侗族非物质文化景观传承和交流的重要场所和典型方式。通过赛歌、节日表演等活动，使宰荡侗寨逐步恢复起侗歌、侗舞、侗戏、侗族乐器自我发展的良性循环机制，提高当地群众的保护意识，逐步实现或恢复这些民间艺术的原生态环境。

**3. 保护文化传承人，培养文化传习人**

非物质文化的承载者和体现者包括所有的人。物质文化遗产重点关注

“物”的本身，是对物的保管、保存与保护；而非物质文化遗产保护关注的重点是附着在“物”本身及背后的文化信息，关键是对传承人的保护，最终的目的是让非物质文化遗产得到传承和发展。“传承人是在有重要价值的非物质文化遗产传承过程中，代表某项遗产深厚的民族民间文化传统，掌握杰出的技术、技艺、技能，为社区、群体、族群所公认的有影响力的人物”。[①] 这些人是民族文化的主要承载者，是实践经验最丰富的活动操持者和知识的集散者，因其突出技艺或才能表现而受到族人的崇敬和信赖。在宰荡侗寨有精通天文地理、医药的精神领袖——鬼师，德高望重、熟知款约的生活领袖——寨老，才华横溢、记忆超群的文化精英——歌师、戏师，他们都是民间文化的精英。因此，给予这些传承人一定的精神和物资奖励，调动这些传承人的积极性，鼓励、提倡、支持他们传承本民族文化，教授青年人相关知识、技能，形成良好的民族文化传承氛围。对年事已高的传承人和濒临消亡的非物质文化遗产，要开展抢救性记录，运用文字、录音、数字化多媒体等多种形式，进行全方位记录，建立资源数据库。做好民族传统文化进课堂的工作，培养传承人，以解决民族文化后继乏人、面临失传的问题。

以侗族大歌传承为例。在宰荡传统社会，歌唱得好坏代表的是一个村寨的荣誉和一个人一生的荣誉，所以每个人都会利用业余时间为自己能成为一名被人尊重的好歌手和为将来的对歌进行准备，为村寨争光，为自己能出人头地努力，从而形成了传歌学歌的人文环境和文化氛围，人们将吃饭和唱歌作为一样重要的事来对待，这就是所谓的“饭养身，歌养心”的价值观。侗族大歌依托于人本身而存在，以声音为表现手段，并以口传心授作为文化链而得以延续。因此，对侗族大歌的传承，最为主体的歌者显得尤为重要。宰荡侗寨虽不是侗族大歌的发祥地，但唱侗族大歌已有着悠久的历史，现在比较有名的男歌师有杨胜华、杨昌斌、杨秀清、罗应和、简学斌、吴太和等，几乎每个房族都有代表人物，女歌师有胡官美（乃珍珠）、罗婢云（萨翠凡）、萨显宽等，其中乃珍珠[②]被评为“中国民间文化杰出传承人”称号，萨翠凡被评为“黔东南州侗族大歌传承人”。可见，政府为侗族大歌的传承人提供了社会地位的保障，并给予了一定经济支持，这大大激发了传承人培养新传承人的热情。此外，侗族大歌的传承应注意发掘年轻的优秀歌手，制

① 祁庆富．论非物质文化遗产保护中的传承及传承人．西北民族研究，2006（3）．

② 年过四十有子女者，按侗族“亲从嗣名”原则，称男性为“甫某某”，女性为“乃某某”，意为“某某”（他们生育的第一个孩子，不分男女性别）的父母亲，这是一种尊称。“乃珍珠”，就是“珍珠的妈妈”。

订优秀歌手、优秀歌师和优秀歌班奖励条例，给优秀歌手、优秀歌师和优秀歌班授予荣誉称号等，使这些人物或团体受到全社会的普遍尊重，以激发人们学歌唱歌的热情。在栽麻乡范围内组织歌队比赛，同时支持和鼓励宰荡群众自发开展群众性的对歌和赛歌活动。此外，还可以通过恢复村与村之间的“为也”活动，鼓励他们的歌队互访，让爱唱大歌的人有展示歌才的舞台，也给村寨之间提供相互交流情感和交流艺术的机会。坚持侗族大歌进校园的活动，通过学校教育，使所有的孩子都接受侗族大歌的教育，参与侗族大歌的演唱，从而成为侗族大歌的传承人。

**编者按：**

本文摘自刘艺兰博士学位论文《少数民族村落文化景观遗产保护研究——以贵州省榕江县宰荡侗寨为例》。

# 琼黎图中非物质文化遗产表现形式的图像

戴成萍

琼黎图是清代康熙雍正时期治理海南黎族过程中官方为掌握“黎情”而绘制的黎族风俗的图画，与“琼州舆图”、黎地总说文字合成“黎情汇编”。原本及后世传抄、改绘而形成多种不同版本，构成清代少数民族图册的一个独具特色的系列。目前所知存世的“琼黎图”有五种：《琼州海黎图》，国家博物馆藏，15 幅册页；《琼州黎族风俗图说》，中央民族大学图书馆藏，绘者佚名，琼州地图 1 幅，文字 29 面，彩绘图 14 幅；《琼黎一览图》，广东中山图书馆藏。收录在民国年间汇编的《边蛮风俗杂抄》一书中，画面 19 幅；《黎人风俗图》，台湾中央研究院历史语言研究所藏，图 18 幅；《琼黎风俗图》，原藏河南省新乡市博物馆，今藏海南省博物馆，共有 15 开页，均为左图右题，题署“邓廷宣”。①

绘制于清代的琼黎图中，保留了许多黎族非物质文化遗产表现形式的历史图像，对于研究黎族非物质文化遗产世代传承的历史渊源提供了宝贵的依据。

海南黎族传统文化独具特色，传承至今的非物质文化遗产十分丰富。2009 年列入联合国教科文组织急需保护的非物质文化遗产名录的“海南黎族传统纺染织绣技艺”以及已列入国家级非物质文化遗产名录的“黎族船型屋营造技艺”、“黎族服饰”、“黎族传统纺染织绣技艺”、“黎族树皮布制作技艺”、“黎族三月三节”、“黎族打柴舞”、“老古舞”、“黎族民歌”，还有 2008 年列入海南省第二批非物质文化遗产名录的“黎族文身”等项目，都可以从“琼黎图”中窥见到这些表现形式根深蒂固的历史传承脉络。

---

① 参见祁庆富、史晖等著. 清代少数民族图册研究. 北京：中央民族大学出版社，2012. 113 – 128.

## 一、船形屋

黎族船形屋曾是黎族典型的传统民居建筑，因外形酷似船篷通常称为船形屋。它是黎族几千年来建筑的结晶，流行于海南五指山的黎族聚居区。考古学家论证，远古时代，黎族是从两广大陆渡海，曾经在沿海一带生活居住。船形屋，很可能直接来自船，或模仿船而建筑的房屋，可能是不忘祖先的一种传统。

据宋代范大成《桂海虞衡志》、周去非《岭外代答》、赵汝适《诸蕃志》、明朝顾玠著《海槎余录》、清代张庆长著《黎岐纪闻》的记载，船形屋是一种“干栏”建筑。这种住屋原本是“高脚”型，分上下两层结构，居者沿竹梯而上，上层居人，下层用于饲养家畜。随着历史进程中的文化变迁，船形屋的“高脚”逐渐演化成“矮脚”，最后演变成近日的“落地屋”样式。目前仅在东方市江边乡白查村，还保存着81间落地式船形屋。

早期的高脚式船形屋实物已不存世，然而在五种“琼黎图”中，都有“黎屋”的记述及图画。国家博物馆本《琼州海黎图》第一图记载：“黎屋形长似船而高，门开左右，中构两屋。居者缘梯而上，下以畜牛豕。”据此。我们今天可以看到高脚船形屋的真实面貌及黎人在船形屋中的生活场景。

**国家博物馆本《琼州海黎图》黎屋**

## 二、服　饰

黎族服饰，主要是利用海岛棉、麻、木棉、树皮纤维和蚕丝织制缝合而成。远古的时候，有些地方还利用楮树或见血封喉树的树皮作为服饰材料。这种服饰材料，是从山上砍下树皮，经过拍打去掉外层皮渣，剩下纤维层，然后用石灰（螺壳烧成的灰）浸泡晒干而成。

黎锦是黎族传统服饰中最具特色的原材料。宋代乐史《太平寰宇记》、范大成《桂海虞衡志》、赵汝适《诸蕃志》、周去非《岭外代答》等都有关于黎族织锦的记载。《桂海虞衡志》说："黎幕出海南黎峒，黎人得中国锦采，拆取色丝，间中棉挑织而成，每以四副联成一幕。"《岭外代答》亦云："海南所织（吉贝布）则多品矣！幅极阔……间以五采，异纹炳然！"

使用黎锦制作"筒裙"，一直是黎族民众喜爱的女性服饰，各支系的筒裙样式基本相同，但文样却各具鲜明特色，流传至今。

诸种琼黎图中，身着筒裙是女性服饰的基调，从"迎娶"图中的女性筒裙可以清晰地追溯到今日筒裙久远的历史渊源。

中山本《琼黎一览图》，迎娶

## 三、纺　织

黎族的纺织技艺中的明珠是黎锦。宋人艾可叔《木棉诗》，描述了黎族妇女从事纺织的生动情景：“轻雷秋纺雪，弓弯半月庭弹云，衣裘卒岁吟翁暖，机杼终年织妇勤。”

宋末元初，我国历史上著名的纺织家黄道婆，来到崖州，学到了黎族的纺织工艺。将黎族人民的棉纺织技术，传播到江浙地区，促进了中国棉纺织技术的发展。

黎族聚居区有极为丰富的木棉、野麻等纺织、印染原料。在棉纺织品普及之前，野麻纺织品在黎族地区盛行。人们一般在雨季将采集的野麻外皮扒下，经过浸泡、漂洗等工艺，渍为麻匹。麻匹经染色后，用手搓成麻纱，或用纺轮捻线，然后织成布。野麻布质地坚实，多用于制作劳动时穿着的外衣和下裳。

国家博物馆本《琼州海黎图》第十二图记载：“蚕桑纺织之法为黎所弗谙。其地惟产木棉一种，春花夏实，黎妇采子取棉，以手足纫线染成绚烂色，织为吉贝，犹民之有缟纻也。”

国家博物馆本《琼州海黎图》纺绩

从台北本《黎人风俗图》第十八图可以看到古老的手捻纺锤及腰机织法，为探讨黎族纺织历史提供了不可多得的形象资料。

台北本《黎人风俗图》织

## 四、歌　舞

每年农历三月三是黎族重要的传统节日，祭拜始祖，欢聚饮宴。青年男女汇集一起，载歌载舞、谈情说爱，是节日的一大特色。

中央民族大学图书馆馆藏本《琼州黎族风俗图说》有伏腊宴饮图，记云："黎中无醴筵宴会，每岁时伏腊及婚姻，虽有烹宰，皆饭以木杓，饮以竹筒，醉饱后即击鼓鸣钲，唱歌为乐，尽日始散。"生动地描绘出节庆欢乐景象。

**中央民族大学图书馆馆藏本《琼州黎族风俗图说》伏腊宴饮**

节日欢聚宴饮的情景在台北本《黎人风俗图》中也可以见到。

**台北本《黎人风俗图》宴会饮食**

“对歌择偶”，是黎族的传统习尚。新乡本《琼黎风俗图》中有对歌择偶图，形象地展现出青年男女对歌场景。

新乡本《琼黎风俗图》对歌择偶

## 五、文　身

文身是黎家人的一种传统习俗，在黎语中叫“打登”或是“模欧”。海南汉语称为“秀面”和“书面”。

清乾隆时张庆长（1717—1762）出任过琼州府定安县知县，所撰《黎岐纪闻》写道：“向来《黎图》皆注花脚黎为下脚黎。余询之黎人，非下脚也。其俗男女俱足胫赐纹数行，故名花脚。《图说》殆沿土语之讹而误注之欤！”他指出黎族一个支系“花脚黎”之称呼由文身而来。

女性文面，是黎族文身的一大特点。今日，文面之俗已经终止，目前能见到的最年轻文身女也在70岁以上。旧时文身不仅图有定形、谱有法制，连施术年龄亦有所规定，各支系、家族按祖传之图案进行文身，绝不能假借紊乱。国家博物馆本《琼州海黎图》婚聘写到：“婚聘以牛为重，黎酒、槟榔、吉贝等物佐之。夫家所颁绣面之式，不论虫蛾、花卉，务致其姑。女经绣面后，见者知其受聘，遂不敢犯。”

国家博物馆本《琼州海黎图》婚聘

清乾隆时成书的《皇清职贡图》中的“黎人妇”，就是“文面女”。1936 年闻宥在为刘咸《海南黎人文身之研究》一文所写的《跋》中说：

“向来图谱之壮黎人文身者，以《皇清职贡图》卷四为最着。图后附说，虽言‘嫁时以针刺面，为虫蛾花卉状’，而所图皆为点纹，疑即与第十图 19 同谱（祁按：指刘咸文中插图）。惟图上下唇而作圆形，与第十图所载诸谱专在颔 han 部着小异，疑为传摹之误（他蛮族中以几何九图纹样刺面者至多，出线条外，亦罕见连上下唇而合作一纹之例）。”①

① 闻宥.《海南黎人文身之研究》跋. 中山文化教育馆研究部民族问题研究室编辑. 民族学研究集刊，第一期. 商务印书馆，1936.

**皇清职贡图二卷黎人妇，中国国家博物馆编. 中国国家博物馆藏文物研究丛书，绘画卷 · 风俗. 上海古籍出版社，2007. 211.**

目前，黎族文身已是一种不具有“传承”活力的非物质文化遗产表现形式，但对于黎族传统文化研究具有重要的价值，琼黎图的记录有助于“保存”这份历史遗产。

琼黎图中蕴含着黎族传统文化特别是非物质文化遗产表现形式的历史传承信息，对于非物质文化遗产的确认、研究、保存、保护、宣传有重要意义。清代流传下来能与琼黎图比肩的、被统称为“苗蛮图”的“滇夷图”、“黔苗图”、“番夷图”、“湘苗图”、“番社图”、“粤蛮图”，包含着大量各民族非物质文化遗产表现形式的历史渊源信息，为非物质文化遗产“世代传承”提供了真实可靠的依据。在非物质文化遗产保护工作中，很好地利用这些图录资料，对于深化少数民族非物质文化遗产研究，具有重要意义。

**编者按：**

本文摘自戴成萍博士学位论文《清代琼黎图研究》。

# 关于羌族释比文化实地调查的收获和体会

阮宝娣

在祁庆富教授的指导下，我在多次田野调查获得的第一手资料基础上，完成了博士学位论文《羌族释比与释比文化研究》，于2007年5月通过答辩。自2004年底至2006年11月，我先后5次到羌族地区进行羌族民间信仰的田野调查，调查重点是羌族的释比文化。下面介绍的是有关调查的收获和体会。

## 一、田野工作过程

**1. 第一次田野调查**（2005年5月1日—10日）

2005年5月1日至10日，第一次实地考察了四川省阿坝藏族羌族自治州汶川县绵虒乡的羌锋村、雁门乡的萝卜寨等地，主要任务是实地观察羌族民间信仰的现状，了解羌族释比文化在人们日常生活中的体现。拍摄了村寨的一些照片，还拍摄了农民家里的装饰、摆设、神龛等的照片。此外，与县政府的有关工作人员进行了交谈，请他们介绍了一些羌族文化、教育、经济发展、劳动就业等多方面的情况。虽然这次实地考察的时间非常短暂，但对释比文化等有了清晰的感性认识。

**2. 第二次田野调查**（2005年9月初—11月4日）

调查地点是四川省阿坝州汶川县，调查重点是羌族释比文化传承的历史和现状。主要采用口述历史资料搜集的方法，与当地的9位释比进行了访谈。将访谈的全部内容录了音，并做了近10万字文字记录。由于调查录音资料太多，回到北京后又将其他录音内容进行整理记录成约40万字的文字资料。调查时，拍摄了500多幅照片，还拍摄了一段祭山会仪式的录像资料。

**3. 第三次田野调查**（2006年6月—2006年8月）

这次调查的时间比较长，对释比文化的内容进行了比较全面的调查。调查内容如下：第一，调查民间信仰仪式。在龙溪乡举办了大还愿仪式，从仪式的准备阶段开始，全程进行了摄像、摄影、录音等，另外当地电视台也协助我们拍摄了仪式程序的录像资料。在绵虒乡举办了还家愿仪式，全程拍摄了仪式过程。调查中，共拍摄录像资料 16 盘，照片资料 2000 余幅。第二，调查释比唱经。对绵虒乡的王治升演唱的释比唱经中的上坛经典、中坛经典等，请他本人按照自己的理解翻译成汉语，全过程都有录音资料。第三，调查释比图经《刷勒日》。现存的羌族的释比图经极少，能够解读图经内容的人更是寥寥无几。幸运的是，我们找到了两种版本的《刷勒日》，拍摄了这两种版本的《刷勒日》照片和录像资料。第四，调查释比法术活动内容，如占卜、驱鬼、治病等，拍摄了大量照片、录像资料。第五，对释比的服饰、法器等进行了调查和拍摄。第六，调查了羌族的民俗、民间传说等。

此次调查获得了录音资料、录像、照片、文字等大量的第一手资料。其中，录音资料约 50 小时，录像资料 22 盘，照片资料 4063 幅，民间传说、民俗等资料近 150 万字。另外，还搜集了相当数量的释比各种仪式所使用的用品等。

4. **第四次田野调查**（2006 年 10 月 20 日—2006 年 10 月 29 日）

这次走访了释比余明海、龙国治、肖永庆、王治升等人，就释比图经《刷勒日》、释比占卜等内容进行了补充调查。遗憾的是，这些释比都不能完整地解读释比图经《刷勒日》的内容，只有龙国治、肖永庆能解读出几幅图经的内容。释比占卜中有代表性的扯索卦，目前仅有肖永庆一人会做。调查中拍摄了扯索卦的录像、照片等资料，并将调查内容都进行了录音，这是本次调查最大的收获。

5. **第五次田野调查**（2006 年 11 月）

2006 年 11 月 11 日，现年 94 岁高龄的释比余名海溘然长逝，当地要为他举办羌族传统的葬礼仪式，阮宝娣应余名海家人的邀请赴川参加葬礼，并拍摄了葬礼全过程的录像、照片资料等。

## 二、羌族释比文化概况

释比文化源于羌族民间信仰，文化内涵体现在信仰观念、祭祀仪式、禳解仪式、崇拜活动中，主要包括神鬼观念、各种仪式程序及文化内涵、释比唱经、释比图经、法器、占卜、释比传承、释比文化传承等。

1. **释比**

“释比”，是羌语对羌族民间祭司的一种称呼，又称“许”、“比”或“诗卓”，汉语称为“端公”。羌族民间信仰仪式和崇拜活动较多，无论是大型的集体祭祀仪式、小型的家庭祭祀仪式、丧葬仪式、婚礼仪式，还是驱除邪魔、治病、占卜等，释比都充当着崇拜仪式及活动的祭司角色。释比传承，学习者必须通过拜师仪式，经过较长时间的学习、观摩、实践后，掌握了释比唱经的全部内容及与唱经配合使用的羊皮鼓的演奏技巧、羊皮鼓舞的跳法等，熟悉各种信仰仪式的程式和内容，掌握各种法事活动的方法和适用范围，精通占卜、咒语等，最后通过解卦仪式，才能成为正式的释比。

**2. 信仰观念**

在羌族释比的心中，已知的和可知的世界被分为天上、人间、地下三个部分。天上，羌语称“目比亚”，是众神灵的所在地；人间，是民众生存生活的所在；地下，羌语是“尔莱迈茨尔迈茨”，是人死后要去的地方，是十八地狱的地方，是鬼的居所。这种观念在羌族民众心中也普遍存在。

羌族崇拜和信仰的神灵繁多，所有的仪式都要从天神开始。此外，还有地神、山神、地盘神、柜房神以及角角神、四角神、男祖先神、女祖先神、男保护神、女保护神、门神等。

羌族信仰的诸多神灵都没有明确的形象，除火神是以火塘上放锅灶的铁三角架子作为象征外，其他神灵或是以白石作为象征，或是在神灵所在的地方设置神位作为象征，或是在神龛上设置神位作为神灵的象征。

**3. 仪式**

自古以来，祭祀、驱疫解厄、占卜问事等一系列仪礼和民族习俗在羌族地区普遍存在。信仰仪式和崇拜活动名目繁多，祭山会和还家愿是释比文化内涵最丰富的两种重要祭祀仪式，都由释比主持。

**4. 释比唱经**

到目前为止的绝大多数羌族民间信仰调查和研究资料中，都将羌族释比唱经分为上坛经、中坛经、下坛经。这种分类方法，是按照不同释比唱经所应用的信仰仪式或法事活动的性质来区分的，即用于神事的唱经为上坛经，用于人事的唱经为中坛经，用于禳灾驱邪的唱经为下坛经。

然而，在我对羌族地区进行田野调查过程中发现，释比们则是根据具体的信仰仪式或法事活动，将释比唱经分为祭山会、还家愿等向神灵许愿或还愿的神事仪式所唱诵的释比唱经，打太平保护、招财、葬礼等向神灵祈求生活顺遂的人事仪式所唱诵的释比唱经，送鬼、驱邪、招魂等请神灵和祖师协助驱赶鬼怪、招魂超度的法事活动所唱诵的释比唱经等。

**5. 释比的服饰和法器**

释比的服饰和使用的法器都包涵着丰富的历史文化内涵。猴皮帽、猴头、羊皮鼓等都是重要的法器。猴皮帽是羌族释比祈神、做法、还愿时都要戴的，非常神圣，尚未出师的学徒释比不准戴。传说由于金丝猴救过古代羌族释比祖师的命，所以就被看作释比的祖师神。羊皮鼓被广泛用在祭祀和驱鬼等宗教活动中，在不同的祭祀场合，击鼓的轻重缓急都不一样。

此外，重要法器还有猴头骨、法刀、法袋、兽骨、法铃、法冠、响盘、法印、神杖、符板、索卦、鸡嘴卦等。

**6. 释比图经**

释比图经被称为《刷勒日》，或《六十甲子书》、《铁板算》等，是羌族释比用于唱经、占卜等的一种图画经典。释比图经，以麻布上沾一层白纸作为画底，用彩色颜料绘画，画卷为折叠式两面绘图。据初步调查得知，释比在做法事时，能够依据图画的提示，看图唱诵相应的释比唱经，图经的内容有祭祀、大葬、婚配、幸运、箭位、蛇神、驱邪、生肖、属相等，反映了羌族游牧、狩猎、农耕、婚丧嫁娶等社会生活内容。遗憾的是，目前羌族地区的释比都不能够"看图唱经"了，只有个别释比能理解图画中关于"占卜"的图画意义。

## 三、借鉴前人调查成果

**1. 国外学者的田野调查**

早在20世纪初，国内外学者就开始了对羌族的研究。英国传教士托马斯·托伦士（Thomas Torrance）在20世纪初期就到川西北高原的羌族地区传教、考察，并写了关于羌族历史、习俗、宗教的一本小册子 *The History, Customs and Religion of the Ch'iang*。美国学者戴卫·克罗克特·葛维汉（David Crockett Graham 1884—1962）于1925年至1948年间曾多次深入到四川羌族地区，写成了《羌族的习俗与宗教》一书，书中还有作者在羌族地区考察时拍摄的大量照片，都是具有极高研究价值的珍贵资料。

1988—1999年，日本爱知大学中国研究科及现代中国学部助教授松岡正子来四川大学历史系留学，著成《中国青藏高原东部的少数民族——羌族和四川藏族》（日文）一书，2000年9月由日本YUMANI书店出版。

**2. 国内学者的田野调查**

国内对羌族的研究，除了古代历史典籍中的相关记载外，还有大量羌族历史、文学、文化方面的研究。1949年以前，涉及羌族的历史、生活、习俗等的调查报告，比较有影响的著作有：清朝知县李锡书著《汶志纪略》①，

① 清朝嘉庆10年（1805年）刊印，清同治（1862—1874）时曾做了增补。后由汶川县史志办罗晓林等校注，汶川县史志办于2004年1月作为内部资料出版发行。

祝世德修《汶川县县志》[①]，吕思勉著《中国民族史》[②]，林惠祥著《中国民族史》[③]，庄学本著《羌戎考察记》[④]，胡鉴民著《羌族之信仰与习为》[⑤] 等。

1949 年至今，出版了一批有关羌族研究的调查报告和著述。主要有：中国科学院民族研究所四川民族社会历史调查组编印了《羌族地区土司资料汇辑》、《汶川县绵虒乡社会调查报告》、《汶川县雁门乡社会调查报告》、《羌族简史简志合编（初稿）》，西南民族学院民族研究室在对现在阿坝藏族羌族自治州所辖范围内进行调查的基础上，将搜集的资料整理成《羌族调查材料》一书。《中国原始宗教资料丛编（纳西族卷、羌族卷、独龙族卷、傈僳族卷、怒族卷）》[⑥] 中的《羌族卷》，是到目前为止资料最丰富翔实的一部羌族宗教文化著作，其中收录了很多前人调查、研究的成果。李绍明、周蜀蓉选编的《葛维汉民族学考古学论著》是一部重要译作。于一、李家骥的《羌族释比文化探秘》是一部释比文化研究专著。此外，阿坝藏族羌族自治州史志办和各个县的史志办等文化部门作为内部资料刊印了《西羌古唱经》、《羌族释比（许）文化研究》、《羌族民间故事选》、《北川羌族史略》等，也都从不同角度对释比文化进行了研究。

前人的研究成果，为我们进行释比调查提供了宝贵的借鉴。

## 四、调查地点、对象选择

### （一）调查地点的选择与确定

在四川省阿坝州的汶川县、茂县、黑水县、理县、松潘县等都有羌族聚居，选择汶川县的龙溪乡、绵虒乡、雁门乡作为主要的调查点是基于以下的考虑：

第一，汶川县处于交通咽喉地带，与阿坝州的其他几个县相比，民族文化生态的改变明显要大得多，这对羌族文化和释比文化的传承和发展的影响表现得也最为明显。

然而，经济发展水平的高低、交通条件是否便利等与释比文化的传承之

---

① 祝世德在民国三十三年修成，后由汶川县史志办罗晓林校注，1997 年 10 月作为内部资料由阿坝州地方志编纂委员会出版。

② 上海世界书局，1934 年出版。

③ 商务出版社，1936 年 11 月出版。

④ 上海良友图书公司，1937 年出版。

⑤ 原载于《边疆研究论丛》1941 年本，后收入李绍明、程贤敏编《西南民族研究论文选》，四川大学出版社，1991 年 12 月第 1 版。

⑥ 吕大吉、和志武主编，上海人民出版社，1993 年 10 月。

间的不同步性却非常明显。绵虒乡紧邻成阿公路，交通条件优越，但羌族文化和释比文化都得到很好的传承，著名民族学家费孝通先生还为绵虒乡的羌锋村题写了“西羌第一村”。

第二，汶川县的一些释比在以往的羌族文化调查中有一定的影响力，他们对羌族释比文化的内容掌握得比较全面，认识和了解也比较深。从他们个人的生活轨迹，就能透视出羌族释比文化的演变。

绵虒乡羌锋村的释比王治国和王治升、龙溪乡的释比余明海和朱顺才、雁门乡的释比袁真奇和张富良等人，多次接待国内外学者的调查、访问，留下了大量的关于羌族释比文化传承的资料。

**（二）调查对象的确定**

传承人是调查的主要对象。首先要确定下来可以调查的释比人选。一方面从前人调查中寻找线索，另一方面，与当地有关部门及熟悉情况者沟通了解线索，在此基础上寻访。最后确定的调查对象有：萝卜寨的释比张富良、巴夺寨的释比余明海，羌锋村的王治升，巴夺寨的朱金龙，白水村的释比余伯伦等。

## 五、调查重点、发现

**（一）调查的重点**

**1. 释比口述史调查**

释比口述历史的调查，分别选择了在四川省阿坝州汶川县的 9 位释比和茂县的 2 位释比，进行了逐个访谈。从释比文化传承个案入手，调查涉及以下内容：

第一，释比的家庭、家族、个人生活经历等背景资料。

第二，释比文化的传承方式、过程和传承内容。

第三，释比信仰的神灵。

第四，祭祀仪式和崇拜活动的种类。

第五，祭祀仪式和崇拜活动的演变。

第六，占卜。

第七，释比的法器。

**2. 祭祀仪式调查**

选择了祭祀仪式中文化内涵最为丰富的祭山会、还家愿，进行了深入细致的调查。其中，祭山会仪式在汶川县龙溪乡阿尔村巴夺寨举行，94 岁的释比余明海及释比杨贵生、朱金龙、朱光亮、余世荣等共同主持仪式；还家愿仪式在汶川县绵虒乡羌锋村簇头寨举行，释比王治升主持仪式。调查采用访谈、录音、拍摄录像和照片资料的方法，忠实记录了从仪式筹备到结束的各个环节的内容。

第一，调查仪式开始前的准备工作内容。

第二，祭山会仪式的过程和内容的调查。

第三，调查仪式各个环节的细节问题，主要通过提问的方式，请释比进行解释和说明。

3. **释比唱经调查**

选择绵虒乡的释比王治升为调查对象，请王治升逐段唱诵释比唱经，录制了释比唱经全部内容的录音资料。

请王治升按照个人的理解，将释比唱经逐段翻译成汉语。

**（二）调查中的新发现**

1. 通过口述历史调查，对释比文化传承的方式、过程等有了深入细致的了解，特别是对释比“解卦”仪式的内容、演变等的调查，获得了释比文化传承的第一手资料。

2. 在调查中，发现了两部保存完整的释比图经《刷勒日》，并拍摄了全部照片、录像资料。

3. 发现了一套象形文字符号系统，这套系统用于释比扯索卦占卜结果的记录，在全面调查了扯索卦的工具、方法、用途、意义等基础上，基本理清了象形文字符号系统的内涵。

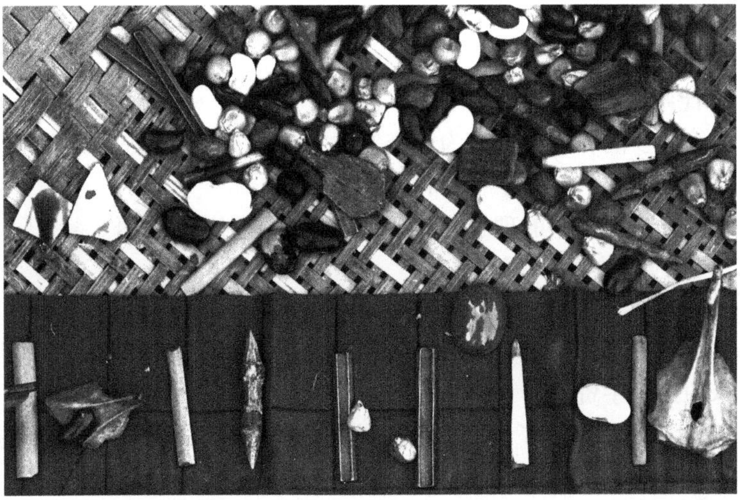

## 六、记录、资料整理

**1. 口述历史资料的记录和整理**

释比口述历史资料、羌族释比文化等资料的整理、分类和论文初稿的撰写。第一步，忠实记录原始资料。在田野调查中，对10位释比进行了口述历史的调查，并录制了约50小时的调查录音资料，刻录成光盘；整理出40万字内容。我将调查中录制的所有口述历史、羌族释比文化等内容，完全按照录音进行文本记录，共记录了近40万字的文本。第二步，照片资料的分类。将调查中拍摄的照片资料，按照所反映的内容，并配合文本资料的内容进行分类。第三步，分析研究。对释比口述历史文本资料进行分析研究，理清羌族释比文化的内容、释比文化传承状况、释比的生存状况、释比文化的现实状况等脉络。在此基础上，应用多学科综合研究的方法，对羌族释比与释比文化进行研究。

**2. 祭祀仪式资料的记录和整理**

祭祀仪式调查中，采用录像资料、照片资料、录音资料三种记录方式，记录了祭山会、还家愿两种仪式的全过程、唱经、通明内容等，并将录音资料整理成文本形式。

**3. 释比唱经资料的记录和整理**

释比唱经是用羌语唱诵的，在调查中，采用录音的方式，将所有释比唱经录制成录音资料，然后请释比按照本人的理解翻译成汉语。并在后续的工作中，根据唱经录音内容，进行国际音标的记音。释比唱经的录音和翻译工作，在田野调查过程中就已经完成，国际音标记音工作有一定的难度，是在田野调查结束后逐步完成的。

**4. 释比图经《刷勒日》资料的记录和整理**

释比图经《刷勒日》的记录采用录像资料、照片资料的方式，记录了目前发现的两种《刷勒日》。由于现在的释比基本上无法解读《刷勒日》的意义，仅有三位释比了解其中的一小部分意义，因此将这部分解读的内容进行了录音，并整理成文本资料，作为后续研究和解读的参考。

**5. 释比法器资料的记录和整理**

用照片资料的方式，先将释比的法器记录下来，然后对法器的材质、尺寸等进行记录，再用录音的方式将释比对法器的说明记录下来，并整理成文本资料。

**6. 释比占卜资料的记录和整理**

用录音方式，记录释比对占卜种类、方法、作用等的解释和说明；用照片资料和录像资料的方式，记录释比占卜的过程、细节等；并将录音资料整理成文本资料，照片和录像资料分类整理。

**7. 丧葬仪式资料的记录和整理**

参加了释比余明海的丧葬仪式，拍摄了全过程的录像、照片资料，同时录制了丧葬仪式中的丧葬歌、对歌等资料。

## 七、几点体会

**1. 获得县、乡相关政府部门的支持和配合**

在调查开始前，与当地县、乡相关政府部门沟通，说明调查的目的，取得他们的支持与配合，从而了解当地生产、生活、民俗、民风等情况，有利于调查工作的展开。

**2. 选择合适的向导**

调查中发现，选择了合适的向导，能最大程度打消被调查人的疑虑，比较容易尽快切入调查主题。合适的向导应该具备以下要点：第一，与被调查人的关系比较亲近，彼此有很好的信任感，性格开朗，有较强的沟通能力；第二，对将要进行的调查工作有热情，愿意协助调查者与被调查者之间更好地沟通；第三，对释比的所在村寨的社会生活、家族关系等情况比较熟悉；第四，语言能力较强，既要懂少数民族语言，又要懂汉语方言和普通话；第五，熟悉日常礼仪内容，能给调查者提供一些参考建议。

**3. 初次拜访的注意事项**

首先，释比都是年龄比较大的长者，应该遵照当地拜访长者的礼仪习俗，携带合适的小礼物；其次，观察并判断调查者的性格特点，尽量保持融洽的谈话气氛；第三，选择合适的时机，向被调查者说明调查的报酬；第四，充分尊重调查者，不提诱导性的问题，避免误导被调查人。

**4. 建立信任感**

在对每一个释比进行访问、调查时，开始都应该从一些轻松的家常话题、日常琐事等入手，与被调查释比有了适当的交流，互相之间的陌生感减少，在气氛愉快的情况下，逐渐进入主题。对被调查者所说的内容，显示出充分的信任，并认真记录，不提质疑性问题。调查进行中，适当关心被调人的生活情况，说话有亲切感，逐渐建立彼此间的信任感。

**5. 注意自己的言行举止**

被调查人都是农民，居住环境、家庭条件等相对落后，调查者并不一定能够适应，如房间昏暗、家具陈旧、茶杯茶碗简陋、蚊虫较多，等等，调查者必须入乡随俗，完全融入被调查者的生活环境，避免不必要的言行举止不周导致的隔膜。

**6. 不预设固定的调查模式**

尽管调查开始前，已经对所调查的内容有了一定的了解，准备了相应的调查大纲，也不能太过死板，随着调查的展开，应根据实际情况随时进行一些调整，对某些新材料、新情况，及时进行必要的询问和调查，以保证调查的真实、深入。

**7. 要有克服困难的准备**

田野调查中会遇到环境恶劣、交通不便等困难，也会遇到沟通、调查内容复杂、调查者心情不好等问题，报酬的问题也是较为棘手的难题。调查者必须具备克服困难的坚定信念，还要有灵活的解决办法，才能保证调查的顺利进行。

**8. 追根究底，避免主观臆断**

调查要细致全面，切忌作主观上的推测和臆断，如调查释比法器时，对材质、大小、装饰物、制作方法等细节问题，要逐一询问，尺寸必须亲自丈量，材质必须反复确认，避免想当然地臆断。

### 9. 非物质文化遗产调查也要特别关注传承物

**编者按：**

在调查研究基础上，2007 年阮宝娣完成《羌族释比与释比文化研究》博士学位论文。2011 年，编著《羌族释比口述史》由民族出版社出版，采录翻译王治升《羌族释比唱经》亦由民族出版社出版。

四川省茂县、汶川县、理县、北川羌族自治县《羌年》，四川省茂县《羌笛演奏及制作技艺》，四川省汶川县《羊皮鼓舞》、《羌族刺绣》，四川省汶川县、茂县《碉楼营造技艺（羌族碉楼营造技艺）》，四川省汶川县《羌戈大战》已列入国家级非物质文化遗产名录。

2009 年 10 月，《羌年》列入联合国教科文组织公布的急需保护的非物质文化遗产名录。

# 钱元昌及其《粤西诸蛮图记》考述

史　晖

雍正年间广西巡抚金鉷主修的《广西通志》是广西一部影响较大的地方志。此前，雍正二年署任广西巡抚的李绂主修并完成的二百卷《广西通志》体例新颖、资料翔实，受到赞许。然而此书的某些内容惹恼了雍正皇帝，被斥责为"率意徇情，瞻顾桑梓"，"如此志书，岂堪垂世"，因而不得刊印。[①] 金志继承并吸纳了李志很快完工，是个不争的事实。[②] 李志原稿已不存世，金志与李志的异同无法确切考究，但断言金志只花费"芟削"之力也是不公允的，金志的"诸蛮"——也就是今日说的"民族志"，绝不是照抄李志。清人蓝千秋曾入李绂幕，参与修纂通志之事，其《蓝户部集》卷七收录十篇《志序》，可窥见李绂主修《广西通志》的概貌。值得注意的是李志中没有"蛮夷志"名目，取而代之的是《象胥志》。吉林大学图书馆藏清乾隆十二年蓝士奇刻本《蓝户部集》，卷七目录有《广西通志象胥志序》，遗憾的是正文阙佚。[③] 清人李茹旻（1659—1734）有《书广西象胥志后》诗[④]，可窥《象胥志》之一斑。金志并没有沿用李志"象胥"之名，而是另立《诸蛮志》，共五卷，包括"蛮习各种"、"蛮疆分隶"、"历朝驭蛮"、"本朝驭蛮"、"安南附纪"。金志《凡例》指明：

旧志先安南而后诸蛮。春秋之义列服不先于王人，重内轻外也。若以属国冠诸中土，蛮民之上，轻重倒置矣。今为更正，改象胥志，曰诸蛮。

旧志叙诸蛮虽皆援据史乘，而不分划门类。且各府杂然错见，殊无眉目。今按各府次叙，先蛮习，次蛮疆分隶，次历代驭蛮，而附之以安南，庶

---

① 世宗宪皇帝上谕内阁，卷七十五，雍正六年十一月二十八日.（清）纪昀，永瑢等编纂.景印文渊阁四库全书，第四一四册，史部，一七二. 台北：台湾商务印书馆股份有限公司，2008.

② 参见陈相因. 雍正因何申饬李绂及其《广西通志》. 广西文史，2005（1）.

③（清）蓝千秋撰. 蓝户部集. 四库全书存目丛书补编，第八册. 济南：齐鲁书社，2001.

④（清）金鉷修.（雍正）广西通志，卷一百二十六，艺文.

几便于省览。

“改象胥志曰诸蛮”，是金志的一大变化。按各府次叙分门别类，重在当下，是金志的创新特色。可以说金志“诸蛮”是下了真功夫，另起炉灶，别具一格，独树一帜。

特别值得注意的是，《蛮习各种》援据史乘时，还破例收录了当下人的一篇著述，即“桂林守钱元昌《粤西诸蛮图记》”，这在方志中实属罕见。《粤西诸蛮图记》的作者是时任桂林知府。① 从收录《粤西诸蛮图记》可以看出，钱元昌在金志《诸蛮志》编纂中起到特别重要的作用。

## 一、钱元昌生平

有关钱元昌的生平，散见于清代广西、浙江地方志中。嘉庆《广西通志》卷二百五十三《宦绩录》十三：

钱元昌，浙江海盐人。康熙壬午副贡生。雍正六年以工部郎中出为柳州知府。罗城有通道镇，处万山中，广二百余里，与贵州壤接，苗蛮窟其中，旧设巡检千总镇抚之。会苗首黄光直据险恣恶，巡检千总不敢入其地。提督张溥遣参将觇之，光直使人扼隘以抗。溥欲举兵剿之，元昌请缓师，以手札令巡检单骑往谕。光直见巡检左右无从人，乃集众环立听谕请读至再三，乃涕泣跪悔，以礼送巡检归。越日率众诣府堂谢罪，请纳赋供役如旧。元昌遂凿山开道，建公署，立墟市，以通贸易，至今为乐土。九年，调桂林，辟临桂西乡花岩下荒地数十顷，修堤筑坝，收其租为秀峰书院膏火，士民交受其惠。三年，迁贵州粮驿道。(采访册)②

光绪《海盐县志》卷十六人物传：

钱元昌，字朝采，标子。康熙壬午副贡，授广东长宁令，捕盗有功，内荐兵曹，出知柳州府。时罗城通道镇四围山险，小径容一人出入。僮蛮头人黄光直据险自大，元昌抚之归顺，开凿径道。后调守桂林，修筑堤河，农田商楫赖之。升贵州粮驿道。以年老归。出资葺修太常祖祠。散余资以周亲

① 中国科学院北京天文台主编. 中国地方志联合目录. 北京：中华书局，1985. 715.
② （清）谢启昆修，胡虔纂.（嘉庆）广西通志. 清同治四年（1865）刻本.

族。有《益寿翁诗稿》八卷。工绘事，花鸟草虫极生动有致。[①]

此外，嘉庆《嘉兴府志》卷五十六、道光《广西通志辑要》卷五·柳州府中亦有钱元昌传记，内容与以上引述略同。

各种传记不记钱元昌的生卒年份。现收藏于临海市博物馆的《林泉高兴图轴》有钱元昌自题款："乾隆乙丑正月廿一日画于黔粮驿道署之不虚斋。盖翁钱元昌并识，时年政七十。"[②] 可知是年（1745）钱元昌七十岁，其出生年应是1676年（康熙十五年，丙辰），卒年不详。

钱元昌于康熙六十一年（1722）任广东长宁县知县。[③] 他出任知府前陛见雍正皇帝，雍正朱批："人甚老成明白，将来可道员。不似浙江人。好相貌，须参白。上中。"[④]

钱元昌的主要仕途，一是雍正朝在广西任柳州、桂林知府；二是雍正十一年（1733）至乾隆八年（1743）在贵州任"清军粮驿道"（官衔为督理贵州通省清军粮驿道按察使司）[⑤]。

钱元昌广西、贵州为官十六年，重要的宦绩有：

（一）在柳州，对于壮族首领黄光直改变用兵剿灭策，以劝"抚之归顺"，开凿广西至湖南的通道。

（二）在桂林，兴修临桂西乡水利工程，开荒灌溉，以利民生，为建立秀峰书院提供经费保障。

（三）在贵州，乾隆五年朝廷出兵湖南城步、绥宁"平定苗疆"之役中，钱元昌是军队后勤补给的主管。

雍正乾隆时期，广西、贵州的壮、瑶、苗等少数民族地区局势不稳，民族关系紧张，主张"剿灭"是清政府官员的主流策略，钱元昌处理地方民族事件时，敢于力排众议，坚持实行"招抚"主张，并取得一定实效，实属难能可贵。

---

① （清）王彬修，徐用仪纂.（光绪）海盐县志. 清光绪三年（1877）刻本.

② 清钱元昌林泉高兴图轴_ 百度百科. baike. baidu. com/2014 - 08 - 08.

③ （清）郝玉麟等修，鲁曾煜等纂.（雍正）广东通志，卷二十九，职官志国朝四. 清雍正九年（1731）刻本.

④ 雍正朝朱笔引见单. 中国第一历史档案馆编. 清代档案史料丛编，第九辑. 北京：中华书局，1983. 82.

⑤ 刘显世、吴鼎昌修，任可澄、杨恩元纂.（民国）贵州通志，卷十八秩官. 民国三十七年（1948）铅印本.

## 二、钱元昌著述

钱元昌是个“务实型”官吏，又是位功底深厚的文人。他被选拔为副贡在北京是康熙五十三年（1714）作为候选教谕担任《万寿盛典初集》校録官，[①] 康熙六十年（1721）又作为副榜贡生议叙知县担任《御制春秋传说汇纂序》在馆分修校对。[②]

钱元昌在地方志编纂中显露出特别才华。除了主纂《广西通志》外，乾隆六年《贵州通志》修辑官员“督修”中有“督理贵州清军粮驿传道事务按察司副使钱元昌”。[③] 钱元昌告老还乡后，还主纂了《海盐县续图经》。[④]

钱元昌工诗，著有《益寿翁诗稿》八卷，惜不传世。不过，在乾隆《贵州通志·艺文志》中，还可以看到他写的《题雪厓洞》、《题来仙阁》二首诗篇。“太平岁岁庆丰收，永遠苗民安力食”，表达了作者期盼民族地区稳定、民族关系和谐的心愿。[⑤]

钱元昌的著述大多佚失，值得庆幸的是，还有一部《益斋文稿》抄本存世，今藏国家图书馆善本室。

《益翁文稿》是道光六年（1826）钱氏族人、清代著名文学家钱泰吉的手抄本。《文稿》署名“野堂、钱元昌、朝采”。稿前有钱元昌自题按语：

> 向有文二册，存于虞山外家。久遭回禄，不复记忆。自来宦途迁，无所存。壬戌孟冬，仅剩迩年题识小草。癸亥腊月埽除书室，复检得黔中杂文数篇，有粤西旧稿，随笔录之，不次先后。

按语透露出钱元昌著有文集二册，已毁于火。乾隆八年（癸亥，1743）偶得黔中杂文、粤西旧稿数篇，汇成此集。显然，这部《文稿》仅仅是他的作品中的一部分，但事关他在广西、贵州的经历，价值尤为可贵。

---

① （清）王掞监修，王原祁等撰．恭纂万寿盛典初集．各奏折·康熙五十三年正月初八日王原祁奏．景印文渊阁四库全书．台北：台湾商务印书馆，1983．

② （清）王掞撰．圣祖仁皇帝御制春秋传说彚纂．职名．景印文渊阁四库全书．台北：台湾商务印书馆股份有限公司，2008．

③ （清）鄂尔泰、张广泗修，靖道谟、杜诠纂．（乾隆）贵州通志．清乾隆六年（1741）刻本．

④ （清）王如珪修，陈世倕、钱元昌纂．海盐县续图经．清乾隆十三年（1748）刻本．

⑤ （乾隆）贵州通志．卷四十四，艺文．

《益翁文稿》共 17 篇文章，其中粤西旧稿 4 篇：题为《秀峰书院议（雍正十一年三月桂林府稿）》、《贺少保鄂公总制云贵粤西三省启》、《迎云贵广西总制太保高公启》、《送少保鄂公入觐启》。黔中杂文 13 篇：题为《雍正十三年今上登极贺表》、《恭进贵州通志稿》、《冯司马实政略序》、《祭徐太傅蝶园先生文》、《祭少司马吴眉庵文》、《金玉记序》、《题贵州粮驿道大堂壁》、《奏覆藏富于民贵责实效议》、《奏覆因利导民条议》、《议覆开报仓粮折耗文》、《详覆开修川黔交界道路文》、《严禁买米积弊以除民累告示（乾隆元年）》、《详请崇祀陈大中丞文》。其中有几篇文章很有新意，可补广西、贵州史料之缺失。

**（一）《恭进贵州通志稿》**

乾隆《贵州通志》卷首有《恭进贵州通志表》，署名“总督官贵州巡抚事兼督理湖北川东等处地方提督军务兵部右侍郎兼督察院右副都御史臣张广泗谨题”。钱元昌撰写的《恭进贵州通志稿》是初稿，起句为“尧天广运，弗遗膏泽于要荒”与“进表稿”完全相同。比较一下，张表对钱稿虽有所增删，但《恭进贵州通志表》的初稿作者无疑是钱元昌。这表明，钱元昌“督修”不是挂名的，应该起到重要作用。

**（二）《秀峰书院议》**

清雍正十一年（1733）诏令各省建书院时，广西在桂林城东叠彩山与独秀峰之间创建秀峰书院。为了维持书院长远开支，钱元昌提出“垦田收租”、“以为膏火”的“永远之计”，采取惠民政策，在壶山花岩地方，“广召土民，给以工本，度地迁居，修陡筑堰，置器买牛，尽力开辟。”此文详述其过程，是研究雍正时期桂林“开浚西乡大堰，造桥建陡”的水利工程的重要史料。

**（三）《冯司马实政略序》**

冯司马即冯甦，字敬南，代州人，精于九章算术及泰西算法，有《诸分指掌》《测量方程》二书，制器有简平仪、大铜黄道仪、小时日晷、铜矩度器、铜洋仪、皮水礮诸作。[①] 康熙三十四年（1695）任梧州府同知，[②] 三十六年（1697）调任南宁府同知。[③]

《序》中称赞冯甦“所至皆举实心，行实政，以令德而获令名，去今四

---

① （清）戴望. 颜氏学记. 北京：中华书局，2009.

② （清）吴九龄修，史鸣皋等纂.（乾隆）梧州府志，卷十二职官. 清同治十二年（1873）刻本.

③ （清）苏士俊纂修，何鲲增修. 南宁府志，卷二十八职官志. 清宣统元年（1909）石印本.

十年矣！粤之士民犹恨不得再见公，此则公所以荣也。”冯壅在南宁府任至康熙三十九年（1700），钱元昌作序时间应在乾隆五年（1740）。

冯壅不是“名人”，但却是“举实心行实政”，钱元昌作此序文既不是“官场应酬”，也不是“友情出场”，而是出自“实心”，称道“实政”，看得出钱元昌仕宦之途的准则是务实。令人遗憾的是，不知今日《实政略》是否仍然存世？钱元昌之序便是找寻冯壅《实政略》的唯一可靠线索。

**（四）《金玉记序》**

《金玉记》应是一本据真实事件创作的“传奇”词曲，作者沈岐阳不可考究，原本也无法睹见。序文如下：

乾隆五年，楚南城绥硐蛮叛。黄桑营兵柯会、杨元被擒，长坪寨苗金女、玉女义释二兵。经略张公既平蛮，嘉二女之义，即以为二兵妻，长坪寨蛮数百人并免诛。沈岐阳填词传之，名曰《平蛮韵事》，亦曰《金玉记》。

“平定苗疆”是乾隆皇帝自诩的“十大武功”之一。乾隆五年（1700）湖南绥宁、城步二县苗瑶起事，成为惊动朝廷的一个大事件，清政府任命张广泗为“经略苗疆贵州总督兼管巡抚”，动用广西、贵州、湖南大军平定动乱。①

清王朝对于“蛮夷”采取“剿抚”策，“剿灭”为上，而钱元昌力主“抚”。乾隆五年钱元昌任职贵州清军粮驿道，是军队后勤补给的主管，《金玉记》所颂之事绝非捕风捉影。《金玉记》本是不登大雅之堂的“小说”之流，“韵事”亦非“大事”，可钱元昌却不吝笔墨写了这篇堪称“奇文”之序，可能是出于对自己一直坚持的“招抚观”不得施展的一种宣泄吧！

钱元昌不仅是个务实的官员及文采横溢的文人，还是位作品流传至今的有名画家。清人《国朝画征录》有传，称其“天资颖敏，有隽才。工诗善书，昼弱冠即以三绝名京师。好作折枝花，其法得自南沙，而独行己志，能以拙取媚，以生取致，超脱矜贵，饶书卷气。尝为余作折枝牡丹，题云：象形者失形，守法者无法。气静则神凝，意淡则韵到，诚名言也。”②

钱元昌著有《行书论画册页》，今藏嘉兴市博物馆。③ 钱元昌传世画作有芝兰图（绢本手卷，1732 年）、《融江山色》（设色绢本，1738 年）、《秋

① 高宗实录，卷七七三．清实录，北京：中华书局，1987．（18）483．

② （清）张庚撰．国朝画征录．清同治八年（1869 刻本．

③ 钱镜塘嘉兴捐画第一人．www．cnjxol．com 嘉兴在线新闻网 2007 年 09 月 16 日．

山居》（立轴水墨绢本，1740 年）、《林泉高兴图轴》（1745 年，临海市博物馆藏）等。

值得研究者留意的是钱元昌还有一幅绘于雍正辛亥（1731）的写真作品存世，题名为《山水·登独秀峰》（设色纸本立轴）。[①] 乾隆丁巳（1737）作者补题诗款：

一峰独挺秀，突兀城中央。拔地无倚籍，参天谁测量。巍巍直尊重，奕奕生辉光。洵哉南天柱，足以镇遐荒。忆昨守柳州，积案笑盈箱。僮蛮不易理，云郁空相望。今来八桂邑，切近五咏堂。抖擞老脚力，追蹑年少行。及此三春日，陟登万仞窗。仰攀心恻恻，俯视目茫茫。居然凌绝顶，直欲扪天阊。群山翠屏列，平云华盖张。环城若随带，浮渡如流觞。岩苍不识种，鼻观惟闻香。酌登未当午，留览及斜阳。回身手扶级，欲下犹彷徨。绘图寻纪址，喜惧两相忘。

这首诗生动地描绘了独秀峰险峻风光，抒发了作者从“守柳州”到“来桂邑”艰辛复杂的心绪，是研究钱元昌在广西为官经历的可贵资料。

## 三、《粤西诸蛮图记》的价值

名曰《图记》，应是一部有图画的著作。钱元昌在“记”中写道：

更阅数年，恐并其居处、服饰、饮食、男女之间皆与华俗无异，欲识其种而不可得矣！用是绘图，以证传闻。

钱元昌的本意是以“绘图”证实“传闻”。与钱元昌同时在广西为官的陆纶亲眼见过这本“图记”，并写下《〈粤西诸蛮图记〉歌——为钱野堂作》诗。[②] 陆纶说“月轮新破碧蟾蜍，秋轩贻我卷纸书”。“贻”是赠给，“卷纸书”应是手抄本，不是刊印本。陆纶还说：“文辞入画波折具，生面特出形神舒”，证实钱元昌送给陆纶的“卷帙书”有文，也有图。可以有一种大胆的猜想：金鉷主修《广西通志》时，陆纶也是一位重要的主纂者，很可能是为了编纂《诸蛮志》，钱元昌才将《粤西诸蛮图记》送给陆纶。陆

① 钱元昌 1738 年作融江山色镜心设色绢本_ 拍卖行情_ 中华收藏网. www. shoucw. com/mg_ auct... 2014 - 6 - 20.

② （清）金鉷修.（雍正）广西通志，卷一百二十五，艺文.

纶发挥作用，将《粤西诸蛮图记》收录在《广西通志》中，但由于当时刊刻条件限制，取文而舍图。在清代统称“苗蛮图”的系列中，有云南的“滇夷图”、贵州的“黔苗图”、四川的“番夷图”、湖南的“湘苗图”、海南的“琼黎图”、台湾的“番社图”，唯独缺少两广的“粤蛮图”，钱元昌的《图记》弥补了这个缺口，然而此图下落不明，着实令人扼腕！钱元昌究竟画了多少幅图？都是什么内容？这是个难解的疑团。

值得庆幸的是《广西通志》全文保留了《粤西诸蛮图记》文字，正文长达1709字，是地方志中长篇引用的一个特例。

跳出照抄前人传闻的窠臼，如实记述当时蛮夷习性、分布以及治理状况，是《粤西诸蛮图记》最值得称道的价值所在。

《图记》说：“合其类而十分之，则僮居四，瑶居三，狼居二，余仅得一焉。”这是对当时广西少数民族数量所做的总体性概括，比较符合实际。柳州、桂林的僮、瑶人数较众，特色鲜明，也是朝廷治理的重心所在。钱元昌在这二个府任职，自然对僮、瑶情形比较熟悉，并且亲自处理过多起僮、瑶事件，其《图记》多着笔墨，重点记述僮、瑶二族情形，符合情理。

“约举而记之”，是《图记》的一个特点。所谓“约举”，就是不单列某一民族，而是笼统地概述“诸蛮”（主要是僮、瑶）耕作、饮食、服色、歌舞、节庆、讼诉、婚姻，概括“诸蛮”共同之处，这种写法在方志中当属首创。这种记述也有不易分辨究竟哪种风习属于哪个群体的弊端。不过，如果将《图记》和《通志》卷九十三《蛮疆分隶》结合起来看，就眉目清晰、顺理成章了。可以说，《图记》对于《广西通志·诸蛮志》起到提纲挈领的作用。

《图记》说“诸蛮皆一名，惟瑶之名各异。”对于瑶族各支系，《图记》则对“各异”的全州西乡瑶、平地瑶、狗铃瑶、梳瑶、顶板瑶、箭杆瑶、燕尾瑶、过山瑶（山子瑶）分别具体缕述。

《图记》中还记录了前人没有提及的族群“隆人”和“阳山人”。《广西通志》卷九十二《诸蛮》记载：“狼本邻省亡命者，来自粤东曰阳山人，自湖南曰麻山人，自交夷曰隆人，均谓之狼。”

与大多数封建士大夫鄙夷少数民族的“异类”观形成鲜明对照，钱元昌持有一种比较平和、求真务实的理念，在《图记》中他说诸蛮“男耘女耔，无懒惰”，“虽其居处服饰、饮食男女之际与华俗不同，而澹泊纯朴之风，亦于此见焉。”这种如实评判的态度在封建官吏中实不多见。他写道：

四体勤而百用俭，朴实之风，既有足取，而愚拙中亦生智巧，固未得以要荒之陋鄙之，而不以中国之治治之也。若夫好利轻生，微嫌必报，有犯即匿，固旧习之污。乃今沐浴圣化，歌咏太平，有日迁善，而不知为之者，若黄、刘、古诸族彬彬尔雅，为学宫弟子，诵读之声，流于山谷，渐皆耻其俗之陋，而化其性之顽。更阅数年，恐并其居处、服饰、饮食、男女之间皆与华俗无异，欲识其种而不可得矣！

这段话与钱元昌处理少数民族事件中主张的“招抚”观是一致的。他认为“固未得以要荒之陋鄙之”的观念是值得肯定的。然而必须看清，他毕竟是清王朝忠心耿耿的官吏，以“圣化”治理少数民族、“更阅数年与华俗无异”只不过是一厢情愿的幻想而已。

《粤西诸蛮图记》对后来广西地方志中民族志的编纂产生重要影响，嘉庆《广西通志》卷二百七十九《诸蛮》、道光《龙胜厅志·风俗》等志书均引用《图记》全文。今人研究广西瑶族，亦有零散引用《图记》文字的论文，然而，对于钱元昌及其《粤西诸蛮图记》的专题研究，却仍是个空白。

粤西蛮夷种类繁多，自宋以来，各种记述粤西蛮夷的著作接踵而出，鱼龙混杂。有的“据旧说”，有的“凭传闻”，记载杂乱无章、混淆不清。后人照抄前人、捕风捉影、似是而非、不足为信的现象相沿成习。《粤西诸蛮图记》一改旧习，立足于当下，对粤西蛮夷状况梳理出真实可靠的总体脉络，应当说为后人留下了一篇可信的清代广西民族文献资料，值得南方民族特别是广西民族研究者予以特别的重视。

## 四、《粤西诸蛮图记》中壮族、瑶族非物质文化遗产史料

在现代社会，传统文化中优秀的、有价值的、最需要保护的部分是什么？就是文化遗产。“世代传承”是非物质文化遗产的基本属性。联合国教科文组织大会第三十二届会议通过《保护非物质文化遗产公约》第二条规定的《定义》中明确指出：

这种非物质文化遗产世代相传，在各社区和群体适应周围环境以及与自然和历史的互动中，被不断地再创造，为这些社区和群体提供认同感和持续感，从而增强对文化多样性和人类的创造力的尊重。

《国家级非物质文化遗产名录项目申报书》有关“项目说明”部分包括“历史渊源”，就是利用文献或事物说明申报的名录项目是“世代传承”的，

并且具有传承的连续性、不间断性。

《粤西诸蛮图记》是记录清代雍正、乾隆时期广西民族的重要文献，包含壮、瑶等民族重要的非物质文化遗产史料。

**（一）瑶族服饰**

瑶族支系众多，分布广阔，各支系服饰也不尽相同，但特色鲜明。广西壮族自治区南丹县、贺州市申报的“瑶族服饰”已列入第一批国家级非物质文化遗产名录。

瑶族族称繁多，许多支系因服饰的颜色、裤子的式样、头饰的装扮不同而得名，这在《粤西诸蛮图记》中有明确记载：

惟瑶之中独有以装饰之异而别其名者，如耳垂联环，鬓挂砚珠，髻裹蕉叶，不裙不袴，惟以布幅围其前后，前短后长，坐地则兜之，名曰平地瑶。足跣，偶着草鞋。其有剃发戴帽，冬毡夏鬃，宽袍大袖，白行缠而履者，惟全州西乡瑶有之。髻挂银丝，直垂至项，名狗铃瑶。戴梳于顶，状如扇面，名曰梳瑶顶。以木板板列砚珠，累若缀旒，名顶板瑶。簪竹箭二根，长二尺许，覆以锦，穿林入莽，频侧其首，翩翩若蝶，名曰箭杆瑶。豪猪鬃为簪，加以竹片，双分鬓后，剪剪若燕尾者，名曰燕尾瑶。以木皮绊额，系筐伛偻而趋者，过山瑶，亦名山子瑶也。又有以三角银版缀以红绒，插于髻畔，而腰结花绦者，盘古瑶也。

《图记》对瑶族不同支系服饰记载具体翔实，因而多为瑶族研究者引用。

**（二）壮族麻栏**

《粤西诸蛮图记》记述“诸蛮”的民居说：

蛮多负山而居，或围竹为村，或依树为社，结茅筑垣，架板成楼，上栖人，下畜兽，谓之“麻栏”，亦称“栏房”。男女老幼聚处一栏，子娶则别栏以居。

麻栏就是南方少数民族典型的传统“干栏”民居建筑。在壮、侗、傣等百越族系的民族中普遍流行。明人田汝成撰《炎徼纪闻》卷四记载：“僮人，五岭以南皆有之，与瑶杂处，风俗略同，而生理一切陋简，冬编鹅毛杂木叶为衣，抟饭掬水而食，居室茅缉而不涂，衡板为阁，上以栖止，下畜牛羊猪犬，谓之麻栏。”

钱元昌所记“麻栏”，即是壮族的传统民居。今人研究以为“麻栏”即“干栏”，系古壮语的译音。①

钱元昌所处的时代，麻栏是壮族最普通的民居。随着历史文化变迁，今日广西壮族中，麻栏民居已消失殆尽，不过在龙胜各族自治县和平乡平安寨还保留着比较完好的“壮族干栏建筑”，已列入第一批桂林市市级非物质文化遗产名录。发掘麻栏遗存，传承保护壮族干栏建筑建造技艺，在广西非物质文化遗产保护工作中应引起足够的重视。

**（三）壮族浪花**

《粤西诸蛮图记》记载：

> 当春日载阳，男女互歌，谓之“浪花”，又谓之“跳月”。男吹芦笙，女抛绣笼。绣笼者，彩球也。回旋蹈舞，歌意相浃即投之、报之，返而约聘。

“浪花”又谓之“跳月”，即壮族的“歌圩”。“抛绣笼”就是“抛绣球”，为壮族歌圩时青年男女相互传情的活动。宋人周去非在《岭外代答》中说：“上巳日（三月三），男女聚会，各为行列，以五色结为球，歌而抛之，谓之飞驼。男女目成，则女受驼而男婚已定。”

浪花是三月三歌圩的特定称呼，明人鄺露《赤雅》卷一《浪花歌》说：“春歌正月初一、三月初三，秋歌中秋节。三月之歌曰浪花歌。”

对歌是歌圩的基本内容，又叫“歌会”、“歌坪”，民国《三江县志》卷二《风俗》记载：“歌会，壮人在昔皆有歌坪，男女集于其间，而分界限，相距约半里，彼此唱山歌，互相迎和。今于清明、端午二节行之。”②

传承至今，“壮族歌圩”、“壮族嘹歌”已列入国家级非物质文化遗产名录，“壮族绣球制作技艺”、“壮族抛绣球习俗”也列入广西壮族自治区区级非物质文化遗产名录。

**（四）春官鞭牛**

《粤西诸蛮图记》：

> 迎春则有男扮春官，女随歌唱，齐至公门，鞭牛而去者。

---

① 参见覃晓航．“麻栏”、“干阑”音译考．广西民族研究，1987（03）．

② （清）覃卓吾、龙澄波纂修；魏仁重续修，姜玉笙续纂．（民国）三江县志．民国二十五年（1946）铅印本．154．

这里记载的是瑶族迎春习俗。雍正《广西通志》卷九十三说："贺县瑶……每年迎春出城市，妇女操瑶音，男击土鼓以和之，官府犒鱼盐以归。"民国《贺县志》卷二风俗记载："每年迎春，轮值赴县，随长官班春。女操瑶音，唱丰年歌。男击土鼓和之。官犒以鱼盐丝绒遣归。"①

雍正《廣西通志》卷三十二《风俗》记述广西立春习俗："立春先一日，府州县排列彩亭，设土牛，迎春于东郊。"瑶族每年迎春赴县歌舞，成为惯例。至今湖南江华瑶族自治县湘江乡仍存续着独具特色的贺新春拜年之习。②

由"鞭春牛"而形成的"春牛舞"在广西壮族中风靡流行，相沿成习，传承至今。南宁市江南区、西林县、靖西县的"壮族春牛舞"均已列入广西壮族自治区区级非物质文化遗产名录，龙胜各族自治县的"闹春牛"也列入桂林市市级非物质文化遗产名录。

**（五）春秋社祭**

《粤西诸蛮图记》记述：

春秋社祭神于庙，提筐挈筥，陈设酒醴，延巫师红袍执笏，若降神然。社前卑幼遍拜尊长，谓之"探社"。

历史上，壮、瑶、侗、苗等少数民族中盛行春秋社祭，称为"社节"。湖北恩施苗族社节、贵州黎平龙额社节均已列入省级非物质文化遗产名录。

清代、民国间，广西各族盛行社节。社日有春社和秋社之分。春秋两社的具体日期各地略有不同，桂南、桂东、桂西地区多以二月初二为春社，八月初二为秋社。桂北地区多以立春后的第五个戊日为春社，立秋后的第五个戊日为秋社，桂东地区也有少数地方以此为期；桂中地区多以春分日为春社，秋分日为秋社。活动以在社坛举行祭祀和聚社会饮为主要内容。民间有"春祈秋报"的说法。春祈指春社祈祷社王保佑风调雨顺，五谷丰登，人畜平安，秋报指秋社庆祝丰收并酬谢社王的恩德。壮族社节通称为"吃社"或"祭社"。左江流域各县将祭社神和祭土地神合二为一，故社节又称之为"土地节"。

如今，广西河池市宜州刘三姐乡壮族、来宾市金秀郎庞瑶族还保留比较

---

① 韦冠英修，梁培英、龙先钰纂．（民国）贺县志．民国二十三年（1934）铅印本．

② 湘江乡举办瑶族民俗贺新春拜年活动．乡镇传真．www. jh. gov. cn/dzgk/zwy... 2014－02－08．

完整的“做社”习俗。[①] 然而目前广西的非物质文化遗产保护中对少数民族世代传承的“社节”发掘保护力度不够，仅有来宾市“象州春秋社”列入市级非物质文化遗产保护名录。《粤西诸蛮图记》关于春秋社祭的记载具有宝贵价值，应当引起人们的高度重视。

**（六）瑶族丈鼓**

《粤西诸蛮图记》记述：

> 立春日男背丈鼓，女唱四季太平歌，往来庆贺。

丈鼓即铳鼓，就是瑶族的细长腰鼓，须于鼓膜涂泥调音，因而也称“黄泥鼓”。宋人范成大《桂海虞衡志·志器》记载：“铳鼓，猺人乐，状如腰鼓，腔长倍之，上锐下侈，亦以皮鞔，植于地，坐拊之。”宋人周去非《岭外代答》：“铳鼓乃长大腰鼓也。以燕脂木为腔，熊皮为面。鼓不鸣响，以泥水涂面，即复响矣。”

宋代以来，丈鼓流行于岭南广大瑶族地区，是民间歌舞的一种主要伴奏乐器，传承至今。湖南省江华瑶族自治县、广东省连南瑶族自治县、广西壮族自治区富川瑶族自治县的“瑶族长鼓舞”已列入国家级非物质文化遗产名录。贺州市“八步瑶族长鼓舞”、金秀瑶族自治县“瑶族黄泥鼓舞”亦列入广西壮族自治区区级非物质文化遗产名录。

**（七）笠制极工**

《粤西诸蛮图记》记载“蛮女”：

> 髻上或覆布，或花巾，或笠。笠制极工，常以皂布幂边，半露其面。头以布裹，或绣，或素。戴笠者居半。

喜戴竹帽斗笠，是壮族女性传统服饰的特色。至今，居住在广西西南部那坡县大石山区壮族的布敏支系（即黑衣壮）任然保留着戴斗笠习俗。[②]

因为喜爱斗笠，所以广西竹编斗笠制作技艺十分精致。至今在桂林市临

① 参见贾雯鹤，李素娟．现代化背景下的壮族“做社”活动——以广西宜州市刘三姐乡中枧屯为例．广西民族研究，2009（4）．高其才．现代化进程中的瑶族“做社”活动——以广西金秀郎庞为例．民族研究，2007（2）．

② 参见陈丽琴．黑衣壮传统工艺及其传承调查．广西师范学院学报，2010（1）．

桂县两江镇樟塘村仍是远近闻名的斗笠村。[①] 玉林市博白县“芒竹编织技艺”已列入广西壮族自治区区级非物质文化遗产名录，“临桂竹编工艺”亦列入桂林市非物质文化遗产名录。

**（八）长柄伞**

《粤西诸蛮图记》记载“蛮女”：

> 非担负而出则携长柄伞，花巾油扇，步趋轻捷，涉涧越岭，高深不怯。

“长柄伞”就是靓丽的油纸伞，制作工艺精湛，传承历史悠久。南宁市“宾阳油纸伞制作技艺”已列入广西壮族自治区区级非物质文化遗产名录，“罗锦雨伞制作工艺”列入桂林市非物质文化遗产名录。然而，目前油纸伞制作工艺遭遇后继无人的传承危机。[②] 抢救保护长柄伞传统制作技艺，是一项迫在眉睫的工作。

《粤西诸蛮图记》中保留着许多广西少数民族非物质文化遗产表现形式的历史资料，对于研究广西少数民族非物质文化遗产世代传承的历史渊源提供了重要的依据，对于非物质文化遗产的确认、研究、保存、保护都有价值。在非物质文化遗产保护工作中，应当重视并很好地利用这份不可多得的宝贵资料。

---

① 参见周文俊．探寻指尖上的桂林传统工艺：斗笠村里的斗笠．桂林日报，2013 年 9 月 26 日．

② 参见张冠年，吕蓓蓓，凌旭昌．雨中花朵渐行渐远——宾阳陆村油纸伞．南宁日报，2007－09－27．林芊芊，贾麒瑾．宾阳油纸伞仅剩一老人传承．广西新闻网，2014－06－15．周文俊．探寻指尖上的桂林传统工艺：逐渐消逝的靓丽油纸伞．桂林日报，2013－10－14．